재미있고 놀라운 성경의 세계

100개가 넘는 재미있는 이야기들,
성경 퀴즈들!

(재)대한성서공회

The Amazing Bible Factbook for Kids

재미있고 놀라운 성경의 세계

2017년 2월 20일 초판 1쇄 인쇄
2017년 3월 20일 초판 1쇄 발행

발행처 재단법인 대한성서공회,
(06734) 서울시 서초구 남부순환로 2569
인쇄소 한일문화사
등록 1962년 7월 20일, 제 1-78호
문의 02)2103-8846~8

ISBN : 978-89-412-9605-8 03230 ABFB381E

목차

거룩한 땅, 성지

세계 어디에 있지요?

'성지'라는 말은 6세기부터 기독교인이 쓴 말이에요. 당시 많은 기독교인은 예루살렘 안과 주변에서 살았고 세계의 다른 지역(주로 유럽)의 기독교인더러 예수님의 삶과 사역과 연관된 곳들을 방문하라고 격려했어요. 그 이후로 기독교인은 '예수님이 걸으셨던 길을 걷기 위해' 성지로 순례(종교 여행)를 해왔어요. 이 땅은 그 전에도, 조상 아브라함이 하나님의 부르심에 순종하여 가나안으로 이주한 때부터 유대 백성의 역사에서 특별한 장소였어요. 아브라함은 오늘날 이슬람을 믿는 아랍 사람의 조상이기도 해서 성지는 세계 3대 주요 종교인 유대교, 기독교, 이슬람교 사람들에게 매우 중요하답니다.

성묘교회, 예루살렘

현대의 이스라엘

구약성경에서 시온은 종종 예루살렘 도시를 나타내요(이사야 51:3; 64:10-11; 예레미야 3:14-17; 스바냐 3:14-15). 시온은 또한 하나님이 아브라함의 자손에게 약속하신 땅을 시적으로 일컫는 말이에요. 종교 운동으로서의 '시온주의'는 하나님과의 언약(계약)에서 약속 받은 땅으로 돌아가려는 하나님의 백성의 열망을 나타냈어요.

정치 운동으로서의 '시온주의'는 유대인들이 팔레스타인에 나라를 세우려는 운동이었어요. 오스트리아의 언론인이자 변호사인 테오도르 헤르출은 1897년에 스위스 바젤에서 최초의 시온주의자 대회를 열었어요. 로마인들이 예루살렘을 파괴한지 약 1,878년이 지난 1948년에 현대 이스라엘이 독립국가가 되었어요. 그 해 이스라엘 건국을 선포하였고, 미국을 비롯한 20개의 국가가 그것을 인정했어요. 1949년에는 더 많은 나라들이 이스라엘을 지지하여 이스라엘은 유엔에 가입하게 되었어요.

성경 속의 중요한 도시들

니느웨

니느웨는 요나가 피하려고 한 도시예요(요나 1:1-3). 니느웨는 티그리스 강 동쪽을 따라 세워졌어요. 세계에서 가장 큰 도시였고, 앗수르의 가장 중요한 도시 중 하나였지요. 이 도시는 주전 612년에 파괴되었어요.

바벨론

하나님은 이스라엘 사람들이 느부갓네살 왕이 다스리던 바빌로니아 제국의 수도인 바벨론으로 끌려가게 하셨어요(열왕기하 24:1-16). 바벨론은 메소포타미아(현재의 이라크)의 유프라테스 강 유역에 있었고, 고대 세계의 7대 불가사의 중 하나인 공중정원이라고 알려진 화려한 지붕정원이 있던 곳이에요. (14쪽의 '건축물과 유명한 장소'를 보세요.) 주전 7세기에 예레미야 선지자는 하나님이 언젠가 이 막강한 도시를 파괴하실 것이라고 선언했어요. 주전 141년에 이르러서는 바벨론에 남아 있는 것이 별로 없었어요.

이슈타르의 문, 주전 바벨론

예루살렘

예루살렘은 (이 성이 지어진 언덕의 이름을 따라서) 다윗 성 또는 시온 성이라고 불러요. 이 도시는 성경에 나오는 장소 중 가장 중요하고 성스러운 곳이라고 볼 수 있어요. 예수님은 여기서 종교 지도자들에게 도전하셨고, 여기서 십자가에 달리셨어요. (이 놀라운 도시에 대해 더 알고 싶으면 146쪽의 '예루살렘'을 보세요.)

여리고

여리고는 여호수아와 이스라엘 사람들이 가나안으로 이주하면서 최초로 정복한 도시예요. 여리고는 세계에서 가장 낮은 도시일 뿐만 아니라(해수면에서 305미터 아래), 계속해서 사람들이 살았던 가장 오래 된 곳이에요. 이곳은 아브라함이 가나안에 이주해 오기 수천 년 전에도 있었어요. 이곳은 요단 강 서쪽의 사해 북쪽에 있어요.

여리고 전투

구약성경 속의 성지

사실 '성지'라는 말은 성경 시대가 지나 수백 년 후에 유명해졌어요. 6세기부터 사람들은 성지, 곧 하나님이 아브라함의 자손에게 약속하신 가나안 땅인 팔레스타인에 대해 말하기 시작했어요.

가나안, 약속의 땅

한 나라의 이름을 여러분의 이름을 따서 지었다면 어떨지 상상할 수 있나요? 그런 일이 이스라엘이라는 이름을 가진 남자에게 일어났답니다. 아브라함의 손자이고 이삭과 리브가의 아들인 야곱에게는 이스라엘이라는 이름도 있었어요. 이스라엘 민족을 이룬 12지파의 이름은 이스라엘의 아들들의 이름을 따서 지었어요(창세기 48-49장).

시간이 흘러 이 지파들이 커졌어요. 그런데 흉년이 들어서 애굽(이집트) 남쪽으로 이주해야 했고, 자손들은 거기서 종이 되었어요. 세월이 지나서 모세는 그들을 종살이에서 데리고 나왔어요. 그들은 40년간 시내광야에서 떠돌아다닌 후에야 하나님이 조상 아브라함에게 약속하신 가나안 땅에 들어가기 위해 요단 강을 건넜어요.

새 지도자인 여호수아는 각 지파에게 땅을 나누어주었어요.

"여호와께서 이스라엘의 조상들에게 맹세하사 주리라 하신
온 땅을 이와 같이 이스라엘에게 다 주셨으므로
그들이 그것을 차지하여 거기에 거주하였으니
여호와께서 그들의 주위에 안식을 주셨으되"

(여호수아 21:43-44상)

알고 있었나요?

하나님은 실수로 살인을 한 사람이 희생자 가족의 분노를 피해서 보호를 받을 수 있는 안전한 '도피성'을 주셨어요. 모든 이스라엘 사람들은 도피성에 피신한 사람이 정당한 재판을 받을 때까지 해치지 않기로 동의했어요. 이 안전한 '도피성'은 가나안 전체에 고루 흩어져 있었어요(피신하는 사람이 이 성읍까지 가는 데 하루 이틀 이상이 걸리지 않게 하기 위해서였지요). 이 성읍의 관리는 제사장 지파인 레위인들이 맡았어요. 이 성읍으로는 게데스, 세겜, 헤브론, 바산 골란, 길르앗 라못, 베셀(민수기 35:6-15; 신명기 4:41-43; 19:1-13)이 있었어요.

약속의 땅으로

이스라엘 자손, 지파	경계 및 여러 정보	주요 도시 또는 성읍	핵심 성경 구절
르우벤	사해 동쪽에 있는 아르논 강 골짜기의 가운데; 북쪽으로는 메드바까지; 서쪽 경계는 요단 강	벳브올	여호수아 13:15-23
시므온	땅이 유다 지파의 경계 안에 있었다.	브엘세바	여호수아 19:1-9
레위	이스라엘의 제사장들은 땅을 갖지 않았다. 그 대신 전국에 있는 48개의 성읍을 관리 감독했다.	6개의 도피성, 특히 헤브론	민수기 35:1-8; 여호수아 13:14; 14:6-15; 21:1-42
유다	가장 강한 지파 중 하나; 대해(지중해)와 염해(사해)가 경계이다.	예루살렘, 가사, 가드(블레셋에게서 빼앗음), 베들레헴	여호수아 15:1-12
단	에브라임과 유다 사이에 있었고, 북서쪽에 욥바가 있었다. 블레셋에게 땅을 잃고 북쪽으로 이동했다.	라이스(단)	여호수아 19:40-48
납달리	갈릴리 호수의 북쪽과 서쪽; 훌레 골짜기 포함. 예수님은 공생애 대부분을 여기서 보내셨다.	하솔; 후에는 가버나움	여호수아 19:32-39; 마태복음 4:12-16
갓	요단 강의 서쪽 경계(므낫세와 르우벤 지파의 땅 사이)에 있었다	야베스, 랍바	여호수아 13:24-28
아셀	지중해 해안을 따라 있었다; 남쪽에는 갈멜 산	두로, 시돈	여호수아 19:24-31
잇사갈	북쪽에 다볼 산이 있어서 육지로 둘러싸여 있고, 동쪽에 요단 강이 있음.	이스르엘	여호수아 19:17-23
스불론	갈릴리 호수 서쪽; 갈릴리 하부의 이스르엘 골짜기 포함	욕느암; 훗날 가드 헤벨, 나사렛	여호수아 19:10-16
요셉 (요셉 지파의 땅은 에브라임과 므낫세 두 아들이 나눔)	에브라임: 벧엘부터 세겜(북쪽)까지; 여리고의 요단 강에서부터	벧엘, 실로	여호수아 16-17장; 사무엘상 7:15-16; 예레미야 7:12-14
	므낫세: 요단 강의 동쪽과 서쪽으로 나뉨	므깃도, 아스다롯	여호수아 13:29-31; 17:1-13
베냐민	유다와 에브라임 사이의 땅으로서 주요 도시를 포함함.	여리고, 아이, 기브아	여호수아 18:11-28

예수님 시대의 팔레스타인

오늘날 많은 사람들이 성지라고 부르는 지역은 이스라엘이 가나안 땅에 들어간 때부터 예수님이 탄생하신 때까지 12세기 동안 주인이 여러 번 바뀌었어요. 마지막으로 로마 제국이 쳐들어가서 그곳을 팔레스타인이라고 부르고 지배했어요.

예수님은 유대 지방이라고 하는 로마의 땅에서 삶을 시작하고 마치셨어요. 그러나 예수님은 대부분 갈릴리라는 북쪽 지역에서 가르치고 치유하는 사역을 하셨어요.

가버나움

가버나움은 갈릴리 호수의 북쪽에 있었고 예수님의 두 번째 고향과도 같았어요(마태복음 4:13; 9:1의 '본 동네'). 예수님의 제자 중 베드로, 야고보, 요한, 마태가 이 고을에서 태어났어요. 예수님은 이곳 사람들이 믿음이 없어서 이곳이 파괴될 것이라고 예언하셨어요. 실제로 그렇게 되었답니다.

가버나움에 있는 회당

나사렛

갈릴리 지역에 있는 이 마을은 사람들이 예수님을 거부할 때까지(누가복음 4:16-30) 예수님이 30년간 살던 곳이었어요. 나사렛은 여러 개의 무역로와 가까이 있어서 사람들이 외부 세계와 접촉할 기회가 많았어요. 나사렛 사람들이 외부의 영향을 받을 기회가 많았기 때문에 일부 경건한 유대인들은 이 도시 출신 사람을 신뢰하지 않았어요. 그런 유대인 중의 하나(나중에 예수님을 따르게 된 사람)가 예수님을 처음 만났을 때 "나사렛에서 무슨 선한 것이 날 수 있느냐" 하고 물었어요(요한복음 1:46)

마리아의 우물, 나사렛

사마리아

'사마리아'라는 이름은 갈릴리와 유대 지방 사이에 있는 지역에 붙은 지리적 이름 이상의 의미를 가지고 있어요. 사마리아는 북왕국 이스라엘의 수도였어요. 앗수르 제국은 북이스라엘을 물리치고는 그곳에 외국인들을 데려왔어요. 예수님 시대의 사마리아 사람들은 북이스라엘 사람들이 그 외국인들과 결혼을 해서 태어난 자손이었어요. 이 역사 때문에 예수님 시대에 유대인들과 사마리아 사람들은 서로 좋게 지내지 않았어요. 그래서 예수님이 우물가에서 사마리아 여자와 대화하셨을 때(요한복음 4:3-42) 유대인 제자들이 놀랐지요. 그리고 예수님이 가장 유명한 비유의 주인공으로 사마리아 사람을 택하셨을 때(누가복음 10:25-37) 청중들은 깜짝 놀랐을 거예요.

여리고

신약성경 시대에 여리고는 구약성경 시대의 여리고보다 약간 남쪽에 있었고, 여리고에서 예루살렘으로 가는 길은 가파르고 험난했어요. 예수님은 이 고대의 도시에서 바디매오라는 사람을 포함해서 앞 못 보는 사람들의 눈을 뜨게 해주셨어요(마가복음 10:46-52). 선한 사마리아 사람의 비유에 나오는 강도짓은 여리고 성 밖의 위험한 길에서 벌어졌어요(누가복음 10:30-37).

여리고의 모습

베다니

성 나사로 교회, 베다니

베다니는 감람산(올리브 산) 바로 동쪽에 있는데, 여리고로 가는 길목이에요. 예수님의 친구인 마리아, 마르다, 나사로가 산 곳이 여기지요. 예수님은 죽은 나사로를 여기에서 살리셨어요(요한복음 11:17-44). 이곳 베다니에 있는 시몬의 집에서, 한 여자가 감사하는 마음으로 예수님께 향유를 부어 드렸어요(마가복음 14:3-9).

베들레헴

베들레헴은 이스라엘에서 가장 위대한 왕인 다윗의 고향이었어요. 그리고 미가 선지자가 바로 이 작은 마을에서 언젠가 이스라엘의 메시아가 나올 것이라고 말했어요(미가 5:2). 여러 세기가 지나 예수님이 여기서 태어나시면서 그 예언이 이루어졌어요(마태복음 2:5-6). 요셉과 임신한 아내 마리아는 나사렛에 살았지만 요셉은 다윗의 후손이었기 때문에 인구조사에 참여하러 베들레헴에 가야 했어요. 그래서 예수님이 나사렛에 있는 집에서 태어나지 않고 베들레헴에서 태어나신 거예요(누가복음 2:1-7).

현대 베들레헴의 모습

아플 때와 건강할 때

우리가 아프면 부모님이 우리를 병원이나 약국에 데려가시거나 민간요법을 쓰지요. 때로 인터넷에서 의학 정보를 찾아보아요. 그러나 고대 이스라엘 사람들에게 치유의 근원은 하나님이었어요. 시편 38, 39, 88, 102편을 보세요. 의학적 조언으로 가장 좋은 자료는 모세의 율법이었어요.

이것이 법이다!

모세의 율법은 이스라엘 사람들이 건강하게 살고 질병이 퍼지는 것을 막게 해주었어요. 이에 관한 많은 법이 레위기 12-18장과 민수기 몇몇 장에 나와요. 어떤 상태나 질병은 사람을 '정결하지 않게' 했어요. 이것은 그 사람이 다시 '정결'하게 될 때까지 종교 활동이나 공동체 활동에 참여할 수 없다는 뜻이었어요.

몇 가지 보건법

- 벽에 얼룩이나 곰팡이가 생긴 집은 소독하고, 청소하고 수리해야 했어요. 곰팡이가 계속 생기면 벽을 헐었어요. 곰팡이가 슬은 옷이나 담요는 소독해야 했어요. 곰팡이를 없애지 못하면 잘라내야 했지요. 곰팡이가 자라거나 계속 생기면 그 옷 또는 그 가죽을 태워야 했어요(레위기 13:47-59).

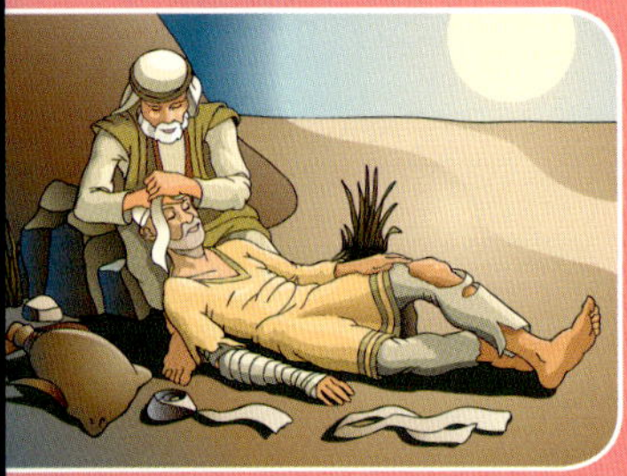

- 피부에 염증이 생긴 사람은 나을 때까지 진영 밖으로 격리되어야 했어요. 확실히 나았는지 제사장이 검사를 했어요(레위기 13:46; 14:2-3).
- 시체를 만진 사람은 7일간 정결하지 않았어요(민수기 19:11-13).
- 전투에서 돌아온 병사의 옷은 소독해야 했어요. 집에 가져온 장비는 불에 넣었다가 꺼내야 했고, 그 후 7일간은 쓰지 못했어요(민수기 31:21-24).

병에 걸리는 이유

성경에서 질병이나 장애를 가끔 아래와 같이 설명했어요.

- 성경의 어떤 부분들은 질병이 하나님의 벌이라는 생각에 반대하고, 왜 하나님이 질병을 주시는지 사람이 항상 이해할 수 있는 것은 아니라고 해요(욥기 2장; 전도서 8:10-13; 9:2; 요한복음 9:1-7).
- 질병이 하나님이 주시는 징계라는 생각. 민수기 12장에서 미리암(모세의 누나)은 모세에게 따졌기 때문에 피부병에 걸렸어요. 신명기 28장 21-23절, 27절에서 하나님은 모세를 통해 하나님께 복종하지 않는 사람들은 병에 걸릴 것이라고 설명하셨어요.
- 질병이 하나님의 힘을 보여주시는 것이라는 생각. 예수님의 제자들은 태어날 때부터 시각장애인이었던 사람에 대해 물었어요. 그 사람이나 부모님이 죄를 지어서 그가 앞 못 보는 사람으로 태어난 것인가요? 그러나 예수님이 대답하셨어요. "그에게서 하나님이 하시는 일을 나타내고자 하심이라"(요한복음 9:3).

성경 속의 질병

다음은 성경에 나오는 몇 가지 질병과 병을 앓았던 사람들의 명단이에요.

질병 또는 상태	앓았던 사람	이 병에 관한 법 또는 조언	치료
수종병(수분 때문에 몸이 붓는 질병)	한 바리새인의 집에 있을 때 손님 중 하나가 이 병을 앓았다(누가복음 14:2).	이 병은 신약성경에만 나온다.	바리새인이 항의했지만 예수님은 안식일에 이 사람을 고치셨다.
열병	베드로의 장모가 열병을 앓았다(마가복음 1:30-31).	구약성경에서 어떤 열병은 불순종에 대한 벌이라고 생각되었다(레위기 26:16).	예수님은 베드로의 장모를 고치셨다(마가복음 1:30-31).
혈루증(혹은 매달 정기적인 출혈)	예수님의 겉옷 옷깃을 만진 어떤 여자는 12년간 피를 흘렸다(마가복음 5:25, 29).	환자는 7일간 또는 피가 나는 한 정결하지 않다고 여겨졌다(레위기 15:25).	산비둘기 또는 집비둘기 두 마리를 바쳐야 했다(레위기 15:28-30). 예수님이 이 여자를 고쳐주셨다.
피부병(한센병을 포함한 악성 피부병)	예수님은 여행하는 동안 10명의 피부병 환자를 만나셨다(누가복음 17:11-13).	환자는 옷을 찢으며 "부정하다" 하고 소리쳐야 했다(레위기 13:45-46).	예수님은 10명의 환자를 깨끗하게 하셨고 가서 제사장에게 보이라고 하셨다(누가복음 17:14-17).
종기 또는 뾰루지	욥은 종기로 고통을 받았다(욥기 2:7).	종기나 뾰루지, 색점(피부 발진)이 있는 사람은 제사장에게 가야 했다(레위기 13:1-39).	제사장은 상처 부위를 검사해야 한다. 환자는 7일간 격리될 수 있었다(레위기 13:2-21).
'불치의' 또는 '끔찍한' 질병(이것은 결핵 - 『개역개정판』에서는 '폐병')이나 치료 방법이 없는 다른 질병이었을 것이다.)	모세와 아론에 대해 불평한 이스라엘 사람들(민수기 16장; 시편 106:15)	이런 질병은 불순종에 대한 벌이라고 여겨졌다(레위기 26:14-16).	하나님에 대한 순종이 이것을 막는 유일한 길이었다(레위기 26:14-16).
마른 손	예수님은 회당에서 손이 마른 사람을 보셨다(마태복음 12:9-10).	하나님은 불순종하면 병에 걸리게 하신다고 하셨기 때문에 이런 병은 저주라고 여겨졌을 것이다(신명기 28:20-23).	예수님은 이 사람을 치료하셔서 자비를 보이셨다(마태복음 12:13).

제사장: 건강 증명서

고대 이스라엘에서는 뾰루지와 같은 피부병을 검사하는 것이 주로 제사장의 일이었어요. 그리고 제사장은 그 사람이 정결한지를(종교 생활이나 공동체 생활에 참여할 수 있는지) 결정했어요. 피부병이 전염성이 있는지 없는지를 제사장이 어떻게 판단하는지 알려면 레위기 13장을 보세요. 아마 제사장의 기록은 다음과 같았을 거예요.

뾰루지(레위기 13:1-8)

날짜	피부 상태	판결: 정결 또는 정결하지 않음
제1일	하얗게 됨; 살갗만	**정결하지 않음**(7일간 격리)
제7일	뾰루지가 변하지 않음	**정결하지 않음**(7일간 더 격리)
제14일	뾰루지가 사라짐	**정결**(일상생활을 함)

종기(레위기 13:18-23)

날짜	피부 상태	판결: 정결 또는 정결하지 않음
제1일	종기 가운데에 흰 얼룩이 있지만 깊지 않음	**정결하지 않음**(7일간 격리)
제7일	종기가 사라짐	**정결**

산파: 출산을 돕는 사람

여러분은 어떤 사람이 아기를 낳을 때 산파의 도움을 받았다고 말하는 것을 들었을 거예요. 수천 년간 산파들은 엄마들이 아기를 낳을 때 도움을 주었어요. 야곱의 아내 라헬이 베냐민을 낳을 때도 산파가 도와주었어요(창세기 35:17). 고대 애굽(이집트)에서 바로 왕은 히브리 인구를 줄이려고 히브리 남자 아기들을 죽이라고 명령을 내렸어요. 그러나 십브라와 부아라는 두 산파는 명령을 거역했어요(출애굽기 1:15-21). 산파들은 아기들의 생명을 구하려고 한 자신들의 행동에 대해 거짓말까지 했어요.

진료 중

구약성경에는 의사에 관한 이야기가 몇 번 나와요. 욥은 쓸모없는 충고로 자기를 화나게 한 친구들을 '쓸모없는 의원'이라고 불렀어요(욥기 13:4). 유다 왕 아사는 의사들을 불렀고 '여호와께 구하지 아니'했어요(역대하 16:12). 길르앗 지역은 치료용 연고를 생산하는 곳으로 유명했기 때문에 하나님은 예레미야에게 '길르앗에는 유향이 있지 아니한가 그 곳에는 의사가 있지 아니한가 딸 내 백성이 치료를 받지 못함은 어찌 됨인고' 하고 말씀하셨어요(예레미야 8:22).

성경은 의사들과 의술에 대해 긍정적으로도 말해요. 이웃을 사랑하라는 성경의 명령에도 의료 활동이 들어 있어요(레위기 19:18; 누가복음 10:25-37). 사실 예수님은 제자들에게 가서 아픈 사람들을 고치라고 하셨어요(누가복음 10:9). 성경은 하나님이 사람을 하나님의 모습으로 창조하셨다고 설명하며 생명의 가치와 존엄에 대해서 가르쳐요(창세기 1:26-27). 이 생각은 아마 현대 의학의 윤리와 실천에도 영향을 주었을 거예요. 의사는 신약성경에 더 자주 언급되지요.

예를 들면,

- 예수님은 "의사야 너 자신을 고치라" 하는 유명한 속담을 인용하며 말씀하셨어요(누가복음 4:23).
- 예수님은 '죄인들과 세리들'과 함께 식사하는 습관에 대해 질문을 받자 "건강한 자에게는 의사가 쓸 데 없고 병든 자에게라야 쓸 데 있느니라 나는 의인을 부르러 온 것이 아니요 죄인을 부르러 왔노라" 하고 대답하셨어요. (마가복음 2:17; 마태복음 9:12; 누가복음 5:31도 보세요.)
- 전통에 의하면 누가복음과 사도행전을 쓴 누가는 의사였어요(골로새서 4:14).
- 혈루증을 앓았던 한 여자는 모든 돈을 의사에게 썼고, 그 후에 예수님께 치유를 받았어요(마가복음 5:26-29).

기적이에요!

때때로 하나님은 아픈 사람들을 낫게 하시려고 놀라운 방식으로 사람들을 움직이셨어요. 하나님은 죽은 사람들을 다시 살리셨어요! 성경에는 하나님의 힘으로 병이 나은 사람들의 이야기가 많이 나와요. (기적적인 치유 이야기를 더 보려면 158쪽에서 '예수님'에 관한 부분을 읽으세요.)

- 모세의 누나인 미리암은 피부병에 걸렸는데, 모세가 기도한 후에 나았어요(민수기 12장).
- 엘리야 선지자는 사르밧에 사는 과부의 죽은 아들을 살렸어요(열왕기상 17:17-24).
- 엘리사 선지자는 아람 군대의 장군인 나아만에게 요단 강에서 씻으라고 말했어요. 나아만은 피부병이 나았어요(열왕기하 5장).
- 유다의 히스기야 왕은 병이 낫게 해달라고 기도했고 하나님은 이사야에게 말씀하셔서 왕의 아픈 곳에 무화과를 바르라고 말해 주셨어요. 그러자 왕이 나았어요(열왕기하 20:1-11).
- 사도 베드로와 요한은 하나님의 힘으로 예루살렘의 성전 문에서 다리에 장애가 있는 사람을 고쳤어요(사도행전 3:1-10).
- 베드로와 같은 사도들이 기적을 행할 수 있었기 때문에 많은 아픈 사람들은 베드로의 그림자만 닿아도 나을 거라고 믿었어요(사도행전 5:15).
- 욥바 시에서, 과부들과 가난한 사람들을 위해 친절을 베풀며 살았던 도르가가 죽었을 때 베드로가 다시 살려냈어요(사도행전 9:36-42).
- 사도 바울은 창문에서 떨어져 죽은 유두고라는 젊은이를 살려냈어요(사도행전 20:7-12).

성경의 고대 세계는 불가사의로 가득 차 있어요. 주전 2세기의 저술가인 시돈의 안티파테르는 처음으로 고대의 불가사의를 찾아 기록했어요. 한번 살펴보세요. 어느 것이 가장 좋은가요?

고대 세계의 7대 불가사의

1 기자(Giza)의 거대한 피라미드 (주전 2500년)

큰 피라미드들 중에서도 가장 큰 피라미드는 애굽(이집트)의 바로(파라오) 쿠푸를 위해 만든 거예요. 이 거대한 건축물은 지하가 엄청나게 넓은 52,610m^{2}이고, 약 2백만 개의 돌 벽돌로 지었어요. 건축 작업은 20년도 더 걸렸을 것이고 2만 명에서 10만 명이 일했을 것이라고 해요.

이스라엘 사람들은 애굽(이집트)에서 종으로 살면서 벽돌을 만들었어요. 벽돌은 도시를 건설하고 피라미드를 만드는 데 사용되었어요. 이 이야기에 대해서는 출애굽기 1장 1-14절에서 읽을 수 있어요.

2 바벨론의 공중정원 (주전 580년)

너무나도 아름다운 꽃과 화초로 가득 찬 정원 테라스가 높이 23미터 상공에 있다고 상상해보세요. 게다가 그것이 사막 한복판에 있다고 상상해보세요. 어떤 자료에서는 바벨론의 왕 느부갓네살 2세가 고향의 푸르름을 그리워하는 아내를 위해 만들어 주었다고 해요. 덥고 건조한 사막 공기 속에서 어떻게 그 정원을 유지할 수 있었을까요? 아마도 이 정원에 물을 대기 위해서 노예들이 사슬 펌프로 유브라데(유프라테스) 강에서 물을 끌어올렸을 거예요. 느부갓네살 왕에 대해서는 열왕기하 24장 1-17절과 다니엘 1-4장을 보세요.

3 올림피아의 제우스 상 (주전 430년)

상아와 금으로 만든 이 엄청난 제우스(그리스 신화에 나오는 천둥의 신) 상은, 4층 건물 높이이고, 고대에 올림픽 경기가 열렸던 곳을 내려다보고 있어요. 이 상은 머리가 아주 높아서 거의 신전 천장에 닿아요. 전설에 의하면 이 상이 완성되었을 때 조각가인 페이디아스가 작품을 인정하는 표시를 달라고 신들에게 기도했다고 해요. 그랬더니 잠시 후에 신전이 번개에 맞았대요. 조각가는 자기 작품이 최고로 인정받았다고 생각했을 거예요.

4 에베소의 아데미(아르테미스) 신전 (주전 550년)

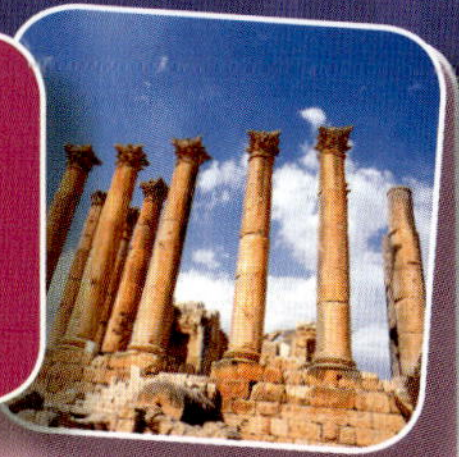

이 거대한 신전은 현재의 터키에 있는데, 그리스 신화에 나오는 사냥과 야생동물의 여신 아데미를 기념하기 위해 지은 거예요. 축구장보다 더 넓은 이 신전에 18미터 높이의 기둥이 백 개가 넘게 있어요. 고대에서 가장 큰 신전이지요. 정교한 동상들이 신전 마당을 장식했어요. 여기서 사람들이 물건을 사고팔았지요.

1세기에 사도 바울은 에베소에서 약 3년간 살았어요. 아데미 신전은 사도행전 19장 27절에 나와요.

5 할리카르나소스의 웅장한 무덤 (주전 350년)

이것은 아르테미시아가 남편 마우솔루스를 위해 지은 무덤이에요. 남편의 이름에서 '웅장한 무덤', 곧 '마우솔레움'이라는 말이 나왔지요. 이 고대의 불가사의는 여자가 지시해서 만든 유일한 건축물이라고 해요. 이 41미터 높이의 무덤은, 피티우스와 사티로스와 같은 건축가 덕에, 피라미드 지붕에 네 마리 말이 끄는 전투 마차(병거) 조각품으로 아름답게 장식할 수 있었어요. 하나님이 어떻게 애굽(이집트) 병거를 막아 이스라엘 사람을 도우셨는지를 알려면 출애굽기 14장 23-28절을 읽어보세요.

6 로도스의 큰 동상 (주전 292년)

이 34미터 높이의 동상은 신화 속의 태양신 헬리오스의 동상이에요. 미국에 있는 자유의 여신상과 높이가 거의 같지요. 이 거대한 동상은 그리스의 로도스 섬 항구를 56년간 지켜보며 서 있다가 지진으로 파괴되었어요. 쓰러져 있어도 어마어마하게 커서 사람들이 사방에서 보러왔다고 해요. 동상의 엄지가 얼마나 굵은지 두 팔로 감싸 안을 수 있는 사람이 거의 없었다고 해요. 수백 년 후에 부서진 동상을 치울 때 900마리 이상의 낙타가 동원되어 엄청난 양의 부스러기를 날랐다고 해요.

7 알렉산드리아의 등대(주전 280년)

이 등대는 이집트 알렉산드리아 근처 파로스 섬에 있었어요. 파로스라고도 알려진 이 돌탑은 137-183미터 높이였고 당시에 최고 높은 건물 중 하나였어요. 이집트의 통치자인 프톨레마이오스가 이 등대를 지으라고 명령했어요. 밤에는 이 등대의 밝은 불꽃이 배를 안내했고, 낮에는 빛나는 청동거울들을 가지고 배가 항구에 드나드는 것을 도왔지요. 오늘날에도 파로스 섬 근처 물 속에서 등대의 유물을 볼 수 있답니다.

사도 바울은 선교 여행을 할 때 파로스를 보았을 거예요. 알렉산드리아의 배를 타고 항해한 바울의 여행에 대해 읽으려면 사도행전 27장을 보세요.

알고 있었나요?

'파로스'라는 말은 프랑스어, 이탈리아어, 스페인어로 '등대'를 뜻해요.

성경에 나오는 더 놀라운 건축물

솔로몬의 성전

이스라엘 백성은 수백 년 동안 장막이라고 부르는 천막에서 이스라엘의 하나님께 예배했어요. (장막에 대해서는 152쪽의 '예배'를 보세요.) 이것은 솔로몬 왕이 등장하고서 크게 변했지요. 그 아버지 다윗도 하나님을 위해 큰 성전을 짓고 싶어 했지만(사무엘하 7:12-14; 역대상 17:11-12를 보세요.), 성전을 짓도록 선택 받은 것은 솔로몬이지요.

성전은 세 부분으로 되어 있어요. 성전 안뜰, 성소, 그리고 지성소라고 하는 안쪽 방이 있어요.

성전은 약간 빛나는 하얀 사암으로 지었고, 예루살렘 언덕에 높이 서 있었어요. 이 건축 사업이 얼마나 시끄러웠을까요. 일꾼들이 모양을 만드느라 사암 바위를 두드리고 깼을 거예요. 그러나 성전 터에서는 그 소리가 들리지 않았어요. 어떻게 그럴 수 있었을까요? 솔로몬은 거룩한 곳에서 시끄러운 소리가 나는 것을 원치 않았어요. 그래서 바위를 깨서 모양을 만드는 일은 모두 채석장에서 하고, 그것을 건축 현장으로 가져오게 했어요 (열왕기상 6:7).

숫자로 보는 솔로몬의 성전

완성하는 데 걸린 기간	7년
목재 자르는 일꾼	3만 명
돌 자르는 일꾼	8만 명
돌 나르는 일꾼	7만 명
감독관	3천 명 이상

계산해보세요

성경 시대에는 길이를 잴 때 규빗이라는 단위를 썼어요. 성전은 길이 60규빗, 높이 30규빗, 넓이 20규빗이었어요. 이것은 길이 27미터, 높이 14미터, 넓이 9미터입니다.

알고 있었나요?

2007년에 1억 명이 넘는 전 세계 사람들이 세계의 7대 불가사의를 새로 뽑기 위해 투표를 했어요. 다음은 새로 뽑힌 건축물과 유명한 장소예요.

건물 또는 명소	위치	건축 연도
치첸이트사의 피라미드	멕시코의 유카탄 반도	800년 이전에 지어진 것으로 보임.
구세주 그리스도 상	브라질의 리우데자네이루	1931년
로마의 원형 경기장	이탈리아의 로마	70-82년
타지마할	인도의 아그라	1630년
중국의 만리장성	중국	주전 220년; 주후 1368-1644년
페트라	요르단의 페트라	주전 9년-주후 40년
마추픽추	페루	1460-1470년

건축가 헤롯

로마인이 이스라엘을 정복했지만 주전 40-4년에 헤롯 대왕은 이스라엘의 왕으로 임명받았어요. 헤롯은 많은 극장, 왕궁, 군사 요새는 물론 '히포드롬'이라고 하는 검투사의 경기장까지 지었어요. 헤롯의 가장 야심찬 건축 사업은 예루살렘 성전을 확장하는 것이었어요. 헤롯은 옛 성전의 크기가 만족스럽지 않았어요. 그래서 더 크고 더 좋은 성전을 짓고 싶어 했어요. 그러나 큰 문제가 있었지요. 더 큰 성전을 지으려면 땅이 더 넓어야 했어요. 하지만 헤롯에게는 문제가 되지 않았어요. 헤롯은 일꾼들에게 성전이 서있는 언덕을 넓히라고 지시했어요. 바깥에 거대한 축대를 쌓아서 터를 만들었어요.

이 성전은 15층 높이였고 예수님 시대의 성전이었어요(마가복음 13:1을 보세요). 그러나 로마인들이 70년에 이 성전을 파괴했어요. 오늘날에는 헤롯 성전의 서쪽 벽만 남아 있어요. 통곡의 벽이라고도 부르는데, 많은 사람들이 기도하려고 이 벽을 찾아온답니다.

오늘날 예루살렘에 있는 통곡의 벽

더 알고 싶으면 ...

새로 선정한 세계 7대 불가사의에 대해 더 알고 싶으면 http://www.new7wonders.com을 찾아보세요.

여기를 파라

많은 사람들이 땅 위에서 건축하느라고 바쁠 때, 히스기야 왕의 사람들은 어둠 속에 있었어요. 지하에서 일을 했거든요. 예루살렘 사람들은 앗수르(앗시리아)와 전쟁을 하고 있었어요. 히스기야 왕은, 적이 도시를 포위하면 예루살렘 사람들이 물이 없어서 죽을까봐 걱정을 했지요. 히스기야는 사람들을 두 무리로 나누어 도시 이쪽과 저쪽으로 보냈어요. 그들은 성벽 안에 지하 샘물의 물길을 만들기 위해 땅굴을 팠어요. 532미터를 파서 양쪽이 가운데서 만났지요! 유다의 히스기야 왕에 대해서는 열왕기하 18-21장을 보세요.

들어오지 마시오

니느웨의 벽

성경 시대에는 대부분의 도시가 거대한 벽으로 에워싸여 있었어요. 적의 공격을 막을 수 있도록 돌과 진흙 벽돌과 나무로 벽을 쌓았지요. 이 벽은 그냥 허술하게 돌을 쌓은 것이 아니었어요. 벽 두께를 6미터 이상으로 쌓는 것은 흔한 일이었어요. 바벨론과 니느웨의 벽은 아주 넓어서 성벽 위에서 전차 6줄이 나란히 갈 수 있었답니다.

여리고의 성벽

구약성경에서 여리고의 성벽은 높고 튼튼했어요. 약 4.5미터 높이의 돌기초 위에, 1.8미터 두께 돌들을 서너 층 쌓아올린 거대한 방어선이었어요. 그러나 이 성벽의 힘은 이스라엘의 하나님의 힘에 비할 수 없었답니다. 이스라엘 사람들이 약속의 땅 가나안에 들어가려고 준비했을 때 하나님은 여리고의 성벽을 무너지게 하셨어요. 이 이야기는 여호수아 6장 1-20절에서 모두 읽을 수 있어요.

주전 600년의 바벨론의 모습. 위키피디아

바벨론의 성벽

바벨론의 성벽도 인상적이었어요. 외부 벽의 두께가 약 4미터였고 내부 벽 두께가 6미터였어요. 두 벽 사이의 7미터 간격은 흙으로 채웠지요. 그래서 17미터 두께의 단단한 방어벽을 만들었어요. 이것은 학교 버스 한 대 반의 길이에 해당해요! 성벽 바깥은 폭 18-76미터 되는 물길로 둘러싸여 있었답니다.

바벨탑

노아의 자손은 하나님께서 말씀하신 대로 온 땅으로 나가 정착하는 대신(창세기 1:28; 9:1) 딴생각을 했어요. 그들은 모두 같은 언어로 말을 했기 때문에 한 곳에 정착하기로 했어요. 그리고 하늘까지 닿는 탑을 쌓기로 했어요. 이 높은 탑은 지구라트라고 해요. 이와 비슷한 탑들이 고대 메소포타미아에서 발견되었어요.

하나님은 사람들의 행동이 마음에 들지 않으셨어요. 하나님은 그들에게 벌을 주시려고 언어를 뒤섞으셔서 서로 알아듣지 못하게 만드셨고, 그들을 온 땅에 흩으셨어요(창세기 11:1-9).

언어의 혼동, 귀스타브 도레, 판화(1865년)

그들은 왜 그렇게 했을까요?

성경에는 가끔 이상한 이야기가 들어 있어서 우리를 궁금하게 만들어요. 왜 어떤 남자들에게는 아내가 동시에 둘 또는 그 이상이 있었을까요? 왜 어떤 사람은 다른 사람의 발을 씻어주었을까요? 성경을 더 잘 이해하려면 고대 중동의 문화 배경을 살펴보는 것이 도움이 되지요. 이제부터 우리는 성경 세계의 아주 재미있고 환상적인 관습을 살펴볼 거예요.

**이상하고,
놀랍고, 그리고
범상치 않은…**

집의 관습 : 천막이 있는 곳이 집이다.

고대 이스라엘 사람들이 살았던 최초의 집은 장막(천막)이었어요(창세기 18:1). 조상 아브라함(하나님이 선택하셔서 하나님을 따른 사람)처럼 하나님의 백성은 이동하며 목축을 하는 사람들이었어요. 그들은 항상 여기저기로 이동을 했어요. 가장 초기의 이스라엘 사람들이 성읍에서 정착하기 시작했을 때도 집을 설명할 때 여전히 천막의 특징을 나타내는 말을 썼어요. 천막은 두 부분으로 나뉘어 있었어요. 방문객을 환영하는 앞부분과 엄격하게 여자와 어린이들만 있는 뒷부분이 있었어요.

Illustration by Ron Wheeler

손님 대접의 규칙

성경 시대에는 손님 대접은 해도 되고 하지 않아도 되는 것이 아니었어요. 손님을 환대하는 것은 규칙이었고 죽느냐 사느냐 하는 문제였어요. 찾아온 사람이 적이라고 해도 미움은 잠시 내려놓고 물과 음식과 쉴 곳을 마련해 주어야 했어요. 적들의 동물에게 물을 주는 것도 손님 대접에 들어 있었어요.

사람들은 먼지 나고 더러운 환경에서 살았기 때문에 사막의 낯선 사람에게 물, 음식, 쉴 곳을 주는 것뿐만 아니라 겸손하게 발도 씻어 주었어요.

그래서 이렇게 했어요

- 이삭의 아내가 된 리브가는 낯선 사람의 낙타 열 마리에게 물을 주었어요. 그 물은 적은 양이 아니었어요. 리브가는 가파른 계단을 오르락내리락 하며 약 1,000리터의 물을 길어 날라야 했어요(창세기 24:17-20).
- 다윗은 질투하는 사울 왕을 피해 도망하는 동안에 양을 많이 소유한 부자 나발이 환대의 전통을 무시하자 화가 났어요. 나발은 다윗과 그 일행이 나발의 양떼를 돌보았는데도 음식을 주지 않겠다고 했어요. 나발은 어리석은 행동 때문에 죽었어요(사무엘상 25:2-40).
- 예수님은 제자들의 발을 씻어 주셨어요(요한복음 13:4-15). 보통은 손님들이 집에 들어 왔을 때 하인들이 그들의 발을 씻겨주었어요.

알고 있었나요?

손님이 도착하고 다시 출발할 때는 입맞춤을 했어요(창세기 29:9-14). 환영과 우정의 표시였지요. 정말로 존경하는 사람에게는 발에 입맞춤을 했어요. 슬프게도 제자 유다는 이 전통을 이용해서 적에게 예수님을 알려주었어요. 유다는 예수님께 입맞춤으로 인사를 하면서 실제로는 예수님을 배신하고 있었던 거예요(마태복음 26:48-50).

고대 중동의 예절

상상해보세요. 여러분이 갑자기 3천 년 전의 고대 이스라엘로 가게 되었다고 상상해 보세요. 손님이 여러분의 천막에 찾아왔어요. 여러분은 손님 대접을 잘 하고 싶을 거예요. 다음 안내를 따라서 하면 된답니다.

생활 관습 :

말이 없는 사막의 '목동'

고대 중동의 많은 유목민은 양을 치고 소를 치는 사람들이었어요. 그들은 동물에 의존해서 살았고, 가축이 풀을 뜯을 수 있는 곳으로 이동했어요. 이렇게 동물을 따라서 살았기 때문에 여러 가지 흥미로운 환대 관습이 생겨났어요.

- 손님이 친척이면 양쪽 볼에 입을 맞추며 환영해요(출애굽기 4:27).
- 손님에게 얼른 마실 물을 주어요. 사막의 열기로 목이 마를 것이기 때문이니까요 (창세기 24:13-14; 요한복음 4:6-8).
- 손님의 낙타들에게도 꼭 물을 주어요 (창세기 24:19-20). 낙타는 하루에 물을 95리터까지도 마시는데, 우물에서 물을 길을 때 쓰는 물동이는 11리터 들이였어요.
- 잘 기른 통통한 송아지 한 마리를 고르고 그것으로 식사 준비를 해요. 이것은 오랜 시간이 걸리고 열심히 일해야 하기 때문에 일찍 시작하는 것이 좋지요(창세기 18:7).
- 그동안 물과 수건을 가져다가 손님의 발에 묻은 진흙과 먼지를 씻어요. 그리고 천막의 그늘에서 편히 쉴 수 있게 해요(창세기 18:4).
- 손님과 동물이 잘 수 있는 곳을 준비해요 (창세기 24:31-32).

알고 있었나요?

단색의 양 두 마리가 줄무늬가 있거나 점박이 무늬가 있는 가지 앞에서 짝짓기를 하면 얼룩덜룩하거나 점박이 무늬가 있는 새끼를 낳을 거라는 믿음이 있었어요.

그래서 이렇게 했어요

라반(리브가의 오빠)과 그 친척인 야곱은 서로를 속이면서 많은 시간을 보냈어요. 라반은 야곱에게 얼룩덜룩한 양과 점 있는 양을 월급으로 가져가라고 말했어요. 그런데 야곱이 찾아보니 그런 양이 없었어요. 야곱은 푸른 가지를 가져다가 그것들의 껍질을 벗겨 흰 무늬를 내는 옛날 방식대로 해 보았어요. 기쁘게도 정말 효과가 있었어요. 야곱은 점 있는 양이 많이 생겨서 부자가 되었어요! (창세기 30:25-43을 보세요.)

식사 관습: 예절 바르게 해야죠!

함께 음식을 준비하고 먹는 것은 이스라엘의 삶과 문화의 큰 일부였어요. 누군가와 음식을 먹는 것은, "당신은 내 친구예요" 또는 "나는 당신과 일하고 싶어요." 하고 말하는 것과 같았어요.

그래서 이렇게 했어요

- 페르시아의 에스더 왕비는 왕에게 어떤 관리에 관해 이야기해 주려고 공식 식사인 잔치 자리를 마련했어요. 하만이라는 관리가 유대인들을 죽이려는 음모를 꾸몄거든요. 에스더는 그 사실을 말해 주려고 잔치의 둘째 날 밤까지 기다렸어요(에스더 5:4-8; 7:1-6).
- 고대에는 다른 사람의 집에 초대를 받으면 자동적으로 식사 대접을 받는다는 뜻이었어요. 유대인들은 먹을 수 있는 것과 먹을 수 없는 것에 대해 규정이 엄격했기 때문에 외국인과 친구가 되기 어려웠어요. 만일 친구가 되면 서로 함께 음식을 먹어야 하고, 그것은 모세의 법에서 금지하는 음식을 먹어야 한다는 뜻이었어요.

계약을 맺는 관습:
약속을 깨면 다리를 꺾거나 그보다 더한 일을 해도 돼요!

우리는 우리가 한 말을 강조하기 위해서 "내가 맹세할게!" 하고 말하지요. 성경 시대에는 맹세한다는 말은 계약을 맺을 때 했어요(민수기 30:2; 마태복음 5:33-37). 맹세는 가볍게 하는 것이 아니었어요! 맹세를 하거나 계약을 맺는 방법이 많았어요.

그 중 하나는 신을 벗어서 약속을 하는 상대방에게 주는 것이었어요. 거래가 이루어졌다는 것을 모두에게 알리는 표시였어요.

계약을 맺는 또 다른 방법은 동물을 반으로 갈라 그 사이를 걷는 것이었어요. 이것은 이런 뜻이었을 거예요. "내가 이 계약을 어기면 나에게 이런 일 또는 이보다 나쁜 일이 일어나게 하소서."

그래서 이렇게 했어요

- 하나님과 아브라함이 언약을 맺은 후에 아브라함은 소 한 마리, 염소 한 마리, 숫양 한 마리를 반으로 갈랐어요. 하나님은 연기와 불로 나타나셔서 반을 가른 두 부분 사이로 지나가셨어요(창세기 15:9-21).
- 룻기에서 보아스는 나오미의 죽은 남편이 가졌던 땅을 도로 사주겠다고 약속했어요. (나오미는 룻의 시어머니였어요.) 더 가까운 친척이 있었지만 보아스가 나선 거예요. 그 친척이 보아스에게 자기 신을 주었어요. 이렇게 해서 그 친척은 보아스가 룻과 결혼할 권리를 가졌다는 것을 인정했어요(룻기 4:7-8). 이 풍습은 신발로 그 땅을 걸어다닐 수 있다는 생각에서 나왔어요. 그래서 신은 그 땅에 대한 '움직이는 땅문서'였던 거예요.

관습과 문화

결혼 풍습

고대 이스라엘에는 데이트 같은 것이 없었어요. 소녀는 아버지의 권위 아래 있었고 아버지가 결혼 계획을 짰어요. 그래도 상대 남자가 좋은지 싫은지는 소녀가 결정할 수 있었어요. 결혼은 가족 간의 약속이었어요. 자녀를 낳는 것이 결혼의 주요 목적이었어요. 때로 남자들은 더 많은 자녀를 낳으려고 한 명 이상의 아내를 두었어요.

소녀나 소년이 12살이나 13살이 되면 어른으로 여겨졌고 결혼할 수 있었어요. 보통은 18살까지 기다렸어요.

결혼은 사업 계약과 같았기 때문에 신부를 데려가기 위해 값을 치렀어요. 신명기에 따르면 최소한의 신부 값 또는 보통 신부 값은 은 50세겔이었어요. 노예보다 2배 많은 값이었어요. 어떤 소녀들은 전쟁의 성과로 데려왔어요.

나중에 글을 읽고 쓰는 사람들이 더 많게 되었을 때, 아내가 남편을 불쾌하게 하면 이혼 증서를 아내에게 주었어요(신명기 24:1).

그래서 이렇게 했어요

- 언니가 동생보다 먼저 결혼을 했어요. 가족이 한꺼번에 경제적 부담을 갖지 않게 하기 위해서였어요. 결혼식 때 신부가 너울을 쓰는 풍습 때문에 야곱은 속아서 라헬의 언니 레아와 먼저 결혼했어요. 야곱은 라헬의 신부 값을 내기 위해 7년을 더 일해야 했어요(창세기 29:21-27).
- 예수님은 이혼 규칙을 나쁘게 이용하는 것에 대해 말씀하셨어요(마태복음 19:8-9). 예수님은 남편이 그저 아내가 싫다고 해서 이혼할 수는 없다고 말씀하셨어요. 남편은 아내가 다른 남자를 만났다는 것을 증명해야 이혼할 수 있었어요(마태복음 5:31-32).

장례와 애도 관습

고대 중동에는 공식적인 애도 전통이 있었어요. 야곱이 죽었을 때 요셉은 "아버지를 위하여 칠 일 동안 애곡"했어요(창세기 50:10). 이 성경 기록 때문에 고인 친척을 위한 '앉아서 7일(시팅 시바, 시바는 7이라는 뜻)'이라는 유대인의 애도 관습이 나왔어요. 그러나 애도 과정은 몇 주 또는 몇 달 동안 계속될 수 있었어요.

애굽(이집트) 사람들과는 달리 이스라엘 사람들은 시신에 방부 처리를 하지 않았어요.

그래서 이렇게 했어요

- 요셉은 오랫동안 애굽(이집트)에서 산 이스라엘 사람이었어요. 그래서 요셉은 아버지가 돌아가셨을 때 야곱의 시신에 방부 처리를 했어요. 이 과정은 40일이 걸렸어요. 애굽 사람들은 야곱을 위해 70일간 슬퍼했어요(창세기 50:1-3).
- 어떤 경우에는 전문적으로 애도하는 사람들을 고용하여 죽은 사람을 위해 큰 소리로 울게 했어요(마가복음 5:38).

고대에 애도하던 10가지 방식

1. 크게 울고 애곡한다 (마가복음 5:38).
2. 티끌이나 재를 머리 위에 던진다 (느헤미야 9:1).
3. 자신의 옷을 찢는다 (에스라 9:3).
4. 머리털을 민다 (남자일 경우) (욥기 1:20).
5. 맨발로 다닌다 (사무엘하 15:30).
6. 자신의 가슴을 친다 (누가복음 18:13).
7. 씻지 않거나 먹지 않는다 (사무엘하 12:16-17, 20).
8. 수염을 뽑는다(남자일 경우) (에스라 9:3).
9. 티끌에서 뒹군다 (미가 1:10).
10. 굵은 베 옷이라고 하는 거친 옷을 입는다 (창세기 37:34).

결혼과 약혼

양쪽 가족이 결혼을 하기로 결정하면 그 다음에는 어떤 일을 할까요? 두 단계가 있었어요. 첫 단계는 약혼 또는 '키두신'인데 키두신은 '거룩하게 하다' 또는 '구별하다'라는 뜻이에요. 비록 이것은 결혼의 첫 단계에 불과했지만 결혼과도 같은 효력이 있었어요. 그래서 신약성경에서 요셉이 마리아와 약혼한 사이이지만 약혼을 깨려면 이혼을 해야 했던 거지요(마태복음 1:18-20).

결혼의 둘째 단계는 '니수인'이고, 이것은 여자를 모든 면에서 남자의 신부로 만드는 것으로 결혼을 완성한다는 뜻이에요.

첫째 단계: 약혼(키두신)

중매쟁이나 아버지가 여자에게 결혼을 제안하지요. 아브라함의 종은 리브가의 아버지 브두엘과 오빠 라반에게 이삭과 리브가의 결혼을 허락해 달라고 했어요(창세기 24:49-51). 창세기 24장 52-53절에서 볼 수 있듯이 아브라함의 종은 은과 금 장신구 그리고 아름다운 옷을 리브가에게 신부 값으로 주었어요.

그리고 계약('케투바'라고 함)을 맺었어요. 양쪽 가족은 포도주로 예식을 했고, 신부는 자신의 집으로 돌아왔어요. 약혼은 보통 1, 2년 동안 지속되었지만 그보다 더 길게 지속되기도 했어요.

약혼 기간 동안 예비 신부는 잠언 31장 10-31절에서 말하는 현숙한 아내가 되는 법을 배웠어요. 신랑은 '후파'라고 하는 결혼식 천막과 '헤달'이라고 하는 결혼식장을 만들었어요. 그 다음에 신부는 모인 사람들 앞에서 너울을 써서, 그가 구별되었고 남편의 아내가 되었다는 것을 알렸어요. 리브가는 남편 이삭을 만나기 전에 너울을 썼어요(창세기 24:63-65).

둘째 단계: 결혼식(니수인)

결혼 축하에는 잔치와 춤이 있었어요(요한복음 2:1-12). 저녁이 되면 춤을 추고 축하하는 사람들이 신랑을 집 안에 있는 결혼 천막과 결혼식장으로 데려갔어요.

너울을 쓰고 보석으로 치장한 신부가 신랑을 만나러 결혼 천막으로 가도록, 신부의 친구들이 안내를 해주었어요. 거기서 간단한 예식을 하고 적어도 두 명의 증인이 있는 데서 계약을 맺었어요(시편 45:10-15).

여러분은 고대 이스라엘에서 사람들이 어떻게 교육을 받았는지, 무엇을 배웠는지 궁금한 적이 있었나요?

부모: 최초의 자택 교육자

부모는 하나님의 법을 자녀에게 가르쳐야 했어요. 모세는 설교를 통해서 부모가 할 일을 처음으로 설명해 주었어요.

"오늘 내가 네게 명하는 이 말씀을 너는 마음에 새기고 네 자녀에게 부지런히 가르치며 집에 앉았을 때에든지 길을 갈 때에든지 누워 있을 때에든지 일어날 때에든지 이 말씀을 강론할 것이며 너는 또 그것을 네 손목에 매어 기호를 삼으며 네 미간에 붙여 표로 삼고" (신명기 6:6-8)

여자는 모세의 율법(성경의 첫 다섯 책)을 배울 수 없었기 때문에 아버지가 아들에게 읽고 쓰는 법과 맡은 일을 해내는 방법을 가르칠 책임이 있었어요. 아이들이 어렸을 때는 어머니도 도왔지만 주로 아버지가 책임을 졌어요. 그러나 아버지가 사업 때문에 자주 집을 비우면 가정교사를 고용할 수 있었어요.

어머니는 딸에게 집안일을 가르치고, 좋은 아내, 어머니, 공동체의 유용한 일원이 되도록 가르칠 책임이 있었어요.

알고 있었나요?

신명기 6장 9절에 의하면, 고대 이스라엘의 사람들은 율법 구절을 문설주에 붙여서 하나님의 법을 기억하라는 명령을 받았어요. 유대인들의 이 고대의 관습은 오늘날까지도 이어지지요. 성경 구절을 넣는 작은 상자를 '메주자'라고 불러요.

레위인과 선지자: 하나님의 선지자

모세에게 주어진 법에 의하면 레위인은 백성의 제사장이자, 선생님이었어요(신명기 33:10). 역대하 17장 7-9절에서 유다의 왕 여호사밧은 레위인을 온 땅에 보내 백성에게 율법을 가르치게 했어요. (더 알고 싶으면 94쪽의 '선지자와 예언'을 보세요.)

서기관과 랍비:

고대의 학자 또는 교수

서기관과 랍비는 모세의 율법을 연구하고 해석한 학자 또는 선생님(랍비는 히브리어로 '선생'이라는 뜻)이었어요. 서기관은 때로 개인의 집, 회당, 성전 마당에서 가르쳤어요. 학생들은 선생님의 발치인 바닥에 앉아 있었지요. 선생님은 글쓰기보다는 말로 가르쳤고, 말하기에 의존했어요. 랍비나 선생님이 무언가를 말하면 학생들이 그것을 따라서 말했어요. 그런 다음 학생들에게 질문을 해서 시험을 치렀지요. 학생들은 배운 것을 그대로 기억해서 반복할 수 있어야 했어요. 사도 바울도 이런 식으로 배웠어요. 사도행전 22장 3절에 의하면 바울의 선생님은 1세기의 랍비 가말리엘이었어요.

회당 밖에서 가르치심
솔로몬 알렉산더 하트(1831년)

알고 있었나요?

어떤 유대인들은 그리스도가 태어나기 몇 세기 전부터 신명기 6장 6-8절에 나온 가르침을 그대로 따랐어요. 그들은 모세의 율법의 일부를 양피지 조각에 써서 작은 상자에 넣어 가죽 끈으로 미간(이마)과 손목에 묶었어요. 이것을 성구함이라고 불러요. 예수님이 이 관습을 정죄한 적이 없지만, 마태복음 23장 5절에 의하면 어떤 종교 지도자들은 성구함을 크게 만들어서 사람들에게 특히 거룩하게 보이려고 한다고 지적하신 적이 있어요.

바리새인과 사두개인:

모세의 법을 지키는 사람들

신약성경은 예수님과 초대교회 시대에 공동체의 삶에 큰 영향을 준 두 그룹의 유대인들을 보여주어요. 각 그룹은 모세의 율법의 다른 부분을 강조하였고 각자 율법을 강조해서 학생들을 가르쳤어요. 그들은 바리새인과 사두개인이었어요. 복음서는 예수님이 이 두 그룹과 여러 번 언쟁했다고 보고해요(마태복음 23장).

'바리새'라는 말은 히브리어로 '구별된 사람들'이라는 뜻이에요. 이 사람들은 모세의 율법과 율법의 구전 전통을 공부한 경건한 선생들이었어요. 이들은 어떻게 율법을 지켜야 하는지에 대해 엄격한 조건을 많이 고안하고 편찬했어요. 이들은 자신이 믿는 바에 대해 매우 진지하고 열정적이었어요.

다른 한 편으로 '사두개인'은 기록된 모세의 율법과 계명이 구전 전통보다 더 중요하다고 생각했어요.

고대의 교육과정

정확히 언제부터 사람들이 생각을 글로 기록하기 시작했는지는 확실하지 않아요. 그러나 주전 3000년 이전 무렵에 메소포타미아에서 그림 방식의 기록 언어를 썼어요. 지중해 동부 해안에 살던 페니키아 사람들이 주전 1800년경에 알파벳을 발명한 것으로 알려져 있어요. 그리스 사람들과 히브리 사람들은 이 글쓰기 방식을 얼른 받아들였어요.

고대의 사람들은 철필(위의 그림과 같이 뾰족한 펜 모양의 도구)로 적었어요. 그들은 젖은 진흙이나 왁스로 덮인 나무판 위에 적기도 하고, 긴 두루마리의 파피루스에 잉크로 쓰거나 털을 없애고 펼쳐서 틀에 말린 양가죽, 염소가죽, 송아지 가죽으로 만든 가죽 두루마리에 썼어요.

고대 이스라엘에서 어린이들이 배운 것

- 읽기와 쓰기
  (소년일 경우)
- 산수
- 십계명 (출애굽기 20:1-17), 곧 하나님이 모세에게 시내 산에서 주신 열 가지 중요한 명령
- 토라 (성경의 첫 다섯 책)의 여러 부분
- 구전 율법 (나중에 탈무드로 알려진 것으로서 어떻게 계명과 토라를 일상생활에서 실천해야 하는지를 설명한 것)
- 아버지의 사업
  (소년일 경우)
- 집안에서 할 일
  (소녀일 경우)

알고 있었나요?

1983년에 나온 영화 '엔틀'에서 배우 바바라 스트라이샌드는 남자들처럼 토라를 공부하기 위해 남자로 변장한 젊은 여자의 역할을 맡았어요.

'탈무드'(때로 아람어로 '게마라'라고 부름)는 '미쉬나'(다음 쪽을 보세요)에 대한 긴 주석이에요. 탈무드는 두 가지 형식으로 존재하는데 탈무드의 고대 가르침은 오랜 시간에 걸쳐 생겨났어요.

구전 법: 기억으로 배운 교훈

모세의 율법은 십계명보다 훨씬 더 많은 내용을 담고 있기 때문에 이 법들을 어떻게 실천할지에 대해 구체적인 가르침이 필요했어요. 예를 들면, 안식일에 일을 하지 말라는 계명이 있어요(출애굽기 20:8-11). '일'이란 무엇을 뜻할까요? 율법 선생님들은 사람들이 모세의 율법을 어떻게 실천할지 이해하도록 도와주었어요. 그러나 수 세기가 지나자 규칙이 너무 많이 생기고, 규칙에 대한 해석이 너무 많이 생겨서 다 기억하기 어려웠어요. 그래서 랍비들은 120-200년 사이에, 율법의 구전 전통에 대하여 어떻게 가르쳤는지와 그 율법을 어떻게 해석했는지를 모아, '미쉬나'라고 부르는 책에 함께 기록하였어요.

'미쉬나'는 여섯 부분(쉬아)으로 되어 있어요.

- **제라임(씨앗): 주로 농경을 다루는 11개 부분의 율법**
- **모에드(절기): 안식일과 절기 축제를 다루는 12개 부분의 율법**
- **나쉬임(여자): 결혼, 이혼 및 여러 계약을 다루는 7개 부분의 율법**
- **네지킨(다쳤을 때): 민법과 형법을 다루는 10개 부분의 율법**
- **코다쉼(거룩한 것들): 제사장직, 희생제사, 성전을 다루는 11개 부분의 율법**
- **토호로트(정결): 정결 예식을 다루는 12개 부분의 율법**

회당

바리새인과 사두개인은 예루살렘 성전과 각 지역 회당에서 가르쳤어요. 회당은 예배와 기도를 위해 공동체가 모이는 곳이었어요. 여기서 토라, 예언서 또는 탈무드를 읽고 공부했어요. 회당은 이스라엘 사람들이 흩어졌던 포로기(주전 586년 이후)에 시작한 듯해요. 예수님 시대에 대부분의 회당 모임은 사람들의 집에서 모인 것이었어요. 나중에, 특히 주후 70년에 예루살렘 성전이 파괴된 뒤에 유대인들은 이런 모임을 가지려고 건물을 짓기 시작했어요. '모임'을 뜻하는 '교회'라는 말이 건물을 뜻하게 된 것처럼, 오늘날 '회당'이라는 말도 사람들의 모임이라기보다는 건물 자체를 뜻하게 되었어요.

예수님과 사도 바울은 신실한 유대인으로서 종종 회당에서 가르쳤어요(누가복음 4:16; 사도행전 18:5-17). 회당의 지도자들은 사람들을 체포하거나(사도행전 9:2), 회당에 출석하는 것을 막는 권위를 가졌어요. 예를 들면, 태어날 때부터 시각 장애를 가졌던 어떤 사람은 예수님이 자신의 눈을 고쳤다고 주장하자 회당에서 결국 쫓겨났어요(요한복음 9:1-34).

기마르 회당, 프랑스 파리

교통

"세 번 파선하고 일 주야를 깊은 바다에서 지냈으며 여러 번 여행하면서 강의 위험과 강도의 위험과 동족의 위험과 이방인의 위험과 시내의 위험과 광야의 위험과 바다의 위험과 거짓 형제 중의 위험을 당하고"
(고린도후서 11:25하-26).

고대에는 여행이 쉽지 않았어요. 바울이 여행에 대해 적어 놓은 것을 보면 알 수 있지요. 쓸리고 무너진 어두운 길, 야생동물, 폭풍, 해적, 홍수, 도둑, 그 밖의 장애물들이 모두 여행을 어렵게 만들었어요.

여행을 하는 이유

여행이 그렇게 어렵고 위험했는데 왜 사람들은 여행을 했을까요?

소통

고대에는 우체국과 같은 것이 없었어요. 처음에 사람들이 소통할 수 있었던 유일한 길은 메시지를 손으로 직접 전하는 것이었어요. 전령들은 걷거나 말을 타고 다니면서 소식을 알리거나 다른 사람이 쓴 편지를 전했어요(사무엘하 11:18-24; 에스더 8:10). 바울은 에바브로디도와 디도와 같은 기독교인들에게 교회 모임을 찾아가서 믿는 사람들에게 용기를 주라고 요청했어요(고린도후서 8:16-24; 빌립보서 2:19-30).

알고 있었나요?

고대 세계에서 가장 발달된 우편 제도는 예수님이 태어나기 이전에 로마 사람들이 개발한 쿠르수스 푸블리쿠스(공적인 길)였어요. 사도 바울 시대에 이르러 로마의 우편 제도는 마차와 릴레이 제도를 이용했어요. 그러나 부유하고 힘 있는 사람들만 그것을 이용할 수 있었지요.

알고 있었나요?

사람들은 종종 '대상'(카라반)이라고 하는 상인 무리를 이루어 함께 여행했어요. 이 무리는 이동할 때 낙타와 나귀에 비싼 짐을 싣고 갔어요. 여행자들은 무리를 지어 함께 다니는 것이 더 안전하다고 생각했어요(창세기 37:25).

일

고대 이스라엘의 많은 사람들은 일거리를 찾거나 물건을 팔기 위해 여행했어요. 상인들은 상품을 팔기 위해 배를 타고 여행했어요(에스겔 27:3-9). 솔로몬은 성전을 짓기 시작했을 때 많은 지역에서 건축 자재를 가져오게 했어요(열왕기상 5:13-18). (솔로몬의 성전에 대해서는 14쪽의 '건축물과 유명한 장소'를 보세요.)

축제와 선교여행

고대 이스라엘의 사람들, 특히 남자들은 율법에 따라 해마다 무교병 절기와 맥추절과 수장절에 참석할 의무가 있었어요(출애굽기 23:14-17). (56쪽의 '달력과 휴일'을 보세요.) 사람들은 아래 이정표에 나온 곳으로 여행했어요.

예수님은 제자들을 갈릴리 곳곳으로 보내셨고(마태복음 10-11장), 나중에는 하나님의 나라에 대해 전파하라고 온 세계로 보내셨어요(마태복음 28:19-20; 사도행전 1:8).

사도 바울은 소아시아와 마게도냐를 누비고 다니면서 이방인들에게 예수님에 대해 전했어요(사도행전 16:4-5). (80쪽의 '바울'을 보세요.)

알고 있었나요?

고대 이스라엘 사람들은 예루살렘 성전에서 열리는 특별한 축제에 참석하기 위해서 무리를 이루어서 여러 날을 걸어서 갔어요(누가복음 2:41-46).

특별한 예배 장소

전쟁

슬프게도 사람들이 여행을 하는 많은 이유 중 하나는 다른 나라와 전쟁을 하기 위해서였어요. 이스라엘 군사들은 가나안의 여러 도시로 가서 그 지역을 차지하려고 했어요(민수기 31장; 여호수아 6-11장). 나중에 유다(이스라엘의 남왕국)는 바벨론 사람들에게 침략을 당했어요(열왕기하 24-25장). (50쪽의 '나라들'을 보세요.)

여행길

육로

어떤 사람들은 예수님과 제자들처럼 옛날식으로 걸어서 여행했어요(누가복음 24:13-17).

말은 보통 왕과 군인들만 탔어요. 매우 비쌌거든요. 말은 병거를 끄는 데도 쓰였어요(열왕기상 10:26-29).

어떤 사람들은 나귀를 탔어요. 발람 선지자는 나귀를 탔는데, 나중에 이 나귀가 말을 했어요(민수기 22:21-35). 예수님은 나귀를 타고 예루살렘에 들어가심으로 구약성경의 스가랴 선지자의 예언을 이루셨어요(스가랴 9:9; 마태복음 21:1-11). 사람들은 무거운 짐을 나를 때도 나귀를 이용했어요(창세기 45:22-24).

때로 사람들은 낙타에 탔어요. 그러나 낙타는 주로 짐을 날랐어요(창세기 24:63-65; 열왕기상 10:2; 열왕기하 8:9). 낙타는 450킬로그램 정도를 지고 갈 수 있어요!

알고 있었나요?

낙타는 가시 달린 식물을 먹을 수 있고, 모래 바람이 불면 콧구멍을 닫을 수 있고, 눈을 보호할 긴 속눈썹이 있어서, 사막 여행을 잘 할 수 있어요.

수로(바닷길)

작은 배는 물고기를 잡을 때와 나일 강(이사야 18:1-2)이나 갈릴리(게네사렛) 호수(누가복음 5:1-11)와 같은 물길을 따라 여행할 때 쓰였어요.

에게 해와 지중해로 가려면 큰 배가 필요했어요(요나 1:1-5; 사도행전 16:11; 20:13-16). 커다란 배는 10명에서 50명이 노를 젓는 힘으로 움직였고 돛도 있었어요. 바다로 다니는 배는 주로 짐을 나르는 데 쓰였어요. 승객은 자신이 먹을 것을 갖고 다녀야 했지요.

예측할 수 없는 겨울 날씨 때문에 여행하기에 '안전한' 유일한 때는 5월 26일과 9월 14일 사이였어요(사도행전 28:11-14).

페니키아 사람들은 배가 다닐 수 있는 새로운 항로를 찾아냈어요. 바로 별을 보고 다니는 것이지요.

어떤 배들은 땅을 가로질러 지름길로 이동했는데, 굴림대 위에 굴려서 이쪽 바다에서 저쪽 바다로 옮겼어요.

로마 도로

로마 사람들은 도로 건설의 달인들이었어요. 로마 사람들이 탄탄하고 넓은 도로를 만들기 전에는 마차의 바퀴가 진흙에 빠지거나 다 닳아 없어진 길에서 길을 잃을까봐 여행자들이 걱정해야 했어요. 로마 지도자들은 주전 334년경부터 이 모든 것을 바꾸었어요. 8만 킬로미터나 되는 주요 도로를 만들었거든요. 이 길은 보통 길이 아니었어요. 모래와 자갈과 부순 돌로 여러 겹을 깔았고 맨 위에는 매끄러운 돌판을 깔았지요.

이렇게 좋은 길을 만드는 것이 로마 사람들에게는 왜 중요했을까요? 그 이유가 뭐라고 생각하세요? 그 이유는 크게 세 가지가 있어요.

(1) 로마 병사들이 한 곳에서 다른 곳으로 훨씬 더 빨리 이동할 수 있었어요.

(2) 좋은 길은 로마 사람들이 제국의 먼 지방을 관리하고 다스리기 쉽게 해주었어요.

(3) 물건들을 한 곳에서 다른 곳으로 운반하는 것이 훨씬 쉬워져서, 로마의 무역에 도움을 주었어요.

아마 새 도로가 준 가장 좋은 혜택은 기독교를 전파하는 데 도움을 준 것이었을 거예요. 여행이 더 빠르고 쉬워져서 하나님의 말씀이 이전에 전해지지 못한 곳까지 전해졌지요.

알고 있었나요?

말 한 마리 또는 두 마리가 끄는 병거는 전쟁에 효율적인 교통수단이었어요. 빨리 이동하고 쉽게 방향을 바꿀 수 있었거든요(사무엘상 13:5-6).

로마 도로 옆의 티파자 도시는 글라우디오(클라우디우스) 황제가 다스릴 때의 군사 식민지였어요.

중요한 도로

왕의 큰 길(대로)

현재 요르단을 통해 북쪽과 남쪽으로 여행한다면 '왕의 큰 길'을 따라 여행할 수 있어요. 모세와 이스라엘 사람들은 에굽(이집트)에서 도망쳐서 가나안으로 갈 때 이 길로 지나가려고 했어요(민수기 20:14-21).

큰 해안도로

'해변 길'이라고도 하는 이 길은 애굽(이집트)에서 메소포타미아까지 뻗어 있었어요. 이스라엘에서 가장 중요한 길 중 하나였지요. 이사야는 예언할 때 이 길을 언급했어요(이사야 9:1).

에그나티아 대로

바울은 두 번째 선교여행 때 이 길로 마게도냐(북 그리스)를 가로질러 이동했어요. 바울은 이 길로 가서 빌립보와 데살로니가를 방문했어요(사도행전 16:12; 17:1). 에그나티아 대로는 마게도냐의 주요 도시로 통과하며 동서로 뻗어 있었어요.

아피아 가도

'길의 여왕'이라고도 한 이 길은 4세기에 건설된 이탈리아의 유명한 대로이고, 로마에서 아드리아 바다 해안까지 이어져요. 이 대로의 폭은 5.5미터이고 길이는 580킬로미터예요. 도로 일부가 오늘날에도 남아 있어요. 정말 잘 만든 길이지요!

고대 세계의 여행 속도

방법	여행 거리
걷기	하루에 32킬로미터
나귀	하루에 32킬로미터
말	하루에 40-48킬로미터
낙타	짐을 싣고 갈 때 하루에 48킬로미터; 한 사람을 태우고 갈 때 하루에 160킬로미터까지
마차	하루에 40-56킬로미터
배	시간당 8-11킬로미터

계산해 보세요!

여러분이 고대 세계에 살고 있다고 생각해 보세요. 처음 이틀은 걷고, 셋째 날에는 빠른 마차를 타고, 넷째 날에는 낙타를 타고, 다섯째 날에 나귀를 탔다면 몇 킬로미터나 갔을지 위 도표를 가지고 계산해 보세요.

(정답은 아래에 있어요.)

유명한 여행

아브라함

"여호와께서 아브람에게 이르시되 너는 너의 고향과 친척과 아버지의 집을 떠나 내가 네게 보여 줄 땅으로 가라 내가 너로 큰 민족을 이루고 네게 복을 주어 네 이름을 창대하게 하리니 너는 복이 될지라"(창세기 12:1-

75세의 아브라함(아브람이라고도 함)은 하나님의 명령을 듣고서 아내와 조카 롯과 함께 하란을 떠나 가나안으로 갔어요. 아브라함의 믿음은 정말 대단했지요!

아브라함의 여정, 요제프 몰나르(1850년)

야곱

야곱은 아버지를 속여서 형 에서가 받을 축복을 받았어요. 에서는 화가 나서 야곱을 죽여버리겠다고 위협했어요. 야곱은 어머니 리브가의 제안으로 브엘세바에 있는 집을 떠나 하란에 있는 삼촌의 집으로 갔어요. 야곱은 가는 길에 꿈을 꾸었는데, 꿈에 하늘까지 닿은 사닥다리를 보았어요(창세기 28:10-15).

모세

모세는 애굽(이집트) 사람을 죽인 후 도망쳐서 미디안으로 가는 광야로 향했어요(출애굽기 2:11-25). 그러나 모세는 이스라엘 사람들을 종살이에서 벗어나도록 이끌어내려고 가족과 함께 애굽으로 돌아왔어요. 이스라엘 사람들은 숙곳이라는 곳에서 시작해서 홍해를 건넜어요(출애굽기 13:17-14:31). 그들은 광야 여러 곳에서 진을 친 후에 시내 산에 도착했어요(출애굽기 19장).

다윗을 죽이려고 하는 사울. 구에르치노(1646년)

다윗

누군가가 여러분에게 창을 던지기 시작하면 어떻게 하시겠어요? 분명 도망칠 거예요. 다윗도 그렇게 했어요. 다윗이 골리앗을 죽이고 나자, 사울 왕은 곧 다윗을 질투했어요. 사울은 다윗이 너무 인기가 많다고 생각해서 그를 없애기로 결심했어요. 사울과 병사들이 아무리 애를 써도 다윗은 하나님의 도움으로 항상 그들을 이겼어요. 다윗에게는 살아남는 것이 중요했어요. 하나님은 다윗을 향한 큰 계획을 갖고 계셨어요. 다윗은 왕이 될 사람이었지요(사무엘상 18:6-30).

느헤미야, 에스라, 그리고 포로들

이스라엘 사람들이 바벨론에서 70년 동안 포로로 지낸 후에 드디어 팔레스타인으로 돌아갈 때가 되었어요. 서기관인 에스라는 성전에 쓸 금 4톤, 은 25톤을 가지고 예루살렘으로 갔어요(에스라 8:24-30). 느헤미야도 예루살렘에 갔어요. 하지만 느헤미야는 성전 재건을 돕기보다는 예루살렘 성벽을 다시 세우는 데 집중했어요(느헤미야 2:1-6:19).

예수님

예수님은 이 땅에서의 임무가 곧 끝난다는 것을 아시자 예루살렘에서 죽으실 것을 알면서도 그곳으로 가시기로 결정하셨어요. 예수님은 도중에 어린이들을 축복하시고, 아픈 사람들을 고치시고, 선한 사마리아 사람과 같은 비유를 들어 사람들에게 하나님 나라에 대해 가르치셨어요. 예수님은 또한 70명의 제자를 보내서 사람들에게 하나님 나라에 대해 가르치게 하셨어요(누가복음 9:51-19:28).

예루살렘으로 가시는 예수님의 여정을 묘사하는 누가복음의 긴 부분을 '여행 기사'라고 해요.

마리아

갈릴리에 살았던 젊은 여성인 마리아는 가브리엘 천사에게서 자신이 예수님을 낳을 것이라는 말을 들었을 때 혼란스러웠어요. 그렇지만 하나님의 계획의 일부가 된 것에 대해 기대하기 시작했어요. 천사가 마리아에게, 친척 엘리사벳도 아기를 가질 것이라고 말해 주었기 때문에, 마리아는 엘리사벳과 함께 축하하기 위해서 유대 산지로 갔어요(누가복음 1:26-56). 112킬로미터쯤 되는 거리였답니다!

마리아, 요셉, 예수님

로마 총독은 자신이 다스리는 지역의 사람들에게 인구 조사를 하라고 했어요. 그래서 마리아와 요셉은 요셉 가문의 고향인 베들레헴으로 갔어요. 거기서 예수님이 태어나셨어요(누가복음 2:1-7). 그러나 헤롯 왕이 모든 남자 아기들을 죽이라고 했기 때문에, 요셉 가족은 거기에 머물지 않고 애굽(이집트)으로 도망갔어요. 가족은 헤롯이 죽을 때까지 거기서 지냈어요. 그런 다음에 다시 갈릴리 나사렛 마을로 돌아왔어요(마태복음 2:13-23).

예수님이 어른이 되신 후에는 아마도 고향 나사렛에서 136킬로미터 이상 떨어진 곳으로는 여행하지 않으셨을 거예요.

애굽으로 피신하다. 베네딕트 수난화의 대가(1465년경)

우주 속으로 그리고 그 너머로 ...

더 좋고, 더 빠르고, 더 선명한 소통, 게다가 어디서든 소통할 수 있어요. 휴대전화 광고 같지요? 이런 종류의 소통 서비스가 이미 여러분의 지역에도 있어요. 세상이 시작될 때부터 모든 사람이 소통할 수 있었어요. 그것이 바로 기도랍니다. 기도는 하나님께 말하고 듣는 거예요. 우리는 언제, 어디서든, 어떤 상황에서든 기도할 수 있어요. 그리고 하나님은 항상 우리의 기도를 들어주신다고 약속하세요.

기도의 종류

종류	목적
고백	잘못된 행동이나 생각을 인정하는 것
중보	자신을 위해서 또는 다른 사람을 위해서 하나님의 도움을 구하는 것
감사	하나님이 주신 것과 하신 일에 대해 감사하는 것
찬양	하나님의 선하심, 은혜, 사랑, 거룩하심을 찬양하는 것
탄원	하나님께 구체적인 요청을 하는 것

기도로서의 시편

시편에는 모든 종류의 기도가 들어 있어요. 감사와 찬양의 기도들도 있어요(시편 103편; 104편). 시편 119편은 하나님의 율법을 노래하면서 하나님을 찬양하고, 시편 136편은 하나님께서 백성을 위해 하신 일을 노래하면서 하나님을 찬양해요. 고백의 기도와, 원수의 세력에서 벗어나게 해달라는 요청과, 하나님이 약속하신 것을 이루어 달라는 간절한 요청이 있어요(시편 51편; 59편; 89편).

알고 있었나요?

예수님은 십자가에 달리셨을 때 시편 22편을 인용하셨어요. 이 시편은 하나님의 구원하시는 사랑을 묘사하지만(31절, "와서 그의 공의를 태어날 백성에게 전함이여 주께서 이를 행하셨다 할 것이로다"), 예수님은 숨을 거두시기 전에 "나의 하나님, 나의 하나님, 어찌하여 나를 버리셨나이까" 하는 말씀을 남기셨어요.

성경에는 삶의 중요한 순간에 하나님을 의지한 사람들의 이야기로 가득해요. 이 사람들에 대해 읽으면서 어떤 기도를 드렸는지 살펴보세요.

고대 이스라엘에서 기도로 유명한 사람들

사람	상황	기도
다니엘	다니엘은 바벨론에 포로로 끌려갔을 때 죽음을 각오하고서 하나님께 대한 믿음을 지켰어요. 다리오 왕이 자기에게만 기도해야 한다는 금령을 내렸지만 다니엘은 그래도 하나님께 기도했어요. 이야기를 전부 읽으려면 다니엘 6장을 보세요.	다니엘 6:10
다윗	왕이 된 목자 소년 다윗은 평생 어떤 상황에서도 하나님께 기도했어요. 그가 성전을 짓겠다고 요청했지만 하나님이 거절하셨어요. 그래도 다윗은 감사를 드렸어요. 역대상 17장을 읽어보세요.	역대상 17:18-20
에스라	하나님은 바벨론에서 포로로 있는 백성을 예루살렘에 다시 돌아오게 하셨어요. 그러나 돌아온 사람들 중에 하나님의 길을 따르지 않는 사람도 많았어요. 에스라는 너무 속이 상해서 자신의 옷을 찢고 머리털을 뽑으며 울며 기도했어요.	에스라 9:5-15
한나	한나는 아들을 낳게 해주시면 하나님을 섬기며 살게 하겠다고 약속했어요. 하나님은 응답하셔서 사무엘이 태어나게 해주셨어요.	사무엘상 1:10-11
히스기야	히스기야 왕은 앗수르 왕의 위협적인 메시지를 받고서 하나님께 도와달라고 기도했어요. 하나님은 히스기야의 기도를 들으시고 앗수르 왕과 군대를 완전히 없애버리시고 예루살렘을 구해 주셨어요.	열왕기하 19:14-19
예레미야	예레미야 선지자는 40년간 계속 유다 백성을 위해 기도했어요. 예레미야는 백성이 악한 길에서 돌이키고 멸망에서 구원 받게 해달라고 기도했어요.	예레미야 10:6-16
요나	하나님은 니느웨의 죄 많은 백성에게 설교하라고 요나에게 말씀하셨어요. 그런데 요나는 반대 방향으로 가는 배에 탔어요. 요나는 배에서 물로 던져졌는데 커다란 물고기가 삼켰어요(1장). 요나는 물고기 뱃속에서 기도했어요!	요나 2:1-9
모세	약속의 땅에 정탐하러 간 사람들이 돌아와 무시무시한 보고를 했을 때 겁을 먹은 이스라엘 사람들은 다시 한 번 반역했어요. 하나님이 백성을 파괴하겠다고 하시자 모세가 백성을 위해 기도했어요.	민수기 14:13-19
느헤미야	느헤미야와 유대인들이 바벨론에서 돌아와 예루살렘 성벽을 다시 세울 때 그 지역에 살던 다른 사람들이 방해하려고 했어요. 느헤미야는 하나님께 기도했어요. 이 이야기와 기도에 대한 응답을 보려면 느헤미야 4장과 6장을 살펴보세요.	느헤미야 4:4-5
솔로몬	솔로몬 왕은 예루살렘에 웅장한 성전을 지은 후에 하나님께 찬양의 기도를 드렸어요.	열왕기상 8:22-53

주님이 가르치신 기도

모든 기도 중에서 가장 잘 알려진 기도는 예수님이 제자들에게 가르쳐주신 기도예요. 이 기도는 '주기도문' 또는 '하늘에 계신 우리 아버지'(첫 구절 때문에 붙은 이름)라고 알려졌는데, 모든 기도의 이상적인 본보기지요. 이 기도의 첫 부분은 하나님의 이름, 하나님의 나라와 뜻에 대해 말해요. 나머지 부분은 기도하는 사람의 물질적이고 영적인 필요에 대해 말해요. 마태복음 6장 9-13절에 나오는 주기도문을 보면 아래와 같아요.

하늘에 계신 우리 아버지여 이름이 거룩히 여김을 받으시오며
나라가 임하시오며 뜻이 하늘에서 이루어진 것 같이 땅에서도 이루어지이다
오늘 우리에게 일용할 양식을 주시옵고
우리가 우리에게 죄 지은 자를 사하여 준 것 같이 우리 죄를 사하여 주시옵고
우리를 시험에 들게 하지 마시옵고 다만 악에서 구하시옵소서

주기도문은 누가복음 11장 2-4절에도 나와요. 교회 전통에서는 기도문 끝에 송영(찬양의 말)으로 "나라와 권세와 영광이 아버지께 영원히 있사옵나이다 아멘"을 덧붙여요.

예수께서 제자들을 위해 기도하시다

예수님이 제자들과 겟세마네 동산에 기도하러 가셨을 때 24시간 안에 십자가에 달리실 것을 아셨어요. 예수님은 도망가거나 숨으려고 하지 않으셨어요. 대신 예수님은 하늘에 계신 아버지께 기도하셨어요. 예수님은 자신을 위해 기도하셨고, 땅에서 한 일을 위해 기도하셨어요. 그리고는 제자들이 계속 믿음을 가질 수 있도록 기도하셨고, 하나님께서 그들을 보호해 달라고 기도하셨어요. 예수님의 기도는 요한복음 17장에 나와요. 예수님은 또한 그 때부터 세상 끝까지, 모든 믿는 사람들을 위해 기도하세요.

바울의 기도

바울의 편지를 보면 기도가 사도 바울의 삶에 얼마나 중요했는지가 분명히 나와요. 바울은 여러 도시에서 자신이 세운 교회의 사람들을 위해 기도했어요. 바울은 에베소 사람들에게 말하기를, 예수님을 따르는 사람들이 하나님과 하나님의 힘에 대해 더 이해하고 알 수 있도록 기도한다고 했어요(에베소서 1:15-23). 바울은 또한 에베소 사람들이 그리스도에 대한 믿음과 사랑으로 힘을 얻을 수 있도록 기도했어요(에베소서 3:14-21). 바울은 골로새 사람들이 하나님의 뜻을 알고 하나님의 자녀로 살 수 있도록 기도했어요(골로새서 1:9-14). 사도 바울은 기도를 굉장히 중요하게 생각해서 하나님의 백성은 항상 기도해야 한다고 했어요(골로새서 4:2).

기도를 언제, 어디서, 어떻게, 왜 해야 할까?

성경	이렇게 기도하라고 격려해요	성경 구절
출애굽기 23:25	하나님께만	"네 하나님 여호와를 섬기라"
역대상 17:16-17	겸손하게 그러나 자신 있게	"다윗 왕이 … 이르되 여호와 하나님이여 나는 누구이오며 내 집은 무엇이기에 나에게 이에 이르게 하셨나이까 하나님이여 주께서 이것을 오히려 작게 여기시고 또 종의 집에 대하여 먼 장래까지 말씀하셨사오니"
시편 50:14-15	감사하며	"감사로 하나님께 제사를 드리며 지존하신 이에게 네 서원을 갚으며 환난 날에 나를 부르라"
마태복음 7:7	하나님이 응답하실 것을 알고서	"구하라 그리하면 너희에게 주실 것이요 찾으라 그리하면 찾아낼 것이요 문을 두드리라 그리하면 너희에게 열릴 것이니"
요한복음 16:23	예수님의 이름으로	"내가 진실로 진실로 너희에게 이르노니 너희가 무엇이든지 아버지께 구하는 것을 내 이름으로 주시리라"
빌립보서 4:6	모든 것에 대해	"아무 것도 염려하지 말고 다만 모든 일에 기도와 간구로"
데살로니가전서 5:16-17	항상	"항상 기뻐하라 쉬지 말고 기도하라"
디모데전서 2:1	모두를 위해	"그러므로 내가 첫째로 권하노니 모든 사람을 위하여 간구와 기도와 도고와 감사를 하되"
디모데전서 2:8	어디서나	"그러므로 각처에서 … 거룩한 손을 들어 기도하기를 원하노라"

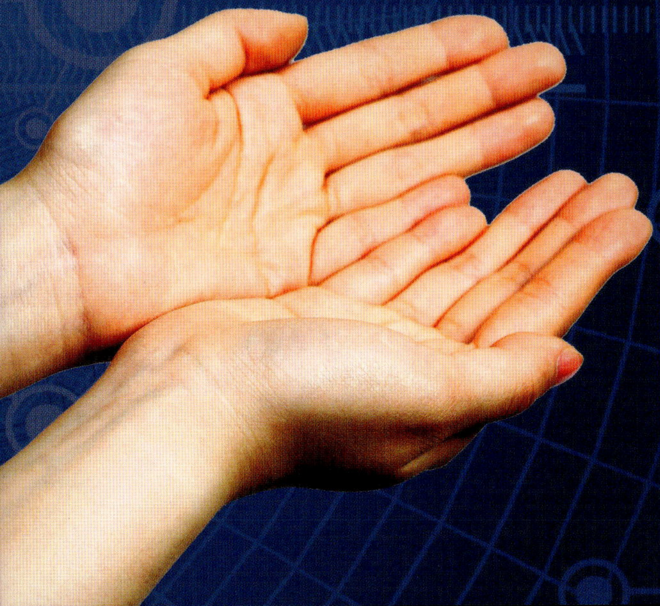

알고 있었나요?

하나님은 항상 기도에 대답해 주세요. 그러나 그 대답이 항상 '그래'는 아니에요. 가끔은 '아니' 또는 '아직 아니'예요.

성경에서 영감을 받은 유명한 기도

성 패트릭의 흉패 (365-461년)

나는 오늘 일어난다,
창조주의 크신 힘을 통해,
삼위일체의 부름을 통해,
삼위를 믿음으로,
일체를 고백함으로….

나와 함께 있는 그리스도, 내 앞의 그리스도, 내 뒤의 그리스도, 내 안의 그리스도, 내 아래의 그리스도, 내 위의 그리스도, 내 오른쪽의 그리스도, 내 왼쪽의 그리스도, 내가 누울 때 그리스도, 내가 앉을 때 그리스도,

내가 일어날 때 그리스도,
나를 생각하는 모든 사람의 마음에 그리스도,
나에 대해 말하는 모든 사람의 입에 그리스도,
나를 보는 모든 사람의 눈에 그리스도,
내 말을 듣는 모든 사람의 귀에 그리스도.

알고 있었나요?

빌리 그래함 목사님은 목회 초기에 큰 실망을 했어요. 그래함 목사님은 하나님께 자신을 '조금' 사용해 달라고 기도했어요. 1년 후에 뉴스위크 잡지는 그래함 목사님을 '미국의 가장 위대한 복음 전도자'라고 불렀어요.

빌리 그래함 센터의 기록 보관소
일리노이, 위튼시

아시시의 성 프란체스코의 기도 (13세기)

주님, 나를 평화의 도구로 써 주세요.
미움이 있는 곳에 사랑을
상처가 있는 곳에 용서를
분열이 있는 곳에 일치를
의혹이 있는 곳에 믿음을
절망이 있는 곳에 희망을
어둠이 있는 곳에 광명을
슬픔이 있는 곳에 기쁨을 심게 해주세요.

주 하나님이시여,
제가 위로받기보다는 위로하며
이해받기보다는 이해하며
사랑받기보다는 사랑하게 해주세요.
줌으로써 받고, 용서함으로써 용서받고,
죽음으로써 영생을 얻기 때문입니다.

아멘.

평온을 구하는 기도 (1943년)

미국의 신학자 라인홀드 니버는 1943년에 짧은 기도를 담은 설교를 했어요. 알코올 중독자 모임 회원들이 이 기도를 발견하고 그 모임의 기도로 삼았어요. 이 기도는 계속해서 '12단계' 문서에 자주 인용되고 모임에서 암송되지요. 수많은 사람들이 이 기도로 도움을 받았어요. 다음은 원래의 기도를 대중적으로 다듬은 것이에요.

하나님, 제가 바꿀 수 없는 것들을 받아들이는
평온한 마음과 바꿀 수 있는 것들을 바꾸는 용기를 주세요.
그리고 그 차이를 구별할 수 있는 지혜를 주세요.

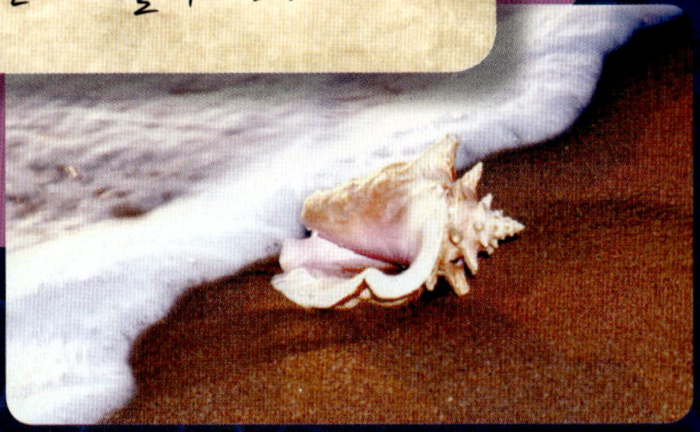

구약성경에 나오는 기적

구약성경에서 하나님은 때때로 새 시대의 시작을 알리는 표시로 큰 기적을 사용하셨어요.

기적이다!

기적이란 우주 안에 계신 하나님의 존재를 보여주는 놀라운 사건 또는 두려움을 느끼게 하는 사건이에요. 기적은 작고 지역적인 사건이거나 역사를 바꾸는 자연의 거대한 변화일 수 있어요. 성경에서 하나님의 기적은 다른 신들의 도움을 기대하거나 마술에 의존하거나 죽은 사람의 영을 부르는 경우와 종종 대조가 되지요.

약속의 땅으로 가는 여정

하나님은 애굽(이집트)에서 종으로 살던 백성의 기도에 많은 기적으로 응답해 주셨어요. 이스라엘 사람들이 애굽을 떠난 순간부터 하나님이 그들의 조상에게 약속하신 땅에 들어갈 때까지, 백성을 위해 많은 기적을 일으키셨어요. 다음은 그 중 몇 가지 기적이에요.

하나님은 모세의 지팡이가 뱀이 되게 하셨어요 (출애굽기 4:1-5; 7:8-13).

하나님은 애굽(이집트) 사람들에게 열 가지 재앙을 내리셨어요(출애굽기 7:14-12:30; 이 기적의 목록을 다 보려면 192쪽의 '재난과 재해'를 보세요).

Photos.com

하나님은 낮에는 구름 기둥으로, 밤에는 불 기둥으로 나타나셔서 이스라엘 사람들의 광야 길을 인도하셨어요 (출애굽기 13:21-22).

하나님은 홍해를 가르셔서 이스라엘 사람들이 마른 땅을 밟으며 건너게 하셨어요. 그런 다음 하나님은 물로 된 벽이 애굽 군대 위로 무너져 내리게 하여 이스라엘 사람들을 쫓아 오지 못하게 하셨어요(출애굽기 14:1-31).

하나님은 쓴 물을 단물로 바꾸셔서 사람들이 물을 마실 수 있게 하셨어요(출애굽기 15:22-25).

하나님은 이스라엘 사람들이 광야에서 지내던 40년 내내 매일 아침 만나(단맛이 나는 빵과 같은 물질)를 먹이셨어요. 그들이 만나에 싫증을 내자 하나님은 신선한 메추라기도 주셨어요 (출애굽기 16장; 민수기 11:31-32).

하나님은 반석에서 물이 나오게 하셨어요(출애굽기 17:5-6; 민수기 20:1-13

하나님은 여호수아의 요청으로 태양을 거의 하루 동안 멈추게 하셨어요. 이스라엘 사람들에게 아모리 사람들을 무찌를 시간을 충분히 주기 위해서였어요. 아모리 사람들이 도망치려고 했을 때 하나님은 우박을 내리셔서 이스라엘 사람들이 죽인 병사의 수보다 더 많이 죽게 하셨어요(여호수아 10:1-15).

하나님은 이스라엘 군대가 여리고 성 주위를 행진할 때 성벽이 무너지게 하셨어요(여호수아 6:1-25).

기적의 사람들: 엘리야와 엘리사

구약성경에서 하나님은 이스라엘 사람들이 마음을 하나님께로 다시 돌이키고 하나님의 약속을 믿게 하려고 종종 기적을 나타내셨어요. 하나님은 엘리야 선지자와 그의 제자인 엘리사를 통해 많은 기적을 일으키셨어요.

엘리야

작은 새가 엘리야에게 말했어요.

하나님은 엘리야를 보내셔서 이스라엘의 왕인 아합이 악하게 구는 것에 대해 맞서라고 하셨어요. 엘리야는 다시 말하기 전까지 비나 이슬이 내리지 않을 것이라고 선포했어요. 사람들의 악함에 대해 벌을 주고, 바알신이 비를 주관하는 것이 아니라 하나님이 비를 주관하신다는 것을 보여주기 위해서였지요. 그런 후 하나님은 엘리야가 화난 왕을 피해 숨을 수 있도록 광야로 보내셨어요. 거기서 엘리야는 시냇물을 마셨고, 하나님은 까마귀를 보내서 날마다 먹을 것을 날라다 주게 하셨어요. (더 자세히 알고 싶으면 열왕기상 17:1-7을 보세요.)

떨어지지 않는 밀가루

가뭄이 계속되는 동안에 하나님은 엘리야를 한 과부에게 보내셨어요. 이 과부는 아들과 자신이 먹을 마지막 끼니를 준비할 참이었어요. 엘리야는 과부에게 자신이 먹을 떡도 준비해 달라고 했어요. 엘리야는 "두려워하지 말라" 하며, 비가 다시 내릴 때까지 하나님이 밀가루와 기름이 떨어지지 않게 하실 것이라고 안심시켰어요. 과부는 엘리야가 말한 대로 했어요. 그랬더니 다음 몇 년 간 밀가루나 기름이 절대로 떨어지지 않았답니다. (열왕기상 17:8-16을 보세요.)

불 전차를 타고 하늘로 올라가는 엘리야, 목판, 귀스타브 도레

엘리사

낮게 흔들리렴, 불수레야.

엘리야가 하늘로 올라갈 때가 되자 하나님은 엘리사를 택하셔서 엘리야의 뒤를 잇게 하셨어요. 두 사람이 함께 걷고 있었는데 갑자기 엘리야가 회오리바람에 실려 하늘로 올라갔어요. 엘리사는 엘리야가 불로 된 수레와 말을 타고 떠나는 것을 보았어요. 엘리야가 눈앞에서 사라지자 엘리사는 엘리야가 남긴 겉옷을 발견했어요. 엘리사는 겉옷을 가지고 요단 강의 물을 쳤어요. 그랬더니 강물이 갈라졌고, 엘리사가 건넜답니다(열왕기상 19:19-21; 열왕기하 2:1-15).

엘리사와 과부, 19세기 판화

놀라운 기름병

어느 가난한 여자가 엘리사에게 도움을 받으려고 찾아갔어요. 여자의 남편은 죽었고 아들들은 빚 때문에 종으로 끌려간 상태였어요. 엘리사는 그 집에 기름이 조금 남아 있다는 것을 알고서 여자에게 항아리와 병을 최대한 많이 빌리라고 했어요. 그런 다음 여자가 가진 기름병의 기름을 부어 빈 그릇을 채우라고 했어요. 여자는 엘리사가 시키는 대로 했어요. 모든 항아리와 병에 기름을 부어 가득 채웠어요. 여자는 기름을 팔아 빚을 갚았고, 생활비로 쓸 만큼 충분히 남았어요(열왕기하 4:1-7).

난데없이 나타난 물

이스라엘과 유다와 에돔의 왕들은 모압을 공격하기 위해 광야에서 행군하고 있었어요. 그런데 가다가 물이 떨어졌어요. 엘리사는 골짜기에 개천을 파라고 명령했어요. 바람이나 비가 없었는데도 엘리사는 하나님이 물을 주실 것이라고 약속했어요. 다음날 아침 그 개천이 물로 가득 차 있었어요. 병사들과 모든 가축이 충분히 마시고도 남는 양이었어요(열왕기하 3:4-20).

엘리사가 물을 건드리다, 19세기 판화

나아만의 과감한 행동

아람 군대의 장군인 나아만은 용감하고 공을 많이 세운 사람이었어요. 그런데 한 가지 문제가 있었어요. 그에게는 아주 심한 피부병이 있었어요. (심한 피부병에 대해 더 알고 싶으면 10쪽의 '건강과 몸'을 보세요.) 그런데 이스라엘에 침략했을 때 잡아온 어린 여종이 나아만의 아내에게 말하기를 나아만이 엘리사를 만나면 나을 수 있을 거라고 했어요. 그래서 나아만은 엘리사를 만나러 갔어요. 나아만이 엘리사의 집에 도착했을 때 엘리사는 나아만에게 요단 강에 몸을 일곱 번 씻으라는 말을 전했어요. 나아만은 엘리사가 직접 자신을 만나러 나오지도 않고 이스라엘에 있는 강에 들어가 씻으라고 해서 불쾌해져서 씩씩거리며 갔어요. 그러나 나아만의 종들은 나아만더러 한 번 해보라고 설득했어요. 결국 나아만은 요단 강에 들어갔고 물속에 일곱 번 몸을 담갔어요. 나아만이 일곱 번째 물에서 올라왔을 때는 완전히 나았어요(열왕기하 5:1-14).

요단 강 속의 나아만, 19세기 판화

지킨 약속

엘리사는 여행하는 동안 종종 수넴의 한 부유한 여자와 그 남편의 집에서 묵으며 먹고 쉬었어요. 엘리사는 주인 여자가 친절해서 하나님이 아들을 주실 것이라고 약속했어요. 약 1년 후에 여자는 아들을 낳았어요. 어느 날 아이가 아직 어렸을 때 아버지와 들에서 일하다가 머리가 아프다고 호소했어요. 아이는 불과 몇 시간 만에 죽었어요. 어머니는 곧장 엘리사에게 갔어요. 엘리사는 여자와 돌아와 아이의 방문을 닫았어요. 그런 후 기도를 하고 아이의 몸을 자신의 몸으로 두 번 덮었어요. 그러자 아이가 눈을 떴어요. 엘리사는 건강하고 행복하게 된 아이를 그 어머니에게 데려다 주었어요(열왕기하 4:8-37).

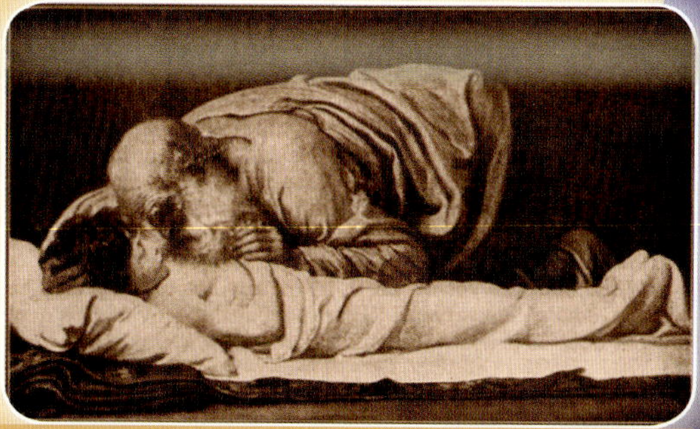
엘리사가 아이 위에 엎드리다, 19세기 판화

신약성경에 나오는 기적

신약성경에는 예수님이 일으키신 기적이 많이 나와요. 예수님은 하나님의 사랑을 사람들에게 보여주고 (누가복음 4:18-21), 하나님의 나라가 있다는 것을 알리기 위해 기적을 일으키셨어요. (예수님의 기적에 대해 더 보려면 158쪽의 '예수님'을 보세요.)

예수님은 땅에서 사역하시는 동안 제자들을 보내서 하나님의 나라가 온다고 전하고, 아픈 사람들을 고치고, 귀신을 쫓아내게 하셨어요 (마태복음 10:1; 마가복음 6:7-13; 누가복음 9:1-6). 예수님이 땅을 떠나 하늘에 계신 아버지에게 돌아가실 때 제자들에게 이 일을 계속하라는 특별한 사명을 주셨어요(마가복음 16:15-18).

힘이 넘치는 교회

초대교회 때에 사람들은 표적(기적)을 보고 하나님이 일하시는 것을 알 수 있었어요. 사도 바울은 예수님에 관한 좋은 소식을 확실히 보여주시기 위해 하나님이 자신에게 기적을 일으킬 수 있게 해주셨다고 주장했어요(고린도후서 12:12). 바울은 또한 사람들이 믿을 수 있도록 예수님의 기적들에 대해 말했어요(로마서 15:15-19). 사도들이 일으킨 구체적인 기적에 대해서는 아래를 보세요.

베드로와 요한은 성전에 갔다가 걷지 못하는 사람이 구걸하는 것을 보았어요. 베드로는 그 사람에게 줄 돈이 없었어요. 대신에 예수님의 이름으로 일어나 걸으라고 말했어요. 그 사람은 자리를 들고 일어나 걷기 시작했고, 뛰기도 하며 하나님을 찬송했어요(사도행전 3:1-10).

사도들이 한 일 때문에 사람들은 아픈 사람들을 거리로 데리고 나와 침대와 요 위에 눕혔어요. 베드로의 그림자라도 지나갈까 해서였어요. 사람들은 병든 사람들과 더러운 귀신에 들린 사람들을 데려왔고, 그 모든 사람들이 나았어요(사도행전 5:12-16).

사도들은 몇몇 종교 지도자들의 질투를 받아 체포되어 감옥에 갇혔어요. 그날 밤 주님의 천사가 와서 사도들을 안전하게 꺼내주었어요(사도행전 5:17-42).

베드로는 룻다에 있는 성도들을 찾아갔어요. 거기서 중풍병을 앓고 있는 애니아라는 사람을 만났어요. 애니아는 8년 동안이나 앓고 있었어요. 베드로가 이렇게 말했어요. '애니아야 예수 그리스도께서 너를 낫게 하시니 일어나 네 자리를 정돈하라'. 애니아는 곧 걸었어요(사도행전 9:32-35).

욥바에는 다비다라는 이름의 여제자가 살았는데, 늘 가난한 사람들을 도왔어요. 다비다가 병이 들어 죽자 친구들이 얼른 베드로를 불렀어요. 베드로는 도착하자마자 무릎을 꿇고 기도했어요. 그리고 다비다를 향해 "다비다야 일어나라" 하고 말했고, 다비다는 즉시 눈을 뜨고 일어났어요 (사도행전 9:36-43).

베드로는 하나님 나라의 복음을 설교한다고 해서 헤롯왕에게 체포되었어요. 베드로가 감옥에 있는 동안 교회는 그를 위해 기도했어요. 베드로는 재판을 받기 전날 밤에 감옥에서 자고 있었고 네 명의 간수가 지키고 있었어요. 그 때 천사가 나타나 베드로를 감옥 밖의 거리로 나오게 해주었어요. 베드로는 많은 사람들이 기도하고 있는 집으로 갔어요. 사람들은 베드로를 보고 깜짝 놀랐고, 안전하게 돌아오게 해주신 하나님을 찬양했어요(사도행전 12:1-17).

바울은 어느 늦은 밤에 다락방에서 가르치고 있었어요. 유두고라는 청년이 창문에 걸터앉아 있다가 잠이 들었어요. 그러다 그만 삼층 아래로 떨어져 죽었어요. 바울은 얼른 내려가서 유두고를 끌어안고 말했어요. '떠들지 말라 생명이 그에게 있다'. 유두고의 친구들은 그가 살아난 것을 보고 마음이 놓였어요 (사도행전 20:7-12).

바울은 배를 타고 그레데(크레타)로 가고 있었어요. 그런데 천사가 나타나 말하기를 '배는 부서지겠지만 아무도 죽지 않을 것이다.' 하고 말했어요. 부서진 배에서 빠져나온 사람들은 멜리데 해변에 안전하게 도착한 후, 몸을 따뜻하게 하려고 나뭇가지를 모아다가 불을 크게 지폈어요. 그런데 독뱀이 나와서 바울의 손을 물었어요. 섬 사람들은 바울이 죽을 거라 생각하고 기다렸지만 죽지 않았어요. 오히려 바울은 섬 사람들을 위해 기도해 주었고 아픈 사람들을 치료했어요(사도행전 28:1-10).

몰타(멜리데) 섬에 있는 바울, 19세기 동판화

기적

기적의 유형

하나님은 자랑하려고 기적을 일으키진 않으셨어요. 모든 기적에는 목적이 있었어요. 때로는 하나 이상의 목적이 있었어요.

힘과 권위를 보여주기

언약궤가 요단 강을 건너 약속의 땅으로 운반되자 강이 흐르지 않고 멈추었어요. 그래서 사람들이 마른 땅으로 건널 수 있었어요(여호수아 3:14-17). 폭풍이 칠 때 예수님이 바람에게 잔잔하라고 큰 소리로 말씀하셨어요. 그랬더니 바람이 금방 잦아들었어요(누가복음 8:22-25).

악에 대한 심판하기

땅의 사람들이 너무 악해서 하나님은 의로운 노아와 그의 가족을 빼고는 모두 홍수로 파괴하셨어요(창세기 6-9장). 신약성경에서 예루살렘 교회의 교인 두 사람, 아나니아와 삽비라는 거짓말을 해서 죽었어요(사도행전 5:1-11).

아기를 낳을 수 있게 해주기

하나님은 아브라함의 아내 사라가 90대였을 때 아들을 낳게 해주셨어요(창세기 21:1-2). 엘가나의 아내 한나는 아들을 낳게 해달라고 너무 열정적으로 기도해서 엘리 제사장은 한나가 술에 취한 줄 알았어요. 그러나 하나님은 한나의 기도를 들어주셔서 아들을 주셨어요. 한나는 아기에게 사무엘이라는 이름을 지어주었어요(사무엘상 1:12-20).

전쟁 때 도와주기

하나님은 다윗을 도우셔서 골리앗을 물매의 돌로 물리칠 수 있게 해주셨어요(사무엘상 17:41-54). 기드온과 300명의 이스라엘 군사는 횃불과 나팔만 가지고 수천 명의 미디안 사람들을 물리쳤어요(사사기 6:33-8:3).

필요한 것을 채워주기

하나님은 광야에서 이스라엘 자손 을 위해 만나와 메추라기를 주셨어 (출애굽기 16장). 예수님은 물고기의 에서 세금 낼 돈을 찾을 거라고 베 로에게 말씀하셨어요(마태복음 17:27 예수님은 떡 다섯 개와 작은 물고기 마리로 5천 명을 먹이셨어요(요한복 6:1-15).

환상

이사야 선지자는 보좌에 앉아있는 하나님의 환상을 보았어요. 천사들이 하나님을 예배하며 보좌에 둘러서 있었어요(이사야 6:1-5). 바울은 다메섹(다마스쿠스)으로 가는 길에서 예수님의 환상을 보았고 그 후 삶이 바뀌었어요(사도행전 9장).

안전과 구원

느부갓네살 왕은 사드락, 메삭, 아벳느고를 불타는 풀무불에 던져 넣어 죽이려고 했어요. 하나님은 풀무불에서 그들을 보호해 주시고, 느부갓네살을 놀라게 하셨어요(다니엘 3장).

치유, 병 고치기

어떤 과부가 죽은 아들을 엘리야에게 데려갔어요. 엘리야는 아이를 침대에 눕히고, 몸을 펴서 아이의 몸 위에 세 번 엎드렸어요. 하나님은 엘리야의 기도를 들으셨고 그 아이는 다시 살아났어요. (전체 이야기는 열왕기상 17:17-24에서 읽어보세요.) 예수님은 태어날 때부터 시각 장애인인 사람을 볼 수 있게 해주셨고(요한복음 9:1-7), 어떤 사람에게는 말하고 들을 수 있는 능력을 회복해 주셨어요(마가복음 7:31-37).

죽은 사람을 살리기

하나님은 엘리사를 통해서 수넴 여자의 죽은 아들을 살리셨어요(열왕기하 4:18-37). 예수님은 죽은 친구 나사로를 살리셨어요(요한복음 11:17-44).

선택받은 백성을 위한 특별한 재능

하나님은 요셉에게 꿈의 뜻을 설명할 수 있는 능력을 주셨어요(창세기 41:1-41). 하나님은 사무엘이라는 아이를 준비시켜서 후에 이스라엘의 지도자가 되게 하셨어요(사무엘상 3장). 하나님은 모든 믿는 사람들에게 영적인 재능을 주셨어요(고린도전서 12:1-11).

알고 있었나요?

예수님은 땅에 계시는 동안 많은 기적을 일으키셨지만, 복음서에는 약 40가지만 나와 있어요.

오멜 또는 에바?

이스라엘 사람들은 애굽(이집트)에서의 종살이에서 탈출한 후에 광야에서 유랑하였어요. 그들은 한 사람당 하루에 만나(작고 둥글고 가는 빵)를 한 '오멜'만큼만 모으라는 지시를 받았어요(출애굽기 16:6). 여러분이 '오멜'이 '에바'의 10분의 1이라는 말을 들었다면 무슨 뜻인지 이해했겠어요? 힌트를 줄게요. '오멜'은 '호멜'이라고도 하는데, 한 되쯤 됩니다.

리본 한 규빗 주세요.

다음은 고대 세계와 오늘날의 측정 단위를 비교한 거예요. 누군가 여러분의 가게에 와서 밀가루 한 '에바'와 계피 한 '갑'을 달라고 하는 것을 상상할 수 있나요?

- 규빗: 리본 한 규빗은 약 46센티미터예요.
- 스반: 밧줄 한 스반은 약 23센티미터예요. 나귀를 나무에 매려면 밧줄이 여러 스반 필요할 거예요.
- 록: 우유 한 록은 아마 우유 0.3리터와 같을 거예요.
- 밧: 염소젖 한 밧은 약 22리터예요. 많은 염소젖이지요!
- 힌: 포도 주스 한 힌은 약 3.5리터예요.

길이 측정

고대 세계의 측량법은 지역마다 달랐지만 오늘날의 측량법과 비교해서 대강 어느 정도인지 알 수 있어요.

성경의 단위	현대의 비슷한 값	성경 구절
규빗-성경에서 길이를 재는 표준 단위	46센티미터, 어른의 팔뚝 길이 정도	창세기 6:15; 요한계시록 21:17
뼘	약 23센티미터	출애굽기 28:16
손바닥 넓이	약 8센티미터 또는 손가락 3개의 넓이	출애굽기 25:24-25

알고 있었나요?

성경은 '거짓 저울'에 대해서 말해요. 상인들이 금과 은 조각을 저울로 달아 돈으로 썼거든요(아모스 8:5). 거짓 저울이란 손님들을 속이는 상인을 가리키는 말이에요.

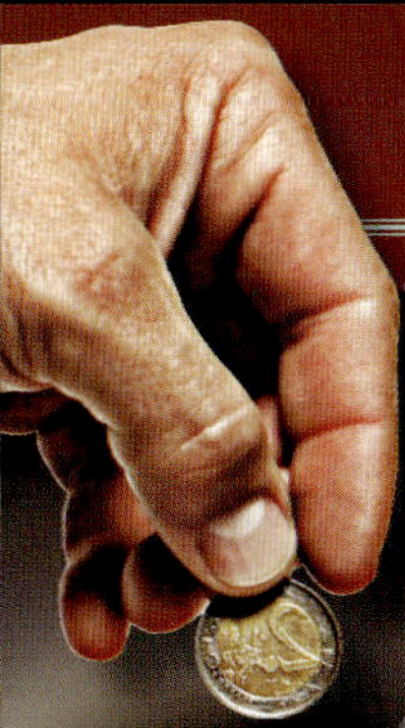

무게

누가복음 21장 2절에는 한 가난한 과부가 성전 헌금함에 두 렙돈(작은 동전)을 넣었고, 부자가 동전을 더 많이 넣은 이야기가 나와요. 부자는 많은 재산에서 일부를 헌금했지만, 가난한 과부는 부족한 형편인데도 헌금했기 때문에, 예수님은 과부를 칭찬하신 것이지요. 다음은 금과 은을 재는 체계예요. (244쪽의 '화폐'를 보세요.)

성경의 단위	현대의 비슷한 값	참고 본문
달란트	약 35킬로그램	출애굽기 25:39
마네	약 565그램	에스라 2:69; 에스겔 45:12
세겔	약 11.5그램	에스겔 45:12
오멜	약 10.2그램	출애굽기 16:16

가루 물품 측량

'고르'는 밀가루처럼 가루로 되어 있는 것을 재는 단위였어요. '고르'는 나귀가 얼마나 나를 수 있었는지를 나타냈어요. '에바'는 더 적은 양의 단위였어요.

성경의 단위	현대의 비슷한 값
고르	약 220리터
에바	약 22리터
스아	약 7.3리터
오멜	약 2.2리터
갑	약 1.5리터

액체 측량

'바트'는 고대 세계의 액체 측정 단위였어요. 아마 어린 소녀가 항아리에 나를 수 있는 정도의 양이었을 거예요.

성경의 단위	현대의 비슷한 값
밧	약 22리터
힌	약 3.5리터
록	약 0.3리터

나라들

여행 안내서는 보통 그 지역의 모든 곳을 소개해요. 여행하기 쉬운 곳만 소개할까요? 방문하기 어려운 곳도 소개하지요. 성경도 마찬가지예요. 성경은 이스라엘 주변의 여러 나라들에 대해서 말해 주어요. 대부분은 당시 이스라엘의 적이었어요.

고대 중동의 여행안내서

아람(시리아)

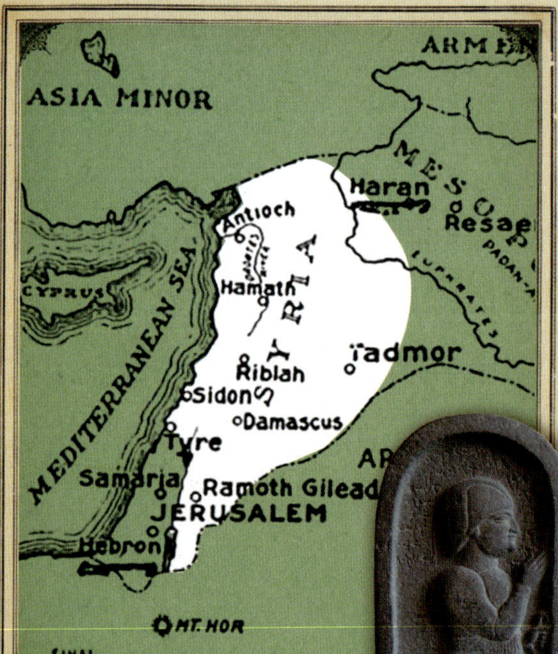

위치	아람(시리아) 사람들은 팔레스타인의 북동쪽에 살았어요. 아람 사람들은 유목을 하는 목자들의 부족이었어요.
수도 및 주요 도시	다메섹(다마스쿠스); 에블라와 마리
이스라엘과의 관계	북왕국(이스라엘)의 친구, 남왕국(유다)의 적
알려진 사실	아브라함의 손자이자 이스라엘의 조상 중 하나인 야곱은 아람에서 태어났어요. 아람 군대의 장군인 나아만은 피부병을 치유 받았어요(열왕기하 5장). (10쪽의 '건강과 몸'을 보세요.) 그들은 아람어를 썼어요. 구약성경의 일부는 아람어로 기록되었고, 예수님은 사람들에게 말할 때 종종 아람어를 쓰셨어요.
성경 구절	"어떤 사람이 다윗의 집에 알려 이르되 아람이 에브라임과 동맹하였다 하였으므로 (아하스) 왕의 마음과 그의 백성의 마음이 숲이 바람에 흔들림 같이 흔들렸더라"(이사야 7:2)

아람어 새김글이 있는 현무암 묘비 돌기둥(주전 7세기경).
마리-란 뉴엔의 사진

앗수르(앗시리아)의 신
아슈르를 묘사하는 석조 돋을새김

앗수르(앗시리아)

위치	앗수르는 노아의 아들인 셈의 아들 앗수르가 건설한 아슈르 도시 주변의 지역에서 시작되었어요(창세기 10:21-22). 그 도시는 티그리스 강의 서쪽 기슭에 있고 현대 이라크에서 남쪽으로 99킬로미터 떨어진 곳에 있었어요.
수도 및 주요 도시	니느웨; 갈라(칼라), 아슈르, 아르벨라, 바벨론
이스라엘과의 관계	적. 이스라엘의 북왕국은 주전 722년에 앗수르 사람들에게 패망하여 북왕국의 수도 사마리아가 파괴되었어요. 많은 사람들이 앗수르가 다스리는 다른 지역에 포로로 끌려가 살았어요.
알려진 사실	구약성경의 요나 선지자는 앗수르 제국의 수도인 니느웨로 가라는 명령을 받았어요(요나 1:1-2). 앗수르의 왕 산헤립은 히스기야 왕과 유다 사람들을 위협했어요. 그러나 한 천사가 산헤립의 군대를 무찔렀어요. (열왕기하 18:13-20:21에 있는 이야기를 읽어보세요.)
성경 구절	"여호와께서 이같이 말씀하시기를 그들이 비록 강하고 많을지라도 반드시 멸절을 당하리니 그가 없어지리라"(나훔 1:12상)

세우는 방패를 들고 있는 앗수르 병사, 작은 방패를 들고 있는 병사, 페르시아 병사. 『복장의 역사』 (브라운과 슈나이더 지음, 1861-1880년경).

바빌로니아

위치	바빌로니아는 티그리스 강과 유프라테스 강 사이에 있는 메소포타미아(이라크)에 있었어요.
수도 및 주요 도시	바벨론, 우르(창세기 11:26-28)
이스라엘과의 관계	바빌로니아는 이스라엘의 왕 솔로몬의 시대(주전 970-931년)에는 군사적인 위협이 되지 않았어요. 그러나 300년 후 바빌로니아는 고대 세계에서 가장 강한 나라 중 하나가 되었어요. 바빌로니아는 주전 587년에 예루살렘을 정복했어요. 성전을 파괴했고 많은 사람들을 바벨론으로 끌고 갔어요(열왕기하 24:10-25:21).
알려진 사실	바빌로니아는 고대 세계에서 글쓰기와 학문적 연구의 중심지로 유명했어요. 그들은 마르둑이라는 신을 섬겼어요.
성경 구절	"이사야가 히스기야에게 이르되 여호와의 말씀을 들으소서 여호와의 말씀이 날이 이르리니 왕궁의 모든 것과 왕의 조상들이 오늘까지 쌓아 두었던 것이 바벨론으로 옮긴 바 되고 하나도 남지 아니할 것이요"(열왕기하 20:16-17)

용을 데리고 있는 마르둑 신, 바벨론의 원통형 도장에서.

구스(에티오피아)

위치	동북 아프리카 지역(애굽[이집트흉년이 들었을 때] 남쪽)은 구약성경에서 구스 또는 누비아라고 불렀고, 신약성경에서는 (그리스 사람들이) 에디오피아라고 불렀어요. 그러나 정복 국가인 애굽이 그곳을 수백 년간(주전 2575년경부터) 다스렸어요.
수도 및 주요 도시	카르마, 메로에
이스라엘과의 관계	주로 애굽(이집트)의 적이었음. 이사야 37장 9절에서 히스기야의 동맹으로 나옴.
알려진 사실	이 지역 출신으로 유명한 사람으로는 모세의 아내(민수기 12:1-3)와 사도 빌립이 광야 길에서 만난 에디오피아의 국고를 맡은 관리가 있어요(사도행전 8:26-40). 하나님은 이사야 선지자에게 히스기야 왕에게, '구스를 믿지 말고 하나님을 믿으라'고 경고하라고 하셨어요.
성경 구절	"갈대 배를 물에 띄우고 그 사자를 수로로 보내며 이르기를 민첩한 사절들아 너희는 강들이 흘러 나누인 나라로 가되 장대하고 준수한 백성 곧 시초부터 두려움이 되며 강성하여 대적을 밟는 백성에게로 가라 하는도다"(이사야 18:2)

애굽 궁정 관리, 애굽 왕, 부채를 들고 있는 사람. 『복장의 역사』(브라운과 슈나이더 지음, 1861-1880년경).

애굽(이집트)

위치	애굽(이집트)은 나일 강의 북부 강둑을 따라 달했어요. 애굽은 두 지역으로 나뉘어 있어 애굽의 북부인 하부 애굽은 나일 강과 지중해 만나는 곳이에요. 나일 강의 남쪽 지역은 상 애굽이에요.
수도 및 주요 도시	멤피스(카이로); 테베, 알렉산드리아
이스라엘과의 관계	친구이자 적. 흉년이 들었을 때 아브라함은 이에 가서 살았어요(창세기 12:10-20). 요셉이 바로 꿈을 잘 해석해 준 뒤에 요셉의 가족은 애굽으로 이주할 때 크게 환영을 받았어요(창세기 41-46 요셉이 죽은 후 여러 세대가 지나 히브리 백은 사백 년이 넘도록 종으로 살았어요. 모세 대의 바로 왕은 일을 시킬 수 있는 이 많은 종을 보내는 것이 마음에 내키지 않았어요. (19 의 '재난과 재해'를 보세요.)
알려진 사실	애굽은 주전 4500년부터 세계에서 가장 위대 문명 중 하나였어요. 애굽 사람들은 많은 신들 믿었는데, 주요 신은 바로 왕이었어요. 사람들 바로 왕이 죽은 후에 신들의 세계에서 살 거라 생각했어요.
성경 구절	"놉과 다바네스의 자손도 네 정수리를 상하였으니 네 하나님 여호와가 너를 길로 인도할 때에 가 그를 떠남으로 이를 자취함이 아니냐"(예레미 2:16-17)

마게도냐(마케도니아)

위치	그리스 북쪽에 있는 마게도냐(마케도니아)는 역사와 문화가 남쪽의 이웃들과 가깝게 연결되어 있는 큰 나라였어요.
수도 및 주요 도시	데살로니가(사도행전 17:1-9), 빌립보(사도행전 16장), 에베소(사도행전 19장)
이스라엘과의 관계	알렉산더 대왕이 죽은 후 적들과 지배 왕족은 그리스 생활양식을 팔레스타인에 사는 유대인에게 강요했어요. 결국 유대인들은 주전 168년에 반란을 일으켰어요. (196쪽의 '정부'를 보세요.)
알려진 사실	주전 4세기에 빌립 왕 2세는 남쪽 땅 대부분을 정복하고 가장 막강한 그리스 국가를 건설했어요. 아들 알렉산더 3세('대왕')는 이것을 기반으로 애굽에서 인도에 이르는 거대한 제국을 건설했어요. 바울은 두 번째 선교여행 때 이 지역으로 갔어요. (80쪽의 '바울'을 보세요.)
성경 구절	"밤에 환상이 바울에게 보이니 마게도냐 사람 하나가 서서 그에게 청하여 이르되 마게도냐로 건너와서 우리를 도우라 하거늘" (사도행전 16:9)

그리스 알렉산더 대왕 시대의 4드라크마 은화

올림픽의 승자, 바쿠스의 사제, 그리스 왕. 『복장의 역사』 (브라운과 슈나이더 지음, 1861-1880년경).

메대(메디아)와 바사(페르시아)

위치	바사(페르시아)는 고레스 왕 때 세계적인 강대국이 되었어요. 고레스는 주전 549년에 메대와 바사를 합쳤어요. 바사는 주전 550년부터 330년까지 거대한 제국을 다스렸어요. 고대 바사는 오늘날의 이란과 크기와 위치가 비슷해요.
수도 및 주요 도시	페르세폴리스, 수사, 악메다(엑바타나)
이스라엘과의 관계	적이었지만, 다리오 1세 동안에 예루살렘 성전이 재건되었어요(에스라 3-6장). 후에 아닥사스다 1세는 에스라와 느헤미야 시대 동안에 두 무리의 유대 포로들이 팔레스타인에 돌아가도 된다고 허락했어요.
알려진 사실	바사 제국은 좋은 길, 좋은 우편 제도, 보편적인 무게와 계량 제도를 도입했어요. 바사의 종교는 선지자 중 하나인 조로아스터의 가르침에서 나왔어요. 그들은 천사, 사탄, 낙원, 선과 악의 싸움을 믿었고, 이것은 유대교와 기독교에 영향을 주었어요.
성경 구절	"바사의 고레스 왕 원년에 여호와께서 예레미야의 입으로 하신 말씀을 이루시려고 여호와께서 바사의 고레스 왕의 마음을 감동시키시매 그가 온 나라에 공포도 하고 조서도 내려 이르되" (역대하 36:22)

종교 의식을 하는 메대 사람을 묘사한 금 장식판 (주전 5-4세기), 대영박물관.

메대의 귀족, 바사의 귀족, 바사 사람. 『복장의 역사』 (브라운과 슈나이더 지음, 1861-1880년경).

미디안

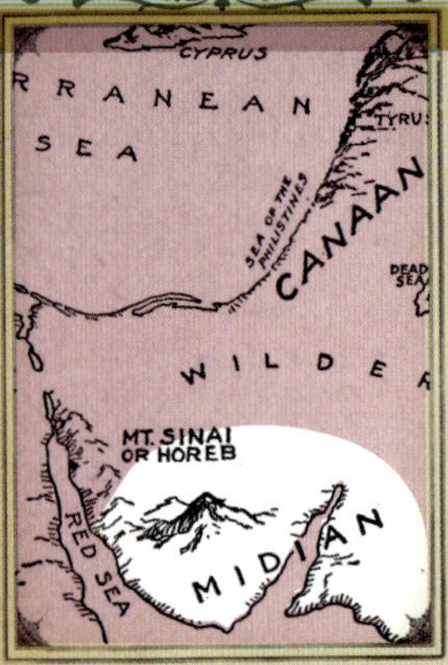

위치	미디안은 현재의 사우디아라비아의 북쪽 지역에 있던 부유한 나라였어요.
수도 및 주요 도시	모디아나, 마디아나
이스라엘과의 관계	친구가 적이 되었어요. 미디안은 이스라엘의 적이 되었고 이스라엘을 계속 공격했어요. 결국 기드온과 300명의 군대가 미디안을 무찔렀지요(사사기 6-8장).
알려진 사실	이들은 아브라함과 그두라의 아들 미디안의 자손이었어요(창세기 25:1-2). 이들은 주로 농사와 무역 일을 했어요. 모세는 히브리 종을 때리는 애굽 감독을 죽인 후 미디안 땅으로 도망했지요(출애굽기 2:11-25). 모세는 이 지역의 제사장인 이드로의 딸과 결혼했어요.
성경 구절	"이스라엘 자손이 또 여호와의 목전에 악을 행하였으므로 여호와께서 칠 년 동안 그들을 미디안의 손에 넘겨주시니 미디안의 손이 이스라엘을 이긴지라 이스라엘 자손이 미디안으로 말미암아 산에서 웅덩이와 굴과 산성을 자기들을 위하여 만들었으며"(사사기 6:1-2)

모압

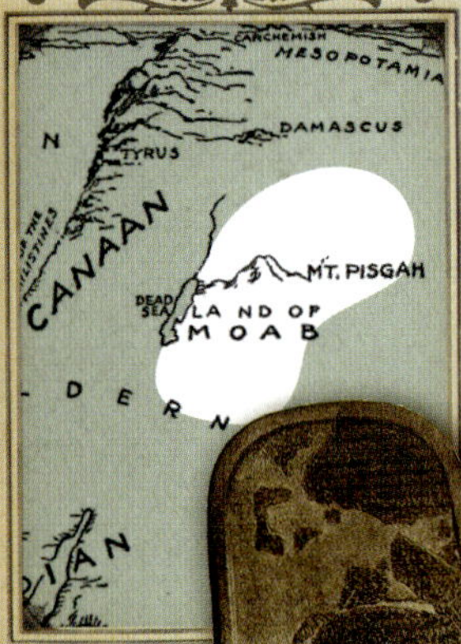

위치	모압은 롯의 딸의 자손이었어요(창세기 19:36-37). 모압은 사해 동쪽에 있는 현대 요르단의 산악 지대를 차지했어요.
수도 및 주요 도시	헤스본, 엘르알레
이스라엘과의 관계	대부분 적으로 지냈어요. 민수기 21장 24절; 사사기 3장 12-50절; 사무엘상 14장 47-48절; 사무엘하 8장 2절을 보세요.
알려진 사실	모압 사람들은 자연자원이 풍부한 지역에서 무역을 했어요. 그들은 그모스 신을 섬겼어요. 솔로몬 왕은 일생의 마지막 무렵에 그모스를 위해 산당(신전)을 지었어요(열왕기상 11:7). 다윗 왕의 고조할머니인 룻은 모압 출신이에요. (룻기를 읽어보세요.) 이스라엘의 사사 중 한 명인 에훗은 이스라엘을 괴롭히던 모압의 왕 에글론을 죽였어요(사사기 3:12-26).
성경 구절	"우리가 모압의 교만을 들었나니 심히 교만하도다 그가 거만하며 교만하며 분노함도 들었거니와 그의 자랑이 헛되도다"(이사야 16:6)

메사 왕이 이스라엘과 싸운 모압 전쟁에 대해 묘사하는 돌비석. 1891년경의 사진.

알고 있었나요? 가나안의 뜻은 '보라색 땅'이에요.

블레셋

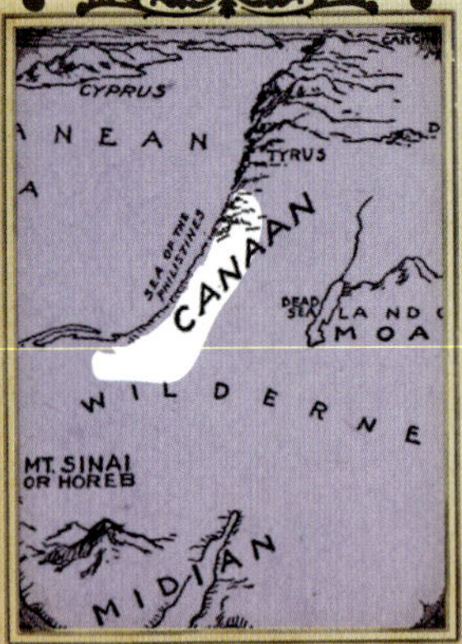

위치	블레셋은 지중해 동쪽 해변을 따라 길게 있는 해안 평지에 있었어요. 애굽의 북쪽과 이스라엘의 남쪽에 있었지요. 이스라엘의 동쪽 국경에 닿아 있었고요.
수도 및 주요 도시	아스돗, 아스글론, 에그론, 가사, 가드
이스라엘과의 관계	적. 이스라엘이 가나안에 들어온 후 블레셋이 공격했어요. 블레셋은 사사 시대 내내 이스라엘을 괴롭혔어요. 계속 이어진 전투에서 사울과 다윗이 그들을 물리칠 때까지 말이에요. 다윗 왕의 아들인 솔로몬이 왕이 되었을 때에야 블레셋은 완전히 이스라엘의 지배 아래 놓였어요.
알려진 사실	아마 가장 유명한 블레셋 사람은 골리앗일 거예요. 수많은 전사들을 무찌른 이 거인은 물매로 돌을 던진 소년에게 죽임을 당했지요(사무엘상 17장). 블레셋 사람들은 다곤이라는 신과 여러 신들을 섬겼어요(사사기 16:23). (178쪽의 '우상과 이방신'을 보세요.)
성경 구절	"이스라엘 자손이 다시 여호와의 목전에 악을 행하였으므로 여호와께서 그들을 사십 년 동안 블레셋 사람의 손에 넘겨 주시니라"(사사기 13:1)

로마제국

로마 병사들. 『복장의 역사』(브라운과 슈나이더 지음, 1861-1880년경).

위치	로마는 이탈리아의 작은 도시국가였는데, 거대한 제국으로 성장했어요. 예수님의 시대에 로마는 지중해 주변의 모든 나라들을 다스렸어요.
수도 및 주요 도시	로마, 콘스탄티노폴리스
이스라엘과의 관계	정복자들. 주전 63년에 폼페이 장군이 이끄는 로마 군대는 팔레스타인을 정복했어요.
알려진 사실	로마는 군사력, 토목 공사, 도시 계획, 법제도, 문학 등으로 유명하게 되었어요.
성경 구절	예수님이 태어났을 때 로마 황제 아구스도(아우구스투스)는 팔레스타인을 확고하게 지배하고 있었어요(누가복음 2:1-20). 사도 바울은 로마에서 가택연금을 당했고, 집에서 신약성경에 들어 있는 일부 서신을 썼어요(로마서 1:7).

그 밖의 여러 나라들

하나님은 가나안 땅을 이스라엘에게 주시겠다고 약속하셨어요(창세기 15:18-21). 그 땅에는 다음과 같은 나라들이 살았어요.

나라	영토	성경 구절
아말렉 족속	네겝, 유다 남쪽	출애굽기 17:8-16; 민수기 13:29; 사무엘상 15장
아모리 족속	가나안 산지	여호수아 3:10; 12:7-8; 사사기 1:34-36
기브온 족속/히위 족속	예루살렘에서 북서쪽으로 8킬로미터 지점	여호수아 9장
기르가스 족속	갈릴리 호수 근처	창세기 10:6-20; 신명기 7:1
헷(히타이트) 족속	하투스, 현재의 터키	출애굽기 23:28; 여호수아 12:7-8
히위 족속	미스바(기브온에 살지 않은 사람들); 현재의 시리아	여호수아 11:1-3; 12:7-8
여부스 족속	예루살렘	여호수아 12:7-8; 15:5-8(146쪽의 '예루살렘'을 보세요)
브리스 족속	팔레스타인 중앙	여호수아 3:10; 12:7-8

시간을 표시하기

아마 여러분은 여름 방학 때까지 시간이 얼마나 남았는지 달력에 표시할 거예요. 고대 이스라엘 사람들은 농사의 계절(건기, 우기, 동절기)과 거룩한 휴일을 따르려고 달력을 사용했어요. 그들의 달력은 유럽 쪽에서 쓰던 그레고리 달력과 달랐어요.

히브리 달력

월	히브리 이름	현대 이름	계절
1월	니산	3-4월	봄보리 수확
2월	이야르	4-5월	건기 시작
3월	시완	5-6월	이른 무화과
4월	탐무즈	6-7월	포도 수확
5월	압	7-8월	올리브 수확
6월	엘룰	8-9월	대추와 여름 무화과
7월	티스리	9-10월	이른 비
8월	말체스반	10-11월	쟁기질, 겨울 무화과
9월	기슬르	11-12월	씨뿌리기
10월	데벳	12-1월	비
11월	스밧	1-2월	아몬드 꽃 필 때
12월	아달	2-3월	감귤류 수확

알고 있었나요?

유대교 휴일은 저녁 해가 질 때 시작돼요.

달력의 유형

- 태양력: 태양의 이동에 따라 시간을 잰다.
- 음력: 달의 기울기에 따라 사건을 고려한다.
- 그레고리 달력: 1582년에 교황 그레고리 8세의 이름을 딴 태양력.

'세기'를 계산하기

1250 B.C.
1000 B.C.
750 B.C.
500 B.C.
250 B.C.
0
A.D. 250
A.D. 500
A.D. 750
A.D. 1000
A.D. 1250
A.D. 1500

주전(B.C.)과 주후(A.D.)

'주전'이란 '그리스도 이전'(Before Christ)을 뜻해요. 그리스도의 탄생은 시대를 구분하는 기준이 되었어요. 주전 165년이란 기독교 시대 이전 165년에 일어난 일을 가리켜요. '주후'는 라틴어로 '주님의 해'(Anno Domini)라는 뜻이에요.

예수님의 탄생을 기준으로 해를 계산하는 것은 주후 526년이 되어서야 시작되었어요. 디오니시우스 엑시구스라는 수사가 이 제도를 만들었지요. 디오니시우스는 고대의 로마 달력을 써서 예수님이 탄생하신 해를 계산했어요. 그러나 헤롯이 약 5년 더 통치한 것으로 계산했어요. 예수님은 아마 '주후'가 공식적으로 시작하기 5년 전에 태어나셨을 거예요!

200년이 지난 후, '주후'는 '성 비드'라고 하는 베네딕트회 수사가 '주전'과 '주후'를 사용하고 나서야 널리 쓰였어요.

기원전(B.C.E.)과 기원후(C.E.)

때로는 '기원전'과 '기원후'가 '주전'과 '주후' 대신에 쓰여요. '기원 원년 이전'과 '기원 원년 이후'를 뜻해요.

알고 있었나요?

고대에 시간을 재는 가장 오랜 두 가지 형태는 '물시계'와 '해시계'였어요. 물시계는 한 그릇에서 다른 그릇으로 물을 흐르게 해서 시간을 재는 거예요. 해시계는 '그노몬'이라고 하는 수직 막대기를 따라 생기는 햇빛 그림자로 시간을 잤어요.

축하할 때예요!

축제

다들 파티를 좋아하지요! 고대 이스라엘 사람들의 축제나 휴일은 하나님께 감사를 표현하는 특별한 시간이었어요. 축제 때는 율법(성경의 첫 다섯 책)에 따라 희생제물이나 예물을 드렸어요.

다음은 이스라엘 사람들이 지키는 주요 축제와 휴일이에요. (레위기 23장도 보세요.)

나팔 축제(로쉬 하샤나)

한 해의 첫 축제예요. 하나님과 이스라엘이 시내 산에서 계약을 맺은 것을 기억하기 위한 축제에요(레위기 23:23-25; 민수기 29:1-6). 나팔 소리로 이 날의 시작을 알리고, 쉬고 예배하고 하나님께 희생제물을 드렸어요. 날짜는 티스리월의 첫 날이에요.

속죄일에 회당에서 기도하는 아슈케나지 유대인들.
모리스 고트립, 1878.

속죄일(욤 키푸르)

모든 축제일이 즐거운 때는 아니에요. 티스리월의 10일에 열리는 이 축제 때에는 사람들이 금식(음식을 먹지 않음)하면서 잘못한 일에 대해 슬픔을 표현해요. 성경 시대에 제사장은 자신의 죄 때문에 수송아지를 제물로 드렸고, 사람들의 죄 때문에는 염소를 드렸어요. 그리고는 사람들의 잘못을 대신 지고 간다는 것을 나타내기 위해 다른 염소를 광야로 내보냈어요. 이 염소는 속죄의 염소라고 불러요. (62쪽의 '동물'을 보세요.)

초막절(숙곳)

이 일주일간의 축제는 티스리월 15일에 시작해요. 이스라엘은 애굽(이집트)을 떠난 후 광야에서 길고 어려운 여정을 보냈어요. 초막절은 그것을 기억하는 축제예요(레위기 23:33-43). '숙곳'은 초막을 뜻해요. 이스라엘이 광야에서 유랑하는 동안 사람들은 임시로 지은 쉼터나 초막에서 지냈거든요.

성전 축제(하누카)

이 8일간의 축제는 마카베오상에 나오는 시기의 역사 사건을 기념해요. 유다 마카베오는 셀레우코스 제국(알렉산더 대왕 다음에)의 통치자인 안티오쿠스 4세에 대항하여 반란을 일으켰어요. 유다와 그의 군대는 안티오쿠스의 군대를 패배시키고 예루살렘을 다시 찾았어요. 그런 후 주전 164년에 성전을 다시 봉헌했어요. 하누카 또는 빛의 축제는 성전을 다시 봉헌한 것을 기념한답니다. 기슬르월의 25일에 시작하는 하누카 동안 매일 밤 메노라 촛대의 초를 하나씩 켜지요. 하누카의 불빛은, 성전을 다시 봉헌했을 때 성전 메노라에 하루 동안 불을 켤 수 있을 정도의 기름만 있었던 것을 기념해요. 그런데 기적적으로 그 기름이 8일간 지속되었대요!

유월절과 무교절

이 축제는 일주일간 계속되지요. 하나님이 이스라엘을 애굽(이집트) 종살이에서 구하신 것을 기억하게 하는 축제예요(출애굽기 12장). 백성은 서둘러 애굽에서 도망해야 해서, 빵반죽을 부풀게 할 시간이 없었어요. 그래서 무교병(누룩 없는 빵)을 먹어야 했지요.

칠칠절(샤부오트)

니산월 15일에 시작하는 이 축제는 곡식과 첫 열매의 수확을 축하해요. 다른 축제와 마찬가지로 하나님이 어떻게 이스라엘을 애굽에서 데리고 나오셨는지, 어떻게 땅을 주셔서 정착하고 살 수 있게 하셨는지를, 고대 이스라엘 사람들이 기억하기 위한 축제예요.

부림일

페르시아의 에스더 왕비는 높은 관리 하만이 유대인들을 망하게 하려고 꾸민 음모를 막았어요(에스더 9장). 그 후 특별한 축제일인 부림일을 아달월 13일로 정했어요. 이 날 하만의 모자 모양으로 과자를 만들어서 에스더의 이야기를 기억하지요. (에스더 이야기를 모두 보려면 134쪽의 '영웅'을 보세요.)

안식일(샤밧)

고대 이스라엘 사람들과 현대 유대인들에게는 매년 지키는 명절 외에도 매주 일곱째 날에 지키는 명절이 있어요. 곧 '안식일'로, 히브리어로는 '샤밧'이에요. 이 날은 쉬는 날이에요. '샤밧'이라는 말이 휴식이라는 뜻이거든요(출애굽기 20:8-11; 31:12-17). 이것은 창세기 2장 1-3절의 창조 이야기에서 하나님이 "모든 일을 마치시고 그 날에 안식하셨음"(창세기 2:3)을 기억하는 것이지요. 안식일을 기억하라는 명령은 십계명 중 하나에요(출애굽기 20:8-10; 신명기 5:12-15).

알고 있었나요?

하누카의 메노라의 초는 여덟 개가 아니라 아홉 개예요. 아홉 번째 초의 이름은 '샤마쉬'지요. 하누카 축제 동안 매일 밤 이 초를 켜요. 샤마쉬는 다른 초에 불을 붙일 때 써요.

기독교 교회 달력

(교회력)

기독교 교회에도 특별한 축제일과 절기가 있어요. 많은 축제일이 예수님의 삶과 죽음과 부활과 연관이 있어요. 각 절기의 이유를 나타내기 위해 특정 색깔을 쓴답니다.

대림절: 서방 교회의 대림절(또는 대강절)은 크리스마스 4주 전에 시작하고, 동방 정교회에서는 11월 15일에 시작해요. 대림절은 '오는 것' 또는 '나타나는 것'을 뜻해요. 대림절의 색깔은 보통 보라색이에요. 보라색은 기독교인이 크리스마스를 축하하고 그리스도가 두 번째로 오실 것을 준비하면서 회개하는 것을 나타내요.

성탄절: 예수님의 탄생은 12월 25일에 축하해요. 하얀색 또는 금색으로 탄생의 기쁨을 나타내지요. 크리스마스부터 1월 5일까지의 기간은 크리스마스 절기라고 불러요.

주현절: 많은 기독교인들이 1월 6일에 동방박사들이 아기 예수님을 방문한 것을 기념해요(마태복음 2:1-12). 주현절은 크리스마스 절기의 끝에 오기 때문에 여전히 하얀색이나 금색을 써요. 주현절 절기는 종려나무 재를 바르는 '재의 수요일' 전날인 화요일까지 계속된답니다. 이 절기의 남은 기간 동안의 색깔은 녹색이에요.

절기 없는 기간: 주현절과 오순절 이후의 기간은 특별한 절기가 없는 기간, 곧 축제일 사이의 기간이라고 해요. 이 시기에 목사님과 신부님은 녹색 예복을 입지요.

사순절: 이 절기는 부활절 전 40일간이고 금식과 기도를 하는 기간이에요. 재의 수요일은 사순절을 시작하는 첫날이에요. 이 절기에는 잘못한 것에 대해 슬픔과 뉘우침을 상징하는 보라색을 써요.

성목요일: 이 날은 부활절 전의 목요일이고 기독교인은 예수님과 제자들의 마지막 만찬을 기억하지요. 성목요일의 색깔은 하얀색이에요.

성금요일: 예수님은 부활절 전의 금요일에 체포당하고, 재판을 받고, 십자가 처형을 당하셨어요. 그래서 사람들이 이 날에 그 사건을 기억하지요. 많은 교회들은 애도와 죽음을 상징하기 위해 제단에 아무 천도 사용하지 않거나 검은 천을 써요.

부활절: 부활절에는 예수님이 죽음에서 부활하신 것을 축하해요. 날짜가 정해져 있지 않아서 '움직이는 축제일'이라고 해요. (86쪽의 '부활절'을 보세요.) 하얀색이나 금색을 써서 예수님의 부활의 승리를 나타내지요.

오순절: 성령이 오신 것을 기억하는 절기예요(사도행전 2:1-13). 오순절은 부활절 후 50일째가 되는 날이에요. 오순절 주일의 색은 빨간색이지요. 오순절 절기는 교회력에서 가장 긴 기간이에요. 어떤 교회 전통에서는 이 기간을 절기 없는 기간(위를 보세요)이라고 해요. 이 기간은 11월 말 또는 12월 초, 또는 대림절과 새로운 교회력이 시작될 때까지 계속되지요.

얼마나 아는지 확인해 보아요

아래 세 퀴즈에 도전해 보고, 얼마나 아는지 확인해 보아요.

참 또는 거짓

다음 내용이 참인지 거짓인지 동그라미로 표시하세요. 도움이 필요하면 괄호 안에 있는 성경 구절이나 주제어를 찾아보세요.

참 또는 거짓 1. 마리아에게 아들을 낳을 것이라고 말한 천사는 가브리엘이다(누가복음 1:26-38; 228쪽의 '천사').

참 또는 거짓 2. 거룩한 장막의 커튼은 천사 장들로 장식되어 있었다(출애굽기 26:31-33; 228쪽의 '천사').

참 또는 거짓 3. 삼손은 맨손으로 곰을 죽였다(사사기 14:5-6; 62쪽의 '동물').

참 또는 거짓 4. 낙타는 '사막의 배'라고 한다(62쪽의 '동물').

참 또는 거짓 5. 노아는 홍수의 물이 줄었는지 보려고 비둘기를 날려 보냈다(62쪽의 '동물').

참 또는 거짓 6. 예수님의 성상들과 화려한 금속 세공은 모자라베 예술의 예이다(164쪽의 '예술').

참 또는 거짓 7. 신약성경은 1525년에 처음으로 인쇄되었다(100쪽의 '성경').

참 또는 거짓 8. 올림피아의 제우스 상은 세계 7대 불가사의 중 유일하게 아직까지 남아 있는 것이다(14쪽의 '건축물과 유명한 장소').

참 또는 거짓 9. 초막절은 에스더가 하만의 악한 음모에서 백성을 구한 일을 기념하기 위한 축제이다(에스더 9:5-32; 56쪽의 '달력과 휴일').

참 또는 거짓 10. 성목요일은 부활절 직전의 목요일이다(56쪽의 '달력과 휴일').

정답: 1) 참 2) 거짓 3) 거짓 4) 참 5) 참
6) 거짓 7) 거짓 8) 거짓 9) 거짓 10) 참

어디인지 찾았나요?

지금까지 읽은 것을 떠올려보세요. 힌트가 필요하면 괄호 부분을 찾아보세요. 정답을 알고 싶으면 괄호를 먼저 미리 읽어보면 좋겠지요. 준비-시작!

1. 크리스마스트리에 처음으로 전기로 불을 켠 곳이 어디일까요?(232쪽의 '크리스마스'를 보세요.)
2. 몰약은 어디에서 날까요?(168쪽의 '옷과 화장품'을 보세요.)
3. 예수님은 어디서 체포되셨나요?(86쪽의 '부활절'을 보세요.)
4. 에덴동산은 정확히 어디에 있었을까요?(216쪽의 '지리'를 보세요.)
5. 아라랏 산은 오늘날 어디일까요?(216쪽의 '지리'를 보세요.)

정답: 1) 뉴욕 2) 소말리아 3) 겟세마네 동산
4) 아무도 모른다. 5) 터키

나는 누구일까요?

아래의 사람들이 누구인지 알아맞혀 보세요. 실마리는 하나만 있어요. 도움이 필요하면 괄호 속의 주제어를 찾아보세요.

1. 나는 이스라엘의 첫 왕이었어요(196쪽의 '정부').
2. 나는 예수님의 제자가 되기 전에 세리였어요(208쪽의 '제자').
3. 내 얼굴은 예수님이 받은 데나리온 동전에 새겨져 있어요(244쪽의 '화폐').
4. 나는 보자기에 모든 종류의 동물이 있는 이상한 꿈을 꾸었어요(182쪽의 '음식').

정답: 1) 사울 2) 마태
3) 가이사 아구스도(=카이사르 아우구스투스) 4) 베드로

동물

야생 동물

하나님이 이르시되

땅은 생물을 그 종류대로 내되 가축과 기는 것과 땅의 짐승을 종류대로 내라 하시니 그대로 되니라 하나님이 땅의 짐승을 그 종류대로, 가축을 그 종류대로, 땅에 기는 모든 것을 그 종류대로 만드시니 하나님이 보시기에 좋았더라
(창세기 1:24-25)

영양 또는 사슴

여러분은 자연 다큐멘터리나 '라이언 킹'과 같은 만화 영화에서 자유로이 뛰노는 영양이나 사슴을 본 적이 있을 거예요. 신명기 14장 4-5절에 나오는 모세의 법에 따르면, 사슴은 이스라엘 사람이 먹을 수 있는 동물이지요.

곰

성경 시대 때 고대 근동에 있던 곰은 오늘날 우리가 동물원에서 보는 회색곰이나 북극곰처럼 크지는 않았지만, 성경에 나오는 사람들은 모두 곰을 몹시 두려워했어요. 하나님의 선지자(예언자)인 엘리사를 놀리던 소년들에게 곰 두 마리가 나타나요. 그래서 어떻게 되었는지 열왕기하 2장 23-25절을 보세요.

여우

페르시아 아닥사스다 왕의 신하인 느헤미야는 예루살렘 성벽을 다시 쌓아도 된다는 허락을 받았어요. 느헤미야가 성벽을 다시 쌓는 동안, 대적들은 성벽이 너무 엉성해서 여우가 올라가도 무너지겠다며 비웃었어요(느헤미야 4:3). 느헤미야와 일꾼들은 물러서지 않았어요. 그들은 하나님을 믿었고, 52일 만에 성벽을 완성했어요(느헤미야 6:15).

산토끼

산토끼는 토끼의 한 종류예요. 굽이 갈라지지 않은 다른 동물처럼 부정하게 여겨서, 먹지 않았어요(레위기 11:4-8).

하마

하마는 야생에서 매일 밤 거의 40kg의 풀을 먹어요. 히브리어를 그대로 '베헤못'이라고 옮겨서 번역하기도 했어요(욥기 40:15-24).

표범

표범의 등에 난 얼룩무늬를 영어로 '장미꽃 무늬'(rosettes)라고 부르는 것을 알고 있나요? 예레미야서에서 하나님은 표범을 예로 들어서, 사람이 변화되어 옳은 일을 할 수 있을지에 대해 말씀하셨어요. 어떻게 생각하세요? 표범이 자기 무늬를 바꿀 수 있을까요?(예레미야 13:23)

사자

하나님을 잘 믿던 다니엘을 질투하던 사람들 때문에, 다니엘은 무서운 사자굴에 갇혔어요. 굴 입구는 돌로 막혀 있었어요. 악한 사람들은 다니엘이 사자 밥이 될 것이라고 생각했어요. 하지만 그런 일은 일어나지 않았어요! 하나님이 다니엘을 사자들에게서 구해 주셨어요. 자세한 내용은 다니엘 6장을 읽어보세요.

원숭이

이스라엘 왕 솔로몬은 모든 것을 다 가졌던 사람이에요. 값진 보석, 하프, 금, 1천 4백 개의 전투 마차, 말 1만 2천 마리에 이르기까지, 귀한 것을 엄청나게 많이 가졌어요. 솔로몬은 3년에 한 번씩 다시스에 배를 보내어 더 많은 보물을 가져오게 했어요. 솔로몬의 보물 중에는 원숭이와 공작도 있었어요!(열왕기상 10:22)

숫양

하나님은 아브라함을 선택하시고, 그 믿음을 시험하시려고 아들을 희생제물로 바치라고 하셨어요. 그러나 아브라함이 이삭을 희생제물로 바치기 직전에 천사가 아브라함을 막았어요. 그때 아브라함은 뿔이 수풀에 걸려 있는 숫양을 발견하고, 이삭 대신 제물로 드렸어요(창세기 22:13).

이리

성경은 '이리'를 '다른 사람을 노리는 사람'에 빗대어 표현해요. 예수님은 거짓 선지자들에 대해 '양'을 노리는 '이리'라고 하셨어요(마태복음 7:15). 양은 하나님의 사람을 뜻하는 말이지요. 그래서 사도 바울은 '사나운 이리'를 조심하라고 제자들에게 경고했어요(사도행전 20:29).

새

닭

느헤미야가 유다 총독이었을 때, 느헤미야는 사람들에게 음식 값을 받지 않고 잘 먹게 해 주었어요. 예루살렘 성벽을 다시 세울 동안 사람들이 건강해야 했거든요. 그들이 먹은 것은 닭고기였을까요? 느헤미야 5장 17-19절에서 찾아보세요.

비둘기

노아는 홍수의 물이 줄어들었는지 알아보려고 비둘기를 날려 보냈어요. 비둘기가 노아를 어떻게 도왔는지, 창세기 8장 8-12절을 읽어보세요.

독수리

독수리는 '새 힘'(이사야40:31)이나 '하나님의 보호'(출애굽기 19:4; 신명기 32:11)를 나타냅니다. 성경에 여러 번 나오지요. 아마 황제수리, 검독수리, 얼룩독수리였을 거예요.

거위

고대 애굽(이집트)인들은 거위를 성스러운 동물이라고 생각했어요. 그들은 신의 영혼이 동물 속에 산다고 믿었지요. 열왕기상 4장 22-23절에 나오는 '살진 새'(거위)는 솔로몬 왕국의 부유함을 나타내요.

매

붉은꼬리매 새끼는 어미나 아비가 공중에서 먹이를 떨어뜨리면 쏜살같이 날아가서 잡아채는 법을 배워요. 이사야 46장 10-11절은 이스라엘의 적들이 "사나운 날짐승(매)"처럼 공격한다고 묘사하고 있어요.

타조

하나님을 경외하는 의인 욥에게 하나님은 종종 질문을 던지시고 욥이 스스로 생각해 보게 하셨어요. 욥기 39장에서 하나님은 욥의 어리석음을 타조의 어리석음과 비교하셨어요(욥기 39:13-18).

메추라기

이스라엘 사람들이 광야에서 떠돌아다닐 때, 먹을 만한 고기는 없고 만나만 있다고 불평했어요. 그러자 하나님은 이스라엘 사람들에게 메추라기를 잔뜩 보내주셨어요. 메추라기를 쌓으면 높이가 90센티미터나 되었어요!(민수기 11:31)

가축

성경에는

동물이 많이 나와요. 동물은 많은 경우에 이스라엘 사람이 먹을 수 있는지 또는 먹을 수 없는지와 관련해서 나와요.

낙타

여러분은 낙타를 아마 동물원이나 예수님의 탄생에 관한 공연에서 보았을 거예요. 낙타는 팔레스타인에서 가장 큰 동물이었고 성경에 여러 번 나와요. 낙타는 짐을 지고 먼 곳까지 날랐기 때문에 '사막의 배'라고도 해요. 낙타가 나오는 구절 중에서 가장 많이 인용하는 본문은 마가복음 10장 25절이에요. "낙타가 바늘귀로 나가는 것이 부자가 하나님의 나라에 들어가는 것보다 쉬우니라." 스바의 여왕이 이스라엘의 솔로몬 왕을 찾아왔을 때 많은 종류의 선물을 낙타에 실어왔어요. 이 여왕이 무엇을 더 가져왔는지는 열왕기상 10장 2절을 보세요. (30쪽에 있는 '교통'에서 이 놀라운 짐꾼 동물에 대해 더 읽어보세요.)

소

성경에서 소는 부유함과 축복의 상징으로 나와요. 시편에는 '뭇 산의 가축'이 모두 하나님의 것이라는 말이 있어요(시편 50:10). 요셉 시대에 애굽(이집트)의 바로 왕은 '아름답고 살진 암소' 일곱 마리와 '흉하고 파리한 암소' 일곱 마리가 나오는 꿈을 꾸었어요(창세기 41:1-4). 이 꿈은 애굽에 7년간은 풍년이 들고 가축이 잘 자라고, 그 다음 7년간은 흉년이 든다는 뜻이었어요.

개

하나님은 이스라엘의 지도자인 사사 기드온에게 병사들을 개울로 데리고 가라고 하셨어요. 그리고 물을 개처럼 핥아 먹는지 손으로 떠서 먹는지에 따라 병사들을 나누라고 하셨어요. 하나님은 어떤 사람들을 집으로 돌려보내라고 하셨을까요? 왜 그러셨을까요?(사사기 7:4-7)

염소

'속죄의 염소'(희생양)라는 말이 어디서 나왔는지 아세요? 구약 시대 때 대제사장은 살아 있는 염소의 머리에 손을 얹고 사람들의 죄를 고백했어요. 그런 다음 그 염소를 광야로 보내서 모든 죄가 떠나가게 했어요(레위기 16:20-22).

나귀

구약 시대 때 사람들은 종종 나귀를 타거나 나귀에 짐을 실었어요. 예수님이 비유로 가르치신 이야기에서 '선한 사마리아 사람'은 강도에게 맞은 사람을 자신의 나귀에 태워주었어요(누가복음 10:33-34). 예수님도 나귀를 타고 예루살렘에 들어가셨어요(마가복음 11:1-11).

어린 양

하나님은 모세에게 이스라엘 사람들이 유월절(넘어가는 명절)에 어린 양의 고기를 먹어야 한다고 말씀하셨어요(출애굽기 12:3). 세례 요한은 예수님을 '하나님의 어린 양'이라고 불렀어요. 슬프게도, 스스로를 지킬 수 없는 어린 양처럼 예수님이 죽으실 것을 알았기 때문이지요. 그러나 가슴 아픈 것만큼이나 행복한 결말도 있었어요. 요한은 그 어린 양이 우리를 위해 무엇을 하실 수 있었는지에 대해서 놀라운 진리를 알고 있었지요! (요한복음 1:29)

말

여러분이 좋아하는 말의 색깔에 대해 말해보세요! 요한계시록은 네 마리 말에 대해 말해요. 흰 말은 승리를 상징하고, 불꽃처럼 붉은 말은 전쟁을 상징하고, 검은 말은 기근을 상징하고, 청황색 말은 죽음을 상징하지요(요한계시록 6:1-8).

노새

구약 시대 때 왕족은 종종 노새를 탔어요. 반면에 전쟁 때는 주로 말을 탔어요. 솔로몬이 아버지(다윗 왕)의 노새를 타고 예루살렘에 들어갔을 때 놀라운 일이 일어났어요. 왕이 된 거예요! (열왕기상 1:44-46)

돼지

'귀신 들린 돼지들' 이야기를 아세요? 예수님은 어떤 남자에게서 귀신을 나오게 한 후에 돼지들에게로 들어가게 하셨어요. 누가복음 8장 26-39절에 나오는 이야기를 읽어보세요.

양

성경 시대 때 양을 많이 가진 사람이 부자였어요. 욥은 하나님을 경외한 좋은 사람이었어요. 그런데 모든 재산을 잃어서 큰 고통을 겪었어요. 하나님은 그에게 복을 내리셔서, 양 1만 4천 마리를 주셨어요(욥기 42:12).

냉혈동물

악어

여러분이 날카로운 이빨을 가진 큰 악어와 비교되면 어떻겠어요? 그게 좋은 일일까요? 애굽(이집트)의 왕에게는 그리 좋은 일이 아니었어요. 왜 그런지 에스겔 29장 2-6절을 찾아 읽어보세요.

개구리

하나님이 애굽(이집트) 사람들에게 보내신 재앙 중 하나는 개구리의 수를 무척 불어나게 하신 것이었어요. 어디든지 개구리가 있었지요! 떡 반죽 속에도 있었어요! 이야기를 모두 읽으려면 출애굽기 8장을 보세요.

벌레

조심해요! 유대 왕 헤롯이 하나님께 영광을 돌리지 않아서, 하나님이 치셨어요. 이것은 경고지요. 헤롯은 벌레에 먹혀 끔찍하게 죽었어요(사도행전 12:23).

물고기

예수님의 가장 위대한 기적 중 하나가 요한복음 6장 1-15절에 나와요. 예수님은 보리떡 다섯 개와 물고기 두 마리로 수천 명의 사람을 먹이셨어요.

(예수님이 하신 일에 대해 더 알고 싶으면 42쪽의 '기적'을 보세요.)

뱀

성경에서 가장 잘 알려진 동물은 아마도 에덴동산에서 하와를 유혹해서 금지된 나무의 열매를 먹게 만든 뱀일 거예요(창세기 3장).

곤충

개미

개미를 생각하면 무슨 생각이 떠오르나요? 열심히 일하는 것? '벅스 라이프'라는 영화는 개미의 이런 모습을 보여주지요. 잠언 6장 6절과 30장 24-25절과 같은 성경 구절에는 개미가 열심히 일하고 지혜롭다고 나와요. 게으른 사람들은 개미에게서 배우라고 하지요.

벌

우리는 벌이 꿀을 만든다는 것을 알아요. 성경에도 이 말이 나와요. 여러분은 성경에서 힘센 장사 삼손 이야기를 들었을 거예요. 삼손은 사자를 맨 손으로 죽였고, 나중에 죽은 사자의 몸에서 벌 떼와 꿀이 있는 것을 발견했어요. 사사기 14장 5-9절에서 확인해 보세요.

귀뚜라미

여름밤에는 귀뚜라미가 우는 소리를 들을 수 있어요. 먹을 수 있는 음식물 규정에서 귀뚜라미가 "정결한 것"으로 되어 있는지, "정결하지 않은 것"으로 되어 있는지 생각해본 적이 있나요? 레위기 11장 20-23절을 읽으면 답을 알 수 있어요.

메뚜기

세례 요한은 광야에서 살았기 때문에 때때로 '메뚜기와 석청(야생 꿀)'을 먹었어요(마가복음 1:6). 이 흥미로운 음식을 먹어 볼래요?

거미

욥의 친구는 고난에도 꿋꿋이 견디라고 욥에게 용기를 주면서, '거미줄 같은' 것을 믿지 말고 하나님이 함께 하신다는 것을 믿으라고 말했어요(욥기 8:11-14).

성경의 동물에 관한 더 놀라운 이야기

그다지 평범하지 않은 여러 동물이 성경의 여기저기에 나온답니다. 함께 살펴보아요.

베헤못

이 거대한 짐승은 하마라고 볼 수도 있어요(욥기 40:15).

외뿔 동물

성경 시대에 뿔이 하나인 동물이 있었을까요? 그건 아무도 몰라요. 어떤 번역 성경들에서는 외뿔 동물인 '유니콘'으로도 번역하지만(제임스왕역 민수기 23:22; 신명기 33:17), 어떤 번역 성경들에서는 '들소'나 '황소'라고 번역했어요.

용

요한계시록은 '머리 일곱 개와 뿔이 열 개 달린 큰 붉은 용'에 대해 말하고 있어요(요한계시록 12:3). 용이 미가엘과 미가엘의 천사들과 싸웠어요. 누가 이겼는지 요한계시록 12:7-9에서 찾아보세요.

Bigstock.com

바다 괴물인 리워야단

리워야단이라는 동물(시편 74:13-14; 104:26)은 초자연적인 힘을 가졌고, 입은 불길을 뿜고(욥기 41:21) 몸의 어떤 부분은 쇠보다 단단했어요(욥기 41:23). 이 동물은 성경에 여러 번 나와요. 이 바다의 동물에 대해서는 욥기 41장을 더 읽어 보세요.

희생제사로 바치는 동물

오늘날에는 이해하기 어렵지만 구약 시대 때에는 희생제물을 바치는 것이 예배의 중요한 부분이었어요. 일반 사람들은 동물과 예물을 가져오고, 제사장들이 희생제사를 드렸어요. 희생제물로 드린 것의 일부는 제사장들이 가족과 먹도록 따로 떼어두었어요. (제사장은 레위 지파 출신이에요. 이 지파는 농사를 짓거나 동물을 기를 땅이 없었어요. 그래서 땅과 동물을 가진 다른 지파 사람들의 지원을 받을 필요가 있었지요.) 하나님이 모세와 백성에게 주신 법에는 여러 종류의 희생 제사가 나와요. (레위기 1-7장을 읽으면 더 알 수 있어요.)

제사의 종류	제사에 드릴 예물	제사의 목적
용서를 구할 때 드리는 제사(속죄제)	수송아지, 염소, 어린 양, 산비둘기, 집비둘기, 양 또는 고운 가루	하나님의 용서를 구하기 위해
주님을 기쁘게 해드리는 제사(번제)	완벽하게 건강한 숫양이나 숫염소, 또는 가난한 사람의 경우 산비둘기나 집비둘기	하나님께 예배드리거나 용서를 구하기 위해
주님의 복을 받기 위한 제사(화목제)	소, 숫양, 염소의 기름이나 내장; 무교병(누룩을 넣지 않고 만든 빵)	하나님께 예배드리거나 복을 받기 위해
바로잡기 위한 제사(속건제)	흠 없는 숫양 또는 숫양의 값과 이에 더해 훔치거나 파손한 것의 값	다른 사람의 재산을 훔치거나 파손한 것 또는 하나님을 속인 것을 속죄하기 위해
주님께 감사하기 위한 제사(소제)	고운 가루, 올리브기름, 유향, 무교병(누룩을 넣지 않고 만든 빵), 꿀 없는 빵	하나님께 예배드리고 사람들을 돌보아주신 것에 감사하기 위해

동물의 여러 쓰임새

성경 시대 때 살았던 많은 동물은 생활 용품을 만드는 데 도움이 되었어요. 한번 살펴보아요.

동물의 부분	용도	읽을 성경
동물 가죽	가죽 용품과 천막	사도행전 18:1-3
숫양의 뿔	나팔, 기름을 담는 그릇	여호수아 6:4-6
염소 가죽	포도주를 담는 그릇	사무엘상 16:20
염소털 또는 낙타털	굵은 베 옷-애도할 때 입는 옷	사무엘하 3:31
나귀의 턱뼈	삼손이 사용한 무기	사사기 15:15
양과 염소의 털	옷감을 짤 때 사용	역대상 4:21-22
낙타털	의류	마가복음 1:6

점쟁이들에게 무슨 일이 생긴 거지?

바빌로니아와 애굽(이집트)과 같은 고대 왕국에서는 미래에 어떤 사건이 일어날지를 안다고 주장하는 사람들이 상당한 특권과 명예를 누렸어요. 마술사, 요술쟁이, 마법사, 점쟁이, 점성가는 종종 왕의 궁정에서 일하는 사람이었어요. 그들은 왕의 '조언자'로 일했고, 왕이 가장 두려워하는 것이 무엇인지 알아야 했어요. 고대 마술사들은 왕이 원하는 정보를 줄 수 없으면 죽은 목숨이라는 것을 잘 알았지요. 애굽의 바로와 바빌로니아의 느부갓네살 왕은 어느 날 골치 아픈 꿈을 꾸었어요. 그래서 마술사들에게 꿈을 해석하라고 했어요. 그러나 왕의 조언자들은 제대로 해석할 수 없었고 왕들은 하는 수 없이 다른 사람들에게 도움을 청해야 했어요. 그들은 바로 이스라엘의 하나님만을 섬기는 이스라엘 포로들이었어요. 누구였을까요? 바로의 왕궁에서는 요셉이었고, 느부갓네살의 왕궁에서는 다니엘이었어요. 이들의 이야기를 창세기 41장과 다니엘 2장과 4장에서 읽어 보세요.

마술에 대해 모두 읽어보세요.

빨리요! 주문을 걸고 마술의 힘을 불러일으키는 이야기책을 떠올려보세요. 아마 여러분은 해리포터 책 중 하나를 떠올릴 거예요. 믿거나 말거나 성경은 이 주제에 대해 많은 얘기를 담고 있어요.

알고 있었나요?

예수님을 찾아온 동방박사들(현자들)은 아마 점성가들이었을 거예요. 그들은 별에 대해 연구했고, 새 별이 나타난 것을 알아차렸어요. 그것은 무언가 놀라운 일이 일어날 것이라는 징조였어요. 위대한 지도자의 탄생이지요(마태복음 2:1-12).

점쟁이

하나님은 마술이나 점치는 것에 대해 뭐라고 하실까요?

아주 많이 말씀하셨어요. 방금 말한 예 말고도 성경은 보통 마술과 점치는 것을 나쁜 행동이라고 하지요. 하나님의 백성이 하지 말아야 할 일이었어요. 다음 성경 구절은 하나님의 백성을 보호하기 위해 만든 법이에요.

- "점을 치지 말며 술법을 행하지 말며"(레위기 19:26하).
- "점쟁이나 길흉을 말하는 자나 요술하는 자나 무당이나 진언자나 신접자나 박수나 초혼자를 너희 가운데에 용납하지 말라"(신명기 18:10-11).

많은 사람들이 하나님의 말씀을 잘 들었지만 어떤 사람들은 그렇지 않았어요. 아래 이야기를 읽어보세요.

꼭 그렇게 물어봐야 했나?

블레셋의 군대가 이스라엘을 위협하자 사울 왕은 조언이 너무나도 필요했어요. 그러나 하나님의 선지자 사무엘은 이미 죽었어요. 사울 왕은 불순종으로 하나님을 화나게 만들었어요. (사무엘상 15:1-30을 읽어보세요.) 하나님은 사울의 기도에 더 이상 답하지 않으셨어요. 사울은 점을 치는 것이 하나님의 법에 어긋난다는 것을 알면서도 죽은 사람과 말할 수 있는 여자 무당을 찾아 나섰어요. 10킬로미터쯤 떨어진 엔돌이라는 곳에서 한 사람을 찾았어요. 사울은 변장을 하고 갔지만, 사무엘의 영이 나타나자, 그 여자는 찾아온 사람이 사울 왕이라는 것을 알아챘어요. 사무엘은 사울에게, 하나님이 사울에게서 왕국을 빼앗을 것이라고 생각나게 해주었어요. 게다가 사울이 다음 날 죽을 것이라고 말했어요. 정말로 죽었어요! 전체 이야기를 읽으려면 사무엘상 28장을 보세요.

흉내쟁이가 흉잡히다

소아시아의 도시인 에베소에는 마법사들이 많았어요. 유대인 대제사장 스게와는 그 중 하나였어요. 바울이 에베소를 방문했을 때 예수의 이름으로 악귀(악한 귀신)들을 쫓아내는 것을 보고 그곳 사람들이 매료되었어요. 그런데 바울을 흉내 내려고 한 사람들이 있었어요. 스게와의 아들들이 어떤 남자의 악귀를 쫓아내려고 하자 악령이 말했어요. “내가 예수도 알고 바울도 알거니와 너희는 누구냐” (사도행전 19:15) 그 남자는 스게와의 아들들에게 달려들어 공격했어요. 이 일 후에 더욱 많은 사람들이 바울이야말로 진짜 하나님의 힘으로 일한다는 것을 알았어요. 마술을 부리던 많은 사람들은 마술 비법을 적은 책을 가져와 사람들이 있는 데서 불태웠어요 (사도행전 19:16-20).

질 수밖에 없는 마술사들

하나님의 사람들과 궁정 마술사들 또는 인기 있는 선지자들이 대결을 하면, 하나님의 사람들이 이겼어요. 왜 그런지 궁금하지요? 하나님의 힘으로 그렇게 되었어요.

모세와 아론 대 바로의 마술사들:

하나님은 모세와 형 아론을 애굽(이집트)의 왕 바로에게 보내셨어요. 두 사람은 이스라엘 백성을 종살이에서 풀어주라는 말을 하러 갔어요. 바로가 그들에게 기적을 일으키라고 요구할 것이라고 하나님이 미리 알려주셨어요. 아론의 지팡이가 뱀으로 변하자 마술사들의 지팡이도 뱀으로 변했어요. 그러나 아론의 뱀이 그들의 뱀을 잡아먹었어요. 후에 하나님이 나일 강의 물을 피로 바꾸시자 마술사들도 똑같이 따라했고, 개구리 재앙도 똑같이 따라했어요. 그러나 다른 재앙들은 똑같이 따라하거나 막을 수 없었기 때문에 하나님이 그들의 마술보다 우월하신 것이 증명되었어요(출애굽기 8:16-24; 9-11장; 12:29-30).

엘리야 대 바알 선지자:

엘리야 선지자는 갈멜 산에서 대결을 할 때 이스라엘의 하나님을 대표했어요. 반대편에는 이스라엘의 아합 왕과 이세벨 왕비의 궁에서 나온 바알과 아세라 선지자 850명이 있었어요. (바알과 아세라에 대해 더 알고 싶으면 178쪽의 ‘우상과 이방신’을 보세요.) 양쪽은 각자 제단을 준비하고 희생제물을 갖추었어요. 여기에 딱 한 가지 빠진 것은 불이었어요. 양쪽은 모두 기도에 응답해서 불을 내리는 신이 진짜 신이며 최고의 신이라는 것을 알고 있었어요. 누가 이겼을까요? (잘 모르겠으면 열왕기상 18:1-40을 보세요.)

베드로 대 마술사 시몬:

마술사 시몬은 스스로를 대단하다고 생각했어요. 시몬은 주후 1세기에 사마리아를 두루 다니며 마술을 써서 보는 사람들을 모두 놀라게 했어요. 그러나 시몬은 마술을 그만두어야 했어요. 시몬을 따르는 사람들이 기독교인이 되었거든요. 시몬은 사도들이 하나님의 이름으로 기적을 일으키는 것을 보았어요. 시몬은 사도들에게 돈을 줄 테니 가르쳐 달라고 했어요. 그러나 성령은 돈으로 살 수 없지요. 베드로는 시몬을 꿰뚫어보았고 그의 욕심에 대해 경고했어요(사도행전 8:9-25).

가나안

전쟁의 세계

고대 팔레스타인은 무역의 중심지이자 전략적 요충지로, 강대국인 애굽(이집트), 소아시아, 메소포타미아, 지중해 주변에 있는 나라들 사이에 있었어요. 이 지역의 지배권을 갖는 나라는 군사적으로 매우 유리한 점이 있었어요. 이것은 곧 그 지역 사람들에게 항상 전쟁이 있었고, 평화로운 기간은 드물었다는 뜻이었어요. 성경에는, 하나님의 보호 아래 의로운 지도자들이, 드물지만 평화로운 시기를 맞이했다고 적혀 있어요(사무엘상 7:14; 열왕기상 5:4, 12; 열왕기하 20:19; 역대하 14:1, 6).

신약성경 저자들이 기독교인들의 삶으로, 전쟁과 전쟁 도구에 대한 표현을 자주 사용한 이유 중 하나는, 아마도 오랜 전쟁의 역사 때문일 거예요.

이스라엘의 군사 역사

이스라엘 역사에는 일반적으로 세 개의 주요 전투 시대가 있어요.

- 가나안 정복: 주전 1250-1010년
- 왕국기: 주전 1010-931년
- 분열왕국: 주전 931-586년

한 번에 한 도시

여호수아가 이스라엘 사람들을 가나안으로 인도하기 전까지 가나안은 여러 나라들에 의해 500년이 넘도록 통제를 받았어요. 가나안의 도시 국가들은 전쟁을 많이 해서 약해졌고, 이스라엘 사람들은 작지만 기동력 있는 군사력으로 그들을 쉽게 정복했어요. 그러나 이스라엘 사람들이 여리고 골짜기의 평지에 도달했을 때 도시가 굳게 닫혀 있고 넘을 수 없는 돌벽이 있는 것을 보았어요. 그러나 하나님께는 따로 계획이 있었어요.

하나님의 군대 장군이 여호수아에게 나타나 여리고를 어떻게 정복할지 알려주었어요. 천사는 여호수아에게 사람들과 제사장들과 함께 언약궤를 가지고 7일 동안 나팔을 불며 여리고 주변을 행진하라고 했어요. 7일째 되는 날, 여호수아는 이스라엘 사람들에게 소리를 지르라고 명령했어요. 하나님께서 그들에게 이미 여리고 성에 대한 승리를 주셨기 때문이지요(여호수아 6:1-5). 백성이 소리를 지르고 나팔을 불자 성벽이 무너져 내렸고, 돌격해서 그곳을 점령했어요(여호수아 6:12-25).

'아이 성', '우리가 그들 뒤로 몰래 다가가면 …'

다음 도시는 아이 성이었어요. 이스라엘 사람들은 아이 성의 병사들의 용맹을 얕잡아봐서 아이 성을 차지하려고 3천 명의 병사만 보냈어요. 이스라엘 사람들은 결국 거기서 도망쳤고 그 과정에서 36명을 잃었어요. 그들은 한 사람, 아간의 죄 때문에 졌다는 것을 깨닫지 못했어요(여호수아 7:6-26). (아간에 대해 더 알고 싶으면 212쪽의 '죄와 벌'을 보세요)

여호수아는 아간의 문제를 해결한 후에 이길 전략을 짰어요. 여호수아는 밤에 3만 명의 병사를 보내 아이 성 뒤에 숨게 했어요. 여호수아는 또 다른 5천 명으로 아이 성을 공격하게 했어요. 아이 성의 병사들이 싸우러 나왔을 때 여호수아와 5천 명의 이스라엘 병사들은 도망쳐서 아이 성의 군대를 아이 성에서 멀어지게 만들었어요.

아이 성에 병사들이 없을 때 여호수아가 숨어 있던 3만 명의 병사에게 신호를 보내자 병사들은 몰려가 아이 성을 접수했어요. 그들은 성에 불을 질렀어요. 아이 성의 병사들이 속았다는 것을 깨달았을 때는 너무 늦었지요. 아이 성의 병사들은 두 그룹의 이스라엘 전사들 사이에 갇혔어요. 이스라엘의 완전한 승리였어요.

정보

판단력 부족: 기드온과 삼손

사사기에 나오는 사사들은 왕국시대 이전에 질서를 지킨 군사 지도자들이었어요. 지파들 사이에 계속 다툼이 있었고, 가나안의 다른 나라들과 전쟁이 끊이지 않았어요. 사사들은 하나님의 백성이 적과 싸우고 하나님의 법에 따라 성실하게 열심을 내서 살도록 방법을 찾아야 했어요. 다음은 가장 잘 알려진 사사 두 사람이에요.

군대와 같은 힘을 발휘한 한 사람

삼손의 행동 때문에 (삼손은 300마리의 여우를 풀어 블레셋 사람들의 곡식을 불살랐어요. 사사기 15:4-5를 읽어 보세요.) 블레셋의 도시국가들과 아주 힘센 사람인 삼손 사이에 전쟁이 일어났어요. 블레셋 사람들은 결코 전투에서 삼손을 이기거나 삼손을 죽일 수 없었어요. 그러나 이스라엘 사람들은 블레셋 사람들이 두려워서 삼손을 밧줄로 묶어 블레셋 사람들에게 데려다 줄 음모를 꾸몄어요. 다행히 하나님의 영이 삼손에게 임하셨고 삼손은 밧줄을 풀 수 있었어요.

삼손은 나귀의 턱뼈가 땅에 떨어져 있는 것을 보고, 집어서 무기로 썼어요. 무기를 내려놓을 때까지 블레셋 사람 천 명이 죽었어요(사사기 15:11-17). 나중에 들릴라는 삼손을 졸라서 그의 힘이 어디서 나오는지 다 말하게 했어요. (들릴라에 대해 더 알고 싶으면 124쪽의 '여자'를 보세요.) 삼손은 붙잡혔지만 하나님이 힘을 주셨어요. 삼손은 마지막으로 힘을 써서 블레셋의 신전 기둥을 넘어뜨려 블레셋 사람 3천 명을 죽였고 자신도 죽었어요(사사기 16장).

기드온과 300명의 용사들

미디안 사람들은 기드온 시대 때 이스라엘의 주요 적이었어요. 하나님은 농부인 기드온을 선택하셔서 이스라엘 사람들을 데리고 미디안과 맞서게 하셨어요. 기드온은 하나님의 지시에 따라 군대를 3만 명에서 300명으로 줄였어요. 그런 후 기드온은 그 300명을 데리고 밤에 미디안 진영으로 가서 에워싸라는 말씀을 들었어요. 병사들은 항아리 속에 횃불을 감추고 나팔을 들고 갔어요.

기드온이 신호를 주자 병사들은 항아리를 깨고 횃불을 흔들고 나팔을 불며 소리쳤어요. "여호와와 기드온의 칼이다"(사사기 7:20) 미디안 사람들은 너무 겁이 나고 당황해서 어둠 속에서 상대가 적이라고 생각하며 자기들끼리 공격하기 시작했어요. 그들이 도망치자 기드온의 병사들은 추격해서 무찔렀어요. 기드온의 전략은 오늘날까지도 가장 성공적인 심리전의 예로 여겨져요. (기드온에 대해서는 134쪽의 '영웅'을 보세요.)

왕국

다윗: 목자, 음악인, 거인을 물리친 사람, 게릴라 전사, 왕

이스라엘은 다윗 왕이 다스리는 동안 통일된 나라였어요. 다윗은 하나님이 백성을 인도하시기 위해 쓰신 또 한 명의 지도자였어요. 그러나 다윗은 왕이 되기 전에 오랫동안 커다란 문제를 해결해야 했어요.

이 구석에서. . .

사울 왕이 다스리는 동안에 이스라엘 사람들은 블레셋 사람들에게 계속 괴롭힘을 당했어요. 그러나 양쪽 군대가 서로 공격하기 전에 블레셋의 전사인 가드 사람 골리앗은 결투를 해서 문제를 해결하자고 제안했어요. 이 결투는 고대 중동의 다른 지역에서 흔히 있었던 방식인데, 이기는 사람이 다 갖는 형식이었어요. 그러나 다윗과 골리앗이 만나기 전까지 이스라엘 사람들은 이 방식을 알지 못했어요.

골리앗은 40일 동안 이스라엘 사람들에게 자신과 겨룰 전사를 보내라고 요구했어요. 그러나 이스라엘 사람들은 겁이 났어요. 이 도전에 응하겠다고 나선 사람은 어린 목자 다윗이었어요. 다윗은 형들에게 음식을 갖다 주러 거기에 갔었어요(사무엘상 17:12-23). 다윗은 골리앗이 하나님과 하나님의 백성을 조롱하는 것을 듣고서 화가 났어요. 그래서 사울 왕에게 골리앗과 싸우도록 허락해 달라고 했어요. 다윗은 물매와 돌멩이만을 가지고 골리앗을 죽였어요. 블레셋 사람들은 항복할 생각이 없었고, 그래서 전투의 규칙을 어기고 도망쳤어요(사무엘상 17:24-54).

나 잡아봐라: 기동성의 유익

다윗은 곧 거인을 죽인 사람으로 전국적으로 유명하게 되었어요. 사울은 다윗을 질투하였고 죽이려고 했어요. 다윗은 시골로 도망을 쳤어요. 거기서 기동력 있는 게릴라 부대를 만들어서 사울 왕이 다윗을 찾아낼 수 없게 했어요. 다윗의 작은 부대는 순식간에 흩어질 수 있었어요. 다윗은 사울을 피해 숨었고, 그러면서도 블레셋 사람들에게 대항하여 게릴라 공격을 했어요. 사울을 피하면서도 블레셋 사람들을 잘 공격하는 능력으로 인해 다윗은 이스라엘 사람들에게 매우 인기가 있었어요. 사울이 길보아 산에서 블레셋 사람들한테 졌을 때 누구를 새 왕으로 뽑을지가 분명했어요. 다윗이 오랫동안 사울을 피해 도망을 다닌 것은 사무엘상 20-30장에 나와 있어요. (다윗의 또 다른 전투에 대해서는 146쪽의 '예루살렘'을 보세요.)

물매를 들고 있는 다윗. 작가 미상

분열 왕국

산헤립과 앗수르의 포위 기계

앗수르의 왕 산헤립은 주전 705년에 권력을 잡고 곧 군사령관으로서의 능력을 발휘했어요. 동쪽과 서쪽 지방이 반역을 했을 때 바벨론과 예루살렘도 반역에 가담했어요. 산헤립은 바벨론을 먼저 제압하려고 군대를 보냈고, 그런 다음 서쪽의 유다와 그곳의 반역하는 도성으로 보냈어요. 산헤립의 군대는 바퀴가 달린 포위 탑에 성을 강타하는 망치들과 궁수들이 있어서 유다의 도성들을 쉽게 무너뜨렸어요(열왕기하 18장; 역대하 32장). 사마리아처럼 쉽게 무너뜨리지 못하는 도성들은 기근이나 역병을 견딜 수 없어 나올 때까지 기다렸어요. 이것은 포위하는 방식이었어요. 앗수르 사람들이 예루살렘에 도착했을 즈음에는 산헤립이 46개의 도시와 성읍을 성공적으로 무너뜨리고 210만 명을 노예로 삼았다고 역사 기록이 전해요.

잘 방어하는 것이 가장 좋은 공격이다 . . .

산헤립이 반역을 진압하러 먼저 유다로 건너갔을 때 히스기야 왕은 이미 예루살렘을 방어할 준비를 시작했어요(역대하 32:2-8). 성공적으로 방어하기 위해서는 물과 음식이 계속 있어야 한다는 것을 알았기 때문에 히스기야는 기혼 샘물에서 도성 안의 실로암 연못까지 연결하는 550미터 길이의 터널을 건설했어요. 그러나 히스기야는 산헤립이 얼마나 빨리 다른 도시를 함락시켰는지를 생각하며 걱정했어요. 그래서 산헤립에게 큰 선물을 '공물'로 보내서 평화로운 관계를 만들려고 했어요.

그리고 주님의 천사가…

산헤립은 많은 금과 은을 받았어요. 그렇지만 예루살렘에 사신들을 보내서 사람들을 위협하고 사기를 꺾으려고 했어요. 사신들은 예루살렘 사람들에게 말하기를 다른 도시의 신들이 아무도 그들을 구할 수 없었는데 하나님이 어떻게 그들을 구하겠느냐고 했어요(열왕기하 18:28-35; 역대하 32:10-15). 히스기야는 이사야 선지자에게 조언을 구했고 기도했어요. 이사야는 걱정하지 말라고 했어요. 산헤립은 자신의 집으로 돌아가 거기서 끔찍한 죽음을 맞이할 것이고 예루살렘은 해를 입지 않을 것이라고 했어요(열왕기하 19:1-7; 20-34). 하나님이 이사야에게 주신 말씀이 그대로 되었어요. 산헤립이 예루살렘을 포위하려고 했을 때 여호와의 사자가 18만 5천 명의 군사를 죽였어요. 산헤립은 집으로 돌아갔고, 살해되었어요(열왕기하 19:35-37).

알고 있었나요?

히스기야는 산헤립에게 공물을 바치기 위해 하나님의 성전과 왕궁의 보물창고에 있는 모든 금과 은을 주었어요. 문과 기둥에 씌운 금을 벗기기까지 했어요. 이 이야기를 열왕기하 18장 14-16절에서 읽어 보세요.

아마겟돈: 마지막 전투?

성경의 마지막 책인 요한계시록에서 사도 요한은 한편으로는 예수님과 예수님을 따르는 사람들, 그리고 다른 한편으로는 사탄과 사탄을 따르는 사람들 사이의 마지막 전투에 대해 말해요. 이 전투는 구약성경에서 전투로 유명한 므깃도 산의 이름을 따서 아마겟돈이라고 불렀어요. 그래서 사람들은 므깃도가 언젠가 정말로 마지막 전투가 벌어질 곳인지, 아니면 요한이 이곳을 선과 악 사이의 최후의 싸움의 상징으로 쓴 것인지 궁금해 했어요(요한계시록 16:16). 요한계시록의 대부분의 구절과 마찬가지로 아마겟돈에 관한 구절은 이해하기 어려워요. 그렇지만 문자적으로 받아들이든, 상징적으로 받아들이든, 이것은 분명히 사탄이 망하고 예수님이 승리하시는 마지막 전투를 묘사하지요.

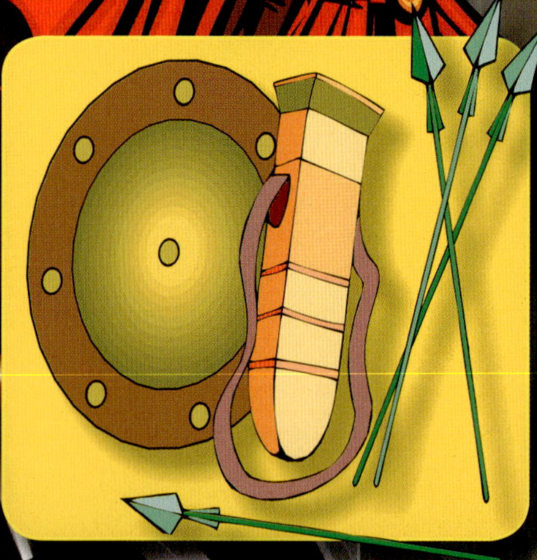

성경 속의 무기와 갑옷

- **공성퇴**(성벽 파괴용 충차)(에스겔 4:2; 21:22; 26:9)
- **활과 화살**(창세기 27:3; 사무엘하 22:35)
- **가슴막이 흉패, 비늘 갑옷**(사무엘상 17:5-6, 38)
- **허리띠, 칼집**(사무엘하 20:8)
- **다리 보호용 놋 각반**(사무엘상 17:5-6)
- **놋 투구**(사무엘상 17:5-6)
- **방패**(사무엘상 17:7, 41)
- **물매**(사무엘상 17:48-50)
- **창, 긴 창, 단창, 작살**(여호수아 8:18; 사사기 5:8; 사무엘상 18:11; 시 35:3)
- **칼**(창세기 27:40; 잠언 25:18)

에베소서 6장에 나온 하나님의 갑옷

사도 바울은 영적인 갑옷에 대해 썼어요. 아마 여러 해 동안 집에 갇혀 지내면서 자신을 감시한 로마 병사들을 관찰하고서 썼을 거예요.

다음은 갑옷의 여러 부분이에요.

- **진리의 허리띠**(6:14)
- **의의 호심경**(갑옷)**-하나님의 정의**(6:14)
- **하나님의 복음의 신발**(6:15)
- **믿음의 방패**(6:16)
- **구원의 투구**(6:17)
- **성령의 검**(6:17)

영적인 적과 싸우려면 영적인 갑옷이 필요해요.

바울은 에베소 사람들에게 보내는 편지에서, 하나님이 주신 갑옷을 입고 이 세상의 영적인 싸움에 맞서라고 독려하고 지시해요. 바울은 유대 역사와 그리스 역사가 전쟁으로 가득 차 있다는 것을 알고서, 요점을 전하기 위해 갑옷과 무기의 이미지를 썼어요. 그러나 진짜 갑옷과 무기를 써서 서로 싸우라는 것이 아니라, 영적인 세계에 있는 어둠의 세력과 싸우라는 것이었어요.

하나의 좋은 책은 또 다른 책… 또 다른 책에 영감을 주지요.

성경은 지난 세월 동안 수많은 문화권의 사람들에게 영감을 주어서 많은 책을 쓰게 했어요. 사실 성경은 너무도 많은 언어로 된 책에 영감을 주어서 성경이 문학에 미친 영향은 가늠할 수 없을 정도예요. 몇 가지 유명한 책을 살펴보고 무엇이 이 책들을 그렇게 특별하게 만들었는지 알아봅시다.

히포 사람 성 아우구스티누스, 리포 멤미(14세기경)

히포 사람 아우구스티누스

아우구스티누스는 354년에 북아프리카 해변의 작은 도시에서 태어났어요. 아버지는 로마의 하급 관리였고, 어머니는 기독교인이었어요. 아우구스티누스의 부모님은 아우구스티누스에게 최고의 교육을 시켰어요. 그는 카르타고와 로마와 밀라노에서 교사로 일했어요. 아우구스티누스는 밀라노에서 유명한 기독교인 설교가인 암브로시우스의 설교를 듣고 기독교로 개종했어요.

아우구스티누스는 아프리카로 돌아가서 '히포'라는 항구도시에서 사제(주교)가 되었고 평생 거기서 살았어요. 그는 유명한 자서전인 『고백록』에 자신이 어떻게 기독교인이 되었고 하나님과 평화로운 관계를 회복하게 되었는지 적었어요.

단테 상, 이탈리아 피렌체에 있는 우피치 미술관

단테 알리기에리: 지옥, 연옥, 천국을 가본 시인

단테 알리기에리(1265-1321년)는 이탈리아의 피렌체에서 태어났어요. 권력을 추구하는 사람들이 온 나라를 분열시키는 상황 속에서 자라났고, 서른 살에 추방되었어요. 단테는 피렌체에서 추방되어 사는 동안 세계 문학에서 가장 위대한 작품 중 하나를 썼어요. 이 서사시는 『신곡』이고, 세 부분으로 되어 있어요.

인물	그 인물이 상징하는 것
단테	하나님을 알려고 애쓰는 영혼
베르길리우스	인간의 제한된 마음
베아트리체	하나님의 은혜

지옥 이야기가 우스운 이야기인가요?

'거룩한 코미디'라는 뜻의 『신곡』은 지옥, 연옥, 하늘나라 등 세 군데로 여행하는 이야기예요. 이 책의 제목에서 말하는 '코미디'는 '우스운 시'라는 뜻이 아니라, 행복한 결말로 끝나는 이야기라는 뜻이에요. 『신곡』은 꾸며낸 인물이나 사건 속에 생각이나 가치를 담아서 나타내는 우화예요. 위의 도표는 '생각'을 상징하는 인물 중 일부예요.

존 번연: 감옥에 있으면서 여행을 한 사람

존 번연(1628-1688년)은 금속 세공사이자 도구 수리공의 아들이었어요. 번연의 아버지는 아들을 별로 교육시키지 않았어요. 그렇지만 번연은 중요하고 영감을 주는 책들을 열심히 공부했어요. 서른 살이 되었을 때 그는 침례교회에 나갔고 주변 여러 마을에서 설교했어요. 그러나 번연은 영국교회의 회원이 아니었기 때문에 이것이 불법이었어요. 번연은 체포되어 감옥에 3개월간 갇혔어요. 풀려나면 다시 설교를 할 것 같은 낌새가 보이자 번연의 옥살이는 12년으로 늘어났어요. 번연은 감옥에서 『천로역정』이라는 위대한 작품을 썼어요.

비밀 천사가 크리스티아나에게 메시지를 전하다. 『천로역정』에서. 석판화로 채색(1850년경)

알고 있었나요?

『천로역정』은 성경 다음으로 가장 많이 출판된 책이고 계속해서 인쇄되고 있어요. 이 책은 200개 이상의 언어로 번역되었어요. 저력이 대단하지요!

쉬운 문체로 기록된 『천로역정』에는 '기독교신자, 복음전도자, 세상현자' 등의 이름을 가진 등장인물들과, '어려움의 언덕, 유쾌한 산, 의심하는 성'과 같은 장소들이 나와요. 이들은 모두 그런 유형의 사람과 일을 나타내요. 이야기는 '그리스도인'이라는 남자가 파괴의 도시(땅)에서 도망해서 하늘도시(하늘나라)로 가는 길을 따라가요. 그는 길을 가면서 여정을 돕거나 방해하는 장소와 인물을 만나지요.

과일을 먹는 것이 뭐가 그리 서사적이지요?

밀턴은 영감을 얻기 위해 성경의 창세기를 읽었고 아담과 하와를 주인공으로 삼았어요. 하늘나라, 땅, 지옥에서 벌어진 일을 그리고 있지요. 『실락원』은 서사적인 장엄함을 보여주려고 했어요. 아담과 하와가 금단의 열매를 먹었을 때 하나님의 아들 예수님이 인간이 되시고 우리의 죄를 대신 갚아주신다는 것을 보여주는 거예요. 밀턴의 요점은 하나님이 항상 통제하시고, 사탄의 악한 계획을 좋은 결과로 바꾸실 수 있다는 거예요.

『실락원』의 또 다른 서사적 특징은 사탄을 묘사한 부분이에요. 시의 앞부분에서 사탄은 아주 똑똑한 악당으로 나와요. 그러나 사탄은 창조적이고 총명하신 하나님에게서 멀리 떨어져 있을수록 더 멍청하고 둔하게 나와요.

존 밀턴: 가장 위대한 시인

존 밀턴(1608-1674년)은 가장 위대한 영국 시인 가운데 한 사람이지요. 적어도 8개의 언어를 사용할 수 있었던 밀턴은 정부의 중요한 자리에서 일하게 되었어요. 그러면서 올리버 크롬웰이 다스리던 영국에서 새 청교도 정부를 지지하기 위해 정치적인 소책자를 썼어요. 그러나 왕조가 다시 영국을 장악하자 밀턴은 직장을 잃었고, 혁명과 새 정부가 실패하여 절망에 빠졌어요. 밀턴은 1658년부터 1663년까지 많은 사람들이 현대어로 된 가장 위대한 서사시라고 하는 작품 『실락원』을 썼어요.

캐드먼: "나는 노래 몰라요"

캐드먼은 657-680년에 영국 요크셔의 수도원에서 살았어요. 캐드먼은 거기서 목동으로 일했어요. 유명한 역사가 베데에 따르면, 어느 날 밤에 수도원의 수사들이 하프를 연주하고 노래하고 있다가 글을 읽고 쓸 줄 모르는 캐드먼에게 노래를 하라고 시켰어요. 캐드먼은 아는 노래가 없다고 대답하고 양들 사이로 자러 갔어요. 캐드먼이 자고 있는데 어떤 사람이 꿈에 나타나서 '창조의 시작'(창세기 1장을 보세요)을 노래하라고 했어요. 캐드먼은 하나님의 창조를 찬양한 짧은 시를 지었어요. 캐드먼은 깨어나 시를 기억했고 몇 줄을 더 보탰어요.

캐드먼은 수도원의 지도자들에게 가서 무슨 일이 있었는지 말했어요. 지도자들은 그 은사를 하나님이 주신 것인지 확실히 알아보려고 캐드먼에게 성경의 역사에 대해 새로운 시를 써보라고 했어요. 캐드먼은 다음 날 아침에 아름다운 시를 가져왔어요. 수도원장은 캐드먼에게 수사가 되는 공부를 하라고 했어요. 베데에 의하면 캐드먼은 기독교를 주제로 시를 많이 지었어요. 그러나 '캐드먼의 찬송가'라는 시의 일부만 발견되었어요.

캐드먼이 살고 일한 곳으로 알려진 위트비 수도원

캐드먼의 찬송가

이제 우리는 하늘의 수호자,
건축가의 힘과 그의 목적,
영광의 아버지의 일을 찬양해야 한다네.
- 영원하신 주께서 놀라움의 시작을
세우셨듯이.
거룩하신 창조주가
먼저 하늘을 사람의 자녀를 위해
지붕으로 지으셨네.
그리고 인류의 수호자 영원하신 주님이,
전능하신 주님이 세상의 중간을
인간을 위한 땅을 정하셨네.

C. S. 루이스:
『나니아 연대기』만 쓴 게 아니에요

클리브 스테이플스 루이스(1898-1963년)는 20세기에 기독교를 가장 잘 옹호한 사람 가운데 하나예요. 그는 북아일랜드에서 아일랜드 교회에 다니는 가정에서 태어났고, 옥스퍼드대학교에 다니기 전에 제1차 세계대전에 참전했어요. 루이스는 아주 뛰어난 학생이었고 나중에 옥스퍼드대학교의 교수가 되었어요. 루이스는 어린 시절의 신앙에서 멀어졌지만 30대 초반에 다시 기독교로 돌아왔어요. 그는 기독교인의 삶에 관해 설명하는 『기적』과 『순전한 기독교』와 같이, 사실을 바탕으로 하는 책을 많이 썼어요.

루이스는 소설을 쓸 때 『스크루테이프의 편지』와 같은 우화를 쓰는 것을 좋아했어요. 가장 유명한 작품으로는 『나니아 연대기』 시리즈가 있어요. 7권의 『나니아 연대기』는 40개 이상의 언어로 1억 권이 넘게 팔렸어요. 이 책들은 나니아의 환상 세계 속에서 어린이들의 삶과 모험을 따르는데, 어린이 문학의 고전이에요. 많은 나니아 책들은 영화, 연극, 라디오 방송으로 제작되었고, 나니아 비디오 게임까지 나왔어요!

이어진 시리즈 책들

나니아 책들은 '스타워즈' 영화처럼 연속물로 나왔어요. 사건이 일어나는 순서대로 읽고 싶으면 아래 순서대로 읽으세요. 루이스가 쓴 순서로 읽고 싶으면 출판 연도순으로 읽으세요.

『마법사의 조카』(1955)

『사자와 마녀와 옷장』(1950)

『말과 소년』(1954)

『캐스피언 왕자』(1951)

『새벽 출정호의 항해』(1952)

『은 의자』(1953)

『마지막 전투』(1956)

알고 있었나요?

루이스는 또한 『우주 3부작』이라는 연속 작품을 썼어요. 이 3부작으로는 『침묵의 행성 밖에서』(1938년), 『페렐란드라』(1943년), 『그 가공할 힘』(1945년)이 있어요.

바울

적에서 친구로

적이 그냥 친구가 되는 것이 아니라 절친한 친구가 된다고 상상해보세요. 1세기에 사울이라는 사람은 기독교인들을 너무 미워해서, 사도 스데반을 죽인 사람들이 그들의 겉옷을 사울에게 맡길 정도였어요. (134쪽의 '영웅'을 보세요.) 그러던 사울이 예수님을 위한 사도가 되었을 뿐만 아니라, 신약성경의 여러 서신을 쓰고 많은 교회들이 시작되게 했다니, 정말 놀랍죠? 무엇이 이 사람을 적에서 제자로 변하게 했을까요?

바리새인으로서의 바울

사울은 어린 시절에 다소라고 하는 로마의 지방에서 살았어요. 이곳은 교육, 상업, 문화의 중심지였어요. 여기서 어린 사울은 교육을 아주 잘 받았어요. 사울은 유명한 선생님인 바리새인 가말리엘에게서 배웠어요 (사도행전 22:3). 사울은 바리새인이라는 종교 그룹의 일원이 되었어요. 이 그룹은 모세의 법을 엄격하게 지켰어요. 사울은 랍비가 되려는 계획을 달성하기 전에 장사를 배웠는데, 천막을 만드는 일이었어요.

변화로 가는 길

사울이 다메섹(다마스쿠스)으로 가는 길에 인생을 완전히 바꾸는 놀라운 일이 벌어졌어요. 밝은 빛이 하늘에서 나타났고 사울은 땅에 엎드렸어요. 사울은 "사울아 사울아 네가 어찌하여 나를 박해하느냐"(사도행전 9:4) 하고 말씀하시는 예수님의 목소리를 들었어요. 그리고 사울은 3일 동안 시력을 잃었어요. 사울과 함께 가던 사람들이 사울을 다메섹으로 데려갔어요. 거기에는 사울에게 가라는 환상을 받은 아나니아라는 사람이 있었어요(사도행전 9:10-16). 아나니아는 썩 내키지 않았지만 하나님의 능력으로 사울의 시력을 되찾게 해 주었어요.

사울은 예수님의 제자가 되었어요. 다메섹과 예루살렘에 있던 예수님의 제자들에겐 정말 놀라운 일이었지요. 그 후 사울은 바울로 알려지게 되었고, 성령님의 선택을 받아 복음의 메시지를 유대인과 유대인이 아닌 이방 사람들에게 전했어요(사도행전 13:1-3). 그러나 이 일은 정말 어려웠어요. (81쪽의 '바울이 겪은 위험'을 보세요.)

바울은 말년에 예루살렘에서 체포되었어요. 두 명의 로마 총독(벨릭스와 그 후에 베스도)과 아그립바 왕(헤롯 아그립바 2세 - 172쪽의 '왕과 왕비'를 보세요.) 앞에서 여러 번 재판을 받은 후 바울은 로마에서 재판을 받게 해 달라고 요청했어요. 바울이 로마 시민이었기 때문이에요. 바울은 로마에서 말년을 보냈는데, 가택연금을 당한 채 계속해서 예수님과 하나님의 나라에 대해 설교했어요(사도행전 28:16-31). 바울이 64년경에 로마에서 순교했을 거라는 추측이 있어요.

바울이 겪은 위험

선교사가 되는 것은 쉽지 않아요. 바울이 여행하면서 겪은 어려움 중 일부가 고린도후서 11장 23-27절에 나와요.

- 감옥살이(23절)
- 죽음의 위험(23절)
- 매 맞음(24절)
- 막대기로 3번 맞음(25절)
- 돌로 맞음(25절)
- 배의 조난을 3번 겪음(25절)
- 강도의 위험을 겪고 동족에게 위험을 당함(26절)
- 잠을 못자고 지냄(27절)
- 굶주림과 목마름으로 고통을 겪음(27절)
- 추위에 떨고 헐벗음(27절)

친구들이 함께 일해요.

많은 사람들은 바울이 초대교회를 세우러 여행할 때 함께 갔어요. 아래는 바울의 친구들 몇 사람이에요. 디모데와 실라와 다른 중요한 친구들에 대해 더 알고 싶으면 134쪽의 '영웅'을 보세요.

루디아

(사도행전 16:11-15) 루디아는 이방인 사업가이고, 유럽 최초로 기독교인이 되었어요. 루디아는 바울이 빌립보로 여행했을 때 기독교인이 되었어요. 루디아가 그리스도에 관한 말씀을 들었을 때 바울이 루디아와 그 가족에게 세례를 주었어요. 바울은 루디아의 집에 한동안 머물렀어요.

브리스길라와 아굴라

(사도행전 18:1-3, 18-19) 바울은 이 부부를 고린도에서 만났어요. 그들은 글라우디오(클라우디우스) 황제가 모든 유대인에게 로마를 떠나라고 명령했기 때문에 이달리야(이탈리아)에서 떠나왔어요. 그들은 알렉산드리아에서 온 유대인인 아볼로에게 성령에 대해 가르쳤어요(사도행전 18:24-28).

디도

(갈라디아서 2:1-3) 이방인 디도는 바울에게서 예수님에 대해 배운 후에 바울과 함께 예루살렘으로 갔어요. 또한 디도는 바울의 요청으로 고린도로 갔어요(고린도후서 2:12-13; 7:5-6). 디도는 후에 그레데(크레타)에서 기독교인 교회의 지도자가 되었어요(디도서 1:5).

짐을 싸고 떠나요!

여러분은 복음을 전하기 위해 얼마나 멀리 갈 수 있나요? 바울은 선교사로서 소아시아(현재의 터키)와 그리스 지역으로 수천 킬로미터를 여행했어요. 바울은 또한 사람들에게 예수님에 관해 말해 주려고 지중해를 건넜어요. 바울은 하나님께로부터 이런 출발 명령을 받았어요.

"내가 너를 이방의 빛으로 삼아
너로 땅 끝까지 구원하게 하리라"
(사도행전 13:47)

바울은 오랜 시간을 길에서 살았어요. 이제 바울을 따라 여행해보세요.

알고 있었나요?

바울은 마가라고 하는 요한과 다시 친구가 되었어요. 바울은 디모데에게 보내는 두 번째 편지에서 이렇게 썼어요. "네가 올 때에 마가를 데리고 오라 그가 나의 일에 유익하니라"(디모데후서 4:11)

바울의 첫 번째 선교여행 (사도행전 13-14)

터키에 가본 적이 있나요? 바울은 첫 번째 여행 때에 바나바와 요한 마가와 함께 갔어요. 그들은 수리아에 있는 안디옥 항구를 떠나 구브로 섬으로 갔어요. 그리고는 밤빌리아의 수도인 버가로 갔어요. 요한 마가가 버가에서 떠났지만 바울과 바나바는 계속해서 다른 도시로 갔어요. 이고니온, 루스드라, 더베에 들르고 마지막에는 다시 안디옥으로 갔어요. 그런 후 교회 지도자들의 회의에 참석하러 예루살렘으로 돌아갔어요.

바울의 두 번째 선교여행

(사도행전 15:36-18:23)

바울과 바나바는 요한 마가에 대해 논쟁을 한 후(15:36-39) 따로 길을 떠났어요. 바나바는 요한 마가와 구브로로 갔고, 바울은 실라와 전에 방문했던 곳인 더베와 루스드라로 갔어요. 디모데가 루스드라에서 바울의 선교 팀에 합류했어요.

바울은 로마의 두 지역인 아시아와 비두니아를 지나쳤어요. 하나님께서 그곳에 가지 말라고 하셨거든요(사도행전 16:6-7). 그러나 마게도냐는 달랐어요. 어느 날 밤에 바울은 어떤 남자가 "마게도냐로 건너와서 우리를 도우라" 하고 말하는 환상을 보았어요(사도행전 16:9). 바울은 즉시 갔어요.

마게도냐에는 빌립보(로마 식민지), 암비볼리, 아볼로니아, 데살로니가와 같은 중요한 도시들이 있었어요. 그러나 바울은 가는 곳마다 어려움을 겪었어요. 바울과 실라는 빌립보에서 한 여종에게서 귀신을 쫓아냈는데, 그 때문에 감옥에 갇혔어요(사도행전 16:16-40). 데살로니가에서는 바울이 설교한 후에 소동이 일어났어요(사도행전 17:5).

바울은 그리스로 여행하면서 아덴(아테네)과 고린도라는 큰 도시들도 방문했어요. 바울은 아덴에서 철학자들과 하나님에 대해 토론했어요(사도행전 17:16-34). 바울은 고린도에서 천막을 만드는 동료인 브리스길라과 아굴라의 집에 묵었어요. (사도행전 18:1-3; '친구들이 함께 일해요' 부분을 보세요.) 바울은 후에 매주 회당에서 설교하면서 디도 유스도(사도행전 18:7)의 집에 묵었어요. 바울은 고린도를 떠난 후 다시 안디옥으로 갔어요.

바울의 세 번째 선교여행

(사도행전 18:24-21:16)

바울은 안디옥을 떠나 에베소로 가서 거기서 약 3년간 지냈어요. 이 시기 동안에 바울은 새로운 제자들을 가르쳤고, 현재 성경에 들어 있는 편지를 몇 개 썼어요. ('바울의 편지' 부분을 보세요.) 에베소는 그리스 여신 아데미의 신전이 있는 곳이었어요. (14쪽의 '건축물과 유명한 장소'를 보세요.) 바울은 에베소에 있는 동안 은으로 아데미의 신상 모형 만드는 일을 하는 은장색(은 세공사)을 화나게 했고, 소동이 벌어졌어요(사도행전 19:21-20:1).

바울은 드로아로 갔는데, 거기서 유두고라는 젊은이가 죽자 다시 살려냈어요. 유두고는 졸다가 창문에서 떨어졌거든요(사도행전 20:7-12). 바울은 에베소의 교회 지도자들과 아쉬운 이별을 하고서 예루살렘으로 돌아오는 긴 여행을 떠났어요. 바울은 이 여행 마지막에 이방인을 성전에 데려왔다는 비난을 받았고, 폭도들이 바울의 생명을 위협했을 때 바울은 곧 체포되었어요(사도행전 21:27-36).

알고 있었나요?

바울은 어떤 병을 앓고 있었고, 그 때문에 늘 겸손했어요. 바울은 하나님께 그 고통이 떠나가게 해 달라고 세 번이나 기도했어요. 바울이 정확히 어떤 병을 앓았는지는 모르지만 하나님의 대답은 성경에 나와 있어요. "내 은혜가 네게 족하도다 이는 내 능력이 약한 데서 온전하여짐이라" (고린도후서 12:7-9)

바울의 편지(서신)

이 도표는 신약성경에 들어 있는 편지의 목록과 내용이에요.

편지	쓴 장소	보낸 곳	주제
로마서	고린도(바울의 세 번째 선교 여행 동안)	이방인이 대부분이었던 로마에 있는 교회	바울의 가장 중요한 편지. 예수님을 믿음으로써 하나님께 올바른 사람이 될 수 있다.
고린도전서	에베소	고린도에 있는 교회	그리스도의 몸의 일부가 된다는 것이 무슨 뜻인지와 성령의 선물에 대해서 바울이 가르침.
고린도후서	에베소	고린도에 있는 교회	바울의 말을 믿을 수 없다고 주장한 거짓 선생들에 대한 바울의 논쟁.
갈라디아서	에베소	바울의 첫 번째 선교 여행 때 시작된 소아시아의 갈라디아 전역에 있는 교회들	바울은 자신이 사도라고 불릴 권리를 옹호하고, 거짓 가르침에 대해 경고하고, 믿음으로만 하나님께 올바른 사람이 될 수 있다고 주장함.
에베소서	아마 로마에서 갇혀 있는 동안	에베소에 있는 교회 및 아마 다른 교회들	그리스도를 따르는 사람들의 하나 됨을 강하게 강조하면서 바울의 많은 가르침을 요약함.
빌립보서	아마 로마 또는 에베소에서 갇혀 있는 동안	빌립보의 번영하는 로마 식민지, 로마의 시민들	어떤 상황에서든 하나님을 믿고 하나님 안에서 기뻐하라고 독려함.
골로새서	아마 로마 또는 에베소에서 갇혀 있는 동안	골로새에 있는 교회	거짓 가르침을 반박하고 그리스도에게 마음을 두라고 독려함.
데살로니가전서	고린도	바쁜 항구도시인 데살로니가에 있는 교회	신약성경에서 가장 오래된 문서. 바울이 믿는 사람들에게 그리스도가 다시 오시는 것을 기다리며 하나님을 기쁘게 해드리는 방식으로 살라고 독려함.
데살로니가후서	고린도	데살로니가에 있는 교회	데살로니가전서와 비슷하게 바울이 믿는 사람들에게 거짓 가르침에 대해 경고하고, 그리스도의 다시 오심에 대해 설명하며 계속해서 옳은 것을 하며 살라고 독려함.
디모데전서	알려져 있지 않음	디모데	디모데에게 교회의 일을 어떻게 이끌어갈지 알려줌.
디모데후서	감옥에 갇혀 있는 동안(장소는 모름)	디모데	디모데에게 보낸 개인적인 편지로서 계속 신실하고 열심히 일하라고 독려함.
디도서	고린도	디도	한 교회를 감독하는 것과 다른 사람들에게 좋은 모범이 되는 것의 중요성에 대해 디도에게 알려줌.
빌레몬서	감옥에 갇혀 있는 동안(장소는 모름)	종을 소유한 골로새의 기독교인 빌레몬	빌레몬의 종인 오네시모에게 자비를 베풀어 달라고 요청함. 오네시모는 도망친 후에 기독교인이 됨.

얼마나 아는지 확인해 보아요

다음 퀴즈에 도전해 보세요.

선택하세요.

다음 보기 중에서 질문에 맞는 답에 동그라미를 치세요.

1. 수종(부종)은 어떻게 되는 병인가요?
A. 종기
B. 붓기
C. 어지럼증
D. 마른 손
힌트: 10쪽의 '건강과 몸'을 보세요.

2. 하늘의 환상을 본 사람은 누구인가요?
A. 미가야
B. 세례 요한
C. 바울
D. 위 A와 C
힌트: 242쪽의 '하늘'을 보세요.

3. 다음 중 성령의 열매는 무엇인가요?
A. 사랑
B. 예언
C. 믿음
D. 활발함
힌트: 112쪽의 '성령님'을 보세요.

4. 팔레스타인을 정복하고 그리스 통치를 시작한 사람은 누구인가요?
A. 고레스
B. 알렉산더 대왕
C. 폼페이
D. 느부갓네살
힌트: 130쪽의 '역사'를 보세요.

5. 바알은 누구였나요?
A. 블레셋 사람들의 비의 신
B. 고대 페니키아 사람들이 어린 이들을 제물로 바친 신
C. 페니키아 사람들의 주요 신
D. 가나안 사람들의 폭풍의 신
힌트: 178쪽의 '우상과 이방신'을 보세요.

6. 예수님에게서 고침을 받은 시각장애인은 누구인가요?
A. 발람
B. 바나바
C. 바디매오
D. 바라바
힌트: 158쪽의 '예수님'을 보세요.

7. 예수(또는 여호수아)라는 이름의 뜻은 무엇인가요?
A. '여호와의 선물'
B. '주께서 구하신다'
C. '정의의 왕'
D. '하나님이 들으신다.'
힌트: 190쪽의 '이름'을 보세요.

정답: 1. B 2. D 3. A
4. B 5. D 6. C 7. B

이곳을 찾았나요?

아래 장소를 찾아보세요.
힌트: 괄호에 있는 성경 구절이나 주제를 보세요.

1. 마리아, 마르다, 나사로가 살던 마을
(요한복음 11:1-3; 4쪽의 '거룩한 땅, 성지')
2. 예수님이 세례를 받으신 곳
(마태복음 3:13-17; 158쪽의 '예수님')
3. 느헤미야와 동료들이 성벽을 다시 건설한 도시(느헤미야 3장)
4. 바울이 땅에 엎드러지고 눈이 먼 곳
(사도행전 9:1-9; 80쪽의 '바울')
5. 바벨탑(창세기 11:1-9; 120쪽의 '언어')

정답: 1. 베다니 2. 요단 강 3. 예루살렘 4. 다메섹으로 가는 길 5. 힛데겔(티그리스) 강과 유브라데(유프라테스) 강 사이

나는 누구일까요?

아래 각 사람이 누구인지 얼마나 빨리 맞출 수 있나 보세요. 힌트: 괄호에 있는 성경 구절이나 주제를 보세요. 답을 맞히려면 미리 읽어보세요.

1. 나는 8살 때 유다의 왕이 되었고 나중에 성전을 수리하라고 명령을 내렸어요(열왕기하 22:1-7; 172쪽의 '왕과 왕비').
2. 우리 두 사람을 악한 왕비라고 해요
(열왕기상 21:25-29; 역대하 22:2-3; 172쪽의 '왕과 왕비').
3. 나는 이스라엘 최초의 대제사장이에요
(출애굽기 28:29-30; 202쪽의 '제사장').
4. 나는 거짓 선지자이고 말하는 나귀가 있었어요
(민수기 22-24장; 94쪽의 '선지자와 예언').
5. 나는 300명의 병사를 이끌고 미디안 사람들과 싸웠어요
(사사기 6-7장; 70쪽의 '무기와 전쟁').
6. 우리는 히브리 남자 아기들을 위해 바로 왕에게 거짓말을 했어요(출애굽기 1:15-22; 124쪽의 '여자').
7. 나는 유럽 최초의 기독교 개종자였어요
(사도행전 16:13-15; 124쪽의 '여자').

정답: 1. 요시야 2. 이세벨과 아달랴 3. 아론 4. 발람 5. 기드온 6. 십브라와 부아 7. 루디아

부활절

알고 있었나요?

부활절을 뜻하는 프랑스어 '빠끄'는 '유월절'을 뜻하는 그리스어에서 왔어요.

부활절은 어떤 날일까요?

부활절은 예수 그리스도께서 십자가에서 죽으신 후 부활하신 것을 축하하는 날이에요. 325년에 니케아 공의회(기독교 교회 최초의 연합 공의회)는 춘분 직후 보름달이 지난 뒤 첫 번째 주일을 부활절로 지키기로 결정했어요. 이렇게 계산하면 부활절은 3월 22일에서 4월 25일 사이의 어느 주일이 되지요. 동방 정교회 기독교인들은 날짜를 조금 다르게 계산해서 보통 한 주일 후나 몇 주 후의 주일이 부활절이에요.

초대교회는 예수님의 부활을 해마다 같은 때에, 유월절 즈음에 축하했어요. 복음서가 예수님의 마지막 며칠 동안 벌어진 사건들이 그 즈음이었다고 전하거든요.

경고: 예수님을 따르면 다치거나 죽을 수 있음

초기 기독교 교회의 구성원이 된다는 것은 때로 비밀로 모이고 숨어 산다는 것을 의미했어요. 기독교인들은 로마 제국이나 제국의 황제를 숭배하는 것을 거부했기 때문에 로마 제국의 적으로 여겨졌어요. 이 때문에 기독교인들은 체포되어 맞거나 죽기까지 했어요. 초대 기독교인들도 그리스도의 부활을 어떤 식으로든 축하했겠지만, 아마 조용하게 축하했을 거예요. 사람들의 눈에 확 띄도록 하는 것은 그리 좋은 방식이 아니었을 거예요.

주요 사건 (복음서 전통이 말하는 주요 사건)

많은 사건이 예수님의 죽음과 부활 앞뒤에 일어났어요.

부활절 시간의 진행

예수님이 나귀를 타고 "호산나!"라는 환호 소리를 들으며 예루살렘에 들어가시다.
마태복음 21:1-11; 마가복음 11:1-11; 누가복음 19:28-38; 요한복음 12:12-19

예수님이 돈 바꾸는 사람들을 성전 밖으로 내쫓으시다.
마태복음 21:12-17; 마가복음 11:15-19; 누가복음 19:45-48; 요한복음 2:13-22

종교 지도자들이 예수님을 죽이려고 음모를 꾸미다.
마태복음 26:1-5; 마가복음 14:1-2; 누가복음 22:1-2; 요한복음 11:45-53

유다가 예수님을 배신하기로 동의하다.
마태복음 26:14-16; 마가복음 14:10-11; 누가복음 22:3-6

예수님이 제자들과 유월절 식사를 하시다.
마태복음 26:20-30; 마가복음 14:12-21; 누가복음 22:7-13; 요한복음 13:21-30

예수님이 베드로의 배신을 예견하시다.
마태복음 26:31-35; 마가복음 14:27-31; 누가복음 22:31-38; 요한복음 13:31-38

예수님이 기도하러 겟세마네 동산에 가시다.
마태복음 26:36-46; 마가복음 14:32-42; 누가복음 22:39-46

부활절: 등장 인물

베드로—십자가 처형 바로 전날 밤에 베드로는 세 번이나 예수님을 모른다고 말했어요(마태복음 26:69-75; 마가복음 14:66-72; 누가복음 22:54-65; 요한복음 18:25-27). (베드로에 대해 더 알고 싶으면 208쪽의 '제자'를 보세요.)

본디오 빌라도—예수님이 십자가에 달리셨을 때 유대 지방을 다스린 로마의 총독. 가야바와 유대 공의회(산헤드린)에서 예수님을 죽이기로 결정했을 때 빌라도가 그 더러운 일을 하도록 예수님을 넘겨주었어요. 빌라도는 예수님을 풀어주려고 세 번이나 노력했지만 치안을 유지하기 위해 예수님을 십자가에 못 박는 것을 허락했어요(마태복음 27:11-26; 마가복음 15:1-15; 누가복음 23:1-25; 요한복음 18:28-19:16).

바라바—네 복음서에 모두 나오는 범죄자 또는 혁명가. 예수님이 빌라도 앞에 잡혀왔을 때 바라바는 로마 제국의 죄수로 감옥에 잡혀 있었어요. 총독이 무리가 원하는 죄수 하나를 놓아주는 관례가 있었어요. 무리는 예수님 대신 바라바를 풀어주라고 했어요(위에서 나온 얘기를 보세요).

가야바—18-36년경 예루살렘의 유대인 대제사장. 가야바는 예수님의 죽음을 결정한 공의회를 주도했어요(마태복음 26:57-68; 마가복음 14:53-65).

부활절: 등장 인물

마리아 — 야고보와 요셉의 어머니로서 예수님의 십자가 사건의 증인이었고, 후에 예수님의 시신에 기름을 부으러 갔어요. 마리아는 예수님이 죽으신 후 다시 살아나신 것을 본 최초의 증인 중 하나였어요(마태복음 27:55-56; 28:1; 마가복음 15:40-41; 16:1; 누가복음 24:9-10).

막달라 마리아 — 예수님이 일곱 귀신이 들린 막달라 마리아를 구해 주신 후에 헌신적으로 예수님을 따랐어요. 막달라 마리아는 예수님의 시신을 따라 무덤까지 갔고, 부활하신 예수님을 보고 예수님과 대화를 나눈 최초의 사람이 되었어요(마가복음 16:9-11; 요한복음 20:11-18).

다른 여자들 — 예수님을 따랐던 여자들. 십자가 처형을 목격했고, 아마 부활절 아침에 시신에 기름을 부으러 함께 갔을 거예요. 이 여자들 중에는 살로메(세베대의 아내이자 야고보와 요한의 어머니), 요안나(헤롯의 청지기 구사의 아내), 그리고 다른 여자들이 있었을 거예요. (위에서 마리아, 막달라 마리아에 대한 설명을 보세요. 누가복음 24:1-12도 보세요.)

시몬 — 예수님이 십자가를 지고 갈 수 없게 되자 (구레네 시몬이라고 하는) 남자가 군중 가운데서 뽑혀서 강제로 골고다까지 십자가를 지고 갔어요(마태복음 27:31-32; 마가복음 15:21; 누가복음 23:26).

아리마대 요셉 — 예수님의 비밀 제자이자 유대 공의회 회원(예수님을 죽이자는 결정에 참가하지 않은 산헤드린 회원). 예수님이 죽으신 후에 요셉은 바위 속에 깎아 만든 새 무덤에 예수님을 모셨어요(마태복음 27:57-60; 마가복음 15:42-46; 누가복음 23:50-54; 요한복음 19:38-42).

주요 사건

부활절 시간의 진행

유다가 입맞춤으로 예수님을 배신한 후 예수님이 겟세마네에서 잡히시다.
마태복음 26:47-56; 마가복음 14:43-50; 누가복음 22:47-53; 요한복음 18:1-11

예수님이 잡혀서 대제사장 가야바에게 가시다.
마태복음 26:57-68; 마가복음 14:53-65; 누가복음 22:66-71; 요한복음 18:19-24

베드로가 예수님을 세 번 부인하다.
마태복음 26:69-75; 마가복음 14:66-72; 누가복음 22:54-62; 요한복음 18:25-27

유다가 스스로 목을 매다.
마태복음 27:3-10; 사도행전 1:15-19

예수님이 로마 총독 빌라도 앞에 서시다.
마태복음 27:11-14; 마가복음 15:1-5; 누가복음 23:3-5; 요한복음 18:33-38

빌라도가 예수님을 헤롯에게 보내다.
누가복음 23:6-12

빌라도가 예수님을 풀어주려고 하다. 그러나 무리가 예수님의 처형을 원하다.
마태복음 27:15-26; 마가복음 15:6-15; 누가복음 23:13-25; 요한복음 18:38-19:16

예수님이 십자가에서 죽으시다.
마태복음 27:45-56; 마가복음 15:33-41; 누가복음 23:44-49; 요한복음 19:28-30

예수님이 빌린 무덤에 묻히시다.
마태복음 27:57-61; 마가복음 15:42-47; 누가복음 23:50-56; 요한복음 19:38-42

사흘 밤낮이 지난 후 빈 무덤이 발견되다.
마태복음 28:1-10; 마가복음 16:1-8; 누가복음 24:1-12; 요한복음 20:1-10

예수님이 많은 사람들에게 나타나신 후 제자들이 보고 있는 데서 하늘로 올라가시다.
마가복음 16:19-20; 누가복음 24:50-53; 사도행전 1:6-11

예수님의 마지막 일곱 말씀

예수님이 십자가에서 하신 일곱 말씀은 네 복음서에 들어 있어요(마태복음, 마가복음, 누가복음, 요한복음). 그러나 한 복음서에 이 일곱 말씀이 다 나오지는 않아요.

"아버지 저들을 사하여 주옵소서 자기들이 하는 것을 알지 못함이니이다" - 누가복음 23:34

"내가 진실로 네게 이르노니 오늘 네가 나와 함께 낙원에 있으리라" - 누가복음 23:43

예수께서 자기의 어머니와 사랑하시는 제자가 곁에 서 있는 것을 보시고 자기 어머니께 말씀하시되 **"여자여 보소서 아들이니이다"** 하시고 또 그 제자에게 이르시되 **"보라 네 어머니라"** 하신대- 요한복음 19:26-27

"엘리 엘리 라마 사박다니" 하시니 이는 곧 **"나의 하나님, 나의 하나님, 어찌하여 나를 버리셨나이까"** - 마태복음 27:46(그리고 마가복음 15:34)

"내가 목마르다" - 요한복음 19:28

"다 이루었다." - 요한복음 19:30

"아버지 내 영혼을 아버지 손에 부탁하나이다" - 누가복음 23:46

알고 있었나요?

'호산나'라는 말은 하나님께 구원해 달라고 하는 전통적인 유대 기도의 일부예요.

부활절

예수님이 제자들에게 나타나시다

예수님이 부활하신 후 많은 사람들이 예수님을 보았어요.

사람	장소	성경 구절
막달라 마리아, 요안나, 야고보의 어머니 마리아, 그리고 다른 여자들	무덤	누가복음 24:1-10
예수님의 두 제자, 그 중 하나는 글로바	엠마오로 가는 길	누가복음 24:13-35
베드로	알려지지 않은 장소 또는 예루살렘 근처	누가복음 24:34; 고린도전서 15:5
제자들, 도마는 빠짐	예루살렘(베드로가 말해준 후)	누가복음 24:36-43; 요한복음 20:19-23
제자들, 특히 도마	예수님이 제자들에게 나타나신 지 일주일 후 예루살렘	요한복음 20:24-29
제자들	갈릴리 호수	요한복음 21:1-14
제자들	갈릴리의 산	마태복음 28:16-20
제자들	베다니 근처	누가복음 24:50-51
제자들	40일간 여러 장소에서	사도행전 1:1-11
500여 명의 교인들	알려지지 않음	고린도전서 15:6

알고 있었나요?

자기 눈으로 보기 전까지 아무 것도 믿지 않는 의심 많은 사람을 가리켜 "의심 많은 도마"라고 불러요.

부활절의 상징

어린 양

모세의 법에 따르면 사람의 죄로 생긴 부정을 없애기 위해서는 피의 희생이 필요했어요(히브리서 9:22). 세례 요한은 예수님을 세상의 죄를 지고 가는 하나님의 어린 양이라고 했어요(요한복음 1:29). 복음서 저자들과 초기 기독교인들도 하나님의 어린 양 예수님과 유월절 잔치(세데르)에 희생되는 어린 양 사이에 연관이 있다고 보았어요. 종종 십자가와 함께 묘사되는 어린 양은 '아뉴스 데이'라고 해요. 라틴어로 '하나님의 어린 양'이라는 뜻이에요.

언덕 위의 십자가 셋

언덕 위의 십자가 셋은 부활절의 흔한 상징이에요. 십자가 셋은 예수님과 십자가에 함께 달린 두 명의 도둑을 나타내요(누가복음 23:32, 39-43). 우리 기독교인에게 있어서 이 상징은 우리 죄를 위해 십자가에서 생명을 내어주신 구세주를 떠올리게 해요.

부활절의 상징

부활절 달걀

기독교인들이 예수님의 부활을 축하하기 오래 전에 달걀은 재탄생의 상징으로 쓰였어요. 봄을 축하하는 때에 달걀을 교환하는 것은 흔한 일이었어요. 달걀은 종종 여러 색깔의 종이나 금박으로 싸거나, 물을 들이고 그림을 그려서, 어떤 식으로든 장식을 했어요. 달걀은 또한 달걀 찾기와 어린이들이 언덕 아래로 달걀을 굴리는 달걀 굴리기 같은 게임에도 사용했어요.

중세 때는 사순절 기간에 달걀 먹는 것을 금지했어요. 사순절에 닭이 낳은 달걀을 보존하기에 가장 좋은 방법은 삶는 것이었어요. 그렇게 삶은 모든 달걀은 부활절 식사의 큰 부분이었고 선물로 주었어요.

부활절 토끼

최초의 부활절 토끼는 아마 독일에서 16세기나 17세기에 생겨난 듯해요. 부모님들은 어린이들이 '부활절 토끼'를 찾게 했고 이 토끼가 달걀을 낳았다고 이야기해 주었어요. 독일 이민자들이 1700년대부터 이 관습을 미국으로 가져왔어요.

부활절 백합

중세 시대(500-1500년)에 백합은 예수님의 어머니 마리아를 연상시키는 꽃으로 생각되었고 기독교인들의 순결을 상징했어요. '부활절 백합'이라고도 알려진 하얀 백합은 1900년경에 버뮤다에서 미국으로 처음 전해졌어요. 이 백합은 봄에 피기 때문에 부활절을 장식하기에 좋은 꽃이 되었어요.

그리스도의 마지막 며칠

텍사스 버몬트에서 공연하는 '그리스도의 마지막 며칠'은 매해 부활절 이전 목요일부터 토요일까지 밤마다 하는 무료 공연이에요. 이 수난극은 실외에서 청중이 함께 참여하는 연극이고, 1997년에 하나의 장면과 8명의 배우로 시작했어요. 오늘날 이 공연은 도시의 한 지역에서 펼쳐지고, 여러 교단의 교회에서 600명이 넘는 배우들과 자원봉사자들이 참여한답니다.

대 수난극

미국 아칸소주 유레카 스프링스에서 공연하는 '대 수난극'은 미국에서 관광객들이 가장 많이 찾는 수난극이에요. '대 수난극'은 봄에 시작해서 여름까지 매일 공연을 해요. 이것은 오작크의 그리스도라는 큰 동상, 지구 역사 박물관, 성경박물관, 종교 예술 센터, 새로운 성지 관광 등을 포함하는 전체 테마 공원의 중심이에요.

전 세계의 부활절

독일

독일에서 부활절은 부활절 불로 축하해요. 겨울의 끝과 봄의 시작을 나타내기 위해 크리스마스트리를 태우지요. 모두 봄맞이 집 청소를 하고 작은 나무와 나뭇가지를 집안으로 가져와서 달걀로 장식을 해요.

프랑스

프랑스에서 부활절 또는 '빠끄'는 주로 어린이들을 위한 날이에요. 종과 물고기가 축하의 큰 부분을 차지하지요. 프랑스의 부활절 물고기는 '쁘와송 다브릴'이라고 불러요. 4월 1일에 일종의 만우절 속임수처럼 종이 물고기를 가급적 많은 어른의 등에 붙여요. 가게에서는 초콜릿 물고기를 팔아요.

프랑스 가톨릭 전통은 성금요일에 프랑스의 모든 교회 종이 로마의 바티칸으로 날아가고, 예수님의 십자가형을 슬퍼하고 애통해 하는 것도 함께 가져간다고 해요. 날아가는 종은 예수님의 부활을 축하하기 위해 시간 맞추어 부활절 아침에 돌아오고, 어린이들을 위해 마당에 초콜릿과 달걀을 둔대요. 교회 종은 전통에 따라 성금요일부터 부활절 일요일까지 울리지 않아요.

멕시코

멕시코의 많은 사람들은 성금요일에 비아 크루시스(십자가의 길) 또는 '비에르네스 산토'를 재현하는 데 참여해요. 사람들은 저녁 예배에 가서 제단에 촛불을 켜요. 예배를 마치고는 밖에 모여 로스 후다스(예수님을 배신한 제자 가룟 유다)라는 종이 인형을 태워요. 선이 악을 이긴다는 표시로 인형을 태워서 날려 보내요.

이스라엘

이스라엘에 사는 기독교인들과 유대 그리스도인은 예루살렘의 정원 무덤에서 새벽예배로 부활절을 축하해요. 부활절 예배는 고대의 성묘교회에서 드려요. 이 시기에 많은 사람들은 그리스도가 골고다까지 가신 길을 따라 행진에 참여하지요. 이 길은 십자가의 14개 지점, 곧 십자가의 길 또는 '비아 크루시스'(라틴어로 '십자가의 길')라고 불러요.

알고 있었나요? 미국의 백악관은 해마다 땅바닥에서 부활절 달걀 굴리기를 주최해요. 수천 명이 참가하지요. 이것은 루터포드 헤이스 대통령의 영부인 루시 헤이스가 1878년에 시작한 가족 행사였어요. 어린이들을 초대하여 백악관 잔디밭에서 달걀을 찾고 굴리며 놀 수 있게 하는 거예요.

부활절 전통

노르웨이

노르웨이 사람들은 성목요일부터 부활절 다음날 월요일까지 공휴일의 혜택을 누리며 탐정소설을 읽고 범죄 수사물을 보고 지내지요. 왜 그런 관습이 생겼는지 아무도 확실히 몰라요. 아마도 그리스도의 폭력적인 죽음과 연관이 있는 듯해요.

영국

세계 제2차 대전이 시작할 때까지 캠브리지에서는 줄넘기를 하는 것이 대중적인 부활절 전통이었어요. 줄넘기 줄을 돌리는 것은 계절의 변화를 나타내는 것이었어요. 아버지들이 줄을 돌리고 어머니들과 어린이들은 안에서 뛰었어요.

영국의 많은 다른 전통들은 미국의 풍습과 매우 비슷해요. 대개 성금요일에 부활절 달걀을 꾸미고 부활절 빵과 십자가 무늬의 따끈한 빵을 만들어요.

웨일스 사람들은 부활절 전날 토요일에 가족과 친구들의 무덤을 꽃으로 장식해요. 형형색색의 봄꽃은 예수 그리스도 안에서 기독교인들이 가지는 부활의 소망을 기념하는 것이에요.

그리스

그리스의 동방정교회 기독교인들에게 부활절은 가장 큰 축제 중 하나예요. 달걀은 삶아서 붉게 물을 들여요. 예수님의 보혈을 나타내기 위해서지요. 때로는 '추레키'라는 달콤한 부활절 전통 빵을 굽기 전에 그 속에 달걀을 넣어요.

스웨덴

스웨덴의 서부 지역에 사는 사람들은 누가 가장 모닥불을 크게 피우는지 겨뤄요. 많은 사람들이 불꽃놀이도 해요.

이탈리아

이탈리아 사람들은 부활절 주간 동안에 전국에서 '십자가의 길'을 뜻하는 '비아 크루시스', 곧 그리스도의 사형 선고, 수난, 십자가형의 재현에 참여하기 위해 길을 가득 메워요. 가장 큰 행사는 교황이 인도하고 로마의 콜로세움에서 시작해요.

사탄과 귀신

알고 있었나요?

구약성경에서 뱀은 악을 대표하게 되었어요. 뱀은 아담과 하와를 설득해서 선악을 알려주는 힘이 있는 나무의 열매를 먹게 했어요. 우리는 이 뱀을 종종 '사탄'이라고 불러요. 그러나 성경에는 뱀에게 그런 이름이 붙어 있지 않아요. (창세기 3:1-8을 보세요.)

사탄은 누구인가요?

사탄은 문자적으로 '대적'을 뜻하는 히브리어 단어예요. 구약성경에서 '대적' 또는 '말썽꾼'(히브리어로 '하-사탄')은 하나님의 방식에 반대하는 여러 가지 행동을 했어요. '하-사탄'은 아래와 같이 묘사되지요.

- 다윗 왕을 부추겨서 이스라엘 사람들의 인구 조사를 하게 한 '말썽꾼'. 다윗이 하나님의 지도력과 통제보다는 자신의 군사력을 믿는다는 것을 보여주었다 (역대상 21:1-8).
- 하나님의 허락을 받고 욥에게 '고난을 준 자' (욥기 1:6-12; 2:1-7).
- 하나님이 선택하신 종, 대제사장 여호수아를 '대적한 자'(스가랴 3:1-2).

대적

이스라엘 사람들은 바벨론에서 포로로 지내는 동안 바사(페르시아)의 사상에 크게 영향을 받았어요. 특히 하나님에게 주요 반대자(사탄)가 있고, 사탄의 악한 계획을 돕는 자들이 있다는 생각에 영향을 받았어요.

예수님이 태어나기 수 세기 전에 사탄은 하나님에게 반대하는 악의 세력으로 알려졌어요. 예수님의 시대에는 악의 세력이 '사탄의 왕국'으로 알려졌어요. 복음서는 예수님이 어떻게 사탄에게서 시험을 받았고, 여러 번에 걸쳐 사탄의 귀신들을 어떻게 사람들에게서 쫓아내셨는지를 적고 있어요. 요한계시록은 하나님과 사탄의 마지막 전투를 묘사하는데, 하나님이 악의 세력을 물리치시고 마귀를 불과 유황 못에 던지신다고 해요(요한계시록 20:10).

예수님이 사탄의 시험을 받으시다.

(마태복음 4:1-11; 마가복음 1:12-13; 누가복음 4:1-13)

마태복음 4장에 의하면 예수님은 성령에 이끌려 광야로 가서 40일간 금식을 하셨고 사탄에게 유혹과 시험을 받으셨어요. 사탄은 예수님을 세 가지로 유혹하였고 예수님은 성경 말씀을 들어서 대답하셨어요. 예수님은 하나님께 충실하기로 정하셨어요.

사탄의 유혹	예수님의 대답
예수님이 배고파하시자 돌을 떡으로 바꾸어서 먹으라고 했다.	"사람이 떡으로만 살 것이 아니요 하나님의 입으로부터 나오는 모든 말씀으로 살 것이라 하였느니라"(신명기 8:3을 인용)
예수님을 예루살렘 성전 꼭대기로 데려가 뛰어내리라고 하면서 천사들이 붙잡을 것이라고 했다(시 91:11-12).	"주 너의 하나님을 시험하지 말라 하였느니라"(신명기 6:16을 인용)
예수님을 높은 산에 데려가서 사탄을 섬기면 세상의 모든 나라를 예수님께 주겠다고 했다.	"주 너의 하나님께 경배하고 다만 그를 섬기라 하였느니라"(신명기 6:13을 인용)

귀신은 누구일까요?

귀신은 하나님께 거역하는 악령이에요. 성경은 귀신에 대해 이렇게 말해요.

- 이름이 있다(누가복음 8:30).
- 말을 한다(마태복음 8:29; 마가복음 3:11; 5:12; 누가복음 4:34; 사도행전 19:15).
- 거짓 생각과 믿음을 가르친다(디모데전서 4:1).
- 두려움을 느낀다(누가복음 8:28; 야고보서 2:19).
- 예수님이 누구인지 알고 두려워한다(누가복음 4:34).
- 자신의 최후 운명을 안다(마태복음 8:29).
- 힘이 매우 세다(마가복음 5:2-4; 9:17-26; 사도행전 19:16; 요한계시록 9:15-19).

귀신은 무엇을 할 수 있을까요?

귀신의 우선적인 목적은 하나님께 반대하는 것이에요(에베소서 6:12). 성경에 나오는 다음 예를 보면, 귀신은 이런 일을 일으켜요.

귀신이 하는 일	성경 구절
거짓 가르침	디모데전서 4:1
멋대로인 사나운 행동	마태복음 8:28; 마가복음 5:2-5; 누가복음 8:27-29
질병	마태복음 10:1; 마가복음 3:10-11; 사도행전 5:16; 8:7
말을 못함	마태복음 9:32-33
귀가 들리지 않음	마가복음 9:25
눈이 안보임	마태복음 12:22
생명을 위협하는 생각과 행동	마가복음 9:22
발작	마태복음 17:14-18; 마가복음 9:18
신체적인 결함	누가복음 13:10-11

11 귀신에 씐 사람들의 11가지 이야기

가버나움의 남자가 예수님의 치유를 받다.	마가복음 1:21-28; 누가복음 4:31-37
'군대 귀신'에 씐 남자가 예수님의 치유를 받다.	마가복음 5:1-20; 누가복음 8:26-39
말을 못하는 남자가 예수님의 치유를 받다.	마태복음 9:32-34
두로와 시돈의 한 소녀가 예수님의 치유를 받다.	마태복음 15:21-28; 마가복음 7:24-30
헤르몬 산기슭에서 한 소년이 예수님의 치유를 받다.	마태복음 17:14-20; 마가복음 9:14-29; 누가복음 9:37-43
못 보고 못 듣는 어떤 사람이 예수님의 치유를 받다.	마태복음 12:22
18년간 앓은 여자가 예수님의 치유를 받다.	누가복음 13:10-13
막달라 마리아의 일곱 귀신을 예수님이 쫓아내시다.	마가복음 16:9; 누가복음 8:1-2
가룟 유다가 사탄(마귀)에 씌다.	누가복음 22:3; 요한복음 6:70-71; 13:27
한 여종이 빌립보에서 바울에게 치유를 받다.	사도행전 16:16-18
스게와의 아들들이 예수님의 이름으로 어떤 남자에게서 악귀를 쫓아내려고 했는데, 남자가 그들을 공격했다.	사도행전 19:11-20

알고 있었나요?

구약성경에는 '귀신'이라는 말이 없어요.

사람들에게 말씀하시는 하나님의 목소리

"나의 마음이 불붙는 것 같아서 골수에 사무치니 답답하여 견딜 수 없나이다"
(예레미야 20:9하)

선지자는 이스라엘 사람들에게 말씀하시는 하나님의 목소리였어요. 선지자는 가끔 환상을 보거나 꿈을 꾸었고, 하나님이 말씀하시는 것을 들었어요. 하나님이 선지자에게 주신 말씀은 때로 백성이나 지도자들이 나쁜 짓을 한 것에 관한 강력한 말씀이었어요. 그리고 희망의 메시지도 많았어요. 둘 중 어떤 메시지든 선지자는 머뭇거리지 않고 하나님이 주신 말씀을 담대하게 선포했어요.

선지자와 하나님과의 관계는 특별했고, 하나님이 주신 말씀은 고대 이스라엘을 향한 통찰을 담고 있었어요. 그래서 선지자는 언젠가 일어날 일에 대해 말했지요.

알고 있었나요?

백성을 애굽(이집트) 밖으로 인도한 모세는 특별한 유형의 선지자였어요. 그 후 모든 선지자는 모세를 기준으로 평가되었지요. 하나님은 모세에게 환상과 꿈과 수수께끼로 말하지 않으셨어요. 하나님은 모세에게는 직접 말씀하셨어요(민수기 12:6-8).

모세 상

거짓 선지자

사람들이 하나님을 대신해서 말하는 척할 때 하나님은 매우 화가 나셨어요. 모세는 이스라엘 백성에게 조언하기를, 사실이 아닌 말을 한 것으로 판명이 난 선지자는 절대 믿지 말라고 했어요(신명기 18:21-22).

발람 선지자와 나귀, 렘브란트(1626년)

발람
(민수기 22-24장)

발람은 여리고 근처에 진을 치고 있는 이스라엘 사람들에게 저주를 내리게 하려고, 모압 왕 발락이 고용한 선지자예요. 하나님은 천사를 통해 발람에게 말씀해 주셨지만 발람은 하나님의 참 선지자 중 하나로 여겨지지 않아요. 발람은 점술가에 더 가까워요. 그는 나중에 이스라엘 사람들에게 죽임을 당했어요(여호수아 13:22).

아합의 선지자들
(열왕기상 22:1-28)

이스라엘의 아합 왕이 아람과 전쟁을 계획했을 때 동맹국 유다의 왕 여호사밧은 아합더러 하나님의 생각을 여쭈라고 했어요. 아합은 선지자 몇 사람에게 조언을 구했어요. 시드기야라는 선지자를 비롯한 400명의 선지자들은 전쟁을 하라고 말했어요. 아합이 싫어한 한 명의 선지자, 미가야만이 전쟁을 하지 말라고 했어요. 미가야가 400명의 선지자들이 거짓말을 했다고 주장하자 시드기야는 미가야의 뺨을 때렸어요. 그러나 미가야가 옳았어요.

하나냐
(예레미야 28장)

유다의 시드기야 왕 시대에 하나냐 선지자는 백성이 듣고 싶어 하는 말을 들려주었어요. 바벨론에 포로로 끌려간 백성을 하나님이 2년 안에 데려오실 것이라고 말해 준 것이지요. 하나냐가 말했어요. "내가 또 유다의 왕 여호야김의 아들 여고니야와 바벨론으로 간 유다 모든 포로를 다시 이 곳으로 돌아오게 하리니 이는 내가 바벨론의 왕의 멍에를 꺾을 것임이라"(예레미야 28:4) 그러나 주님의 참 선지자인 예레미야는 곧바로 하나님이 하나냐를 통해 말씀하지 않으셨다고 말했어요.

노아댜
(느헤미야 6:14)

예루살렘의 성벽을 재건할 때 문제를 일으킨 여자예요. 하나님이 노아댜에게 벌을 주시기를 바라는 느헤미야의 기도를 보면 노아댜가 거짓 선지자였던 것으로 보여요.

마술사 엘루마가 눈이 멀다, 라파엘(1517년 경)

바예수/엘루마
(사도행전 13:6-12)

마술을 부리는 사람이었어요. 이 사람은 구브로 섬의 총독이 바울과 바나바의 설교를 듣지 못하게 하려고 했어요. 바울은 이 사람을 꾸짖으며 엘루마가 눈이 멀 것이라고 예언했는데, 곧바로 그 일이 일어났어요.

대선지자와 소선지자

가난하지만 유명한 선지자들

이스라엘이 두 왕국(북왕국과 남왕국)으로 나뉘었을 때 선지자들은 두 왕국의 왕들과 백성에게 말했어요. (172쪽의 '왕과 왕비'를 보세요.) 그러면 선지자는 누구고 청중은 누구였을까요? 구약성경에는 이 선지자들이 기록한 16권의 예언서가 있어요. 4명의 선지자는 대선지자라고 하는데, 그 책들이 길어서 두루마리 하나를 꽉 채웠기 때문이에요. 12명의 소선지자는 4명의 대선지자처럼 강력하게 말했지만, 그 책들은 모두 모아도 두루마리 하나밖에 안 되었어요.

사자굴 속의 다니엘(1860년)

대선지자

선지자	선지자에 관한 흥미로운 사실	핵심 메시지	청중	활동 시기 (주전)
이사야	이사야는 첫 아들의 이름을 스알야숩이라고 지었는데 "남은 자가 돌아오리라"는 뜻이다(이사야 7:3). 둘째 아들은 마헬살랄하스바스라고 이름을 지었는데 "빠르게 약탈당함"이라는 뜻이다(이사야 8:1-4).	사람들은 반역을 했고 벌을 받을 것이다. 그러나 길을 돌이키면 하나님이 그들을 회복하실 것이다.	유다	736-687년
예레미야	예레미야는 베띠를 썩을 때까지 묻어두었다. 이것으로 사람들의 마음에 무슨 일이 생겼는지를 보여주었다(예레미야 13:1-11).	사람들은 더 이상 하나님께 순종하지 않아서 벌을 받을 것이지만, 하나님은 그들을 회복시켜 주실 것이다.	유다	609-598년
에스겔	에스겔은 마른 뼈로 가득 찬 골짜기로 갔다. 에스겔이 뼈들에게 말하자 뼈들에 살이 붙고 군대가 되었다(에스겔 37:1-14).	하나님은 백성의 죄를 심판할 것이지만 결국은 회복시켜 주실 것이다.	바벨론에서 포로로 사는 유대인들	598-587년
다니엘	다니엘은 배고픈 사자들이 있는 굴로 던져졌지만 무사했다. 천사가 사자들의 입을 닫았기 때문이다(다니엘 6장).	하나님은 모든 것을 아시고 모든 것을 하실 수 있는 분이다. 하나님은 악을 이기시고 신실한 사람들을 구하실 것이다.	바벨론에서 포로로 사는 유대인들	520년

예루살렘의 파괴를 슬퍼하는 예레미야 선지자. 렘브란트(1630년)

알고 있었나요?

요엘 1장 4절과 2장 25절에 나오는 '팥중이, 메뚜기, 느치, 황충' 등의 곤충들은 다른 종류의 메뚜기들 같지만, 아마도 메뚜기를 성장 단계에 따라서 다른 이름으로 부른 듯해요. 애벌레로부터 질긴 식물 껍질도 벗겨먹을 수 있는 다 자란 단계의 메뚜기까지 말이에요.

소선지자

선지자	선지자에 관한 흥미로운 사실	핵심 메시지	청중	활동 시기 (주전)
호세아	호세아는 백성을 향한 하나님의 사랑의 예를 보여 주려고 음란한 아내와 결혼했다(호세아 1:2).	선지자의 아내가 음란했듯이 이스라엘도 하나님께 음란했다. 그러나 하나님은 여전히 그들을 사랑하셨다.	이스라엘	740-736년
요엘	요엘은 끔찍한 메뚜기 재앙을 생생하게 그리며 심판하러 오는 군대를 묘사했다(요엘 1:1-2:11).	하나님은 죄에서 돌이키는 사람들을 용서할 준비가 되셨다. 하나님은 모든 사람에게 성령을 보내실 것이다.	유다	445-443년경
아모스	아모스는 부유한 사람들이 이미 죽은 것처럼 슬픔의 노래인 '애가'를 불러서 그들에게 충격을 주었다(아모스 5:1).	하나님은 가난한 사람들을 괴롭히는 부유한 사람들을 심판하실 것이다.	이스라엘	762-750년경
오바댜	오바댜는 심판의 노래 형식으로 예언을 썼다.	이스라엘에서 형제들을 해친 에돔 사람들에게 하나님의 심판이 다가온다.	에돔 사람들, 유다에 있던 유대인	520년
요나	요나는 니느웨 사람들에게 가서 설교하라는 하나님의 명령을 피해 도망쳤다가 물고기한테 삼켜졌다(요나 1-2장).	하나님은 유대인만이 아니라 모든 사람들을 용서하신다.	앗수르의 수도 니느웨	783-743년
미가	미가는 벌거벗은 몸으로 다니며 백성의 죄를 위해 울부짖으며 슬퍼했다(미가 1:8-9).	하나님은 희생제물을 바라지 않으시고 가난한 사람들을 위한 정의와 진실한 친절과 겸손을 바라신다.	유다와 이스라엘	740-687년
나훔	나훔은 백성에게 돈을 내라고 강요하는 니느웨 사람들에게 반대해서 예언할 정도로 용감했다(나훔 2:13).	니느웨에 대한 하나님의 심판과 유다를 향한 위로	니느웨와 유다	609년
하박국	하박국은 성루에 올라가 하나님의 대답을 기다렸다(하박국 2:1).	'왜 악한 사람들이 벌을 받지 않을까?' 하나님은 모든 것을 할 수 있으시고 가장 잘 아시기 때문이다.	유다	598년경
스바냐	스바냐는 니느웨 멸망 10년 전부터 니느웨가 망할 것이라고 예언했다(스바냐 1:14-18).	심판이 다가왔다. 아직 시간이 있을 때 하나님께 돌아오라.	유다	640-609년
학개	학개라는 이름은 '축제의, 즐거운'이라는 뜻이지만 예언의 내용은 그렇지 않다.	사람들은 자신의 집을 가꾸는 것보다 성전을 다시 짓는 일을 먼저 해야 한다.	유다	520년
스가랴	스가랴는 일련의 환상을 보았는데, 여러 색의 말이 끄는 네 개의 하늘 병거 환상도 있었다(스가랴 6:1-8).	여전히 악이 있지만 메시아의 오심에 희망이 있다.	유다	520-518년
말라기	말라기라는 이름은 '나의 사자'를 뜻하고, 말라기는 구약성경의 마지막 선지자였다.	하나님은 백성의 죄를 묻고 그들을 회복하실 정도로 충분히 사랑하신다.	유다	445-443년

알고 있었나요?

니느웨가 파괴될 거라고 예언한 것은 오늘날의 뉴욕시가 파괴될 거라고 예언한 것과 같아요. 니느웨는 위대한 건축물, 방대한 도서관, 도시 전체의 무성한 정원에 물을 댄 복합적인 관개 시설로 유명했어요. 그러나 스바냐의 예언이 이루어졌고, 이 고대의 도시는 완전히 파괴되어 19세기까지 발견되지 않았어요.

선지자와 예언

갈멜 산에서 불이 내리기 구하는 엘리야

예언서가 없는 선지자

어떤 선지자의 말은 책으로 묶여져서 선지자의 이름을 딴 책이 되지 못했어요. 그렇지만 그들이 말하고 행한 많은 일들은 이스라엘과 세상을 바꾸었어요.

선지자	선지자에 관한 흥미로운 사실	핵심 메시지	청중	활동 시기
엘리야	하늘에서 불을 내려 물에 적신 번제물을 태워 달라고 모든 백성 앞에서 청했다(열왕기상 18장).	하나님이 악하고 반역하는 왕들과 사람들을 심판하실 것이라고 경고했다.	이스라엘, 아합과 이세벨	주전 875-849년
엘리사	엘리사는 엘리야가 가진 힘의 두 배를 달라고 했고, 죽은 소년을 살아나게 했다(열왕기하 4:18-37).	악에 대해 심판이 있을 것이라고 경고했고, 백성을 향한 하나님의 부드러움, 사랑, 자비를 백성에게 상기시켜 주었다.	이스라엘, 가난한 과부	주전 848-793년
나단	나단은 왕의 개인 선지자였다(사무엘하 12:1).	나단은 밧세바와의 일을 가지고 다윗을 다그쳤다.	다윗 왕	주전 1003년
세례 요한	세례 요한은 메뚜기와 석청(야생 꿀)을 먹었고, 낙타털 옷을 입었고, 광야에 살았고, 사람들에게 세례를 주었다(마태복음 3:4).	하늘나라가 가까이 왔다. 죄에서 돌이키고 메시아가 오시는 것을 준비하라.	유대 광야에 세례를 받으러 온 사람들, 바리새인들	주후 26년

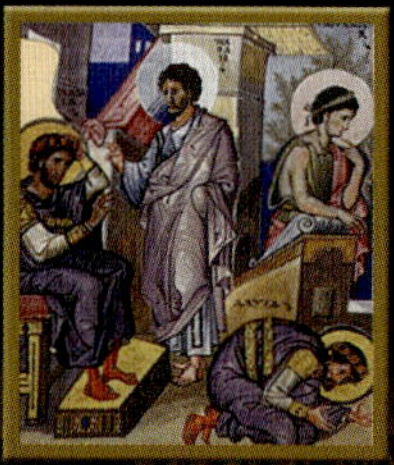

나단이 다윗을 책망함. 『파리 시편』

여선지자

성경은 주님의 말씀을 전한 여선지자를 몇 명 보여주고 있어요.

선지자	선지자에 관한 흥미로운 사실	핵심 메시지	청중
훌다	훌다는 궁중의 예복을 관리하는 살룸의 아내였다(역대하 34:22).	두루마리에 적힌 재난이 실제로 하나님의 심판으로 일어날 것이다.	대제사장 힐기야와 요시야 왕
드보라	사사 드보라는 사람들이 종려나무 아래로 찾아오면 판결을 해주었다(사사기 4장).	바락을 불러 군대를 모아 가나안 사람들을 치라고 지시했다.	이스라엘, 특히 바락
미리암	바로의 군대가 홍해에 빠진 것에 대해 노래했다(출애굽기 15:1-21).	미리암은 모세와 아론과 함께 지도자로 임명받았고 이스라엘을 구하신 하나님을 찬양했다.	광야에서 유랑하는 히브리 백성
안나	안나는 성전에서 평생을 보낸 과부인데 아기 예수님이 성전에 처음 가셨을 때 안나도 성전에 있었다(누가복음 2:36-38).	안나는 이스라엘의 자유를 기다린 사람들에게 예수님을 보내주신 하나님을 찬양했다.	마리아와 요셉

동생 모세와 함께 있는 미리암. 『예술에 나타난 성경의 여주인공들』(1900년).

몇 가지 놀라운 예언

예언	예언한 사건	일어난 일
이사야 11:10-12	이사야는 이스라엘 사람들이 앗수르(앗시리아) 및 바벨론의 포로에서 돌아올 것이라고 예언했다.	바사(페르시아)의 고레스 대왕은 이스라엘 사람들이 예루살렘에 돌아가도 된다고 허락했다(에스라 1장).
다니엘 2장	느부갓네살 왕은 꿈에서 신상을 보았다. 순금 제국은 그렇게 강하지 않은 또 다른 나라로 대체될 것이다. 또 놋 같은 나라가 은 같은 나라를 대체하고 세상을 지배할 것이다. 이 왕국은 강력한 쇠 같은 나라에게 파괴될 것이다. 언젠가 하나님이 이 쇠 같은 나라를 부수고 하나님의 나라를 세울 것이다.	메대(메디아) 사람들과 바사(페르시아) 사람들(은 가슴)이 벨사살에게서 바벨론(순금 머리)을 빼앗았다. 알렉산더와 그리스 사람들(놋)이 이들을 물리쳤고, 로마의 쇠 같은 힘이 세상을 부수고 나누었고 여전히 영향력을 발휘했다. 그러나 로마 제국은 나중에 파괴되었다.
다니엘 5:25-28	벨사살 왕과 손님들은 잔치 중에 이상한 손가락이 벽에 글씨를 쓰는 것을 보았다. 다니엘은 그 글씨의 뜻을 알려주었다. 곧 하나님이 벨사살의 왕국을 빼앗아갈 것이라는 뜻이었다.	그날 밤 메대 사람들과 바사 사람들이 공격해서 벨사살의 왕국을 둘로 나누었다. 그 이후로 "글씨가 벽에 있다"는 말은 큰 문제가 있다는 것을 깨달은 사람들을 가리키는 데 쓰였다.

느부갓네살 왕에게 꿈과 해석을 모두 말하는 다니엘

벨사살의 잔치. 렘브란트(1635년)

잘 들어보세요!

1 성경이라는 말은 그리스어 '비블리아'에서 왔고 '책'이라는 뜻이에요. 성경은 많은 책을 묶은 한 권의 책이에요. 개신교 전통에서 성경은 66권의 책으로 되어 있어요. 다른 전통에서 성경은 더 많은 책으로 되어 있어요. (107쪽에 있는 도표를 보세요.)

누가 성경을 썼을까요?

2 성경은 '하나님의 말씀'이에요. 성경에는 진리, 법, 이야기, 기도, 노래가 들어 있고, 하나님과 우리의 삶과 우리가 사는 세상에 대해 알려주는 지혜로운 말씀도 들어 있어요. 성경은 오랫동안 입에서 입으로 전해졌어요.

구약성경에 있는 책들은 모두 한꺼번에 저술되지 않았어요. 오랜 세월에 걸쳐 기록되었지요. 학자들은 구약성경에 있는 모든 책들이 정확히 언제 최종 수집되었는지는 잘 몰라요. 어떤 책은 주전(기원전) 1300년으로 거슬러 올라가요. 그러나 책을 모두 모아 함께 전하게 된 것은 주전 400년이나 되어서였을 거예요.

구약성경의 최종 목록은 주후 100년경에 랍비들이 공식으로 정했어요. ('주후'는 '기원후'라고도 해요. 56쪽에 있는 '달력과 휴일'을 보세요.) 교회 지도자들은 기원후 367년에 성 아타나시우스의 신약성경 목록에 "예, 좋아요!" 하고 말했어요.

구약성경은 처음에 히브리어(와 약간의 아람어)로 쓰였어요. 신약성경은 그리스어로 기록되었어요. 오늘날 성경은 수백 개의 고대 언어와 현대 언어로 번역되어 있어요.

번역 또는 풀이한 번역

3 성경의 모든 번역본이 똑같지는 않아요. 원래 히브리어나 그리스어로 된 성경 본문을 다른 언어로 옮긴 것이지요. 풀이하여 번역한다는 것은 번역자가 뜻을 쉽게 풀어서 번역하는 거예요.

한국어 번역 성경도 있고, 영어나 스페인어 등 많은 번역본이 있어요. 왜 이렇게 많을까요? 시대에 따라 언어가 바뀌기 때문에 성경을 새롭게 번역하기도 하지요. 새로운 단어가 생기기도 하고, 뜻이 달라지는 말도 있지요. 성경학자들이 고대 이스라엘이나 고대 그리스와 로마 세계에 대해 새로운 사실을 발견해서, 당시 시대와 사람들에 대해 더 잘 이해할 수 있게 되면서, 성경을 새롭게 번역할 필요가 생기기도 하지요. 어떤 번역 성경이든지, 성경을 읽는 사람들이 이해하고 믿을 수 있게 하려고 번역한 것이지요.

중요한 내용을 어디서 찾을까? (다음 페이지에 계속)

창조 - 창세기 1:1-2:4
에덴동산 - 창세기 2:4-3:24
노아의 방주 - 창세기 6:1-9:17
죽을 뻔한 이삭 - 창세기 22:1-18
요셉의 좋은 겉옷 - 창세기 37장
홍해를 가른 일 - 출애굽기 14:15-30

성경 속의 책들

4 시편은 성경의 한가운데에 있어서, 멋진 노래와 기도 모음을 쉽게 찾을 수 있어요.

창세기와 요한복음은 똑같이 "태초에"라는 말로 시작되어요.

무엇을 발견하게 될까요?

성경은 책꽂이에 종류별로 책을 꽂아둔 작은 도서관과 같아요.

☛ **율법** – 성경의 첫 다섯 권(창세기부터 신명기까지)은 하나님이 백성에게 주신 모든 법과 계명과 규칙을 담고 있어요. 이 다섯 권은 오경이라고도 해요. 히브리어로는 '토라'라고 하는데, '가르침'을 뜻해요.

☛ **역사** – 구약성경의 여호수아부터 에스더까지, 그리고 신약성경의 사도행전은 역사책처럼 읽는 책이에요.

☛ **지혜와 시** – 욥기, 시편, 잠언, 전도서, 그리고 아가가 여기에 들어 있어요

☛ **예언** – '선지자(예언자)'는 하나님을 위해 예언하는 사람이에요. 때로는 환상 형식으로 말하고, 때로는 현재에 관한 어려운 진실을 말했어요. 구약성경의 이사야서부터 말라기서까지, 그리고 신약성경의 요한계시록은 예언서예요.

☛ **복음서** – '복음'은 '기쁜 소식'이라는 뜻이에요. 마태복음, 마가복음, 누가복음, 요한복음은 예수님과 예수님이 하신 일을 기쁜 소식으로 전하고 있어요.

☛ **편지들** – 사도 바울은 신약성경 안에 있는 13개의 편지(서신)를 썼어요. 교회에 쓴 것도 있고 한 사람에게 쓴 것도 있어요. 히브리서부터 유다서까지는 다른 사람들이 썼어요.

중요한 내용을 어디서 찾을까?

십계명 - 출애굽기 20장
드보라가 승리하다! - 사사기 4:4-17
다윗과 골리앗 - 사무엘상 17:1-54
사자굴 속의 다니엘 - 다니엘 6장
물고기 뱃속의 요나 - 요나 1-2장
예수님이 나셨어요! - 마태복음 1:18-2:12; 누가복음 2:1-21
물로 포도주를 만든 사건 - 요한복음 2:1-12
죽었다가 살아난 소년 - 누가복음 7:11-17
물 위를 걷는 예수님 - 마태복음 14:34-36
주기도문 - 마태복음 6:9-13
선한 사마리아인의 비유 - 누가복음 10:25-37
마지막 만찬 - 마가복음 14:17-26
예수님이 죽으시고 다시 살아나시다! - 마태복음 27-28장; 마가복음 14-16장; 누가복음 22-24장, 요한복음 13-21장
사울이 바울이 되다 - 사도행전 9:1-30

구약성경 간단한 요약

책 이름과 요점

창세기 ('시작') 세상의 창조와 이스라엘 민족의 시작에 대한 이야기. 하나님이 아브라함과 자손에게 복을 내려주시겠다고 특별히 약속하시는 이야기도 들어 있어요.

출애굽기 ('나가기' 또는 '출발') 하나님이 히브리 백성을 종으로 살던 애굽(이집트)에서부터 데리고 나가시기 위해 어떻게 모세를 쓰시는지 보여주어요. 이스라엘 민족의 시작.

레위기 ('제사장 안내서') 제사장들을 위한 안내서, 거룩한 삶을 위한 지침. 레위 지파 출신만 이스라엘 종교의 제사장이 될 수 있었어요. 모세도 레위 지파예요.

민수기 ('수를 세기') 이 책의 이름은 하나님이 조상 아브라함에게 약속하신 땅으로 들어가기 전에 백성이 광야에서 40년간 유랑할 때 실시한 두 번의 인구조사에서 나왔어요.

신명기 ('법의 복사본' 또는 '두 번째 법') 모세는 죽기 전에 세 번의 고별 연설을 했어요. 모세는 여기서 하나님이 이스라엘 사람들에게 주신 법을 다시 다루었어요. 신명기라는 이름은 '법을 다시 다룬 것' 또는 '두 번째 법'에서 나왔어요.

여호수아 (이스라엘 민족의 새 지도자) 모세는 죽기 전에 이스라엘 사람들을 약속의 땅으로 인도하는 역할을 하도록 여호수아를 뽑았어요. 이스라엘이 가나안을 차지하기 위한 전쟁의 역사가 기록된 책도 여호수아예요.

사사기 (이스라엘 사람들을 구하려고 일한 특별한 지도자들의 이야기) 여호수아가 죽은 후에 백성은 하나님께 불순종했고 거짓 신들을 섬겼고 적의 공격을 받았어요. 하나님은 백성을 구하시려고 12명의 사사를 보내주셨어요.

룻기 (남편을 잃은 젊은 모압 여자) 모압 여자 룻과 이스라엘 시어머니 나오미 사이의 사랑과 헌신 이야기. 신실한 여자 룻은 새 남편과 결혼하고 아들을 낳았어요. 이 아들의 손자가 이스라엘의 가장 위대한 왕인 다윗 왕이에요.

사무엘상 (마지막 사사이자 선지자) 사무엘상과 사무엘하는 원래 하나의 책이었어요. 사무엘상은 사무엘과 이스라엘의 첫째 왕 사울의 이야기를 담고 있어요. 하나님은 사울이 마음에 들지 않았어요. 그래서 다윗이라는 목동을 다음 왕으로 뽑으셨어요.

사무엘하 (마지막 사사) 이 책은 다윗 왕의 이야기와 다윗 왕이 왕국과 왕가를 통제하는 이야기를 담고 있어요. 다윗은 밧세바라는 아름다운 여자 때문에 죄를 지어서 많은 어려움을 겪었어요.

열왕기상하 (이스라엘의 역사) 계속해서 이스라엘의 역사를 다루고 있어요. 열왕기상은 솔로몬 왕 시대와 왕이 죽은 후 이스라엘이 두 나라로 나뉜 것을 다루어요. 열왕기하는 결국 두 나라가 망한 일과 이스라엘 사람들이 포로로 끌려간 일을 자세히 전해요.

역대상하 (왕궁의 기록) 이 책들은 사무엘서와 열왕기가 다룬 것과 같은 역사를 다루어요. 그러나 역사를 보는 관점이 달라요.

에스라 (서기관이자 제사장) 이 책과 뒤에 따라 나오는 '느헤미야'는 원래 한 책이에요. 두 책은 포로로 끌려갔던 이스라엘 사람들이 이스라엘로 돌아가도 좋다고 허락받은 후의 일을 전해요. 에스라는 사람들이 모세의 법에 다시 순종하도록 격려했어요.

느헤미야 (페르시아 궁정의 신하였던 사람) 느헤미야는 유다 총독으로 임명받아 사람들이 예루살렘 성벽을 재건하고 안전하게 지내도록 도왔어요.

에스더 (페르시아의 왕비가 된 유다 여자) 이 젊은 유다 여자는 미인대회에서 우승해서 바사(페르시아)의 왕비가 되었어요. 에스더는 자신의 지위를 이용해서 유다 백성을 멸망시키려는 하만의 계획을 밝혀냈어요. 이 일을 해마다 축하하는 것이 유대교의 부림절이에요.

욥기 (모든 것을 잃은 부자 이야기) 이 책은 시적인 연설을 통해서 고난이라는 문제를 다루어요.

시편 ('노래들') 이 책은 개인적이거나 공적인 예배 때에 히브리 백성이 사용한 150개의 기도와 시편으로 되어 있어요. 어떤 시는 다윗 왕 시대의 내용을 담고 있어요. 다윗 왕이 여러 시를 지었을 거예요.

잠언 ('지혜를 담은 말씀') 일상생활에 필요한 지혜와 가르침을 모은 책이에요. 주요 가르침 중의 하나는 모든 지혜가 하나님이 주신 선물이라는 것이지요.

전도서 ('가르침') 이 책은 '설교자'로 알려진 아주 현명한 사람의 사상을 담고 있어요. 이 책은 사람의 삶, 하나님의 자비와 정의 등 오늘날의 사람들에게도 와 닿는 많은 주제를 탐구해요.

아가 남자와 여자 사이의 사랑을 축하하는 시 모음집. 이스라엘을 향한 하나님의 사랑과 교회를 향한 예수님의 사랑이라고 받아들이기도 해요.

이사야 (선지자) 이 책은 유다 백성이 순종하지 않아서 하나님의 심판을 받을 것이라고 경고해요. 또한 다윗 왕의 자손 중에서 나올 미래의 왕에 대한 희망의 말씀을 담고 있어요. 그는 모든 나라에 위로를 주실 분, 곧 예수님이에요.

예레미야 (선지자) 바벨론이 유다를 멸망시키기 전에 하나님께서는 예레미야를 보내셔서 왕과 제사장들과 백성들에게 다가오는 심판에 대해 알려주셨어요. 예레미야는 하나님이 백성과 새로운 언약을 맺을 때가 올 거라고 했어요.

예레미야애가 ('슬픈 노래 또는 시') 주전 586년에 예루살렘이 바벨론에게 파괴된 후 슬픔을 묘사하는 시 다섯 편. 슬픈 어조이기는 하지만 하나님의 변치 않는 사랑에 관해 용기를 주는 메시지를 담고 있어요.

에스겔 (선지자이자 제사장) 에스겔은 예루살렘이 망한 후 바벨론에 살았어요. 그는 자신이 받은 환상에서 나온 많은 통찰을 유대인 포로들과 아직 예루살렘에 살고 있던 사람들에게 말해 주었어요.

구약성경 간단한 요약

책 이름과 요점

다니엘 (유대 관리) 다니엘은 바벨론과 페르시아의 왕궁에서 일했어요. 이 책은 하나님께 신실한 다니엘의 모습을 보여주지요. 이 책은 또한 다른 나라들이 망하고 결국 하나님의 백성이 승리할 것이라는 다니엘의 예언 환상을 담고 있어요.

호세아 ('구원') 호세아의 메시지는 이스라엘과 유다 사람들이 남편에게 불성실한 아내처럼 하나님을 대한다고 경고해요. 그러면서도 호세아는 하나님이 그들을 사랑하고 용서하신다고 확신을 주어요.

요엘 (선지자) 이 짧은 책은, 들에 침입하여 파괴하는 메뚜기 재앙에 빗대어 이스라엘의 적을 묘사해요. 요엘은 이스라엘의 적이 심판을 받는 날에 대해서도 묘사해요.

아모스 (양을 치는 목자) 이 유다 출신의 양치기 목자는 이스라엘의 북쪽 왕국의 부유한 통치자들을 향해 심판을 받을 거라고 설교했어요.

오바댜 (선지자) 오바댜는 이스라엘의 이웃 나라 중 하나인 에돔이 심판을 받을 거라고 예언했어요. 이스라엘이 침략을 당했을 때 돕지 않았기 때문이에요.

요나 (선지자) 니느웨 사람들에게 하나님의 경고를 전하기 싫어서 하나님에게서 도망친 한 선지자 이야기예요. 하나님은 마지 못해 일하는 이 선지자에게, 큰 물고기와 박넝쿨로 가르침을 주셨어요. 하나님이 모든 사람들에게 자비를 베푸신다는 것을 가르치셨지요.

미가 (선지자) 이 책은 가난한 사람들의 것을 빼앗는 이스라엘과 유다의 부자들을 심하게 비난해요. 그리고 새로운 왕이 나와서 정의가 회복되는 날을 기다리는 내용을 담고 있어요.

나훔 (선지자) 이 짧은 책은 이스라엘을 아주 잔인하게 억압한 나라 중 하나인 앗수르(앗시리아)의 수도 니느웨가 몰락할 것이라고 말해요.

하박국 (선지자) 이 책은 하박국과 하나님이 고난과 정의에 대해 나눈 대화를 담고 있어요.

스바냐 (선지자) 스바냐는 '여호와의 날,' 곧 하나님이 순종하지 않는 유다와 여러 나라들을 심판하시는 날에 대해 말해요.

학개 (선지자) 포로로 잡혀갔다가 예루살렘에 돌아와 살 집을 짓느라 바쁜 사람들에게 학개가 전한 말씀이에요. 학개는 하나님을 먼저 생각하고 성전을 먼저 지으라고 하면서, 그러면 복을 받을 것이라고 말했어요.

스가랴 (선지자) 스가랴도 사람들에게 예루살렘 성전을 다시 지으라고 촉구했어요. 스가랴는 하나님이 사람들에게 왕을 주시고 나라들 사이에 평화를 이루실 것이라는 비전도 가졌어요.

말라기 (선지자) 말라기는 구약성경의 마지막 책이에요. 시내 산에서 모세가 준 법과 가르침을 잘 지키라고 사람들에게 강하게 경고하는 내용이에요.

신약성경 간단한 요약

책 이름과 요점

마태복음 (예수님의 첫 열두 제자 중 한 사람이 쓴 복음서) 네 복음서 중 하나인 이 책은 예수님의 탄생으로 시작해서 예수님의 죽음과 부활로 끝나요. '옳은 일 하기'의 중요성과 '하나님께 순종하기'가 이 책의 중요한 주제예요.

마가복음 (바울의 첫째 선교 동역자 중 한 사람이 쓴 복음서) 가장 짧은 복음서인 마가복음은 예수님의 사역을 잘 정리했어요. 이 복음서는 놀라운 행동과 기적으로 가득 차 있어요. 그 중 가장 강력한 것은 예수님의 고난과 죽음과 부활이에요.

누가복음 (바울의 선교 동역자 중 한 사람이 쓴 복음서) 누가가 쓴 복음서는 하나님이 가난한 사람들을 돌보신다는 것과, 성령은 누구든 구하면 받을 수 있는 하나님의 선물이라는 것을 강조해요. 누가복음은 다른 복음서에는 나오지 않는 선한 사마리아 사람의 비유와 돌아온 탕자의 비유를 담고 있어요.

요한복음 (예수님의 첫 열두 제자 중 한 사람이 쓴 복음서) 요한이 쓴 이 복음서는 앞의 세 복음서와는 분명히 달라요. 이 복음서는 예수님이 하나님의 아들이라는 것을 보여주는 일곱 가지 표적을 줄거리로 기록하고 있어요. 또한 이 책에는 예수님이 자기 정체와 임무에 대해서 사람들과 나누신 대화가 들어 있어요.

사도행전 (사도들의 '활동'을 기록한 책) 이 책은 누가가 썼고 초대교회의 이야기를 전해요. 사도 베드로는 책 앞부분의 주요 인물이에요. 초기 신앙인들을 박해한 바리새인 바울은 이 책 뒷부분의 핵심 인물이에요.

로마서 (로마에 있는 교회에 보낸 편지) 바울의 이 편지는 바울이 쓴 여러 편지 중 가장 길어요. 아마 가장 열심히 쓴 편지일 거예요. 이 편지에서 바울은, 예수님이 사람들의 죄를 위해 십자가에 달려 희생하셨기 때문에 하나님이 사람들을 받아주셨다고 설명해요.

고린도전후서 (고린도에 있는 교회에 쓴 편지) 바울은 고린도에 교회가 세워지는 것을 도왔고, 거기에 있는 교인들에게 마음을 많이 기울였어요. 이 편지는, 많은 말다툼을 해결하고 교인들이 한 마음이 되도록 격려하고 거짓 선생들에 대해 경고하려고 썼어요.

갈라디아서 (갈라디아에 있는 교회들에 쓴 편지) 바울은 이 편지에서 자신이 진정한 그리스도의 사도라고 주장해요. 바울은 믿음의 중요성에 대해 말하고, 사람들이 그리스도를 믿을 때 얻는 놀라운 자유에 대해 말해요.

에베소서 (에베소에 있는 교회에 쓴 편지) 이 짧은 편지는 바울의 많은 가르침을 요약해요. 예수님을 따르는 사람들이 하나가 되어야 한다고 강조하고, 하나님의 성령이 그들에게 주시는 새로운 삶에 대해 강하게 강조해요.

빌립보서 (빌립보의 교회에 쓴 편지) 바울은 감옥에서 이 편지를 썼어요. 신앙인이 어떤 상황에서든 그리스도에 대한 믿음을 지키고 하나님 안에서 기뻐하기를 격려하려고 썼어요.

골로새서 (골로새에 있는 교회에 쓴 편지) 이 편지는 거짓된 가르침을 피하고 하늘 보좌에 앉아계신 그리스도에게 마음을 두라고 교회에게 가르쳐요.

신약성경 간단한 요약

책 이름과 요점

데살로니가전후서 (데살로니가에 있는 교회에 쓴 편지) 이 편지는 신약성경에서 가장 오래 된 문서인 듯해요. 바울은 그리스도가 다시 오시는 것에 대해 교회에 조언하고 그리스도의 오심을 준비하라고 격려해요.

디모데전후서 (젊은 지도자 디모데에게 쓴 편지) 이 두 편지와 디도에게 보낸 편지는 '목회서신'이라고 불러요. 지역 교회 지도자들이, 돌보는 사람들을 영적으로 채워주기 위해 무엇을 해야 하는지 조언하기 때문이지요.

디도서 (바울 팀의 한 사람) 그리스 교회 지도자에게 교회를 돌보는 법에 대해 조언하는 편지예요.

빌레몬서 (골로새교회의 교인 빌레몬에게 쓴 편지) 바울은 이 편지에서 한 부유한 교회 지도자에게 도망친 종인 오네시모를 용서하라고 권해요. 이 종은 신앙인이 되었고 바울의 친구가 되었어요.

히브리서 (기독교로 개종한 유대인에게 쓴 편지) 이 책은 편지 형식으로 예수님의 우월성에 대해 쓰고 있어요. 예수님은 천사와 모세와 성전에서 드리는 희생제사보다 높으세요. 예수님은 대제사장이자 많은 사람들의 죄를 없애는 희생제물로 묘사되지요.

야고보서 (예루살렘 교회의 지도자 야고보의 편지) 이 짧은 책은 말을 통제하는 법을 배우기, 편애를 피하기, 아픈 사람과 가난한 사람을 돌보기, 신앙을 행동으로 옮기기와 같은 실제적인 주제에 대한 가르침을 모았어요.

베드로전후서 (예수님을 가장 먼저 따른 제자들 중 한 사람의 이름을 딴 편지) 이 두 편지는 신앙 때문에 박해를 받고 있는 기독교인에게 용기를 주고 거짓 선지자들에 대해 경고하기 위해 쓴 거예요.

요한1서, 2서, 3서 (예수님을 가장 먼저 따른 제자들 중 한 사람의 이름을 딴 편지) 요한1서는 예수님이 그리스도라는 사실을 확실히 말해 주고 기독교 신앙의 기본 진리에 대해 설명해요. 그리고 서로 사랑하라는 명령을 특히 강조해요. 요한2서는 거짓 선생들에 대해 경고하고, 요한3서는 신앙인들이 진리를 전할 때 서로 도우라고 격려해요.

유다서 (야고보의 형제이자 예수님의 동생인 듯해요.) 이 편지는, 환상을 보았고 영적인 권위가 있다고 주장하는, 믿음 없고 부도덕한 사람들에 대해 경고해요. 유다는 하나님에 대한 신앙을 지키라고 가르쳐요.

요한계시록 (환상에 대한 설명) 이 책은 하나님의 정의와 자비를 확실히 강조함으로써 박해받는 신앙인들을 격려하기 위해 쓴 거예요. 요한계시록은 환상과 상징을 써서 그리스도가 결국 모든 악의 세력을 물리치실 것이라고 선포해요.

여러 성경들

어떤 전통은, 특히 로마가톨릭과 동방 정교회는, 구약성경 안에 '외경' 또는 '제2경전'이라고 하는 여러 책을 더 추가해요. 이 중 '마카베오상하', '토비트', '유딧'과 같은 책은 역사서들과 비슷해요. '지혜서'와 '집회서'는 유대 지혜 전통을 나타낸다고 볼 수 있어요. 이러한 책은, 거룩한 문학으로 읽든 예수님의 시대로 이르는 기간을 보여주는 유용한 배경 문서로 읽든, 흥미롭고 아름답고 도움이 되는 내용을 많이 담고 있어요. 다음 도표는 각 기독교 전통의 성경에 들어 있는 여러 책을 보여주어요.

기독교 성경 속의 구약성경

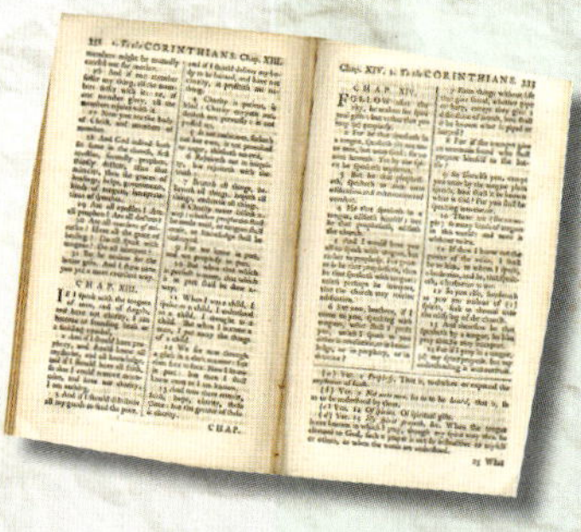

개신교	가톨릭	정교회
창세기	창세기	창세기
출애굽기	탈출기	출애굽기
레위기	레위기	레위기
민수기	민수기	민수기
신명기	신명기	신명기
여호수아	여호수아기	여호수아
사사기	판관기	사사기
룻기	룻기	룻기
사무엘상	사무엘기 상권	왕국들 1서(사무엘상)
사무엘하	사무엘기 하권	왕국들 2서(사무엘하)
열왕기상	열왕기 상권	왕국들 3서(열왕기상)
열왕기하	열왕기 하권	왕국들 4서(열왕기하)
역대상	역대기 상권	역대기상
역대하	역대기 하권	역대기하
에스라	에스라기	에스드라 1서
느헤미야	느헤미야기	에스드라 2서
에스더	토빗기	(에즈라와 느헤미야)
욥기	유딧기	에스델(추가분 포함)
시편	에스테르기(추가분 포함)	유딧
잠언	마카베오기 상권	토비트
전도서	마카베오기 하권	마카베오 1서
아가	욥기	마카베오 2서
이사야	시편	마카베오 3서
예레미야	잠언	시편(151편 포함)
예레미야애가	코헬렛	므낫세의 기도
에스겔	아가	욥기
다니엘	지혜서	잠언
호세아	집회서	전도서
요엘	이사야서	아가
아모스	예레미야서	지혜서
오바댜	애가	집회서
요나	바룩서	호세아
미가	(예레미야의 편지 포함)	요엘
나훔	에제키엘서	아모스
하박국	다니엘서(추가분 포함)	오바디야
스바냐	호세아서	요나
학개	요엘서	미가
스가랴	아모스서	나훔
말라기	오바드야서	하박꾹
	요나서	스바니야
	미카서	학깨
	나훔서	즈가리야
	하바쿡서	말라기
	스바니야서	이사야
	하까이서	예레미야
	즈카르야서	바룩
	말라키서	애가
		예레미야의 편지
		에제키엘
		다니엘(추가분 포함)
		마카베오 4서

성경 속의 어린이

여러분이 타임머신을 타고 고대 시대로 가서 본다면 당시 어린이의 삶이 어땠을까요? 여러분은 수천 년 전에 흔했던 것을 알아채지 못할 거예요. 다음은 성경 속에 나오는 유명한 어린이들이에요.

가인과 아벨

아담과 하와의 아들인 가인과 아벨이 태어나서 세계 인구가 두 배로 늘었어요. 두 명에서 네 명으로요. 가인과 아벨의 어린 시절이 어땠는지는 별로 알려져 있지 않아요. 아벨은 목자가 되었고 가인은 농부가 되었어요. 가인은 수확의 일부를 하나님께 드리고, 아벨은 처음 태어난 새끼양을 하나님께 드렸어요. 하나님은 아벨의 제물을 더 좋아하셨어요. 가인은 화가 나서 동생을 죽였어요. 이 일로 가인은 첫 살인자가 되었고, 아벨은 처음으로 죽은 사람이 되었어요 (창세기 4:1-16).

아벨의 죽음, 귀스타브 도레(1880년)

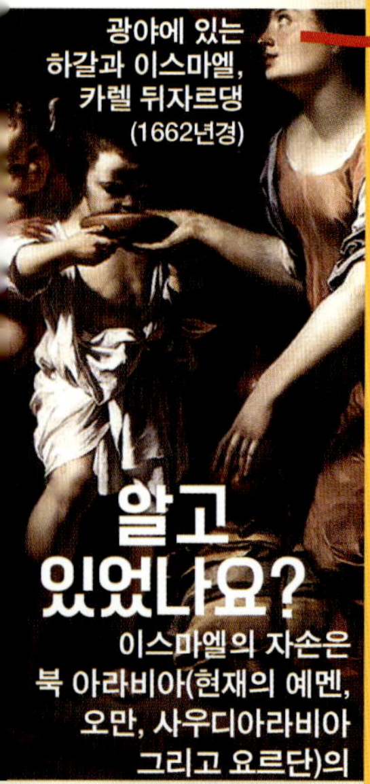

광야에 있는 하갈과 이스마엘, 카렐 뒤자르댕 (1662년경)

이스마엘

이스마엘은 아브라함과 하갈의 아들이에요. 하갈은 아브라함의 아내 사라의 애굽(이집트)인 여종이었어요 (창세기 16:1-4). 이스마엘이 태어나고 몇 년이 지나 사라와 아브라함이 아들 이삭을 낳았어요(창세기 21:1-4). 그러나 사라는 이스마엘이 아브라함의 재산을 물려받는 것이 싫었어요. 그래서 이스마엘과 엄마는 약간의 물과 음식만 가지고 광야로 쫓겨났어요. 물이 떨어지자 하갈은 이스마엘이 죽을까봐 두려웠어요. 그러나 하나님의 천사가 이스마엘이 자라서 큰 민족의 조상이 될 것이라고 약속했어요(창세기 21:9-21).

알고 있었나요?

이스마엘의 자손은 북 아라비아(현재의 예멘, 오만, 사우디아라비아 그리고 요르단)의 유목민이 되었어요. 요셉을 산 상인들은 이스마엘의 자손이었어요(창세기 37:25). 이슬람교도들은 이스마엘을 거쳐 아브라함까지 거슬러 올라가 계보를 세어요.

이삭

여러분이 할머니뻘 되는 나이 많은 부모님에게서 태어났다고 상상해보세요. 이삭이 태어나기 전에 하나님은 아브라함에게 아내인 사라가 아들을 낳을 것이라고 말해 주셨어요(창세기 18:10). 그 아이는 하나님이 약속하신 아들이었어요. 사라는 이 소식을 듣고 웃었어요. 그 때 아브라함은 99세이고, 사라는 89세였어요. 그러나 아이가 태어났고, 사라는 아이의 이름을 '웃었다'는 뜻인 '이삭'이라고 지었어요(창세기 21:1-7).

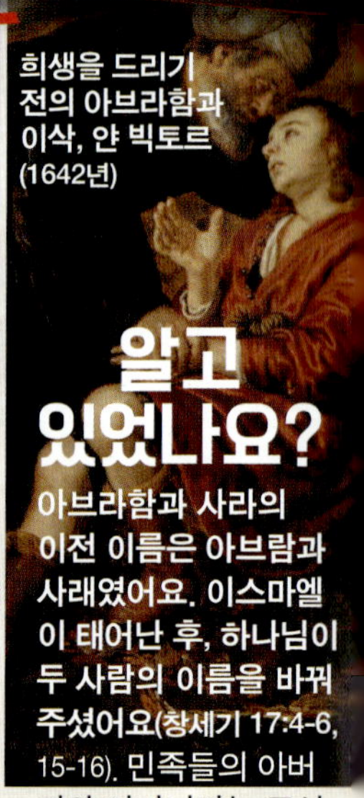

희생을 드리기 전의 아브라함과 이삭, 얀 빅토르 (1642년)

알고 있었나요?

아브라함과 사라의 이전 이름은 아브람과 사래였어요. 이스마엘이 태어난 후, 하나님이 두 사람의 이름을 바꿔 주셨어요(창세기 17:4-6, 15-16). 민족들의 아버지와 어머니라는 표시로요. '아브라함'은 '여러 민족의 아버지'라는 뜻이에요. 사라는 '여주인'이라는 뜻이에요.

야곱과 에서

야곱과 에서는 이삭과 리브가 부부에게 태어난 쌍둥이 아들이었어요. 둘은 개성이 아주 달랐어요. 사냥꾼인 에서는 이삭이 좋아하는 아들이었고, 조용한 야곱은 리브가와 가까웠어요. 모세의 법에 따르면, 에서가 먼저 태어났기 때문에 재산을 두 배로 상속받을 수 있었어요(신명기 21:15-17). 그러나 리브가가 아기를 낳기 전에 주님은 큰 아들이 작은 아들을 섬길 것이라고 말씀해 주셨어요(창세기 25:23). 에서가 장자의 권리를 동생에게 죽 한 그릇에 팔았을 때 이 일이 일어났어요(창세기 25:27-34)! 야곱은 장자의 권리를 강하게 주장하려고 이삭을 속여서 장자의 축복을 받았어요(창세기 27장).

알고 있었나요?

이스라엘의 12지파는 야곱의 자손이었어요. 야곱은 하나님과 씨름한 후에 이름이 이스라엘로 바뀌었어요(창세기 32:22-32). 야곱의 형 에서의 자손은 에돔 사람들이었어요(창세기 36장). 그들은 세일 산 근처에 살았는데, 아마도 오늘날 와디 알-아라바 동쪽의 예벨 에쉬-세라일 거예요.

요셉과 형들

이삭의 아들 야곱은 12명의 아들을 두었는데, 서로 사이가 썩 좋지는 않았어요. 야곱이 좋아하는 아들은 라헬과의 사이에서 낳은 요셉이었어요(창세기 30:22-24). 야곱은 요셉을 예뻐한다는 것을 보여주려고 채색옷을 지어 주었어요(창세기 37:3-4). 야곱의 다른 아내인 레아에게서 태어난 형들은 질투가 나서 요셉을 없앨 계획을 세웠어요. 그들은 요셉을 죽이는 대신 애굽(이집트)으로 가는 이스마엘 사람들(이스마엘의 자손)에게 팔았어요. 그러나 하나님은 요셉을 향해 큰 계획을 가지셨어요. 오랜 시간이 흘러 형들은 요셉과 다시 만나게 되지요.

(창세기 39-47장에 있는 이야기를 읽어보세요.)

알고 있었나요?

앤드류 로이드 웨버와 팀 라이스가 이 성경 이야기를 바탕으로 쓴 '요셉어메이징(요셉과 놀라운 채색 옷)'은 오랫동안 성공적으로 공연하고 있는 브로드웨이 쇼예요.

미리암

요셉 시대 후 수백 년이 지나 애굽(이집트) 왕 바로는 야곱의 자손이 늘어나는 것을 두려워하기 시작했어요. 왕은 인구를 줄이려고 야곱 자손을 종으로 만들라고 명령했어요. 그것이 효과가 없자 왕은 모든 히브리 남자 아기를 죽이라고 명령했어요. 그러나 미리암과 같은 여자아이들은 살 수 있었어요(출애굽기 1:1-16). 미리암의 남동생 모세가 태어났을 때 미리암과 엄마가 어떻게 느꼈을지 생각해 보세요. (모세에 대해 더 알고 싶으면 134쪽의 '영웅'을 보세요.) 미리암의 엄마는 모세의 생명을 구하려고 방수 처리를 한 바구니에 아기를 담아 나일 강에 띄웠어요. 미리암은 바구니를 지켜보았고, 바로의 딸이 바구니를 발견했어요(출애굽기 2:1-10). 미리암은 자라서 선지자가 되었어요(출애굽기 15:20).

알고 있었나요?

사무엘이라는 이름은 '하나님의 이름'이라는 뜻이에요.

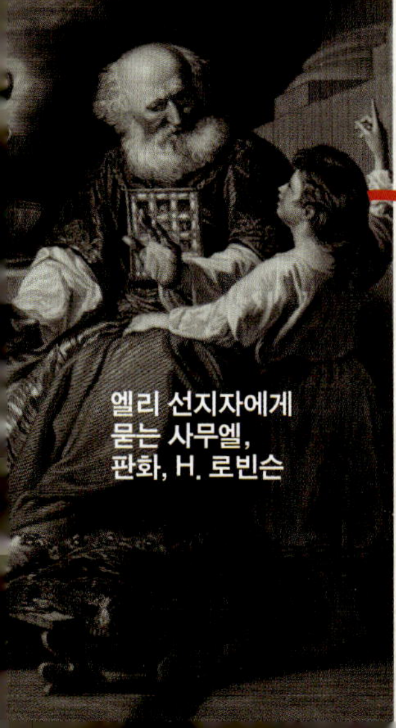

엘리 선지자에게 묻는 사무엘, 판화, H. 로빈슨

사무엘

사무엘은 한나(에브라임 지파의 엘가나의 아내)가 하나님께 아기를 달라고 기도하여 얻은 아들이에요(사무엘상 1:1-20). 사무엘이 아직 어린아이였을 때 한나는 하나님께 아들을 드리겠다는 맹세를 지키기 위해 사무엘을 데려와 성전에서 살게 했어요. 수년이 흘러 사무엘이 12살쯤 되었을 때 사무엘은 밤중에 하나님이 자신을 부르는 소리를 들었어요(사무엘상 3장). 사무엘은 어른이 되어서는 선지자, 제사장, 이스라엘의 마지막 사사, 이렇게 세 가지 일을 감당했어요. 이스라엘 백성이 왕을 달라고 했을 때 사무엘은 이스라엘 최초의 왕 사울에게 기름을 부었어요(사무엘상 10:1).

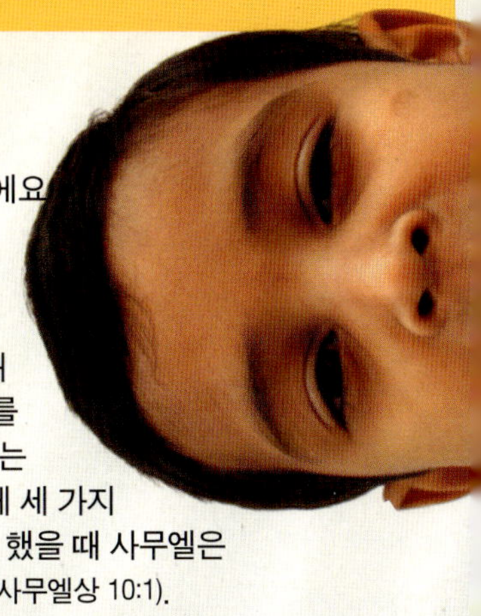

다윗

가족 사이에서 무시당한 느낌이 든 적이 있나요? 다윗은 가족들에게 가끔씩 무시를 당했어요. 다윗은 이새의 아들 8명 중에 막내였어요. 이새는 모압에서 온 과부 룻의 손자였고요(룻기 4:18-22). 다윗은 아버지처럼 양을 잘 돌보는 목자였어요. 양을 공격하려는 야생 동물에게 물매를 던져서 죽였지요.

그러나 다윗이 아직 소년이었을 때 두 가지 놀라운 사건을 겪었어요. • (1) 하나님은 사울을 이스라엘의 왕으로 인정하지 않으셨고, 대신 다윗을 선택하셨어요(사무엘상 16:1-13). (2) 다윗은 골리앗이라는 거인을 죽여서 유명하게 되었어요(사무엘상 17장). 다윗은 수금(하프)을 잘 연주했고, 악령이 사울을 괴롭힐 때 종종 연주를 해서 사울을 낫게 해주었어요(사무엘상 16:14-23). 다윗의 가장 친한 친구는 사울의 아들 요나단이었어요(사무엘상 19:1-8; 23:14-18).

어렸지만 현명한 여종

적도 때로는 동지가 될 수 있어요. 이스라엘의 북서쪽에 사는 아람(시리아) 사람들은 이스라엘에 자주 쳐들어와서 사람들을 포로로 잡아갔어요. 한번은 어린 이스라엘 소녀를 잡아다가 아람의 나아만 장군 아내의 노예로 삼았어요. 이 소녀는 앙갚음을 하지 않고 나아만에게 큰 도움을 주었어요. 이 소녀는 나아만이 나쁜 피부병을 앓고 있는 것을 알고서 사마리아에 사는 엘리사 선지자를 만나 도움을 구해보라고 말해 주었어요. 결국 나아만은 이 소녀의 말을 듣고서 낫게 되었답니다(열왕기하 5:1-19). ('나쁜 피부병'에 대해 더 알고 싶으면 10쪽에 있는 '건강과 몸'을 보세요.)

예레미야, 미켈란젤로 부오나로티
(시스틴 성당의 프레스코,
1508-1512년경)

예레미야

예레미야는 제사장 가문 출신이고 가문의 뿌리는 아버지 힐기야로 시작해서 다윗 왕 시대의 제사장이었던 아비아달까지 거슬러 올라가요(사무엘상 23:6-8). 시드기야가 유다의 왕이었을 때 하나님이 예레미야를 선지자로 선택하셨어요. 예레미야는 선지자가 되기에는 자신이 너무 어리다고 생각하고 임무를 맡지 않으려 했지만 결국 하나님의 부르심을 따랐어요(예레미야 1:1-19). (선지자에 대해 더 알고 싶으면 94쪽에 있는 '선지자와 예언'을 보세요.)

다니엘과 친구들

바빌로니아 사람들이 주전 586년에 유다를 정복했을 때(열왕기하 25:1-21) 다니엘과 친구들인 하나냐와 미사엘과 아사랴(후에 사드락, 메삭, 아벳느고 라는 이름으로 바뀜)는 많은 사람들과 함께 바벨론으로 끌려갔어요. 그들은 당시에 청소년이었지만, 느부갓네살 왕에게 선택되어 왕궁의 관리로 훈련을 받았어요. 그들에게는 왕의 고기와 포도주는 물론 산해진미가 있었어요. 그러나 그런 음식과 포도주는 바벨론 사람들이 믿는 신들에게 바쳐진 것이었기 때문에, 다니엘과 친구들은 채소만 먹고 물만 마심으로써 하나님을 높여 드리고 싶어 했어요(다니엘 1장). 10일이 지나고 보니 이 네 명의 젊은이들은 다른 젊은이들보다 더 건강하고 얼굴빛이 좋아보였어요. 그래서 그들은 계속 같은 음식을 먹을 수 있었어요. 3년간의 훈련을 마친 후 느부갓네살 왕은 모든 젊은이들과 만나 이야기를 나눠보고 다니엘과 세 친구들이 가장 뛰어나다는 것을 알았어요. 그래서 그들은 왕궁에서 좋은 자리를 얻었어요.

예수님

성경에 나오는 대부분의 이야기가 어른 예수님에 관한 것이지만 몇 군데에서 예수님의 어린 시절을 볼 수 있어요. 베들레헴에서의 탄생(누가복음 2:1-20), 동방박사들의 방문(마태복음 2:1-12), 헤롯이 예수님을 찾아 죽이려고 해서 가족이 애굽(이집트)으로 피했을 때의 이야기이지요(마태복음 2:13-18). 성경에서 예수님의 어린 시절에 대한 또 하나의 이야기는 예수님이 12살이었을 때 일어났어요. 유월절을 지키기 위해 매년 방문하는 예루살렘에서 예수님은 부모님인 마리아와 요셉과 떨어지게 되었어요. 예수님을 성전에서 찾고 보니 예수님은 성전 지도자들을 놀라게 하는 질문을 하고 있었어요(누가복음 2:41-50). (예수님에 대해 더 알고 싶으면 158쪽의 '예수님'을 보세요.) 몹시 놀란 부모님이 성전에서 예수님을 발견했는데, 예수님이 조용히 말했어요. "어찌하여 나를 찾으셨나이까 내가 내 아버지 집에 있어야 될 줄을 알지 못하셨나이까"(누가복음 2:49). 예수님은 마리아와 요셉과 함께 나사렛에 돌아왔어요. 예수님은 지혜와 키가 자라갔어요(누가복음 2:51-52).

예수와 믿음의 의사들,
주세페 리베라의 측근들(1783년)

한 소년의 점심 도시락

무언가 놀라운 일을 하고 싶은 적이 있나요? 예수님 시대에 살았던 한 소년이, 성경에 나오는 가장 놀라운 기적 중 하나에 참여했어요. 점심 도시락을 내어주는 것으로요. 소년의 이름이 무엇이었을까요? 몇 살이었을까요? 어디에서 살았을까요? 성경에는 이런 내용이 하나도 나와 있지 않아요.

우리가 아는 것은 예수님이 이 소년의 점심 도시락(보리떡 다섯 개와 물고기 두 마리)으로 5천 명의 사람을 먹이셨다는 거예요!(요한복음 6:1-15)

알고 있었나요?

사람들이 어린이들을 예수님에게 데려오자 제자들이 막으려고 했어요. 그 때 예수님이 말씀하셨어요. "어린 아이들이 내게 오는 것을 용납하고 금하지 말라"(마가복음 10:13-14)

바울의 조카

여러분은 가족을 어떻게 돕나요? 사도 바울의 조카는 바울의 목숨을 구하려고 행동에 나섰어요. 바울이 예수님에 대해 대담하게 설교하는 것 때문에 많은 사람들이 바울을 해치려고 했어요. 로마 사람들이 바울을 체포했을 때 예루살렘에 있는 일부 사람들은 바울을 죽이려고 맹세까지 했어요. 그런데 바울의 조카가 이 음모를 듣고서 얼른 삼촌과 로마 천부장(장군)에게 말해 주었어요. 장군은 소년의 말을 믿었고, 바울은 한밤중에 많은 병사들과 함께 예루살렘을 조용히 빠져나갔어요(사도행전 23:12-35).

어린이들의 놀이

"예루살렘 길거리에 늙은 남자들과 늙은 여자들이 다시 앉을 것이라 다 나이가 많으므로 저마다 손에 지팡이를 잡을 것이요 그 성읍 거리에 소년과 소녀들이 가득하여 거기에서 뛰놀리라"(스가랴 8:4-5).

구약성경의 스가랴 선지자는 어린이들이 다시 노는 평화로운 미래와 관련하여 이 말을 했어요. 하지만 여러분은 고대에 소년들과 소녀들이 어떤 놀이를 하고 놀았을지 궁금할 거예요. 고대 애굽(이집트)의 무덤에 있는 그림들은 어린이들이 노는 모습을 담고 있어요. 아마 여러분도 했을 등 짚고 뛰어넘기와 줄다리기를 하는 모습이에요.

성경에는 이스라엘 어린이들이 했던 놀이에 관한 것이 별로 없어요. 대부분의 놀이는 아마 달리기나 돌구멍에 돌 던져 넣기처럼 밖에서 하는 놀이였을 거예요. 노래 부르는 것도 즐거운 놀이였을 거예요. 예수님은 이스라엘 사람들을 서로 노래를 불러주며 노는 어린이들에 비교했어요(마태복음 11:16-17).

성령님은 누구일까요?

하나님은 식물과 동물과 인간에게 생명을 주시고, 세상 속에서 언제나 활동하세요(시편 104:27-30). 주님의 영이 고대 시대에 이스라엘의 지도자들에게 힘을 주었어요(민수기 11:24-25).

성령님은 하나님이 세상에서 일하시는 모습이에요. 예수님이 십자가에 달리시기 전에 제자들에게 말씀하시기를, 성령님을 보내시어 그들을 돕고 가르치게 하실 거라고 하셨어요(요한복음 14:16). 예수님은 부활하신 후에 제자들에게 말씀하시기를, 성령님이 그들에게 권능을 주셔서 예수님의 증인이 되게 할 것이라고 하셨어요(사도행전 1:8).

성령님의 여러 이름

- 진리의 영 (요한복음 14:17)
- 보혜사(도와주시는 분/변호해 주시는 분/위로해 주시는 분) (요한복음 14:16)

알고 있었나요?

하나님이 세상을 창조하실 때 물 위에서 움직이던 '강한 바람'(또는 '하나님의 영')이라는 말은 '숨', '바람', '영'을 뜻하는 히브리어 '루아흐'에서 왔어요

성령님이 하는 일

- 창조하기 (창세기 1:2; 시편 104:30)
- 인도하기 (요한복음 16:13)
- 가르치기 (요한복음 14:26)
- 성경을 기록하도록 감동을 주기 (디모데후서 3:16)
- 기름부음을 받은 왕과 선지자에게 능력 주기 (사무엘상 16:13; 이사야 61:1; 미가 3:8)
- 열매 맺기 (갈라디아서 5:22-23; '성령의 열매'를 보세요.)

예수님의 생애 동안에 성령님은,

» 예수님이 세례를 받으실 때 비둘기 같이 예수님 위에 내렸어요(마태복음 3:16).
» 예수님을 광야로 이끌었고 예수님은 거기서 마귀에게 시험을 받으셨어요(마태복음 4:1).
» 귀신을 쫓을 힘을 예수님에게 주었어요(마태복음 12:28).

교회가 태어난 날

예수님은 부활하신 후 제자들에게 나타나 그들을 향해 숨을 내쉬며 "성령을 받으라"고 말씀하셨어요(요한복음 20:22). 50일 후 오순절에 예수님이 약속하신 대로 하나님은 성령님을 보내주셨어요(사도행전 2:1-13). 다음과 같은 표시로 성령님이 오신 것을 알 수 있어요.

» 강한 바람 같은 소리(사도행전 2:2)
» 각 사람 위에 내린 불의 혀 같은 것(사도행전 2:3)
» 다른 언어들로 말하게 됨(사도행전 2:4).

이제 지도자나 왕만이 아니라 하나님의 모든 백성이 성령님이 주시는 능력을 받게 되었어요(사도행전 2:38-39).

성령의 열매

식물과 나무는 열매를 맺어서 건강하다는 것을 보여주지요. 성령님은 하나님의 백성 안에서 열매를 맺어요. 이것은 먹을 수 있는 열매가 아니에요. '성령의 열매'는 다음과 같아요.

사랑 / 희락 / 화평 / 오래 참음 / 자비 / 양선 / 충성 / 온유 / 절제

이것은 갈라디아서 5장 22-23절에 나오는 '성령의 특성'이에요.

성령의 선물

선물을 싫어하는 사람이 있을까요? '성령의 선물'은 하나님의 사람들을 통해서 성령님이 일하시는 것이에요. 하나님의 백성은 이 선물로 서로를 돕지요. 성경에 나오는 '성령의 선물'은 다음과 같아요.

- **섬기는 일** (로마서 12:7; 에베소서 4:12, '봉사의 일')
- **가르치는 일** (로마서 12:7)
- **위로하는 일** (로마서 12:8)
- **구제하는 일** (로마서 12:8)
- **다스리는 일** (로마서 12:8)
- **긍휼을 베푸는 일** (로마서 12:8)
- **지혜의 말씀** (고린도전서 12:8)
- **지식의 말씀** (고린도전서 12:8)
- **믿음** (고린도전서 12:9)
- **병을 고치는 은사** (고린도전서 12:9)
- **능력 행함** (고린도전서 12:10)
- **예언함** (고린도전서 12:10; 로마서 12:6)
- **영들 분별함** (고린도전서 12:10)
- **각종 방언 말함** (고린도전서 12:10)

성령님은 각 사람에게 어떤 선물을 줄지 결정하세요(고린도전서 12:11). 성령님은 이 선물에 따라 사람들을 다음과 같이 되게 하지요.

- **사도**
- **선지자**
- **복음 전하는 자**
- **목사**
- **교사**

이 선물은 성령님이 교인들을 통해 은혜롭게 일하시는 모습이에요. 우리는 이것을 '영적인 선물'이라고 불러요. 우리는 그리스도의 몸의 일부로서 이 능력을 가지고 서로 도와요.

알고 있었나요?

하나님의 백성으로 모인 사람들을 교회 또는 '그리스도의 몸'이라고 해요.
그리스도의 몸의 일부가 된다는 것이 무슨 뜻인지, 고린도전서 12장 12-31절에서 더 읽어보세요.

성령 안에서 기도하기

"이와 같이 성령도 우리의 연약함을 도우시나니 우리는 마땅히 기도할 바를 알지 못하나 오직 성령이 말할 수 없는 탄식으로 우리를 위하여 친히 간구하시느니라"
(로마서 8:26)

이 구절은 사도 바울이 로마에 있는 교회에 보낸 편지에 나와요. 성령님이 기도 속에서 하는 역할을 설명해 주지요. 성령님 안에서 기도한다는 것은 기도할 때 하나님의 영이 인도하신다는 뜻이에요.

성지의 식물

마음을 끄는 식물들

우슬초를 본 적이 있나요? 빗자루 나무를 본 적이 있나요? 이스라엘은 작은 나라이지만 무척 다양한 식물과 나무가 있어요. 거의 모든 종류의 열매 맺는 나무가 이스라엘의 기름진 땅에서 자랄 거예요. 올리브, 무화과, 대추야자, 망고, 피스타치오, 오렌지, 레몬은 그 중 일부랍니다.

우슬초

우슬초는 박하과에 속해요. 잎이 작고, 하얀색 또는 노란색의 작은 꽃을 피워요. 피부병을 앓던 사람이 나으면 제사장에게 우슬초와 백향목, 새 두 마리를 가져갔어요(레위기 14:4). 우슬초는 구약성경과 신약성경에 모두 나오는데, 때로 죄를 씻는 상징으로 쓰이기도 했어요(시편 51:7).

알고 있었나요?

이스라엘 사람들은 유월절 때 우슬초 묶음에 양의 피를 묻혀서 문 위와 문설주에 발랐어요(출애굽기 12:22).

백합화

여러분은 엄마나 특별한 친구를 위해 꽃다발을 준비한 적이 있나요? 성경에서 '백합화'라고 번역된 말은 아마 파란 히야신스나 빨간 아네모네와 아이리스와 같은 여러 색깔의 꽃을 가리킬 거예요. 고대 세계에서 백합화는 아름다움의 상징이었어요(아가 2:1-2). 성전의 몇몇 부분은 백합화에 영감을 받았고 백합화 같은 문양으로 만들었어요(열왕기상 7:19, 22, 26).

합환채(맨드레이크)

해리포터 영화나 책에서 '맨드레이크'가 나오는 것을 보았을 거예요. 성경에도 나온답니다. 맨드레이크는 가지속이고 감자와 토마토과예요. 성지에서 잘 자랐고 종종 마술과 연관이 있었어요. 사람 모양으로 생겨서 좀 독특하고 으스스하답니다. 냄새가 매우 독특하고, 오늘날에도 세계 일부 지역에서는 별미라고 여겨요. 고대 사람들은 사랑의 꽃이라고도 알려진 맨드레이크의 뿌리가 여자들이 아기를 가질 수 있게 돕는다고 믿었어요. 그래서 레아의 아들 르우벤이 어머니에게 맨드레이크를 갖다 주었을 때 자녀가 없던 라헬이 질투한 거예요(창세기 30:14-16). 그 때 이미 레아에게는 아들이 넷이나 있었거든요. 우리 성경에서는 이 식물을 '합환채'라고 했어요.

알고 있었나요?

북미의 온실과 묘목장에는 샤론의 장미'라고 하는 관목이 자라요. 성경에 나오는 꽃의 름을 따서 이름을 붙인 거예요. '무궁화'도 영어로 'Rose of Sharon' 곧 '샤론의 장미' 라고도 해요.

샤론의 장미

성경에 나오는 '샤론의 장미'가 정확히 어떤 종류의 꽃인지는 몰라요. 실제 장미일 수도 있고, 수선화, 백합, 히야신스, 크로커스일 수도 있어요. 갈멜과 야파 사이의 평지에서 많이 자라는 빨간 꽃잎을 가진 일종의 튤립을 가리킬 수도 있어요. 아가서 2장 1절에서 신부는 샤론 평지에서 많이 자라는 이 흔한 꽃에 자신을 비교하지요.

화석류나무 (또는 '은매화', 도금양과의 나무)

화석류나무는 반짝거리는 잎과 아름다운 하얀 꽃을 피우고 좋은 향기를 내는 키 큰 상록 관목이에요. 고대의 로마와 그리스 사람들은 화석류나무를 매우 귀하게 생각했어요. 특별한 행사가 있을 때 귀족이 쓰는 임시 왕관에 넣었어요. 화석류나무에는 약효가 있는 열매가 열려요.

화석류나무는 숙곳, 곧 초막절 때 유대인들이 감람나무(올리브나무) 가지, 그리고 종려나무 가지와 더불어 임시 초막을 지을 때 사용하는 식물 중 하나였어요(느헤미야 8:15).

(56쪽의 '달력과 휴일'을 보세요.)

알고 있었나요?

하나님이 환상 가운데 스가랴 선지자에게 말씀하셨을 때 스가랴는 화석류나무 사이에 서 있는 주님의 천사를 보았어요(스가랴 1:7-10).

종이 식물

여러분은 고대 사람들이 무엇을 종이로 썼는지 궁금한 적이 있었나요? 왕골(파피루스)은 애굽(이집트)의 나일 강 주변에 많이 자라는 식물이에요(욥기 8:11-12). 이 단단한 식물의 줄기를 자르고 갈라서 편 다음 가늘고 긴 띠로 만들었어요. 그런 후 그 조각들을 세로로 납작하게 놓고, 또 한 겹을 가로로 겹쳐 놓았어요. 그리고는 글씨를 쓸 수 있는 매끄럽고 빳빳한 표면이 되도록 눌러서 종이를 만들었어요.

겨자 좀 건네주세요!

겨자는 전 세계 많은 곳에서 자라요. 그렇지만 그것은 특히 이스라엘에서 귀한 것이었어요. 노란 꽃을 피우고 거친 잎사귀가 나는데, 먹을 수 있어요. 음식에 넣는 매운 맛의 겨자는 겨자 식물의 씨로 만든 것이에요. 겨자씨는 고대 팔레스타인의 농부들이 생각할 때 세상에서 가장 작은 씨였어요. 겨자씨는 아주 작지만 겨자 식물 자체는 3미터까지 자랄 수 있지요! 예수님은 겨자씨를 가지고 하나님의 나라가 얼마나 크게 자라고 퍼질지를 설명하셨어요(마태복음 13:31-32).

주전 1900년부터 고대 애굽(이집트)에서 파피루스 종이를 만드는 모습

나무도 식물이에요!

알고 있었나요?

예수님이 십자가에 달리시기 전에 기도하신 정원에는 감람나무(올리브나무)가 가득했어요. '겟세마네'라는 말은 '기름 짜는 틀'이라는 뜻이에요(마태복음 26:36-46).

감람나무(올리브나무)

올리브나무는 이스라엘에서 많이 자라는데, 기름과 목재 자원으로 그 가치가 높지요. 올리브를 수확하면 으깨서 짜요. 거기서 나온 기름을 통에 저장해요. 올리브기름은 다른 재료와 섞어서 맛있는 음식을 만들었어요. 성경 시대에 올리브기름은 등잔불 기름으로도 쓰였고, 왕과 제사장에게 기름을 붓는 예식에도 쓰였어요. 다윗이 다음 왕이 될 것이라고 하나님이 사무엘에게 알려주시자, 사무엘은 올리브기름으로 다윗에게 기름을 부었어요(사무엘상 16:12-13).

살구나무(아몬드나무)

아몬드나무는 팔레스타인에서 봄에 처음 꽃을 피우는 나무 중 하나예요. 벚나무속(아몬드, 살구, 자두, 체리, 복숭아 등)의 과실나무로, 살구나무로 번역하기도 했어요. 이스라엘 사람들은 살구나무(아몬드나무) 가지에 분홍빛 띤 하얀 꽃이 핀 것을 보면 겨울이 지나 봄이 왔다는 것을 알지요. 하나님은 예레미야에게 살구나무 가지를 환상으로 보여주셨어요. 하나님께서 약속이 이루어지는 것을 '지켜보신다'는 뜻이었어요(예레미야 1:11-12).

알고 있었나요?

솔로몬 성전의 내소 안에 있던 두 개의 그룹들과 그 문과 문설주는 감람나무(올리브나무)로 만든 거예요(열왕기상 6:23-36).

알고 있었나요?

ㅕ리고는 '종려나무 성'으로 알려졌어요(역대하 28:15).

백향목

백향목은 한 때 레바논의 언덕(오늘날 레바논 국기에 이 나무 그림이 있어요)을 뒤덮었어요. 백향목의 목재는 큰 궁전과 성전을 건축하는 데 쓰였어요. 이 목재는 강하고 튼튼할 뿐만 아니라 좋은 냄새가 나지요. 다윗 왕과 아들 솔로몬은 궁전과 성전의 건축을 준비하면서 백향목을 두로에서 가져오게 했어요(사무엘하 5:11; 열왕기상 5:8). 두로의 왕 히람은 백향목 목재를 뗏목으로 만들어 지중해에 띄워서 레바논에서 예루살렘까지 보냈어요.

로뎀 나무

로뎀 나무는 사막 관목의 일종이에요. 이 나무의 긴 가지는 위로 똑바로 뻗어서 덤불을 이루며 4미터로 높이 자라요. 로뎀 나무는 덥거나 건조한 지역에서도 잘 자라요.

엘리야는 악한 왕비 이세벨을 피해 도망했을 때 몹시 지치고 겁을 먹은 상태였는데, 로뎀 나무 그늘 아래서 쉬었어요(열왕기상 19:1-6).

종려나무 (대추야자나무)

오늘날 우리가 종려나무라는 말을 들으면 거의 즉시 코코넛 야자나무를 떠올리지요. 성지에서 자라는 종려나무는 너무도 커서 때로 30미터까지 자란답니다. 이 나무에는 영양이 아주 많은 대추야자가 열려요. 예수님께서 예루살렘에 들어갔을 때 큰 무리가 예수님을 맞이하러 달려가면서 종려나무 가지를 흔들었어요(요한복음 12:13).

알고 있었나요?

백향목은 24-30미터 높이로 자라요.

성경에는 같은 숫자들이 계속해서 나와요. 왜 그런지 궁금하지 않나요? 고대 사람들에게 이 숫자들은 특별한 의미를 가졌어요.

숫자 1은 유일함 또는 하나 됨을 뜻해요.

- 하나님 또는 선지자들은 하나님이 유일한 하나님이시라고 여러 번 선포하지요. 신명기 6장 4절에서 모세는 이렇게 선언해요. "이스라엘아 들으라 우리 하나님 여호와는 오직 유일한 여호와이시니"
- 에베소서 4장 4-6절에서 사도 바울은 이렇게 선언해요. "몸이 하나요 성령도 한 분이시니 이와 같이 너희가 부르심의 한 소망 안에서 부르심을 받았느니라 주도 한 분이시요 믿음도 하나요 세례도 하나요 하나님도 한 분이시니 곧 만유의 아버지시라 만유 위에 계시고 만유를 통일하시고 만유 가운데 계시도다."

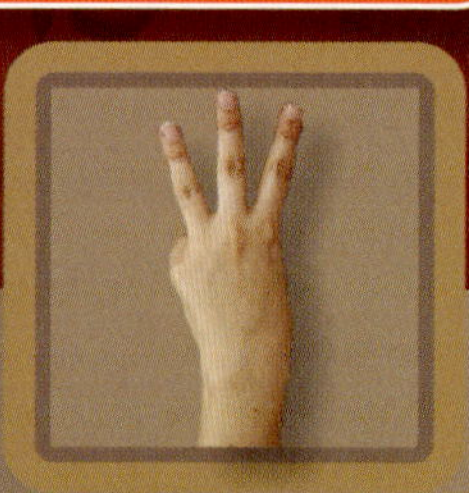

숫자 3은 완전함을 나타내요.

- 요나 선지자는 물고기에게 삼켜진 후 뱃속에서 3일 밤낮을 있었어요(요나 1:17-2:10). 먼 훗날 예수님은 자신이 죽고 묻히는 것에 대해 말씀하실 때 요나가 물고기 뱃속에 서 있었던 시간을 얘기하셨어요(마태복음 12:40).
- 예수님은 죽으시고 3일 후에 다시 살아나셨어요(마태복음 28:1-10; 마가복음 16:1-8; 누가복음 24:1-12; 요한복음 20:1-10; 고린도전서 15:4).
- 예수님의 제자 베드로는 세 번이나 예수님을 모른다고 했어요(마태복음 26:69-75; 마가복음 14:66-72; 누가복음 22:54-62; 요한복음 18:15-18, 25-27).
- 부활하신 후에 예수님은 자기를 사랑하는지를 베드로에게 세 번 물으셨어요(요한복음 21:15-19).
- 기독교인의 삶의 중심에 있는 세 가지 덕목은 믿음, 소망, 사랑이에요(고린도전서 13:13).

숫자 4는 1년 사계절과 네 가지 바람과 더불어 창조된 세상을 전체적으로 나타내요.

- 에덴동산에서 흘러나온 강은 비손, 기혼, 힛데겔(티그리스), 유브라데(유프라테스) 등 네 개의 강으로 나뉘었어요(창세기 2:10-14).
- 구약성경의 에스겔 선지자는 네 '생물'을 보았어요(에스겔 1:4-14).
- 신약성경에서 사도 요한은 에스겔이 본 것과 비슷한 네 '생물'이 나오는 환상을 보았어요(요한계시록 4:6-8). 날개가 달린 이 네 생물은 네 명의 복음서 저자, 곧 마태, 마가, 누가, 요한과 연결되었어요.

알고 있었나요?

'헥사코시오이 헥세콘타 헥사포비아'는 666이라는 수를 두려워한다는 뜻이에요. (이 단어를 계속해서 여섯 번 말해보세요.)

숫자 7은 완성과 완전을 나타내요.

어떤 문화는 이 숫자를 성스럽게 여겨요.

- 하나님은 세상을 6일 동안 창조하신 후 일곱 번째 날에 쉬셨어요(창세기 2:2-3).
- 창조 이야기에 의하면 7은 한 주간에 들어 있는 날의 수예요(창세기 1:1-2:4).
- 노아는 홍수가 나기 7일 전에, 희생제물로 쓰일 7쌍의 동물과 모든 종류의 새를 7쌍씩 가져오라는 말씀을 들었어요(창세기 7:2-3).
- 애굽 왕은 꿈을 두 번 꾸었어요. 첫 번째 꿈에서는 건강한 소 7마리가 나온 뒤에 약하고 못생긴 소 7마리가 나오는 것을 보았어요. 두 번째 꿈에서는 7개의 이삭이 나온 뒤에 더운 바람에 마른 7개의 이삭이 나오는 것을 보았어요. 이 꿈은 7년의 풍년 뒤에 7년의 흉년이 올 것을 보여준 것이었어요(창세기 41:1-36).
- 예수님은 베드로가 용서에 대해 묻자 '일곱 번뿐 아니라 일곱 번을 일흔 번까지라도' 용서하라고 말씀하셨어요(마태복음 18:22)!
- 요한계시록은 아시아의 일곱 교회에 편지를 보냈다고 나와요(요한계시록 1:4).

숫자 10은 때로 완성을 나타내요. 3+7=10 이니까요!

- 창세기 이야기의 본문에 "하나님이 말씀하셨다"는 말이 10번 나와요(창세기 1:1-31).
- 하나님은 모세에게 시내 산에서 10계명을 주셨어요(출애굽기 20:1-17; 신명기 5:1-22).

알고 있었나요?

책명 "민수기"를 영어로는 "Numbers"라고 하는데 이것은 중요한 숫자를 말하기도 하지만 숫자들의 책이라는 의미 이상을 뜻해요. 예를 들면 1장에서 모세가 이스라엘 사람들의 수를 어떻게 셌는지 알 수 있어요.

숫자 12는 완전과 완성을 나타내요.

- 하나님은 이스마엘(아브라함과 하갈의 아들)이 12두령들의 아버지가 될 것이라고 약속하셨어요(창세기 17:20).
- 야곱은 12명의 아들을 낳았고 그 후손이 이스라엘의 12 지파가 되었어요(창세기 35:23-26; 49:1-28).
- 예수님은 12명의 제자를 선택하셨어요(마태복음 10:1-4; 마가복음 3:13-19; 누가복음 6:12-16).
- 에스겔이 본 예루살렘에 대한 환상 중에는 이스라엘의 12 지파의 이름을 따서 지은 12개의 문이 있었어요(에스겔 48:30-34). 사도 요한이 본 새 예루살렘에 대한 환상에서 예루살렘은 12가지 보석으로 된 12개의 기초석 위에 세워졌고, 12개의 진주 문이 있었어요(요한계시록 21:11-21).

숫자 40은 정해진 끝이 있는 긴 시간을 나타내요. 40은 또한 중요한 날들과 해들을 나타내요.

- 큰 홍수가 났던 40일 밤낮으로 비가 내렸어요(창세기 7:4, 17-18).
- 모세는 40일 밤낮을 시내 산에서 머물렀어요(출애굽기 24:17-18).
- 이스라엘 사람들은 광야에서 40년을 떠돌아 다녔어요(민수기 14:33-34).
- 다윗 왕과 아들 솔로몬 왕은 이스라엘을 각각 40년씩 다스렸어요(사무엘하 5:4-5; 열왕기상 11:42-43).
- 예수님은 40일 밤낮을 광야에서 금식하셨어요(마태복음 4:1-11).

언어

말의 혼동,
귀스타브 도레의 판화(1865년)

왜 이렇게 언어가 많을까요?

언어는 인간에게 꼭 필요한 것이에요. 인간 문명이 맨 처음 시작될 때부터 사람들은 창조하고 소통하는 데 말을 사용했어요. 창조하실 때 하나님은 말씀으로 하셨어요. "하나님이 이르시되 빛이 있으라 하시니 빛이 있었고"(창세기 1:3). 하나님은 사람들을 지으실 때 사람들이 이해할 수 있는 언어로 사람들과 소통하셨어요.

오늘날 세계의 많은 도시에서는 사람들이 여러 언어로 말하는 것을 들을 수 있어요. 그런데 성경에는 세상 모든 사람들이 오직 하나의 언어로만 말하던 때가 있었다고 해요(창세기 11:1). 사람들은 함께 모여 '하늘까지 닿는 탑'을 만들기로 했어요(창세기 11:3-4). 그들은 이름을 떨치고 유명해지고 싶어 했지만, 하나님은 그들의 언어를 뒤섞으셨지요(창세기 11:8-9). 사람들은 서로 이해할 수 없고 갑자기 소통할 수 없게 되자 두려워서 흩어졌어요. 그들이 만든 탑을 바벨탑이라고 해요. 그 탑은 티그리스 강과 유프라테스 강 사이에 있었어요.

성경 언어로 말해요.

아래의 표는 성경에 여러 가지 말로 나오는 몇 가지 단어와 구절이에요.

단어 또는 구절	언어	번역
아빠	아람어	아버지(마가복음 14:35-36)
"엘리, 엘리 라마 사박다니"	아람어	"나의 하나님, 나의 하나님, 어찌하여 나를 버리셨나이까"(마태복음 27:46)
피스티스, 엘피스, 아가페	그리스어	믿음, 소망, 사랑 (고린도전서 13:13)
샬롬	히브리어	평화(사사기 6:24)

알고 있었나요?

'바벨'이라는 말은 '혼동된'을 뜻하는 히브리어 '발랄'과 발음이 비슷해요.

"아답의 가장 높은 사람이 성전에 뽑힌 여자 대제사장에게 보낸 선물들."
미색 돌에 수메르어로 새긴 사본, 주전 26세기 수메르.

쐐기로 찍어 새겨 쓰기

입말에 비해 글말은 나중에 생겼어요. 그것도 글자로 시작된 것이 아니라 쐐기 모양의 부호로 시작되었어요!

쐐기꼴 문자(설형문자)는 주전 3000년 이전에 개발되었어요. 이 문자는 수메르 사람들과 연관이 있고 고대 중동에서 최초로 널리 사용된 글쓰기 체계였어요. '쐐기꼴 문자'라는 말은 '쐐기'를 뜻하는 라틴어 쿠네우스에서 나왔어요. 쐐기꼴 문자의 각 글자, 곧 동물 또는 창이나 곡식과 같은 사물의 그림으로 된 단어를 젖은 진흙 판에 쐐기로 찍어 만들었어요. 쐐기꼴 문자로 쓸 때 서기관은 흙판에 끝이 세모인 연필과 같은 나무 조각(철필이라고 불렀어요)으로 눌러 썼을 거예요. 현재까지 남아 있는 많은 토판은 재산 목록이나 구입품 목록인 듯해요. 쐐기꼴 문자 체계는 고대 중동 전역에 퍼졌고 여러 고대 언어의 요구에 맞추어 변했어요.

페니키아 사람들의 언어도 대중적으로 퍼졌어요. 페니키아 상인들 덕에 지중해 주변을 따라 퍼진 것이지요. 주전 1000년에 이르러 아람(시리아), 팔레스타인, 지중해의 페니키아 식민지들의 해안에 사는 사람들이 페니키아어를 쐐기꼴 문자로 썼어요.

우가릿(북 시리아) 사람들과 페르시아 사람들도 글을 쓸 때 쐐기문자를 썼어요. 우가릿의 쐐기문자 체계에는 30개의 부호 또는 문자가 있는데, 페니키아어 그리고 히브리어와 비슷한 언어였고 문서를 기록하는 데 썼어요.

알파벳의 발명

오늘날 영어 알파벳은 고대 중동에서 생겨났는데, 아마 페니키아 사람들이 쓰기 시작했을 거예요. '알파벳'이란 '소리'를 '글자'로 상징하여 나타낸 것이에요. 학자들은 이 최초의 완전한 알파벳을 '셈 문자'라고 불러요.

고대 그리스 사람들이 기초 알파벳을 발명했어요. 글로 쓰인 부호(글자)들로 입말의 음절을 나타낸 거지요. 학자들은 최초의 기초 알파벳이 '선 모양 B문자', 곧 주전 1400년경에 생겨난 그리스 알파벳이라고 생각해요. 이제 정말 알파벳을 잘 알겠지요?

이집트 사람들처럼 써 보아요.

상형문자는 그림으로 글씨를 쓰는 것인데 이집트 사람들이 시작했어요. 이집트어의 역사는 매우 길고, 다섯 시기로 나뉘어요.

- 고대 이집트어(주전 3000년 이전부터 2200년까지)
- 중기 이집트어(주전 2200년부터 1600년까지)
- 후기 이집트어(주전 1550년부터 700년까지)
- 민중 문자 시대 (주전 700년경부터 주후 400년경까지)
- 콥트어(주후 100년경부터 적어도 1600년까지)

각 기간 동안, 입말들은 글말들과 상당히 달랐어요!

오경 두루마리의 판화,
영국국립도서관

성경의 언어

성경과 연관이 있는 언어는 여럿 있어요. 그러나 가장 초기의 성경 사본들은 히브리어와 아람어(구약성경) 또는 그리스어(신약성경)로 기록되었어요.

히브리어

히브리어의 역사 또한 뚜렷하게 몇 시기로 나눌 수 있어요.

성경 히브리어 또는 고전 히브리어. 이것은 주전 1200년부터 주전 3세기까지의 입말이고, 구약성경 대부분이 이 말로 기록되었어요.

미쉬나 히브리어 또는 랍비 히브리어. 이것은 입말이 아니라 유대 전통들의 모음집인 미쉬나를 적을 때만 사용했어요.

중세 히브리어. 이것은 대략 6세기-13세기의 입말이고, 그리스어, 스페인어, 아랍어에서 빌려온 단어가 많았어요.

현대 히브리어. 현대 이스라엘의 언어.

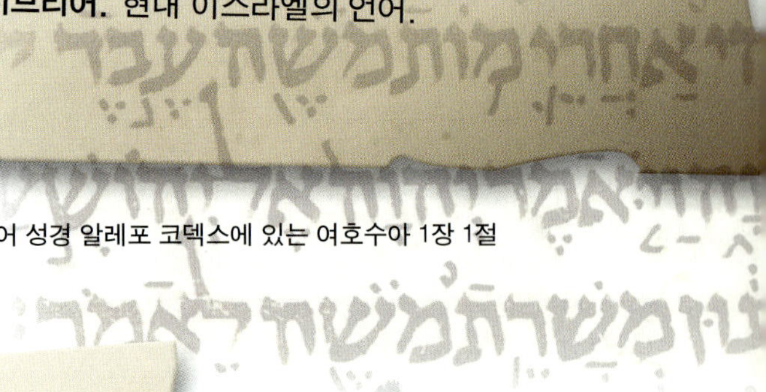

10세기 히브리어 성경 알레포 코덱스에 있는 여호수아 1장 1절

알고 있었나요?

가장 오래된 히브리어의 모습은 사사기 5장에 있는 드보라의 노래와 같은 구약성경의 시에서 볼 수 있어요.

아람어

아람어와 히브리어는 같은 단어가 많아요. 사실 주전 500년에 이르러 아람어는 이스라엘 사람들이 히브리어 대신 쓰는 언어가 되었어요. 아람어는 보통 유대 사람들이 썼고, 히브리어는 종교, 정부, 교육받은 상류층의 언어였어요.

아람어는 시리아에서 사용하기 시작했고 아람어를 좀 할 줄 아는 바벨론 상인들이 이동하면서 언어를 퍼뜨렸어요. 아람어는 결국 국제적으로 소통하는 언어가 되었어요.

알고 있었나요?

이디시어는 히브리어 초기 형태와 가깝게 연결되어 있는 꽤 현대적인 언어예요. 이디시어는 아쉬케나지의 언어예요. 아쉬케나지는 십자군 전쟁 후 동쪽으로 이주하기 전에 라인란드 지역(독일)과 프랑스에 살던 유대인들이에요. 이디시어로 기록된 문학이 많이 있어요. 이디시어는 히브리어, 아람어와 더불어 유대 역사에서 세 가지 주요 언어 중 하나예요.

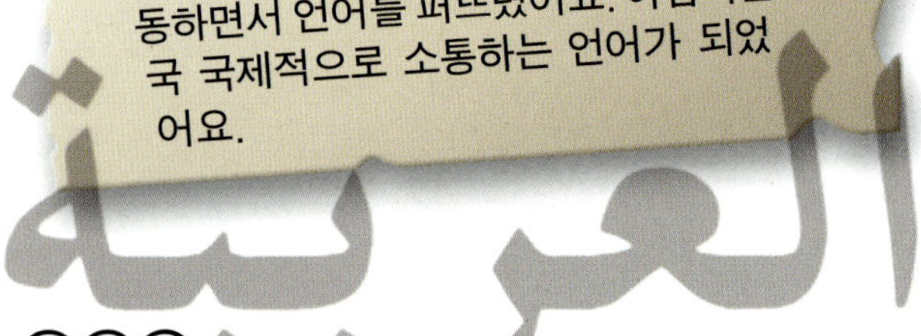

아랍어 알바얀('파견'을 뜻하는 두바이의 신문) 원고에 나온 글씨, '아랍어의'

알렉산더 대왕

알렉산더 대왕이 페르시아 제국을 손에 넣은 후의 제국 지도. 1913년, 맥밀란 출판사에서 출판된 조지 윌리스 보츠포드 박사의 『고대 세계의 역사』에서.

그리스어

알렉산더 대왕이 주변 세계의 상당 부분을 정복하고 나서 그리스어가 아람어를 대신해서 과거 페르시아 제국이었던 곳 전체의 공식 언어가 되었어요. 보통 사람들은 그리스어의 보통(코이네) 방언을 썼어요. 신약성경 안에 수집된 문서들은 '코이네'로 기록되었어요.

정복된 민족은 그리스의 언어와 문화를 받아들여서 많은 혜택을 누렸어요. 그리스어를 사용한 이집트 유대인들은 더 높은 사회적 지위를 누릴 수 있었어요. 사도행전 21장 27-40절은 예루살렘의 한 천부장(장군)이 사도 바울이 헬라 말(그리스어)을 할 수 있다는 것을 알고서 바울에 대한 태도를 크게 바꾸었다고 기록하지요.

알고 있었나요?

그리스도가 십자가에 달린 모습에는 종종 예수님의 머리 위 십자가에 INRI라는 글씨가 적혀 있어요. 이 글씨는 라틴어로 Iesves Nazarenvs Rex Ivdaeorvn, 곧 '유대인의 왕, 나사렛 예수'의 머리글을 딴 약자예요. 그러나 요한복음의 저자는 이 말이 누구나 보고 이해할 수 있도록 그리스어와 히브리어로 적혀 있었다고 말하지요.

라틴어

그리스어가 알렉산더의 제국과 더불어 퍼진 것처럼 라틴어는 로마제국의 등장과 더불어 퍼졌어요. 라틴어는 로망스어, 곧 로마와 관련된 현대 언어들의 어머니이지요. 그 현대 언어들은 프랑스어, 스페인어, 이탈리아어, 포르투갈어, 루마니아어예요.

로마 문화가 로마제국이 무너진 후에도 오랫동안 계속 남아 있었던 것처럼(예를 들면, 달력, 정부의 제도), 20세기 말에 9억 명이 라틴어 계통의 언어를 모국어로 쓰고, 3억 명이 제2외국어로 쓴다고 밝혀졌어요.

라틴어는 오랫동안 서구에서 학문 연구에 가장 많이 사용되었어요. 로마 가톨릭 교회는 20세기 후반부까지 예배 때 라틴어를 쓰게 했어요.

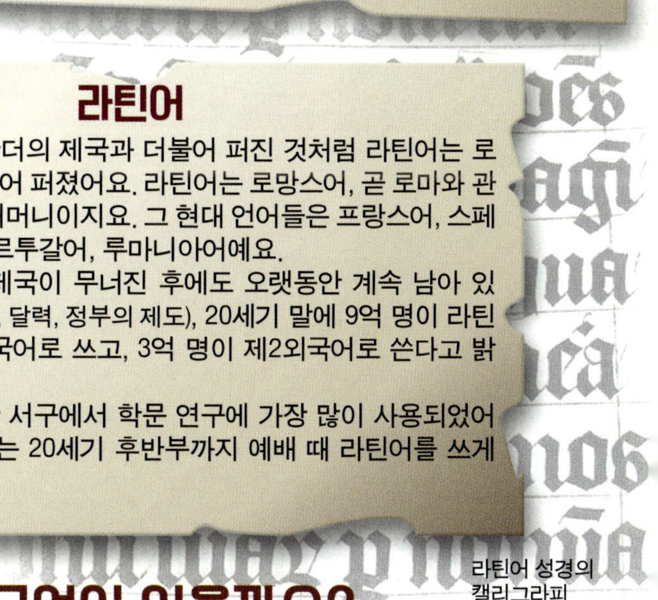

라틴어 성경의 캘리그라피 (1407년)

말 속에 무엇이 있을까요?

"태초에 말씀이 계시니라 이 말씀이 하나님과 함께 계셨으니 이 말씀은 곧 하나님이시니라"(요한복음 1:1).

그리스 사람들은 '말'이라는 단어를 이미 한 말과 하지 않은 말뿐 아니라 마음의 생각이나 이성을 가리키는 데 썼어요. 예수님 시대의 철학자들과 사상가들에게 이 단어는 '모든 것을 지배하는 이성적인 주요 요인'을 뜻했어요. 당시에 유대인들은 하나님의 이름을 말하지 않고 그 대신 하나님을 가리키는 방법으로 이 단어를 썼어요. 사도 요한은 말의 힘을 알았어요. 예수님을 '말씀'이라고 불러서 유대인과 이방인 모두에게 의미 있는 용어를 쓴 거예요.

여자의 지위

오늘날, 사회에서 여자의 지위는 세계 많은 지역에서 계속되고 있는 논쟁의 주제예요. 그러나 고대 세계에서 여자의 위치는 정해져 있었어요. 가족은 사회 구조의 중심이었어요. 농경사회에서 여자의 일은 농사짓기, 음식을 만들고 보존하기, 천을 만들고 옷 만들기, 아이 기르기 등이었어요. 잠언 31장 10-31절은 성경 시대에 여자가 해야 할 일을 자세히 적고 있어요.

성경에 나오는 유명한 여자 몇 사람을 간략하게 소개하는 내용이에요.

사라: 늦게 어머니가 되다

하나님은 아브라함이 아들을 얻을 것이라고 약속하셨어요(창세기 15:4). 아브람(후에 아브라함)과 아내 사래는 둘 다 늙어서 아이를 가지지 못할 것 같았어요. 시간이 지나면서 사래는 점점 참을성이 없어졌어요. 그래서 애굽(이집트) 여종인 하갈더러 아브라함의 아이를 낳게 해서 사래의 아이로 삼으려고 했어요. 그런데 하갈이 사래한테 교만하게 굴자 사래는 하갈을 모질게 대했어요(창세기 16:1-6).

하갈은 도망쳤지만 주님의 천사가 돌아가라고 해서 돌아왔고 아들 이스마엘을 낳았어요. 사래(이제는 사라)가 아들 이삭을 낳았을 때 사라는 하갈과 이스마엘을 내쫓았어요(창세기 21:1-21).

하와: 끝의 시작

창세기 2장 21-23절에 따르면 하와는 최초의 여자였어요. 아담의 이상적인 짝이 되라고 아담의 갈비뼈로 만들었어요. 하와의 이름에는 '생명'이라는 뜻이 있었고, 모든 인간의 생명이 하와에게서 나왔어요. 그러나 하와는 하나님의 첫 명령을 어겼어요(창세기 3:1-8). 성경에는 하와가 아담을 꾀었다거나 속였다고 되어 있지 않아요. 성경에는 이렇게 되어 있어요. "자기와 함께 있는 남편에게도 주매 그도 먹은지라"(창세기 3:6) 하나님은 두 사람이 순종하지 않아서 그 벌로 그들을 정원 밖으로 쫓아내셨어요(창세기 3:23). 그리고 남자는 식량을 얻기 위해 힘들게 일해야 하고 여자는 아이를 낳을 때 고통을 겪을 것이라고 말씀하셨어요.

알고 있었나요?

여자가 결혼을 하게 되면 남편의 가족에 속하게 된다고 여겼어요. 남편이 자녀를 두지 않고 죽으면 남편의 형제 또는 가장 가까운 남성 친척이 그 여자와 결혼을 하게 되어 있었어요. 둘 사이에 태어난 아이는 죽은 남편의 아이로 여겨졌어요. 이것을 '시형제 결혼법'(신명기 25:5-10)이라고 했어요. 보아스와 룻의 결혼도 이런 종류의 결혼이었어요(룻기 4:10).

리브가: 편애하기

아브라함과 사라처럼 이삭과 리브가도 여러 해 동안 아이를 가질 수 없었어요. 이삭은 아이를 갖게 해달라고 기도했고 리브가는 쌍둥이를 임신했어요. 에서와 야곱이었어요. 리브가가 임신 중일 때, 하나님은 리브가에게 아이들이 서로 다른 나라의 우두머리가 될 것이고 형이 동생을 섬길 것이라고 말씀하셨어요 (창세기 25:19-26).

리브가와 이삭은 각자 좋아하는 아들의 편을 드는 큰 실수를 했어요. 이삭은 사냥꾼인 큰 아들 에서를 더 좋아했어요 (창세기 25:28). 리브가는 야곱을 더 좋아했어요. 리브가는 야곱을 도와 이삭을 속이고 큰아들 에서가 받을 유산과 축복을 대신 받게 했어요. 그 후에 리브가는 야곱의 거짓말 때문에 에서가 야곱을 죽일까봐 야곱을 하란에 있는 오빠 라반의 집으로 보냈어요(창세기 27:41-45).

라헬과 레아: 운명의 자매

이것은 동화 속의 결혼식과는 달라요. 라반은 야곱이 7년간 일을 해주면 아름다운 딸 라헬과 결혼시켜 주겠다고 약속했어요. 야곱은 라헬을 너무 좋아했기 때문에 그렇게 하겠다고 했어요. 그런데 7년이 지난 후 라반은 그 지방의 관습을 따라 야곱을 큰 딸 레아와 결혼시켰어요(창세기 29:20-27). 야곱은 실망했고, 레아는 곧 자신이 사랑받지 못하고 있다는 것을 알았어요. 야곱은 다시 7년을 일하고 라헬과도 결혼했어요.

야곱은 라헬과 라헬이 낳은 두 아들을 대놓고 좋아했어요. 레아는 아들 넷을 낳았고, 남편이 자신을 사랑해 주기를 바라는 뜻을 담아 아이들의 이름을 지었어요(창세기 29:31-35). 두 자매는 자신들의 자식들이 이스라엘이라는 나라의 시작이 되리라는 것을 몰랐어요.

성경에 나오는 위대한 여자들

아래에 나오는 여자들은 어머니, 돌보는 사람, 신실한 친구의 역할을 했어요.

마리아:
하나님께 복을 받다

신약성경에는 예수님의 어머니, 마리아가 가장 잘 알려져 있는 여자였어요. 마리아는 나사렛 출신의 소녀로서 목수인 요셉과 약혼했어요. 두 사람이 결혼하기 전에 천사가 마리아에게 와서 마리아의 아들이 구세주요 하나님의 아들이라 일컬어질 것이라고 말했어요(누가복음 1:26-33). 이 믿기 어려운 소식 때문에 마리아와 요셉은 파혼할 뻔했어요. 그러나 천사가 요셉의 꿈에 나타나 말해준 후에 마리아와 요셉은 결혼을 했어요(마태복음 1:20-25).

마리아의 여러 행동은 마리아가 자녀를 잘 돌보는 어머니라는 것을 보여주었어요. 마리아는 예루살렘에 갔을 때 예수님이 없어져서 걱정을 많이 했어요(누가복음 2:41-50). 마리아는 예수님이 위대한 일들을 할 수 있다는 것을 알았어요(요한복음 2:1-5). 마리아는 그 아들이 하나님의 양이고 세상의 죄를 대신 진다고 약속된 희생제물이라는 것을 확실히 믿었어요(요한복음 1:29). 그리고 예수님의 생애에서 가장 어려운 순간, 곧 십자가에 달리셨을 때 마리아도 거기 함께 있었어요(요한복음 19:25-27).

미리암:
동생을 보호한 누나

미리암은 죽을 뻔한 어린 동생 모세를 보호한 것으로 가장 잘 알려져 있어요. (전체 이야기를 알려면 108쪽의 '성경 속의 어린이'를 보세요.) 오랜 세월이 지나, 모세가 이스라엘 사람들을 종살이에서 데리고 나오려고 애굽(이집트)으로 돌아왔을 때, 미리암과 모세는 다시 만날 수 있었어요. 이스라엘 사람들이 홍해를 건넌 후에 미리암은 여자들과 더불어 하나님께 감사 찬양을 드렸어요(출애굽기 15:19-21).

미리암은 하나님이 모세를 지도자로 택하신 것에 화가 나서 모세에 반대하는 말을 한 적이 있어요. 그 결과 미리암은 심한 피부병에 걸렸어요. 그러나 모세가 기도하자 하나님께서 미리암을 낫게 해주셨어요(민수기 12:1-16).

알고 있었나요?

미리암은 성경에서 선지자라고 불린 최초의 여자예요(출애굽기 15:20).

엘리사벳: 다가올 일을 알다

사가랴 제사장과 결혼한 엘리사벳은 예수님의 어머니 마리아의 친척이었어요. 엘리사벳은 나이가 많고 자녀가 없었어요. 천사가 사가랴에게 말하기를 엘리사벳이 아들을 낳을 것인데 이름을 요한이라고 지으라고 했어요. 요한은 '주 앞에 큰 자'가 될거라고도 했어요(누가복음 1:15).

마리아가 엘리사벳을 방문했을 때 아기가 뱃속에서 뛰놀았어요(누가복음 1:41). 엘리사벳은 "여자 중에 네가 복이 있으며 네 태중의 아이도 복이 있도다"(누가복음 1:42) 하고 말했어요. 엘리사벳의 아들은 자라서 세례 요한이 되었어요. 요한은 예수님이 오시는 것에 대해 무리에게 설교했고, 회개하고 하나님께 돌아오는 표시로 사람들에게 세례를 주었어요. 그는 예수님에게도 세례를 주었어요(누가복음 3:21-22).

아비가일: 무엇을 해야 할지 알다

다윗이 사울을 피해 도망할 때(134쪽의 '영웅'을 보세요) 아비가일은 피비린내 나는 싸움이 일어날 뻔한 것을 막았어요. 아비가일의 남편 나발은 자기 행동에 어울리는 이름을 가졌어요. (나발은 '바보'라는 뜻이에요.) 첫째로, 나발은 다윗과 다윗의 병사들이 집 가까이에 숨어 있을 때 음식을 주지 않겠다고 했어요. 둘째로, 나발은 다윗의 심부름꾼들에게 모욕을 주었어요. 아비가일은 그것을 알게 된 후 얼른 지혜롭게 행동을 해야 했어요. 아비가일은 다윗이 남편을 해치지 않기를 바라면서 여러 마리의 나귀에 음식을 싣고서 다윗에게 갔어요. 다윗은 아비가일의 아름다움과 상냥한 말과 조언에 깊은 인상을 받았어요. 사실 다윗은 나발이 죽은 후 아비가일과 결혼했어요. 이 이야기는 사무엘상 25장 2-44절에 나와요.

마리아: 사도 중의 사도

예수님은 막달라 마리아에게서 일곱 귀신을 쫓아내 주셨어요. 마리아는 예수님을 신실하게 따르는 사람이 되었어요(마가복음 16:9; 누가복음 8:2). 마리아는 예수님이 십자가에 돌아가신 것과 장례를 지켜본 증인이고, 무덤에서 밤을 새운 사람이에요(마태복음 27:45-61; 마가복음 15:22-41; 누가복음 23:26-56). 마리아는 부활하신 그리스도를 처음으로 본 사람이었어요(요한복음 20:1-18). 마리아가 예수님의 제자들에게 주님을 보았다고 말했기 때문에 '사도 중의 사도'로 알려졌어요.

나쁜 일로 유명해지다

이세벨 영어를 사용하는 사람들이 왜 아기의 이름을 이세벨로 짓지 않는지 궁금한가요? 그 답은 아합 왕의 아내 이야기에 나와요. 시돈(페니키아의 한 도시)의 공주인 이세벨은 다른 신들을 이스라엘로 가져와 이방신을 섬기게 했고 하나님의 선지자들을 죽이려고 했어요(열왕기상 16:29-34; 18:13). 이세벨은 악한 행동을 했고, 엘리야 선지자를 최고의 적으로 삼아 죽이려고 했어요(열왕기상 19:1-3). 이세벨은 끔찍하게 죽었어요(열왕기하 9:30-37). (172쪽의 '왕과 왕비'를 보세요.)

들릴라 들릴라는 순 말썽쟁이였어요. 들릴라는 이스라엘의 사사 중 하나인 삼손과 친하게 된 블레셋 여자였어요. 블레셋의 지도자들은 삼손의 놀라운 힘의 비밀이 무엇인지 알아내라고 들릴라에게 뇌물을 주었어요. 들릴라는 삼손을 졸라 비밀을 털어놓게 만들었어요. 머리를 절대 자르면 안된다는 것이 그 비밀이었어요. 들릴라는 이 비밀을 블레셋의 지도자들에게 알려주었어요. 이들은 삼손이 자는 동안 머리를 밀었고, 삼손을 묶어 눈을 멀게 하고 감옥에 가두었어요. 하나님이 삼손에게 힘을 주셨다는 것을 들릴라는 알지 못했어요. 사사기 16장 4-23절에서 들릴라에 관한 이야기를 읽어보세요.

잠깐 나오고 큰 영향을 미치다

성경에는 유명한 "여자들" 말고도 잠깐만 나오는 여자들이 많아요. 이들의 이야기를 읽고서, 그들이 어떤 변화를 일으켰는지 보세요!

이름	한 일	성경 구절
십브라와 부아	이스라엘 아기 출산을 도운 산파들. 바로가 모든 남자 아기를 죽이라고 명령했지만 이들은 조용히 거역하였고, 하나님은 이들에게 상으로 자손을 주셨어요.	출애굽기 1:15-22
슬로브핫의 딸들	유산상속법에 대해 도전하여 나섰고 남자 상속자가 없을 때 여성이 상속받게 해달라고 하며 경제 정의를 주장했어요.	민수기 27:1-11
다비다(도르가)	가난한 사람들과 과부들을 도운 기독교인 여성. 다비다가 죽었을 때 베드로가 기도하여 살려냈고, 기독교가 다비다가 살던 도시 욥바에 널리 퍼졌어요.	사도행전 9:36-42
브리스길라	아볼로가 성령에 관한 진리를 이해하도록 도운 현명한 기독교인 여성. 브리스길라와 남편인 아굴라는 바울이 신뢰한 지도자들이었어요.	사도행전 18:18-26
뵈뵈	친절하고 매우 넉넉히 베푸는 여자라고 바울이 칭찬한 교회 지도자. 뵈뵈는 바울의 편지를 로마에 있는 한 교회에 전달했어요.	로마서 16:1-2
로이스(할머니), 유니게(어머니)	바울과 함께 선교여행을 한 디모데를 지혜와 사랑으로 가르쳐서 칭송을 받았어요.	디모데후서 1:5

알고 있었나요?

바울이 유럽에서 전도하여 최초로 기독교로 개종한 사람은 여자였어요. 루디아는 사업가였는데 빌립보에서 바울과 그 일행을 자기 집에 묵게 했어요(사도행전 16:11-15).

움츠러들지 않는 제비꽃들: 교회사에서 볼 수 있는 유명한 여자들

모니카, 히포의 아우구스티누스의 어머니 (주후 331-387년)

북아프리카에서 태어난 모니카는 기독교인 아내의 본이 되고, 어머니의 본이 되었어요. 모니카는 믿지 않는 남편을 개종시켰고, 자녀들이 예수님을 알고 사랑하도록 길렀어요. 아우구스티누스가 신앙을 거부했을 때 모니카는 이탈리아까지 따라갔어요. 거기서 아우구스티누스는 기독교를 받아들이고 386년에 세례를 받아 어머니에게 큰 기쁨을 주었어요. 나중에 아우구스티누스는 히포의 주교가 되었고 어머니의 기도 덕에 믿음을 갖게 되었다고 말했어요. (76쪽의 '문학'을 보세요.)

잔 다르크 (1412-1431년)

잔 다르크의 별명은 '오를레앙의 처녀'였어요. 잔 다르크는 프랑스의 농부 가정에서 태어났어요. 열여섯 살에 프랑스를 구하라는 하나님의 계시를 받고서 영국인들에 맞선 프랑스 군대에 들어갔어요. 잔 다르크는 집으로 돌려보내졌지만 남자처럼 옷을 입고 돌아갔고 많은 전투에서 군대와 함께 싸웠어요. 나중에 잔 다르크는 재판을 받았는데, 이단이라는 판결을 받고 화형을 당했어요.

소저너 트루스 (1797-1883년)

소저너 트루스는 뉴욕에서 (아버지의 주인의 이름을 따라) 이사벨라 바움프리라는 이름을 가진 노예로 태어났어요. 이사벨라는 9살 때 팔려서 가족과 떨어졌어요. 이사벨라는 1827년에 주인에게서 탈출하였고, 어느 기독교인 가족을 위해 일하는 동안에 기독교로 회심을 했어요. 1843년에 이사벨라는 성령님이 주신 이름이라고 믿고 소저너 트루스로 이름을 바꿨어요. 트루스는 순회 설교자, 노예 폐지론자이자 여성의 권리와 아프리카계 미국인의 권리를 거침없이 주장하는 사람이었어요. 트루스는 1851년에 오하이오에서 열린 여성의 권리 대회에서 "나는 여자가 아닌가요?"라는 유명한 연설을 했어요.

글래디스 에일워드 (1902-1970년)

글래디스 에일워드는 영국인 가정부였는데, 기독교인이 되어 중국에 선교사로 갔어요. 에일워드는 중국의 원청에서 여관을 열었어요. 에일워드는 전족을 금지하는 법을 강화하는 발 검사관으로도 일했어요. 에일워드는 남자 감옥의 폭동을 진정시키라고 파견된 적이 있었는데, 그 때부터 감옥을 개혁하는 일을 시작했어요. 또한 에일워드는 중국 고아들을 키웠어요. 사람들은 에일워드를 '아이 웨 데'(덕 있는 사람)라고 불렀어요. 1938년에 일본이 침략해 왔을 때 에일워드를 죽이든 생포하든 붙잡으라는 명령이 내려졌어요. 에일워드는 거의 100명의 고아들과 함께 안전한 곳으로 피신했어요. 에일워드의 이야기를 다룬 책으로는 『작은 여자』가 있고, 영화로는 '여섯 번째 행복의 여관'이라는 것이 있어요.

역사

옛날에 성경의 사건들은 수천 년 전, 오늘날 우리 세계와는 아주 다른 세계에서 일어났어요. 성경의 어떤 사건들은 달력이 생기기 훨씬 전에 일어났어요. 또 어떤 사건들은 성경에만 나오고, '역사'로 기록된 적이 없었어요. 연대를 기록하는 방식은 오랜 기간에 걸쳐 변했기 때문에 많은 사건들이 언제 일어났는지를 추측해야 하고 또 대략적으로만 알 수밖에 없었어요. 사건의 연대를 정할 때 성경 본문에서 실마리를 찾아 좀 더 학문적인 추측을 하기도 해요. 다음은 성경에 나오는 사건들과 그 연대를 최대한 정확하게 추측한 목록이에요. (달력에 관해 더 알고 싶으면 56쪽부터 나오는 '달력과 휴일'을 보세요.)

연대표: 창조부터 포로에서 돌아올 때까지

연대	사건	성경의 책
	시작	
역사 이전	창조	창세기
	에덴동산에 있는 아담과 하와	창세기
	노아와 홍수	창세기
	바벨탑	창세기
	이스라엘 사람들의 조상	
주전 1900-1700년	아브라함이 고향 땅(하란)을 떠나 가나안으로 향하다.	창세기
	아랍 사람들의 조상인 이스마엘이 아브라함과 하갈 사이에서 태어나다. 이스라엘 민족의 조상인 이삭이 아브라함과 사라 사이에서 태어나다.	창세기
	야곱과 에서가 이삭과 리브가 사이에서 태어나다.	창세기
	아들 열둘(이스라엘의 12지파의 조상)과 딸 하나가 야곱(이스라엘)의 아내 라헬과 레아에게 태어나다.	창세기
	야곱의 아들 요셉이 애굽(이집트)에 종으로 팔려가고 나중에 왕의 총리가 되다. 훗날 다른 형제들이 애굽으로 이주하다.	창세기
	애굽(이집트)과 광야에서의 이스라엘 사람들	
주전 1700-1290년	이스라엘 사람들이 애굽에서 종이 되다.	출애굽기
주전 1290년	모세가 이스라엘 사람들을 애굽에서 데리고 나오다.	출애굽기
주전 1290-1250년	이스라엘 사람들이 광야에서 떠돌다. 모세가 시내 산에서 십계명과 여러 법을 받다.	출애굽기, 레위기, 신명기

가나안 정복과 정착		
주전 1250년	여호수아가 가나안 침입의 첫 단계를 실행하다.	출애굽기, 민수기, 여호수아
주전 1250-1030년	이스라엘이 가나안(팔레스타인)의 나머지를 정복하다. 사사들이 다스리다.	민수기, 여호수아, 사사기, 사무엘상
이스라엘의 통일 왕국		
주전 1030-1010년	사울이 이스라엘의 첫 왕이 되다.	사무엘상
주전 1010-970년	다윗이 이스라엘의 왕이 되다.	사무엘상하, 역대상
주전 970-931년	솔로몬이 이스라엘의 왕이 되다.	열왕기상, 역대하
포로기 이전 이스라엘의 두 왕국		
주전 931-687년	이스라엘이 유다(남쪽)와 이스라엘(북쪽) 두 왕국으로 나뉘다. 엘리야 선지자가 바알 선지자들에게 도전하고 무찌르다. 이스라엘(북왕국)이 주전 722년에 앗수르에게 정복되다.	열왕기하, 역대하
주전 687-586년	유다왕국의 마지막 몇 년. 예루살렘이 결국 바빌로니아에게 넘어가고 남왕국이 망하다.	열왕기하, 역대하
포로기		
주전 586년	유다 사람들이 바빌로니아에서 포로로 살다.	역대하
주전 539년	페르시아 통치가 시작되다.	역대하, 다니엘
사람들이 돌아와 재건하다		
주전 538년	고레스 칙령으로 유대인들이 돌아올 수 있게 되다.	에스라, 느헤미야
주전 520년	예루살렘에 새 성전의 기초를 놓다.	에스라, 느헤미야
주전 445-443년	예루살렘 성벽이 재건되다.	느헤미야

알고 있었나요?

역사는 단 한 사람의 행동으로 바뀔 수 있어요. 다윗의 증조할머니인 룻이 시어머니를 따라 베들레헴에 오기로 결정하지 않았다면 무슨 일이 있었을까요? 역사를 바꾼 룻의 삶에 대해 알려면 룻기를 읽어보세요.

제2성전 시기

유대인들이 돌아와 예루살렘을 재건하고 예루살렘 성전에서 예배를 회복하기 시작한 때부터 세례 요한이 변화가 올 것이라고 선포하기 시작한 때까지, 이스라엘에서 무슨 일이 일어났는지 궁금한 적이 있나요? 그 사이의 사건들은 마카베오상하와 같은 책에 기록되어 있어요. 이 두 책은 그리스어로 적혀 있고, 초대 교회 때 대부분의 기독교인이 사용했어요. 이 책은 구약성경 시대와 신약성경 시대 사이에 일어난 일을 많이 들려주지요. 이 책들은 개신교 성경 안에는 들어 있지 않아요.

연대표: 그리스가 팔레스타인을 정복한 때부터 바울이 감옥에 갇힐 때까지

연대	사건	성경의 책
	그리스도가 탄생하기 이전의 사건	
주전 333년	알렉산더 대왕이 팔레스타인과 주변 세계 전역에서 그리스 통치를 시작하다.	
주전 323-198년	알렉산더 대왕의 장군의 자손인 프톨레마이오스 왕조가 애굽(이집트)을 다스리고 이제 팔레스타인을 다스리다.	
주전 198-166년	알렉산더 대왕의 또 다른 장군의 자손인 셀레우코스 왕조가 아람을 다스리고 또 팔레스타인을 다스리게 되다.	
주전 166-63년	유대인이 유다 마카베오의 지휘로 유대 반란을 일으켜 독립을 얻고 또 팔레스타인을 다스리게 되다.	
주전 63년	로마 장군 폼페이우스가 예루살렘을 정복하다.	
주전 37-4년	로마 사람들이 헤롯 대왕을 비롯한 왕들을 지명하여 팔레스타인을 다스리게 하다.	
	신약성경 시대	
주전 6년	예수님이 베들레헴에서 태어나시다.	마태복음, 누가복음
	예수님이 세례를 받고 가르치고, 치유하고, 삶을 변화시키기 시작하시다.	마태복음, 마가복음, 누가복음, 요한복음
주후 32년경	예수님이 십자가에 달리시다. 그리고 사흘 후에 다시 살아나시다.	마태복음, 마가복음, 누가복음, 요한복음
주후 32년경	제자들이 성령을 받고 예수님의 이름으로 사역하다. 교회가 예루살렘에서 커지기 시작하여 퍼져나가다.	사도행전
주후 37년	다소의 사울이 다메섹(다마스쿠스)으로 가는 길에서 부활하신 그리스도를 만나 바울로 변화되고, 기독교인이 되다!	사도행전
주후 41-65년	바울이 예수님에 관한 복음을 전파하다.	사도행전
주후 65년	바울이 로마의 감옥에 갇히다.	사도행전
주후 70년	로마인들이 예루살렘에서 일어난 유대 반란을 진압하고 제2성전을 파괴하다.	

"가서 모든 민족을 제자로 삼으라."

이 말은 예수님이 제자들에게 하신 말씀이에요(마태복음 28:19). 12명의 제자와 적은 인원으로 시작한 교회가 전 세계를 덮을 만큼 커졌어요! 지난 2천 년 동안 놀라운 변화가 있었어요. 기독교는 서구 문명의 발달을 가져왔어요. 기독교 선교사들은 1300년부터 1750년까지 남북 아메리카, 아시아, 오스트레일리아, 남아프리카에 예수님에 관한 복음을 전파했어요. 21세기 시작 무렵에 이르러 기독교는 지구에서 가장 잘 알려진 종교가 되었어요.

초기 기독교 교회의 핵심 사건

기간 (연대는 모두 주후)	연대	사건
초대교회: 64-367년	64-68년	네로가 로마의 대화재를 기독교인의 탓으로 돌리고 끔찍한 박해를 하다.
	70년	반란을 일으킨 유대인들에게 보복하려고 로마 황제 티투스가 예루살렘에 재건된 성전을 파괴하다.
	100년경	얌니아 공의회가 공식 히브리 성경(기독교의 구약성경)을 정하다. 모나코, 알제리, 스리랑카에 최초의 기독교인이 생기다.
	280-337년	콘스탄티누스 대제가 기독교로 개종한 최초의 로마 황제가 되다.
	325년	첫 니케아 공의회가 교리를 정리하여 니케아 신조(사도신경)를 만들다.
	330년	콘스탄티누스가 비잔티움(콘스탄티노폴리스)을 로마 제국의 수도로 삼다.
	350년	에티오피아에 노예로 간 두 기독교인의 믿음 때문에 콥트 교회가 탄생하다.
	367년	아타나시우스의 신약성경 목록을 교회 지도자들이 받아들이다.

알고 있었나요?

지난 2천 년 동안의 가장 중요한 발명이 뭐라고 생각하세요? 전기? 자동차? 태양계를 벗어나 갈 수 있는 우주 비행기? 어떤 이들은 요하네스 구텐베르크가 발명한 이동식 인쇄술이라고 해요. 이것은 사람들이 지식을 모으고 나누는 방식에 혁명을 일으켰어요. 구텐베르크가 최초로 인쇄한 책이 무엇인지 아세요? 성경이에요! 1455년에 있었던 일이지요.

영웅의 전당

영웅하면 누가 떠오르나요? 스파이더맨, 슈퍼맨, 원더우먼, 헐크 같은 만화책의 영웅인가요? 그들은 하늘을 날고, 높은 건물 사이를 뛰고, 손바닥으로 차를 부술 수 있어요. 그러나 영웅은 항상, 놀라운 일을 할 수 있는 사람이 아니라, 우리가 매일 보는 사람으로 큰 어려움을 이겨내는 사람일 수 있어요.

성경 속의 사람들은 완벽하지 않았어요. 그들은 큰 실수를 많이 했기 때문에 영웅이라고 생각되지도 않았을 거예요. 그러나 그들은 용감함, 정직함, 신실함, 충성심과 같은 자질을 가졌어요. 아래 내용을 읽으면서, 여러분이 좋아하는 영웅이 누구인지 정해 보세요.

아브라함

이스라엘의 조상, 신실하며 순종하는 사람: 창세기 12:1-25:10

아브라함(아직 아브람이었을 때)이 75세였을 때, 하나님은 그에게 고향과 친척을 떠나 가나안 땅으로 이사를 가라고 하셨어요. 하나님은 또한 그에게 하늘의 별을 세라고 하셨어요. 그 숫자만큼 아브라함의 자손이 많아질 것이라는 뜻이었어요. 아브라함은 하나님을 믿었고, 하나님은 흡족해 하셨어요. 사라가 아이를 낳을 수 있는 나이가 훨씬 지났을 때 하나님은 그 약속을 지키셨어요. 아들 이삭이 태어났을 때 아브라함은 100살이었어요 (창세기 21:5)!

나중에 하나님은 아브라함에게 하나뿐인 아들 이삭을 불 제단에 바치라고 하시며 아브라함을 시험하셨어요. 아브라함은 아들을 바치는 것을 마다하지 않고 순종했기 때문에 하나님이 축복해 주셨고 아브라함의 자손을 통해 이스라엘 민족이 생겨났어요(창세기 22:1-18).

바나바

순종하며 독려해 주는 사람: 사도행전 4:36-37; 9:26-31; 11:22-15:41; 고린도전서 9:1-7

초대 교회에는 많은 지도자들이 있었지만 바나바('다른 사람을 격려하는 사람[위로의 아들]'이라는 뜻)가 두드러졌어요. 항상 사람들에게서 좋은 면을 보았거든요. 바나바는 군중을 격려했고, 많은 사람들이 하나님을 믿게 되었어요. 그러나 바나바는 스스로를 자주 위험에 빠뜨렸어요. 그는 복음을 전파하려고 여러 도시를 방문했을 때 위협을 당했고 신체적으로 공격을 당했어요. 바나바는 때로 고통스럽기도 했지만 하나님께 순종했고 다른 사람들을 격려하면서 조용하고 겸손하게 하나님을 섬겼어요.

①③④

Illustrations by Ron Wheeler

다니엘

현명하고 신실한 사람: 다니엘 1-12장

유다 지파 출신의 다니엘은 어렸을 때 바벨론의 느부갓네살 왕의 포로로 끌려갔어요. 벨드사살('벨[신]이 그의 생명을 보호해 주시기를'이라는 뜻)이라고 이름이 바뀐 다니엘은 왕궁 일을 위해 훈련을 받았어요. 다니엘은 총명과 하나님에 대한 절대적인 헌신으로 금방 명성을 얻었어요. 다니엘은 3년간 훈련을 마치고 왕궁에서 일하기 시작했고 70년간 세 명의 왕을 거치며 일했어요. 다니엘은 일하는 동안 왕의 식탁에 차려진 기름진 음식을 거부하고 채소와 물을 먹으며 하나님의 신실하심을 증명했어요. 다른 젊은이들보다 더 건강하고 뛰어나다는 것을 증명했어요. 훗날 지혜자들과 점쟁이들이 왕의 꿈을 해석하지 못했을 때 다니엘이 해석을 했어요. 메대(메디아)의 다리오(다리우스) 왕이 다스리는 동안 다니엘은 다리오에게 기도하지 않고 하나님에게 기도했다고 해서 사자 굴에 던져졌어요. 다시금 하나님은 보호해 주셨고, 다니엘은 구출되었어요.

드보라

현명하고 용감한 지도자: 사사기 4-5장

하나님은 '사사'라고 하는 특별한 지도자들을 뽑으셨어요. 그들은 전투에서 백성을 이끌고, 법 재판을 하고, 종교적인 일들을 했어요. 드보라는 유일한 여자 사사였어요. 하솔을 다스리는 가나안 왕 야빈에게 20년간 억압을 받은 뒤에, 하나님이 드보라에게 백성을 이끌고 전투를 하라고 하셨어요. 드보라는 바락을 임명하여 만 명의 군대를 이끌고 가나안 사람들과 싸우라고 했어요. 그러나 바락은 드보라 없이 전쟁에 나가는 것을 두려워했어요. 드보라는 함께 가겠다고 하면서도, 하나님이 한 여자를 통해서 가나안 장군인 시스라를 무찌르게 하실 것이고 바락은 전투에서 영광을 얻지 못할 것이라고 말씀하셨어요. (이 일이 어떻게 벌어졌는지에 대해 사사기 4:11-21을 보세요.) 이스라엘 사람들이 가나안 사람들을 완전히 이겼어요. 드보라와 바락은 함께 하나님께 승리의 노래를 불렀어요. (사사기 5장을 보세요.)

에스더

용기 있고 영리한 왕비: 에스더 1-10장

페르시아의 왕비 와스디가 남편인 아하수에로 왕에게 순종하지 않자, 왕은 와스디가 다시는 자신을 보지 못하게 하라고 명령을 내렸어요. 그런 다음 왕은 모든 지방의 관리들을 시켜 아름다운 여자들을 왕비들이 머무르는 페르시아의 수도 수산 성에 데려오게 했어요. 왕을 가장 기쁘게 하는 여자를 왕비로 삼으려는 것이었어요. 왕은 에스더를 사랑하게 되어 왕비로 삼았어요. 에스더는 왕비이지만 왕의 부름을 받지 않은 채 왕을 만나러 오는 사람은 죽음에 처한다는 법은 지켜야 했어요. 에스더의 삼촌 모르드개는 그곳에 살던 유다인 지도자 중의 하나였는데, 왕궁의 관리인 하만에게 절하지 않았어요. 하만은 화가 나서 페르시아에 있는 유다인들을 죽이고 재산을 빼앗으라고 왕에게 제안했어요. 모르드개는 에스더에게 유다 백성을 보호해 달라고 요청했어요. 에스더는 부름을 받지 않았는데도 목숨을 걸고 왕 앞에 나아가서 다시 생각해 달라고 부탁했어요(에스더 5:1-3).

(이야기를 더 보려면 139쪽에서 모르드개에 대한 소개를 보세요.)

영웅

기드온

의심 많지만 순종하는 종: 사사기 6:1-8:35

기드온은 미디안 사람들이 곡식을 훔쳐갈까봐 밤에 몰래 밀을 타작하고 있었어요. 미디안 사람들은 이스라엘 땅을 빈번히 침략하며 가축을 공격하는 사막의 유목민이었어요. 그 때 하나님의 사자(천사)가 나타났어요. 사자는 기드온에게 미디안 사람들의 손에서 이스라엘 백성을 구하라고 말했어요. 기드온은 처음에는 망설였지만, 하나님의 명령을 따르기 시작했어요. 그러면서도 기드온은 하나님께 증거를 보여 달라고 요구했어요. 하나님은 승리가 하나님의 것임을 기드온과 사람들에게 보여주시려고, 기드온에게 군대를 3만 2천 명에서 300명으로 줄이라고 하셨어요. 기드온은 적은 수의 군사를 이끌고 주의 깊게 하나님의 지시를 따르면서, 강한 미디안 군대를 먼저 나팔과 횃불로 어리둥절하게 만든 다음 무찔렀어요. (이 놀라운 전투에 대해서는 사사기 7:1-25를 보세요.)

이삭

이스라엘의 두 번째 조상, 신실하며 순종하는 사람: 창세기 24장; 25:19-26:35; 27:1-28:5; 35:27-29

하나님은 아브라함과 사라에게 아들을 주시겠다고 약속하셨어요. 그래서 이삭이 태어났어요. 이삭은 리브가와 결혼했어요. 두 사람 사이에서 에서와 야곱이라는 쌍둥이 아들이 태어났어요. 하나님이 이삭에게 복을 내리셨고 성공하여 큰 부자가 되었어요. 이삭이 너무 강해지자 아비멜렉 왕은 이삭에게 자기 나라를 떠나라고 했어요. 이삭은 그곳을 떠나 그랄 골짜기에 머물렀어요. 그 뒤에 브엘세바로 갔어요. 하나님이 이삭에게 나타나 두려워하지 말라고 하시며, 많은 자손의 복을 주시겠다고 하셨어요. 이삭은 하나님을 믿었고 그래서 하나님께 예배하려고 제단을 쌓았어요. 이삭은 180세에 헤브론에서 죽었어요. 마므레라고도 하는 곳이에요. 이삭의 아들들은 할아버지 아브라함이 외국인으로 살았던 땅에서 아버지를 장사지냈어요.

Illustrations by Ron Wheeler

야곱

이스라엘의 세 번째 조상, 약삭빠르지만 신실한 사람: 창세기 25:19-34; 27:1-35:29; 37장; 42:1-50:14

야곱은 12명의 아들을 두었고 이들은 나중에 이스라엘의 12지파가 되었어요. 하나님은 야곱의 이름을 '이스라엘'로 바꾸어주셨어요. 그래서 야곱은 고대 이스라엘 백성의 첫 조상으로 여겨졌어요. 야곱의 형 에서는 아버지 이삭의 축복을 받게 되어 있었는데, 야곱이 아버지를 속이고 축복을 대신 받았어요. 창세기 28장 3-4절을 보면 이삭은, 야곱에게 복을 내리셔서 많은 자손을 주시고 큰 민족이 되게 해달라고 하나님께 기도했어요. 이삭은 또한 야곱에게 복을 내리셔서 아브라함에게 약속하신 땅을 주시라고 기도했어요. 어느 날 밤에 하나님은 야곱에게 나타나셨어요. 야곱은 하나님이 자신을 떠나시지 않는 한 평생 하나님을 따르겠다고 약속했어요.

요나단

의리 있고 용감한 친구: 사무엘상 13:16-14:46; 18:1-5; 19:1-8; 20:1-42; 23:14-18; 31:1-13

요나단은 이스라엘 사울 왕의 아들이었어요. 그리고 아버지 군대의 병사이기도 했어요. 요나단은 전투할 때 하나님이 도와주실 것이라고 믿고, 블레셋 사람들을 공격하기 위해 다른 병사와 함께 부대에서 살짝 빠져나왔어요. 블레셋 사람들 뒤로 몰래 다가간 요나단의 계획은 적중했어요. 블레셋 사람들은 겁에 질려 당황했어요. 그들은 혼란에 빠져 자기들끼리 죽이기도 했어요. 사울 왕이 다윗더러 궁에 들어와 자신을 위해 일하라고 했을 때 다윗과 요나단은 절친한 친구가 되었어요. 다윗이 전투에서 계속 이기니까 사울은 질투가 나서 다윗을 죽이려고 했어요. 그럴 때에도 요나단은 친구에게 의리를 지켰어요. 요나단은 뒤를 이어 왕이 될 수 있었지만, 하나님이 다윗을 다음 왕으로 기름 부으셨다는 것을 알고 다윗에게 의리를 지키겠다고 약속했어요. (사무엘상 23:14-18을 보세요.)

알고 있었나요?

요나단과 형제들은 길보아 산에서 블레셋 사람들과 싸우다가 죽었어요 (사무엘상 31:1-2). 그러나 사울은 자살을 했어요. 사무엘하 1장 17-27절에서 다윗은 사울과 요나단을 위해 슬픈 노래를 불렀고, 절친한 친구인 요나단을 기렸어요.

요셉

명예로운 사람, 꿈 해몽가: 창세기 37:1-36; 39:1-50:26

요셉은 야곱의 11번째 아들이고 야곱이 사랑한 아내인 라헬의 첫아들이었어요. 요셉은 야곱이 나이가 들어 얻은 아들이라서 모든 자녀 중 가장 예뻐하는 아들이었어요. 그러나 그 때문에 형들이 요셉을 무척 질투했어요. 요셉은 형들이 언젠가 자신에게 절할 것이라고 말해서 형들의 화를 돋우었어요. 형들은 요셉을 죽이려고 음모를 꾸미다가 대신 무역상들에게 종으로 팔기로 했어요. 요셉이 애굽(이집트)으로 가게 된 것은 하나님의 돌봄과 보호를 아주 잘 보여주는 이야기지요.

하나님은 요셉에게 꿈을 해석할 수 있는 놀라운 능력을 주셨어요. 몇 가지 사건을 통해서 이 능력이 소와 곡식에 관한 이상한 꿈을 꾼 애굽 왕에게도 알려지게 되었어요. 요셉은 7년간 풍년이 들고 7년간 흉년이 들 것이라고 꿈을 풀어주었어요. 요셉은 왕에게 백성을 구할 수 있는 방법도 알려주었어요. 왕은 요셉의 계획이 마음에 들었고 요셉의 능력을 대단하게 여겼어요. 그래서 애굽의 총리로 임명했어요. 요셉은 식량을 구하러 애굽으로 찾아온 형들과 아버지와 결국 다시 만났어요. 형들이 요셉 총리를 처음 만났을 때 그가 요셉인지 모르고 절을 했어요. 요셉이 오래 전에 예견했던 일이 정말로 일어난 것이지요. 형들은 그 총리가 요셉이라는 것을 알자 무척 두려워했어요. 그러나 요셉은 그들을 안심시켜 주었어요. 요셉이 뭐라고 말했는지는 창세기 50장 20-21절을 보면 알 수 있어요.

마리아의 남편 요셉

온전함이 있는 사람: 마태복음 1:12-2:23; 누가복음 1:26-2:52

요셉이 마리아와 약혼을 하고 지내는 동안 천사가 마리아에게 나타났어요. 천사가 말하기를 마리아가 아기를 가질 것인데, 그 아기는 하나님의 아들이라고 했어요(누가복음 1:26-38). 그리고 마리아에게 아기의 이름을 예수라고 지으라고 했어요. 요셉은 이 아기가 자기 아이일 수가 없다는 것을 알았어요. 그러나 그는 좋은 사람이라서 조용히 파혼하려고 했어요(마태복음 1:18-19). 천사가 요셉의 꿈에 나타나 마리아의 아기는 성령으로 잉태되었으니 마리아와 결혼하라고 말했어요. 요셉은 하나님을 믿으며 그렇게 했어요. 요셉은 마리아를 베들레헴에 데려갔고, 마리아가 아기를 낳을 때 함께 있었어요. 요셉이 또 꿈을 꾸었는데, 헤롯 왕이 아기를 죽이려고 하니 베들레헴을 떠나 애굽(이집트)으로 도망가라는 말을 들었어요. 요셉은 헤롯 왕이 죽을 때까지 가족을 안전하게 지켰어요.

여호수아와 갈렙

진실하고 용기 있는 2인조: 민수기 13-14장

히브리 사람들이 모세의 지도하에 애굽(이집트)을 떠났을 때 하나님은 아브라함에게 약속하신 땅, 가나안으로 인도하실 것이라고 그들에게 확신을 주셨어요. 그들이 가나안으로 들어가기 전에 모세는 각 지파에서 한 명씩 총 12명을 뽑았어요. 그리고 가나안 땅을 정탐하고 그들이 알아낸 것을 보고하라는 임무를 맡겼어요. 사람들은 돌아와서 "젖과 꿀이 흐르는 땅"이라고 하며 그 땅에 대해 아주 좋게 말했어요. 그러나 나머지 10명은, 거기 사람들이 그 땅을 굳게 방어하고 있었고 굉장히 큰 사람들이 살고 있었다고 하면서, "우리는 스스로 보기에도 메뚜기 같았다" 하고 말했어요(민수기 13:26-33).

여호수아와 갈렙만이 사람들에게 "여호와는 우리와 함께 하시느니라 그들을 두려워하지 말라(민수기 14:9하)" 하고 말하면서, 전진하여 그 땅에 들어가라고 했어요. 그러나 사람들은 듣지 않았어요. 백성들이 순종하지 않아서 하나님은 그들을 광야로 보내셨고, 40년간 떠돌아다니게 하셨어요. 갈렙과 여호수아 말고는 백성 중 어느 누구도 가나안 땅을 밟지 못했어요. 여호수아는 모세의 뒤를 이어 이스라엘 백성의 지도자로 선택되었어요. 여호수아는 백성을 이끌고 아말렉 사람들을 무찌르고 가나안에 정착했어요.

알고 있었나요?

여호수아는 모세의 부하였어요. 모세는 여호수아에게 시내 산에 함께 올라가자고 했어요. 그곳은 모세가 하나님께로부터 법을 받은 곳이에요(출애굽기 24:12-18). 나중에 여호수아는 모세의 뒤를 이어 지도자로 선택되었어요(신명기 31장).

모르드개

신실한 종이자 긍정적인 영향력을 가진 지도자: 에스더 1-10장

모르드개는 유다 백성이 페르시아에서 포로로 사는 동안에 유다 사람들의 인정을 받는 지도자였어요. 모르드개는 사촌인 에스더가 부모를 잃자 입양했어요. 에스더는 전국의 미인대회를 거쳐 페르시아 아하수에로 왕의 왕비가 되었어요. 모르드개는 왕궁의 내시 둘이 왕을 죽이려는 음모를 꾸미는 것을 듣고서 즉시 에스더에게 알렸고, 왕을 구했어요. 그 후에 왕의 국무총리인 하만은 모르드개가 절하지 않는다고 해서 유다 백성을 모두 죽이려고 일을 꾸몄어요. 모르드개는 에스더를 설득해서 백성을 위해 나서라고 했어요. 모르드개는 높은 사람에게 복종하지 않았다고 해서 처형을 당하게 되었어요. 그때 왕은 모르드개가 자신의 생명을 구한 것을 기억하고 상을 주겠다고 다짐했어요. 에스더는 자신이 유다인이라고 밝히면서, 하만의 악한 음모를 고발했어요. 왕은 모르드개 대신 하만을 처형했고, 모르드개를 페르시아에서 가장 높은 관리 중 하나로 임명했어요.

모세

구원자이며 율법을 전해준 사람: 출애굽기, 레위기, 민수기, 신명기

모세라는 이름은 히브리어로 '물에서 건져낸 사람'이라는 뜻이에요. 이 사람이 애굽(이집트) 왕의 종살이에서 백성들을 건져냈어요. 애굽 왕은 히브리인의 수를 줄이려고 모든 히브리 남자 아기들을 죽이라고 명령했어요(출애굽기 1:15-22). 그러나 모세의 어머니 요게벳(출애굽기 6:20)은 모세를 숨겨서 기르다가 나일 강에 띄우고, 그 누나 미리암에게 잘 지켜보게 했어요(출애굽기 2:1-4). 바로의 딸이 모세를 발견하여 입양하고 이름을 지어주었어요.

모세의 생애는 40년씩 세 시기로 나눌 수 있어요.

첫 40년: 군사법과 민법을 배운 애굽의 왕자. 그러나 히브리인들을 도우려다가 애굽 사람을 죽이고서(출애굽기 2:11-15), 벌을 피해 미디안으로 도망쳤어요.

둘째 40년: 목자요, 르우엘(이드로라고도 알려짐) 제사장의 딸 십보라의 남편(출애굽기 2:16-25).

마지막 40년: 새 양떼인 이스라엘 백성의 목자, 곧 스스로를 여호와(야훼)라고 부르신(출애굽기 3:14-15) 하나님이 주신 일. 새 왕(또는 바로)과의 오랜 대립 끝에 백성을 종살이에서 이끌어냈어요. 그러나 백성은 그들에게 약속의 땅을 주시겠다는 하나님의 능력을 믿지 않아서 40년간 광야에서 생활했어요(민수기 13-14장). 모세 또한 순종하지 않아서 약속의 땅에 들어가지 못했어요. (이 이야기를 알려면 민수기 20:1-13을 읽으세요.) 그래도 모세는 이스라엘에서 가장 위대한 지도자의 한 사람으로 여겨진답니다.

영 웅

룻

헌신적인 여자: 룻기 1-4장

룻은 이스라엘 사람인 나오미의 아들과 결혼한 모압 여자였어요. 나오미의 남편 엘리멜렉이 죽고 두 아들(말론, 기룐)도 죽었을 때 룻은 고향 땅을 떠나 나오미와 함께 베들레헴으로 가겠다고 용기 있게 결정을 내렸어요. 룻은 강한 신실함을 보이며 이렇게 말했어요. "내게 어머니를 떠나며 어머니를 따르지 말고 돌아가라 강권하지 마옵소서 어머니께서 가시는 곳에 나도 가고 어머니께서 머무시는 곳에서 나도 머물겠나이다 어머니의 백성이 나의 백성이 되고 어머니의 하나님이 나의 하나님이 되시리니"(룻기 1:16). 하나님은 룻이 나오미에게 보인 헌신과 친절을 어여삐 보시고 남편 보아스를 만나게 해주셨어요. 룻의 아들 오벳은 이스라엘의 가장 위대한 왕 다윗의 할아버지예요.

알고 있었나요?

룻은 모압 출신이고 모압은 이스라엘의 오랜 적이었어요. 룻의 이름은 마태복음 1장 1-6절에 있는 예수님의 족보에 나와요.

삼손

전설적인 용사: 사사기 13-16장

여러분은 헤라클레스에 대해 들어보았지요? 세상에서 가장 강한 남자는 이 사람, 삼손이에요. 삼손이 태어나기 전에 부모님은 삼손이 나실인으로 살 것이라고 들었어요. 나실인은 독한 술을 마시거나 면도하거나 머리 깎지 않기, 시체를 접촉하지 않기, 이러한 서원(맹세)을 하나님께 해서 다른 사람들과 구별되었어요.

블레셋 사람들은 이스라엘의 적이었어요. 하나님은 삼손을 택하셔서 적을 무찌르게 하셨어요. 삼손은 힘을 써서 나귀의 턱뼈만 가지고 남자 천 명을 죽일 수 있었어요. 그러나 삼손은 들릴라라는 여자에게 속아서 자신의 힘이 머리카락에서 나온다는 비밀을 말해 주고 말았어요. (이것에 대해 사사기 16:17을 읽어보세요.) 들릴라는 즉시 블레셋 사람들에게 달려가 알려주었어요. 들릴라는 삼손이 자는 동안 머리카락을 잘랐어요. 그러자 블레셋 사람들이 삼손을 잡아서 눈을 멀게 만들었어요. 그러나 삼손은 하나님께 한 번 더 도와달라고 기도했고, 신전의 중심 기둥을 몸으로 밀어서 신전을 무너뜨렸어요. 삼손은 살아 있을 때보다 죽으면서 블레셋 사람들을 더 많이 죽였어요.

Illustrations by Ron Wheeler

실라

신실한 선교사: 사도행전 15:22-17:34

실라는 예루살렘 교회의 지도자였고, 베드로와 바울과 함께 선교 여행을 했어요. 실라는 바울과 빌립보에 갔을 때 점치는 귀신 들린 여종 하나를 만났어요. 바울과 실라가 여종의 몸에서 귀신을 쫓아내자 여종의 주인은 돈벌이를 못하게 되었다고 고소했어요. 그래서 바울과 실라는 감옥에 갇혔어요. 두 사람은 감옥에서 기도하며 하나님을 찬송했어요. 그런데 갑자기 강한 지진이 나더니 문이 열리고 사슬이 풀렸어요. 간수는 모든 죄수가 도망쳤다고 생각하고 자결하려 했어요. 바울은 그를 말리고, 죄수들이 아직 모두 거기에 있다고 알려주었어요. 간수는 곧 바울과 실라 앞에 엎드려서, "내가 어떻게 하여야 구원을 받으리이까" 하고 물었어요. 다음 날 실라와 바울은 감옥에서 풀려났어요. (사도행전 16장을 보세요.)

스데반

최초의 기독교인 순교자이며 역동적인 연설가: 사도행전 6-7장

스데반은 하나님을 잘 믿었기 때문에 사도들의 존경을 많이 받았어요. 그래서 사도들이 스데반을 교회의 지도자로 뽑았지요. 하나님은 스데반에게 큰 기적을 일으킬 능력을 주셨어요. 어떤 사람들은 스데반이 모세와 하나님을 모독하는 말을 했다고 거짓 소문을 퍼뜨렸어요. 그리고는 스데반을 붙잡아 공회에 데려갔어요. 대제사장이 소문이 사실이냐고 묻자, 스데반은 인상적인 연설(사도행전에서 가장 긴 연설)을 했어요. 스데반은 연설에서 조상들(아브라함, 요셉, 모세)을 옹호했을 뿐만 아니라 예수님의 복음을 전파했어요. 공회 사람들은 화가 나서 스데반을 돌로 쳐서 죽였어요. 나중에 사도 바울로 알려진 사울도 스데반이 죽을 때 그 자리에 있었어요.

디모데

존경받는 선교사: 사도행전 16:1-5; 빌립보서 2:19-30; 디모데전후서

루스드라 사람인 디모데는 어머니 유니게와 할머니 로이스에게서 성경을 배웠어요(디모데후서 1:5). 아버지는 헬라인(그리스 사람)이었어요. 바울이 루스드라에 두 번째 선교 여행을 갔을 때 디모데는 이미 존경받는 사도였어요. 바울은 디모데더러 선교 여행을 같이 가자고 했어요. 바울은 종종 디모데를 고린도나 빌립보와 같은 곳에 자신을 대신해서 보냈어요. 바울은 디모데에게 좋은 조언을 주기도 했어요. "누구든지 네 연소함을 업신여기지 못하게 하고 오직 말과 행실과 사랑과 믿음과 정절에 있어서 믿는 자에게 본이 되어"(디모데전서 4:12).

팝콘 좀 건네줘.

성경 이야기로 만든 영화 중에 유명한 영화들이 많다는 것을 알고 있나요? 많은 사람들이 예수님과 제자들, 모세와 성경의 여러 등장인물의 삶에 관한 영화를 보았어요.

영화 속의 예수님

어떤 영화들은 예수님의 사역, 가르침과 십자가와 부활로 이르는 사건들에 초점을 두어요. 어떤 영화들은 복음서에 나오는 다른 인물들에 초점을 두기도 해요. 영화를 볼 때 어느 부분이 성경에 나오는 것이고, 어느 부분이 영화 제작자의 창의적인 생각인지 살펴보세요.

성의(거룩한 옷)

감독: 헨리 코스터, 1953년

이 영화는 로이드 더글라스의 소설을 영화로 만든 거예요. 리차드 버튼이 예수님의 십자가형을 맡은 로마 병사(마르셀루스)로 나와요. 마르셀루스는 다른 병사들과 제비를 뽑아 예수님의 옷을 갖게 되었어요. 그러나 그 옷은 문제만 일으켰어요. 훗날 마르셀루스는 예수님의 제자가 돼요. 이 극적인 이야기는 요한복음 19장 23-24절에서 따왔어요.

벤허

감독: 윌리엄 와일러, 1959년

류 월리스의 소설을 바탕으로 만든 영화예요. 영화배우 찰톤 헤스톤이 유대인 유다 벤허로 나와요. 유다 벤허는 어린 시절의 친구인 멧살라의 배신으로 로마에 노예로 팔렸어요. 이 영화는 유다 벤허가 예수님을 믿게 되는 이야기를 담은 것인데, 예수님의 탄생이나 십자가 처형 등 예수님의 일생에서 중요한 사건들을 묘사하고 있어요.

왕 중 왕

감독: 니콜라스 레이, 1961년

이 영화는 복음서에 나오는 사건들의 정치적인 배경에 초점을 맞추어요. 그리고 예수님의 삶과 바라바의 삶을 대조하지요. 바라바는 민족 해방을 위해 로마 사람과 싸운 유대인이에요. 마태복음 27장 15-26절에 바라바가 죄수로 나오는데, 사람들은 예수님 대신에 그를 풀어달라고 본디오 빌라도에게 요구했어요.

예수님에 관한 다른 영화들

가스펠(1973년)
메시아(1976년)
나사렛 예수(1977년)
패션 오브 크라이스트(2004년)

위대한 생애

감독: 조지 스티븐스, 1965년

이 영화는 예수님의 삶을 요람부터 십자가까지 다루고 있어요. 유명한 배우 맥스 폰 시도우가 예수님으로 나오고, 성경 영화의 슈퍼스타인 찰톤 헤스톤이 세례 요한으로 나와요. 그러나 이 초대형 영화는 흥행에 실패해서 제작비에 비해 수입이 적었어요. 수십 년 후에 할리우드에서는 제작비가 많이 드는 성경 영화를 또 만들어요.

예수

감독: 피터 사익스와 존 크리쉬, 1979년

예수님에 관한 이 영화는 네 개의 복음서 중 하나 곧 누가복음에 나오는 사건과 대화만 나온다는 점에서 독특해요. 이 영화는 예수 그리스도에 대해 들어본 적이 없는 사람들에게 예수님을 효과적으로 전하기 위해서, 천 개 이상의 언어로 번역되어 상영되었어요. 팬들이 '예수 영화'라고 부르는 이 영화는 1979년 이래 60억 번 이상 상영되었어요.

네티비티 스토리 -위대한 탄생

감독: 캐서린 하드윅, 2006년

이 영화는 예수님의 탄생 이야기를 아주 자세히 다루어요. 천사가 마리아(케이샤 캐슬 휴즈)에게 메시아를 낳을 것이라고 말하는 것으로 시작해요. 이 영화는 마리아와 남편 요셉(오스카 아이작)이 1세기에 유대인으로서 로마 통치를 받으며 겪는 고통과 시련에 대해 얘기하지요. 성경에는 이 사건들이 마태복음 1-2장과 누가복음 1-2장에만 나와요.

알고 있었나요?

세실 드밀 감독은 1927년에 '왕 중 왕'이라는 영화를 만들었어요. 그러나 그는 '십계'를 만든 것으로 더 유명해요. ('모세에 관한 영화들' 부분을 보세요.)

모세에 관한 영화들

모세는 애굽(이집트)에서 종으로 살던 히브리 사람들을 이끌어내서 조상들이 약속으로 받은 땅으로 데려가서 자유롭게 살게 하지요. 모세에 관한 감동적인 이야기는 할리우드 영화의 또 다른 인기 있는 주제예요.

십계

감독: 세실 드밀, 1956년

이 영화는 모세가 어떻게 히브리 백성을 애굽(이집트)의 종살이에서 데리고 나왔는지를 다루었어요. 영화는 모세가 홍해를 가른 장면을 매우 극적으로 다루고, 사람들이 광야에서 어떻게 헤맸는지 그리고 어떻게 시내 산에서 십계명을 받았는지를 보여주어요. 백성의 반역과 금송아지를 섬기려고 하는 욕구는 또 하나의 유명한 장면이지요. 영화는 출애굽기 2-32장의 내용을 주로 다루지만, 추가된 내용도 많이 있어요. 찰톤 헤스톤이 모세 역할을 맡았어요. 1956년에 십계는 다른 그 어떤 영화보다도 돈을 많이 벌어 들였어요.

이집트 왕자

감독: 브렌다 채프먼, 스티브 히크너, 사이먼 웰스, 1998년

'이집트 왕자'는 모세의 생애와 애굽 탈출을 만화영화로 만든 거예요. 이 영화는 모세의 생애를 보여주는데, 홍해를 가르는 부분과 시내 산에서 십계명을 받는 것까지 다루어요. 세실 드밀이 만든 영화와 마찬가지로 이 영화도 모세와 람세스 사이의 우정을 다루어요. 람세스는 애굽(이집트)의 왕자이고 나중에 바로(파라오)가 되지요. 그러나 성경에 이러한 우정이 나오지는 않아요.

알고 있었나요?

영국의 킨샴 출신의 정비사인 피터 엘머는 아카바 만(홍해의 북쪽 바다)에서 다이빙을 하다가 마차 바퀴들을 발견했어요. 엘머는 이 바퀴들이 이스라엘 사람들을 뒤쫓던 애굽 사람들에게서 나온 것이라고 믿어요(출애굽기 14:5-15:10).

알고 있었나요?

'왕과 함께 한 하룻밤-에스더 이야기'는 2007년에 캐미(CAMIE) 상을 받았어요. CAMIE는 '연예 부문의 명성과 덕성'을 줄인 말이에요.

에스더에 관한 영화들

성경에 나오는 여자들은 어떨까요? 예수님의 어머니 마리아 외에 강력한 바사(페르시아)의 아하수에로 왕의 아름다운 아내이자 둘째 왕비인 에스더는 할리우드 영화의 인기 있는 주제였어요. 성경의 한 책에 에스더의 이름이 붙어 있어요.

'왕과 함께 한 하룻밤'

감독: 마이클 사이벨, 2006년

'왕과 함께 한 하룻밤'은 에스더서의 주인공인 하닷사(에스더의 히브리 이름)의 이야기를 영화로 만든 것이에요. 이 아름다운 젊은 유대 여자는 왕궁으로 뽑혀 갔고, 나중에 왕비가 되었어요. 에스더는 유대 백성을 구하려고 목숨을 걸고 아하수에로 왕 앞에 나타나요. 악하고 질투 많은 신하 하만이 유대 백성을 없애려고 계략을 세웠기 때문이지요.

다른 영화들

요셉 어메이징

감독: 데이빗 맬릿, 1999년

이 영화는, 팀 라이스가 가사를 쓰고 앤드류 로이드 웨버가 작곡한 브로드웨이 뮤지컬을 바탕으로 만들었어요. 그래서 영화와 뮤지컬의 이름이 같아요. 창세기 37-50장에 나오는 요셉 이야기로 만들었지요. 요셉의 형들은 아버지 야곱이 요셉을 사랑하니까 질투를 느끼고 요셉을 종으로 팔았어요. 야곱은 요셉에게 아주 특별하고 화려한 겉옷을 주었어요.

예루살렘

오 예루살렘아, 예루살렘아!

세계 뉴스를 보려고 텔레비전을 켜면 예루살렘이나 주변 지역에 대한 이야기가 자주 나와요. 때로 화난 사람들, 우는 사람들, 다치거나 죽은 사람들에 대한 뉴스가 나와요. 그것을 보면 이런 의문이 생길 거예요. "누가 이 도시를 가질지를 두고 다들 왜 그렇게 화를 낼까?" 이 질문에 대답을 하려면 5,500년 전, 곧 주전 3,500년부터 시작해야 해요.

예루살렘 성전 산에 있는 바위 돔

언덕 위에서 보는 예루살렘의 모습

옛날에 멀고 먼 사막에

고고학적 증거에 따르면, 주전 5,000년경에 석기시대 사람들이, 나중에 예루살렘이 된 그 자리에 정착했어요. 그들은 가나안 사람들에게 쫓겨나기 전까지 거기서 1,500년간을 살았어요. 가나안 사람들은 주전 3,500년경에 거기에 정착했어요. 그러므로 예루살렘은 세계에서 가장 오래된 도시 중 하나이지요. 예루살렘은 성전 산이라고 알려진 곳의 아래 언덕에 있어요. 이곳은 삼면에 가파른 비탈이 있어서 보호가 되는 곳이었어요. 동쪽으로는 기드론 시내 골짜기, 남쪽으로는 힌놈 골짜기, 서쪽으로는 중앙 골짜기라고도 하는 튜로페온 골짜기가 있어요. 이 지역에서 식수가 나는 몇 안 되는 샘 가운데 하나인 기혼 샘에서는 정착한 주민들이 쓸 물이 났어요. 2,500년 후 이 샘은 다윗 왕의 시대 동안에도 중요한 역할을 했어요.

예루살렘에 있는 고대 무덤

바로 왕이시여, 하비루가 옵니다, 하비루가 옵니다!

예루살렘에 대한 최초의 언급은 세 가지 문서의 기록에 나와요. 하나는 창세기 14장 18-20절에서 주전 2000년에서 1500년 사이에 살았던 아브라함(당시에는 아브람)이 살렘(예루살렘에서 나온 이름)의 신비로운 왕 멜기세덱과 만났다고 할 때예요. 주전 1900년경의 한 애굽(이집트) 문서도 예루살렘에 대해 말하지요.

진흙판에 쓴 아마르나 편지들은 주전 1400년경에 애굽 왕 아멘호텝 3세와 예루살렘의 가나안 왕 압디헤바 사이에 오고간 편지예요. 이 편지들은 1887년에 텔 엘 아마르나라는 파괴된 도시에서 고고학의 발굴로 발견되었는데, 압디헤바 왕이 하비루라고 하는 미지의 사람들한테 공격을 당하고 있다는 내용이에요. 이 왕은 애굽 군사를 보내달라고 했어요. 하비루가 정말로 히브리 사람들을 가리키는지는 아무도 확실히 몰라요.

알고 있었나요?

아마르나 편지는 406개의 토판으로 되어 있었어요. 지금까지 발견된 토판 중 가장 많은 토판이에요. 그 중 많은 편지가 그 지역의 다른 왕들에게 보낸 외교 편지인 듯해요. 문자 메시지를 정말 많이 보낸 것이지요!

다윗이 탐낸 도시

주전 1200년 즈음에 예루살렘은 여부스 사람들이 지배하고 있었어요. 여호수아가 이스라엘 사람들을 이끌고 약속의 땅(가나안)에 들어갔을 때 예루살렘 주변에 정착했어요. 그러나 예루살렘이 요새로 둘러싸였기 때문에 여부스 사람들을 예루살렘에서 쫓아내지 못했어요.

그리고 다윗 왕이 등장하지요. 주전 1000년경에 다윗은 자신의 지파(유다)만이 아니라 이스라엘의 모든 지파를 연합시키고 다스릴 길을 찾고 있었어요 (사무엘하 2장). 다윗은 예루살렘이 정치적이고 영적이고 경제적인 수도로 이스라엘 사람들을 연합시킬 만한 위치에 있다고 판단했어요. 여부스 사람들을 없애기 위해 어떻게 도시 안으로 들어갈 것인가 하는 것만이 문제였어요.

여부스 사람들은 삼면의 가파른 비탈을 끼고 높이 자리 잡고 있는 예루살렘을 결코 정복할 수 없다고 뻐겼어요. (사무엘하 5장 6-12절을 보세요.) 그러나 다윗은 예루살렘과 그 주변을 철저히 조사했어요. 다윗은 여부스 사람들이 물을 길으러 성벽 밖으로 나올 필요가 없다는 것을 보며 기혼 샘이 도시 아래를 통해 우물로 흘러들어간다는 것을 깨달았어요. 다윗의 장군 요압은 용감한 병사들을 데리고 샘으로 가서 병사들이 통과할 정도로 굴을 파기 시작했어요. 그들은 우물 입구를 발견하고서 벽을 넘었고 성문을 부수지 않고도 도시를 빼앗을 수 있었어요.

예루살렘의 여러 이름

- 여부스 - '여부스 사람들의'
- 키르얏 한나 다비드 - '다윗이 진을 친 도시'
- 아리엘 - '하나님의 사자'
- 이르 하엘로힘 - '하나님의 도시'
- 네베 쩨덱 - '의로운 거주지'

스바의 여왕이 솔로몬 왕을 방문하다. 율리우스 슈노르 폰 카롤스펠트(19세기)

부자에서 빈털터리로

예루살렘은 다윗의 아들 솔로몬 시절에 가장 큰 영광을 누렸어요. 이 도시에서 가장 중요한 건물인 성전은 주전 959년에 완성되었어요. 성전을 완성하고 나서 불과 35년 후에 애굽의 시삭 왕이 쳐들어와 예루살렘을 포위하고 성전 보물을 모두 약탈해 갔어요(역대하 12:1-9).

200년 후에 히스기야가 이스라엘의 왕이 되었을 때 앗수르 왕 산헤립이 예루살렘을 포위했어요. 그러나 성경은 열왕기하 19장 20-34절에서 하나님이 어떻게 예루살렘 사람들을 구하셨는지를 기록하지요.

결국 약 100년 후인 586년에 예루살렘은 바벨론의 느부갓네살 왕에게 완전히 파괴되었어요. 유다의 마지막 왕 시드기야는 많은 신하들과 더불어 사슬에 묶여 바벨론에 끌려갔어요(열왕기하 25:1-21).

고향에 돌아오다

바벨론 사람들은 70년 동안 이스라엘 사람들을 포로로 잡아두었어요. 예루살렘은 여전히 파괴되어 있었어요. 페르시아의 고레스 왕이 바벨론을 무찌른 후 이스라엘 사람들에게 고향에 돌아가도 된다고 허락했어요(에스라 1장). 원래 예루살렘에 살다가 포로로 끌려간 사람들은 대부분이 죽었어요. 그래서 예루살렘에 돌아온 대다수의 사람들은 그 곳을 한 번도 본 적이 없는 사람들이었어요. 사람들은 50년에 걸쳐, 폐허가 된 예루살렘으로 돌아왔어요. 학자인 에스라는 돌아온 사람들 중의 하나였어요. 주전 445년에야 느헤미야와 무장을 한 사람들은 예루살렘 주변이 어느 정도 파괴되었는지 조사했어요.

예루살렘의 성벽

알고 있었나요?

유다의 총독인 느헤미야와 일행은 52일에 걸쳐 성벽을 다시 쌓았어요(느헤미야 2:11-20; 6:15). 모든 가문의 사람들이 나와서 도왔어요. 건축을 하는 사람들은 적대적인 이웃의 위협을 받았어요. 그래서 한 손으로만 일을 했어요. 적이 공격할 경우를 대비해서 다른 한 손은 병기를 들 수 있도록 대비해야 했거든요(느헤미야 4:16-18).

망치 가문 이야기

예루살렘의 성벽을 다시 쌓고 헤롯 대왕이 즉위한 때 사이의 4백 년 동안은 아람(시리아) 사람들이 이스라엘을 다스렸어요. 주전 167년에 마카베오('망치'라는 뜻)라는 용감한 유대 가문이 아람 사람들에게 대항하여 반란을 일으켰어요. 유다 마카베오와 그를 따르는 사람들은 게릴라식 군사 작전을 펼쳤고 결국 주전 164년에 아람 사람들을 무찔러 예루살렘을 되찾았고, 성전을 다시 봉헌했어요. 아람 사람들이 거짓 신들을 섬겨서 성전을 더럽혔거든요. 마카베오 가문은 로마가 주전 63년에 쳐들어올 때까지 100년간 다스렸어요. 그 후로 로마의 황제들이 차례로 총독과 지방 지도자들을 임명해서 예루살렘과 그 지역을 다스리게 했어요.

건축자 헤롯

주전 37년에 로마 사람들이 임명한 헤롯 대왕이 등장했어요. 헤롯은 유대인이면서도 자기 민족에게 매우 잔인했고, 백성을 보살피기보다는 자신의 이기적인 야망을 먼저 생각했어요. 그는 인상적인 건축 사업을 해서 예루살렘을 크게 확장시켰지만 이 건축 사업의 대부분은 침략 세력으로부터 자신을 보호하기 위한 것이었어요. 또는 그렇게 해서 후대 사람들이 통치자인 자신의 업적을 기억하게 하려는 것이었어요. 그는 다음과 같은 건축 사업을 했어요.

- 성전 산 북쪽의 요새를 개조하고 마크 안토니를 기념하여 안토니아 요새라고 이름을 붙임.
- 예루살렘의 서쪽 측면에 둘째 요새를 건축.
- 자기를 위해서 예루살렘 안에 높고 낮은 궁전을 지음.

헤롯의 흉상

알고 있었나요?

헤롯이 항상 이기적이지는 않았어요. 그는 예루살렘에 여러 목욕탕과 극장을 지었어요. 그리고 로마와 그리스식 경기를 하도록 히포드롬이라고 하는 경기장을 지었어요.

낡은 것은 보내고 …

주후 28년경에 예수님이 사역을 시작하실 때까지 예루살렘은 천 년이 넘도록 유대교 신앙과 예배의 중심지였어요. 그 전에 예루살렘은 우물이 하나 있는, 덥고 먼지가 많은 언덕 위의 작은 도시였어요. 다윗 왕이 언약궤를 예루살렘에 가져오고 그 아들 솔로몬이 성전을 짓고 나서야 예루살렘이 진정으로 이스라엘 공동체의 영적인 중심지가 되기 시작했어요. 사람들은 마음속에서 하나님이 시내 산에서 세우신 언약을 예루살렘의 성전 산으로 가져오시는 것을 보았어요. 그래서 다윗의 도시는 곧 주님의 도시가 되었고, 성전은 하나님이 사람들 가운데 사시는 곳이 되었어요.

새 것은 들여놓고 …

예수님이 예루살렘에 가시기로 결심하셨을 때(누가복음 9:51) 거기서 메시아로서 사람들의 찬양을 받으러 가신 것이 아니었어요. 거기서 지도자들에게 버림받고 결국 죽으실 것을 아셨어요(마가복음 8:31). 바로 이런 이유로 예수님은 예루살렘을 두고 우셨고, 로마 군대에 의해 포위되고 성전까지 모두 파괴될 것이라고 말씀하셨어요. 왜 그럴까요? "이는 네가 보살핌 받는 날을 알지 못함을 인함이니라 하시니라"(누가복음 19:44하). 예수님을 환영하도록 하나님이 준비하신 예루살렘이 정작 예수님을 거부했거든요. 사람들은 예수님을 인정하지 않았어요.

산상수훈,
칼 하인리히 블로흐(19세기)

제국의 지배

주후 70년, 유대 대반란이라고 하는 전쟁 때 예루살렘 성전이 파괴될 즈음에 로마 사람들은 넓은 로마 제국 안에서 예루살렘을 별로 중요하지 않은 변방 전초지로 삼았어요. 하드리아누스 황제는 자신의 이름과 로마 신 주피터의 이름을 따서 예루살렘을 앨리아 카피톨리나라고 새로 이름을 붙였어요. 반란 후에 강제로 지중해를 건너 이사하지 않은 유대인은 1년에 하루만 이 도시에 머물 수 있었어요. 그 날 사람들은 유일하게 파괴되지 않은 서쪽 벽에 가서 성전의 파괴를 애도했어요. 때로 '통곡의 벽'이라고 불러요.

콘스탄티누스 대제,
하기아 소피아에 있는 모자이크(1000년경)

한 로마 황제가 예루살렘을 다시 건설하다

예루살렘은 150년간 별로 중요하지 않은 도시로 있다가 최초의 기독교 황제인 콘스탄티누스가 335년에 그 유명한 성묘교회를 짓고서 이 도시를 기독교 예배의 중심지로 다시 건설했어요. 그러나 유대인은 여전히 예루살렘에 들어올 수가 없었고, 페르시아가 예루살렘을 지배하게 된 614-629년에야 잠시 들어올 수 있었어요.

알고 있었나요?

예루살렘의 옛 도시는 불과 56제곱킬로미터이고, 네 부분으로 뚜렷이 나뉘어 있었어요.

사막에서 불어온 폭풍

예루살렘은 638년에 처음으로 이슬람교도들에게 정복되었어요. 왜일까요? 이슬람의 핵심 선지자이자 창시자인 마호메트는 621년에 하나님에게서 환상을 받았다고 주장했어요. 환상 속에서 가브리엘 천사장이 나타나 그를 하늘로 데려갔고, 그런 다음 예루살렘에 데려가더니 거기서 다른 선지자들과 함께 기도를 인도하라고 말했대요. 632년에 마호메트가 죽은 후 그의 추종자들은 계속 불어났어요. 그들은 군대를 만들어 중동, 북아프리카, 동유럽, 스페인까지 거치며 군사 원정을 했어요. 그들이 제일 먼저 정복한 도시 중의 하나가 예루살렘이었어요. 60년 후 이슬람 성전인 돌로 지은 둥근 지붕 사원이 완성되었어요. 이것은 마호메트가 가브리엘과 함께 하늘로 올라간 자리라고 여겨지는, 바위가 있는 성전 산에 자리 잡은 성소예요. 그래서 이슬람교도들은 예루살렘을 가장 성스러운 도시 중의 하나로 생각해요.

마호메트를 선지자로 부름 그리고 첫 번째 계시
(역사 대집성, 1425년경)

오늘날의 예루살렘

오늘날 예루살렘은 도시 경계 안에 740,000명이 넘는 인구가 살고 있는, 문화적으로 활발한 이스라엘의 수도예요. 이스라엘이 1948년에 한 국가가 되었을 때 거의 2000년 동안 세계에 흩어져 살던 유대인들이 조상의 고향에 다시 돌아올 수 있었어요.

예루살렘에서 다음 장소를 방문해보세요.

- 성전 산과 돌로 지은 둥근 지붕 사원 ('바위 돔 사원' 또는 '바위의 돔'으로 더 많이 사용되고 있음)
- 성묘 교회
- 서쪽 벽(통곡의 벽)
- 동쪽 문
- 십자가의 길
- 기혼 샘
- 겟세마네 동산
- 감람 산
- 히스기야의 수로

현대 예루살렘의 모습

처음으로 돌아갑시다

여러분은 오늘날 교회의 예배가 어떻게 시작되었는지 궁금하지 않나요? 왜 교회들이 서로 달라 보일까요? 왜 어떤 교회 지도자들은 특별한 예복을 입을까요? 기독교 예배는 시내 반도의 광야에서 드렸던 맨 처음의 예배로 거슬러 올라갈 수 있어요. 거기서 하나님은 이스라엘 사람들이 어떻게 살고 예배해야 할지에 대한 규칙을 모세에게 주셨어요. 그 규칙은 그들을 향한 하나님의 크신 사랑을 상기시켜 주었고, 하나님의 법을 어기는 죄를 지었을 때 어떻게 해야 하는지를 가르쳐주었어요. 자, 그러면 이 고대의 예배 장소들을 살펴보고, 사람들이 거기서 무엇을 했는지 알아봅시다.

하나님과 함께 진을 친 성막

(출애굽기 35-40장)

이스라엘 사람들은 애굽(이집트)을 떠나 약속의 땅 가나안으로 가는 동안 성막(장막)에서 예배를 드렸어요. 성막 틀의 덮개는 숫양 가죽으로 만들었고, 조각목(아카시아 나무) 위에 염소 털로 짰어요. 성막의 휘장은 파랑, 빨강, 보라로 물들인 베와 양털 직물로 만들었어요. 성막은 분리해서 어느 곳으로든 옮길 수 있었어요. 성막은 세 부분으로 나뉘었어요. 제물을 불사르는 직사각형 부분(뜰이라고 함)과 천막이 쳐진 성소가 있었어요. 성소는 널판과 휘장으로 막아 두 부분으로 나누었어요. 앞부분은 '성소'이고 뒷부분은 증거궤(언약궤)를 둔 '지성소'예요.

알고 있었나요?

이스라엘 사람들은 촛대나 증거궤와 같은 기구를 장식할 금을 캘 수 없었기 때문에 998킬로그램이 넘는 금 장신구를 건축비로 드렸어요(출애굽기 38:24). 엄청나게 많은 장신구였지요!

성전: 영원한 안식처

다윗 왕은 하나님을 위해 오래도록 변하지 않는 집을 짓고 싶어 했고, 그렇게 할 계획까지 세웠어요(사무엘하 7장; 역대상 22장). 하나님은 다윗의 요청은 허락하지 않으셨지만, 나중에 다윗의 아들 솔로몬이 다윗이 꿈꾸었던 성전을 지었어요(열왕기상 5-8장). 성전은 모리아 산을 내다보는 여러 계단식 건물로 되어 있었고, 제사장, 문지기, 찬양대를 위한 숙소는 물론, 예배를 드리러 방문한 사람을 위한 방도 있었어요. 가장 높은 계단식 건물에는 큰 현관과 성소가 있었어요. 건축자들은 두로에서 가져온 목재를 썼고 보석들, 금, 은, 철, 화강암, 대리석 및 여러 보물을 썼어요. 그 결과 엄청나게 크고 보기에 매우 아름다운, 놀라운 건축물이 되었어요.

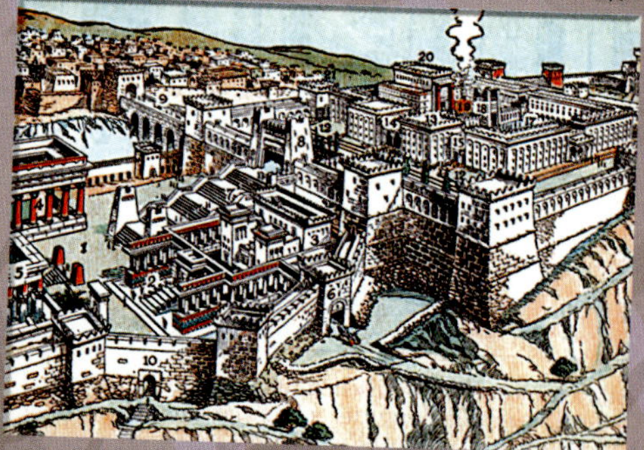

성전 둘러보기

하나님이 예배 제도를 정하셨을 때 사람들이 올바로 예배를 드릴 수 있도록 성막 안에서 쓸 물품의 구체적인 목록을 모세에게 알려주셨어요(출애굽기 26-27장; 30장). 이것들은 하나님이 이 곳에 계시다는 것을 기억하게 하는 물건, 하나님의 법을 어기고 죄를 지었을 때 어떻게 깨끗해질 수 있는지 생각나게 하는 물건들이었어요. 여러 해가 지나서 예루살렘 성전을 완성했을 때 두로에서 온 놋쇠 대장장이 히람이 이 기구들과 장비들을 만들었답니다(열왕기상 7:13-47). 다음은 성전에 있던 여러 기구들이에요.

번제 제단

이 제단은 동물과 제물을 바치는 곳이에요. 길이가 9미터, 너비가 9미터, 높이가 5미터였어요(역대하 4:1).

놋 바다

이 커다랗고 둥근 바다 모양의 물통은 놋으로 만들었고 둘레가 약 14미터, 지름이 5미터, 높이가 2미터였어요. 여기에는 제사장이 씻을 수 있도록 물이 채워져 있었어요(열왕기상 7:23-26). 12마리의 놋 황소가 놋 바다를 떠받쳤어요. 3마리의 소들이 네 방향에서 각각 바깥쪽을 바라보며 있었어요.

움직이는 놋 '받침 수레'

이들 받침대는 놋으로 만들었고, 아래에 바퀴를 달았어요. 받침 수레는 제사에 바칠 동물을 씻고 마당을 청소하는 데 쓰였어요(열왕기상 7:27-39).

분향단

분향단은 향기로운 냄새가 나는 향을 피우는 곳이었어요(출애굽기 30:1-5; 역대상 28:18).

10개의 등잔대

등잔대에는 각 7개의 가지가 있었는데, 가지에는 아침부터 저녁까지 늘 켜두는 기름등잔이 달려 있었어요(레위기 24:1-4; 열왕기상 7:49).

거룩한 떡을 두는 상

이 단단한 금 상에는 '진설병'이라는 특별한 떡 12개를 두었어요. 떡은 안식일에 두었고, 하나님께 드린 후에 제사장들만이 먹을 수 있었어요. 신선한 떡을 매주 상 위에 두었어요(레위기 24:5-9; 열왕기상 7:48; 역대하 4:8, 19).

언약궤

언약궤는 조각목으로 만들어졌고 순금을 입혔어요. 궤 안에는 하나님이 시내 산에서 모세와 백성에게 주신 법인 십계명을 적은 돌판들이 있었어요.
궤의 덮개는 두 황금 그룹이 앉는 속죄소였어요.
하나님의 임재가 있으리라고 하신 곳이었지요
(출애굽기 25:10-22; 열왕기상 8:1-13).

제단에서 배워요

희생제사와 제물

그렇다면 사람들은 번제물을 위한 제단에서 무엇을 했을까요? 레위기에서 제물과 희생은 종종 같은 것을 가리켰어요. 사람들은 죄를 씻기 위해 하나님께 희생제사를 드렸어요. 그래서 온 마음으로 하나님께 예배할 수 있었어요. 각 희생제사는 삶의 구체적인 상황과 연결이 되었기 때문에 모두 의미가 있었어요. 가장 중요한 희생제사 중 하나는 죄를 위한 제사였는데, 항상 그 사람의 죄를 대신해서 도살되어야 하는 동물 희생제사였어요. 이것은 사람들에게 다음 두 가지를 알려주었어요.

1.

죄의 결과는 죽음이었어요(로마서 6:23). 동물은 죄 지은 사람을 대신 했고, 죄의 결과를 사람들에게 보여주었어요(레위기 1:4).

2.

동물을 희생하는 것은, 사람이 생명을 받았기 때문에 하나님의 법을 어겨서 죽어 마땅할지라도 생명은 구해야 한다는 것을 보여주었어요. 신약성경에서 예수님은 '하나님의 어린 양'이라고 불리셨고(요한복음 1:29; 베드로전서 1:19), 죄에 대한 희생제물로 여겨지셨어요(히브리서 9:28; 10:10).

제단에서 드리는 희생제사로는 다섯 가지가 있었어요. 어떤 것은 스스로 드리고 싶어서 드리는 제사였고(드릴 수도 드리지 않을 수도 있음), 어떤 것은 예배하기 전에 꼭 드려야 하는 제사였어요. 때로 곡물을 바치기도 했지만(레위기 2장), 대부분의 경우 동물을 희생제물로 드렸어요. (62쪽의 '동물'을 보세요.)

구약성경에 나오는 다른 예배 장소 둘러보기

성전은 예배를 드리는 유일한 곳이 아니었어요. 하나님이 무언가 중요한 일을 하셨을 때 사람들은 제단을 세워서 그것을 기념했어요. 그러나 그러한 기념 장소를 '거룩한 장소'로 만들거나 주변 나라들처럼 다른 신들을 섬겨서는 안 되었어요. 어길 경우에는 레위기 26장 30절에서 하나님이 말씀하신 것처럼 될 것이니까요. 하나님은 이러한 곳들을 파괴하시고 그 위에 그들의 죽은 시체를 던질 것이라고 하셨어요.

다음은 사람들이 예배드린 특별한 장소와 그곳을 특별하게 만든 사건 목록이에요.

예배 장소	왜 이곳이 특별할까
실로	최초로 오래도록 변하지 않는 회막을 세운 자리(여호수아 18:1-2).
길갈	하나님이 요단 강물이 벽처럼 일어서게 만드셔서 이스라엘 사람들이 길갈로 건널 수 있었어요. 이것을 기념하기 위해 돌 하나마다 지파 하나를 나타내는 돌 12개를 거기에 두었어요(여호수아 4:19). 한동안 길갈은 중요한 결정을 내리는 주요 종교 중심지였어요.
예루살렘	솔로몬의 성전을 여기에 세웠어요(열왕기상 8:1-2).
세겜	하나님이 아브라함의 자손에게 땅을 주시겠다고 아브라함에게 약속하신 곳(창세기 12:6-8).
벧엘	야곱이 하늘까지 닿은 사닥다리로 천사들이 오르락내리락 하는 꿈을 꾼 곳이고, 하나님이 자손에게 땅을 주시겠다는 약속을 다시 하신 곳이에요(창세기 28:10-19).

알고 있었나요?

유향은 향기로운 고무수지인데, 그 속에는 쉽게 증발하는 기름이 들어 있어요. 고대 사람들은 예배 때 유향을 많이 썼고 또 약으로도 썼어요. 수지는 향을 만들 때 언제나 중요한 재료예요. 나무의 몸통에 칼집을 내면 우유와 같은 액체가 떨어지는데, 공기와 만나면 굳어요.

하나님은 성막에서 유향 섞은 것을 향으로 태우라고 모세에게 알려주셨어요(출애굽기 30:34-38). 이렇게 유향 섞은 것은 하나님께 예배 드릴 때만 쓰게 되어 있었어요. 다른 목적으로 이것을 쓴 사람은 '(하나님의) 백성 중에서 끊어지리라'라고 했어요(출애굽기 30:38).

성전을 넘어 오늘로

여러분은 아마 구약성경의 예배와 오늘날 기독교인이 예배드리는 방식 사이에 몇 가지 연관성이 있다는 것을 보았을 거예요. 다양한 형태의 예배와 다양한 형태의 예배 장소가 있지요. 다음은 고대 시대 이후 예배에 관한 몇 가지 흥미로운 사실들이에요.

회당

'회당'이라는 말은 '사람들의 모임 또는 집회'를 뜻하는 그리스어예요. 회당은 이스라엘 사람들이 토라를 읽고 토론하고 기도했던 작은 모임 장소였어요. 언제 이런 모임 장소가 시작되었는지는 분명하지 않지만 바벨론 포로 후에 생겨났을 거라고들 생각해요. 예배할 장소가 없던 때였으니까요. 신약성경에서 우리는 예수님과 제자들이 종종 회당에 가셨던 것을 알 수 있어요(마태복음 4:23; 누가복음 4:16-30).

가정교회

예수님이 죽음에서 부활하신 후에 작은 무리의 사람들이 기도하기 위해 다락방에서 모이기 시작했어요(사도행전 1:12-13). 오순절에 성령님이 오셨고(사도행전 2:1-13), 그 날 약 3천 명이 세례를 받았어요(사도행전 2:41). 그 때부터 집에서 정기적으로 모이는 일이 점점 더 널리 퍼졌어요(사도행전 2:42-47). 기독교인은 서로를 격려하고 예수님이 그들을 위해 하신 일을 기억하기 위해 만났어요(로마서 16:5).

기독교인들은 예수님을 믿는 것 때문에 정부 지도자들에게 많은 어려움을 겪었어요. 어떤 사람들은 회당에서 쫓겨났어요(요한복음 9:24-34). 같은 신앙인의 집에서 모이면 만날 장소도 생기고, 만나서 예수님을 믿는 신앙에 대해 말할 수 있었어요. 사도 바울의 선교여행 덕에 많은 가정교회가 생겨났어요.

오늘날의 교회

오늘날 많은 종류의 교회가 있고 예배하는 방식도 다양하지요. 어떤 기독교인들은 예복을 입어요. 어떤 사람들은 조용히 예배하고, 어떤 사람들은 큰 소리를 내고 움직이며 예배하지요. 어떤 교회는 정해진 예배 형식을 따르는데, 같은 문구와 성경을 매주 읽고 회중이 앉았다가 일어서고 또는 무릎을 꿇고 한 목소리로 고백의 기도를 하지요. 또 어떤 교회들은 정해진 형식 없이 자유로운 분위기에서 예배를 드려요. 많은 교회들에 연주단이 있고, 특정 성경 본문에 대한 설교 말씀과 특별한 기도가 있어요. 그러나 어떤 환경이든지 중요한 것은 하나님을 존경하고 경외하는 태도이지요.

예배 의식

다음은 기독교인이 드리는 몇 가지 예배 의식인데 여러분도 알 수 있을 거예요.

성만찬

예수님은 마지막 만찬을 하시면서 떡을 떼시고는 떡과 포도주를 제자들에게 주셨어요. 예수님은 떡이 예수님의 몸이고 포도주가 예수님의 피라고 설명하셨어요(마태복음 26:26-30; 고린도전서 11:17-34). 오늘날 이 사건을 성만찬, 주님의 만찬, 거룩한 성찬 등의 이름으로 불러요.

헌금

예배 중에 헌금바구니 또는 쟁반이나 접시를 돌리거나 교회 뒤에 헌금통이 놓여 있어서 사람들이 하나님께 헌금을 드릴 수 있어요. 자신이 가진 돈의 일부 또는 십일조(10분의 1)를 드리는 것은 아브라함 시대부터 내려온 일이에요(창세기 14:17-20). 이스라엘 사람들에게는 모세의 법에 따라 추수한 것의 십일조를 하나님께 드릴 의무가 있었어요(레위기 27:30).

바울과 같은 순회 설교자들은 종종 다른 사람들이 내는 연보(헌금)의 지원을 받았어요(고린도후서 8-9장; 빌립보서 4:14-20). 오늘날 많은 기독교인들은 다니는 교회에 소득의 십일조를 헌금으로 드려요.

세례

세례를 받는 사람은 물에 잠기거나 그 사람에게 물이 뿌려져요. 이것은 그 사람이 하나님에게 향하고 하나님의 자녀가 된다는 것을 상징하지요. 이것은 '테빌라'(또는 담금)라는 말에서 왔고, 사람이 무언가 정결하지 않은 것을 씻어내는 '미크베' 예식에서 나왔어요(민수기 19장). 또 다른 예는 제사장들이 임명받을 때 예식에서 씻는 순서예요(레위기 8:6-7). 예수님은 사역을 시작하기 전에 세례를 받으셨어요(마태복음 3:13-17; 마가복음 1:9-11; 누가복음 3:21-23). 예수님은 하늘로 올라가시기 전에 제자들에게 말씀하시기를 사람들을 제자로 삼고 '아버지와 아들과 성령의 이름으로 세례를 베풀라'고 하셨어요(마태복음 28:19).

알고 있었나요?

많은 미로 무늬가 중세의 성당에서 발견되었어요. 이 미로에는 색깔 있는 다양한 대리석 조각들이 기하학적으로 조형되어서 바닥에 박혀 있어요. 사람들은 하나님에 대해 생각하면서 미로의 길을 따라 걸으며 중심 지점을 발견하려고 했어요. 어떤 사람들은 이 미로가 중세 기독교인들로 하여금 실제로 이스라엘로 여행하지 않고도 거룩한 땅을 방문하겠다는 서약을 지키고 신앙의 뿌리를 경험하게 했다고 생각해요.

예수님

예수님은 누구일까요?

많은 사람들은 오랫동안 이 질문을 했어요. 여러분은 특히 크리스마스와 부활절에 예수님에 대해 이야기를 많이 들을 거예요. 예수님에 관한 영화와 책도 있어요. 역사 사건의 연대를 정하는 것이 예수님의 탄생 때문에 바뀌었어요. 그렇다면 예수님은 누구일까요? 예수님은 이 모든 역사에 어떤 영향을 미쳤을까요? 그리고 예수님은 오늘의 삶에 어떤 영향을 미칠까요?

생일 축하해요, 예수님!

예수님은 언제 태어났을까요? 확실한 날짜는 아무도 몰라요. 이 책에서 '크리스마스' 부분(232쪽)을 읽으면 예수님이 12월 25일에 태어나지 않으셨다는 것을 알게 될 거예요. 그 날짜는 기독교가 로마제국의 공식 종교가 된 4세기에 정해졌어요. 동지 축제와 태양신(솔 인빅투스)의 탄생을 축하하는 이교도 축제에 반대하려고 그 날짜로 정했던 것 같아요. 2세기의 교회 지도자인 알렉산드리아의 클레멘트는 예수님이 5월 20일에 태어나셨다고 생각한 반면, 2세기와 3세기의 교회 지도자인 로마의 히폴리투스는 예수님이 1월 2일에 태어나셨다고 생각했어요.

이름 속에 있는 것

신약성경을 보면 예수님에게 여러 이름과 호칭이 쓰인 것을 알 수 있어요. 아래에 몇 가지 이름이 있어요. 이 이름은 많은 사람들이 예수님에 대해 무엇을 믿었는지를 말해 주어요.

알파와 오메가
('처음과 마지막'을 뜻하는 그리스어로서 요한계시록 1장 8절과 22장 13절에 나와요.)

생명의 떡 (요한복음 6:35, 48)

신랑 (마태복음 9:15)

그리스도, 하나님의 아들 (요한복음 11:27)

양의 문 (요한복음 10:7-9)

선한 목자 (요한복음 10:11-18)

대제사장 (히브리서 4:14)

내가 있느니라 요한복음에서 예수님은 "아브라함이 나기 전부터 내가 있느니라" (요한복음 8:58) 하고 말씀하시면서 처음부터 하나님의 계획 속에 계셨다는 것을 보여주려고 "내가 있다"는 표현을 썼어요. 하나님은 모세에게 이스라엘 사람들을 애굽(이집트)의 종살이에서 데리고 나오라고 명령하셨을 때 하나님의 이름이 "스스로 있는 자"라고 알려주셨어요(출애굽기 3:14).

임마누엘
("하나님이 우리와 함께 계시다." 마태복음 1:23)

만왕의 왕이요 만주의 주 (요한계시록 19:16)

하나님의 어린 양 (요한복음 1:29)

세상의 빛 (요한복음 8:12)

유대 지파의 사자 (요한계시록 5:5)

주 (사도행전 2:36; 로마서 10:9; 빌립보서 2:11)

그리스도 (마태복음 16:16)

모퉁잇돌 (에베소서 2:20)

부활, 생명 (요한복음 11:25)

구주 (누가복음 2:11)

다윗의 자손 (누가복음 18:38)

하나님의 아들
(요한복음 1:49; 히브리서 4:14)

인자
(마태복음 8:20; 20:18; 24:30)

참포도나무 (요한복음 15:1)

길, 진리, 생명 (요한복음 14:6)

말씀 (요한복음 1:1)

하나님의 말씀 (요한계시록 19:13)

메시아에 대한 예언

구약성경에는 오실 메시아(구원자)에 대한 예언이 많이 있어요. 기독교인은 예수님의 삶과 죽음과 부활 속에서 그 예언이 이루어졌다고 믿어요.

예언	예수님이 이루심
처녀가 잉태하여 아들을 낳을 것이며, 그가 그의 이름을 임마누엘이라고 할 것이다(이사야 7:14).	동정녀 마리아가 예수님을 낳았다(누가복음 2:1-7). 예수님을 임마누엘이라 불렀다(마태복음 1:23).
베들레헴은 가장 작은 성읍이지만 이스라엘을 다스릴 자가 거기서 태어날 것이다(미가 5:2).	예수님이 베들레헴에서 나셨다(누가복음 2:1-20).
한 선지자가 광야에서 나와 주님의 길을 예비할 것이다(이사야 40:3-5; 말라기 3:1).	세례 요한이 광야에서 설교하기 시작했고, 사람들더러 하나님께 돌아오라고 말하기 시작했다(마태복음 3:1-3; 마가복음 1:1-4; 누가복음 3:3-6).
왕이 나귀를 타고 예루살렘에 들어가실 것이다(스가랴 9:9).	예수님이 나귀를 타고 예루살렘에 들어가셨다(마태복음 21:1-11; 마가복음 11:1-11; 누가복음 19:28-40; 요한복음 12:12-16).
고난 받는 종(메시아)이 다른 사람들의 죄 때문에 상함을 입을 것이다(이사야 53:5).	고난 받는 종인 예수님이 다른 이들의 죄 때문에 처형을 당하셨다(마태복음 27:31-66; 마가복음 15:21-41; 누가복음 23:26-56; 요한복음 19:17-37).
종이 부자의 무덤에 묻힐 것이다(이사야 53:9).	아리마대의 부자 요셉이 예수님을 자신의 무덤에 장사지냈다(마태복음 27:57-61).

예수님

예수님의 비유

이야기를 잘 하는 사람

이야기 좋아하세요? 예수님은 하나님과 하나님 나라에 대한 중요한 진실을 말씀해 주실 때 종종 흔한 일상에 관한 이야기를 사용하셨어요. 다음은 예수님이 말씀하신 이야기들이에요.

이야기	마태복음	마가복음	누가복음	요한복음
밤중에 온 친구			11:5-13	
선한 사마리아 사람			10:25-37	
선한 목자				10:1-18
잃어버린 동전			15:8-10	
잃어버린 양	18:12-14		15:4-7	
겨자 씨	13:31-32	4:30-32	13:18-19	
값비싼 진주	13:45-46			
바리새인과 세리			18:9-14	
돌아온 탕자			15:11-32	
포도원 농부	21:33-46	12:1-12	20:9-19	
어리석은 부자			12:16-21	
부자와 나사로			16:19-31	
양과 염소	25:31-46			
열 처녀	25:1-13			
열 달란트	25:14-30		19:11-27	
씨 뿌리는 사람	13:3-9, 18-23	4:3-9, 13-20	8:4-8, 11-15	
두 건축자	7:24-27		6:47-49	
빚진 두 사람			7:41-43	
용서할 줄 모르는 종	18:21-35			
준비 없는 건축자			14:28-30	
포도나무와 가지				15:1-17
들의 잡초	13:24-30, 36-43			
과부와 재판관			18:1-8	
포도밭의 일꾼들	20:1-16			

산 위에서 가르치신 말씀(산상수훈)

사람들은 예수님을 위대한 선생님이라고 생각해요. 예수님의 유명한 가르침 중 많은 내용이 산상수훈(마태복음 5-7장)에 들어 있어요. 그 안에 8가지 복(팔복, 마태복음 5:1-12)과 주기도문(마태복음 6:9-13)과 그 밖에 여러 중요한 가르침이 들어 있어요. 이 설교 중 몇 가지는 여러분도 잘 알거예요.

- "누구든지 네 오른편 뺨을 치거든 왼편도 돌려 대며"(마태복음 5:39하).
- "비판을 받지 아니하려거든 비판하지 말라"(마태복음 7:1).
- "어찌하여 형제의 눈 속에 있는 티는 보고 네 눈 속에 있는 들보는 깨닫지 못하느냐"(마태복음 7:3).
- "그러므로 무엇이든지 남에게 대접을 받고자 하는 대로 너희도 남을 대접하라 이것이 율법이요 선지자니라"(마태복음 7:12).

예수님의 기적

예수님은 놀라운 일들을 하실 수 있었어요! 예수님은 약속된 구원자요, 하나님의 아들이라는 것을 보여주는 많은 일을 하셨어요.

예수님이 하신 일	성경 구절
12년 동안 혈루증을 앓은 여자를 고치심	마태복음 9:20-22
5,000명이 넘는 사람들을 먹이심	마태복음 14:13-21; 요한복음 6:1-14
물 위를 걸으심	마태복음 14:22-33
중풍병자를 치유하심	마가복음 2:1-12
폭풍을 잠잠하게 하심	마가복음 4:35-41
더러운 귀신이 든 사람을 고치심	마가복음 5:1-20
죽은 소녀를 살리심	마가복음 5:21-24, 35-43
듣지 못하고 말 더듬는 사람을 치유하심	마가복음 7:31-37
과부의 죽은 아들을 살리심	누가복음 7:11-17
10명의 피부병 환자를 치유하심	누가복음 17:11-19
물을 포도주로 만드심	요한복음 2:1-11
태어날 때부터 눈이 먼 사람을 치유하심	요한복음 9:1-41
죽은 나사로를 다시 살리심	요한복음 11:17-44

예수님 생애의 핵심 사건들

예수님은 로마의 아구스도 황제가 통치할 때, 그리고 헤롯 대왕이 팔레스타인 전체의 왕이었을 때 베들레헴 마을에서 태어났어요. 그러면 예수님이 주전 6년경에 태어나신 것이지요. 예수님은 12세 때 부모님과 함께 예루살렘에 가서 유월절 명절을 지냈어요. 그리고 30세에 공적인 사역을 시작하셨어요. 예수님은 1년에서 3년, 또는 그 이상 동안 사역을 하신 것으로 생각해요. 그러면 십자가에 달리고 부활하신 때가 주후 약 30년이 되지요.

예수님이 어렸을 때

베들레헴: 예수님이 태어나고, 목자들이 목격하다. 그리고 동방에서 온 박사들이 예수님을 찾아오다(마태복음 1:18-25; 2:1-12; 누가복음 2:1-20).

예루살렘: 마리아와 요셉이 예수님을 성전에 데려가다(누가복음 2:21-40).

갈릴리, 애굽(이집트): 마리아와 요셉이 헤롯 대왕을 피해 예수님을 애굽(이집트)으로 데려가다. 그리고 안전할 때 돌아오다(마태복음 2:13-23).

예루살렘: 예수 이 소년일 때 성전을 방문하다 (누가복음 2:41-52

예수님의 공적인 사역

요단 강: 예수님이 세례 요한에게서 세례를 받으시다(마태복음 3:13-17; 마가복음 1:9-11; 누가복음 3:21-22; 요한복음 1:29-34).

광야: 예수님이 사탄(마귀)에게 시험을 받으시다(마태복음 4:1-11; 마가복음 1:12-13; 누가복음 4:1-13).

가나: 예수님이 결혼식에서 물을 포도주로 만드시어 첫 표적을 일으키시다(요한복음 2:1-11).

갈릴리 호수: 예수님이 최초의 제자들을 부르시다(마태복음 4:18-22; 마가복음 1:16-20; 누가복음 5:1-11).

가버나움: 예수님이 12명의 제자를 택하시다(마태복음 10:1-4; 마가복음 3:13-19; 누가복음 6:12-16).

갈릴리 호수 근처: 예수님이 산에서 설교를 하시다(마태복음 5:1-7:29).

갈릴리 호수: 예수님이 폭풍을 잔잔하게 하시다(마태복음 8:23-27; 마가복음 4:35-41; 누가복음 8:22-25).

벳새다 근처: 예수님이 물 위를 걸으시다(마태복음 14:22-33; 마가복음 6:45-52; 요한복음 6:16-21).

가이사랴 빌립보: 예수님이 죽음을 예측하시다(마태복음 16:21-26). 제자들 중 셋이 예수님의 영광을 보다(마태복음 17:1-13; 마가복음 9:2-13; 누가복음 9:28-36).

베다니: 예수님이 죽은 나사로를 살리시다(요한복음 11:1-44).

여리고: 예수님이 눈먼 바디매오를 고치시다(마태복음 20:29-34; 마가복음 10:46-52; 누가복음 18:35-43).

예수님의 마지막 주간
(86쪽의 '부활절'을 보세요.)

예루살렘: 예수님이 나귀를 타고 예루살렘에 들어가시다(마태복음 21:1-11). 예수님이 돈 바꾸는 사람들을 성전에서 쫓아내시다(마태복음 21:12-17).

베다니: 예수님이 베다니에서 기름 부음을 받으시다(마태복음 26:6-13).

예루살렘: 예수님이 마지막 만찬인 유월절 식사를 하시다(마태복음 26:17-30; 마가복음 14:12-26; 누가복음 22:7-23).

예루살렘: 예수님이 제자들의 발을 씻어주시다(요한복음 13:1-20). 겟세마네에서 기도하시다(마태복음 26:36-46; 마가복음 14:32-52; 누가복음 22:39-46). 예수님이 제자들을 위해 기도하시다(요한복음 17:1-26). 예수님이 체포되시다(마태복음 26:47-56; 마가복음 14:43-52; 누가복음 22:47-53; 요한복음 18:3-14).

예루살렘: 예수님이 재판을 받으시고 사형선고를 받으시다(마태복음 26:57-27:30; 마가복음 14:53-15:21; 누가복음 22:66-23:25; 요한복음 18:19-19:16).

골고다 (예루살렘 근처): 예수님이 십자가에 달리시다(마태복음 27:31-56; 마가복음 15:22-41; 누가복음 23:26-49; 요한복음 19:17-37).

예루살렘 근처: 예수님이 묻히시다(마태복음 27:57-66; 마가복음 15:42-47; 누가복음 23:50-56; 요한복음 19:38-42). 예수님이 부활하시다(마태복음 28:1-10; 마가복음 16:1-8; 누가복음 24:1-12; 요한복음 20:1-18).

지상에서 예수님의 마지막 40일

예루살렘 근처: 예수님이 제자들에게 나타나시다(누가복음 24:13-49; 요한복음 20:19-21:25; 사도행전 1:3-5).

갈릴리의 산: 예수님이 제자들에게 마지막 가르침(가장 큰 명령)을 주시다(마태복음 28:16-20).

베다니: 예수님이 하늘로 돌아가시다(누가복음 24:50-53; 사도행전 1:6-11).

예수님에 관한 인용

"사람들이 나를 누구라고 하느냐?"

예수님은 제자들에게 이렇게 물으셨어요. (마태복음 16:13-20; 마가복음 8:27-30; 누가복음 9:18-21을 보세요.) 사람들은 예수님에 대해 이렇게 말했어요.

마하트마 간디, 20세기 초 인도의 지도자:

"(예수님은) 적을 비롯한 다른 사람들을 위해서 자신을 희생제물로 드리시고, 세상의 몸값이 되신 완전히 순수하신 분이다. 그것은 완벽한 행동이었다."

마하트마 간디 저, 토마스 머튼 편, 『간디와 비폭력』

H. G. 웰스, 19세기 말-20세기 초의 작가, 『타임머신』의 저자:

"나는 역사가이고 신앙인이 아니다. 그러나 역사가로서 나는 나사렛 출신의 가난한 설교자가 역사의 중심이라는 것을 고백해야 한다. 예수 그리스도는 모든 역사에서 가장 중요한 인물이다."

마크 드리스콜과 제리 브레셔스의 『참 하나님이시며 참 인간이신 예수 그리스도』에서 인용.

블레즈 파스칼, 17세기 물리학자이자 수학자:

"예수님은 우리에게 자랑거리가 없어도 다가갈 수 있는 하나님이시다. 우리는 그분 앞에서 절망하지 않고 겸손할 수 있다."

블레즈 파스칼 저, 크레일새이머 역, 『팡세』

C. S. 루이스, 20세기 작가이자 학자:

"우리는 선택을 해야 한다. 이 사람이 하나님의 아들이셨는지, 하나님의 아들이 신지 말이다. 아니면 미친 사람인지 또는 그보다 더 나쁜 사람인지 말이다."

C. S. 루이스, 『순전한 기독교』

예수님이 다시 오실까요?

예수님은 깜짝 놀란 제자들 앞에서 하늘로 올라가셨어요. 그러나 그 장소에 있던 두 천사가 말하기를 언젠가 예수님이 돌아오실 것이라고 했어요(사도행전 1:9-11).

예수님은 배신당하기 전에 제자들에게 말씀하시기를 그들이 있을 곳을 마련하러 가시고 다시 돌아오실 것이라고 했어요(요한복음 14:1-3). 예수님이 다시 오시기 전에 제자들이 고난과 어려움을 겪을 것이고, 예수님이 다시 오시는 때와 장소는 아무도 모른다고 하셨어요(마태복음 24:36-44; 마가복음 13:32-37). 예수님의 다시 오심은 심판의 때와 종종 연결되어요. 나쁜 짓을 한 사람들은 벌을 받고, 옳은 일을 한 사람들은 상을 받는 때이지요(마태복음 13:41-43; 16:27-28; 25:31-46). 사도 바울은 그리스도가 다시 오실 때가 신자들이 다시 살아나는 때라고 말해요(고린도전서 15:23; 데살로니가전서 4:14-18). 기독교인은 예수님이 다시 오시기를 계속 기대하고 기다려요.

예술 성경에서 영감을 받은 예술

성경은 아주 오랫동안 예술에 영향을 미쳤어요. 사실 1400년대 초(르네상스 시기)까지 유럽의 거의 모든 예술 작품들은 그림, 조각, 색유리, 모자이크 등 여러 방식으로 성경 말씀을 묘사했어요.

초기 기독교 예술

초기라는 말은 예수님이 이 땅에 사신 후 처음 몇 세기를 가리켜요. 고대 로마의 지하 묘지(카타콤)에서 벽화들이 발견되었어요. 그 밖에도 다음 세 가지 예가 있어요.

- **두라-에우로포스 마을**–고고학자들은 1920-1930년에 시리아의 이 고대 마을을 발굴하고서 많은 벽화가 있는 회당을 발견했어요. 그 중에는 '아기 모세를 발견하는 바로의 딸'이 있어요. 근처 가정교회의 벽화 중에는 '중풍병자를 치유하는 예수'를 표현하는 가장 오래된 그림이 있어요. 이 모든 벽화의 연대는 언제일까요? 232년경이에요.
- **비잔틴**–로마의 황제 콘스탄티누스는 330년에 수도를 비잔티움으로 옮기고 이름을 콘스탄티노폴리스로 바꾸었어요. 이곳은 오늘날 터키의 이스탄불이에요. 벽 모자이크, 정교한 금속 공예, 조각 세공, 성화(예수님, 성자, 또는 천사의 그림) 등 예술 작품이 있어요. 뉴욕 메트로폴리탄 예술 박물관에는 굉장한 소장품들이 있어요. 웹사이트에서도 볼 수 있어요.
- **모사라베 양식**–8-15세기에 스페인에서 살던 기독교인은 무슬림의 지배를 받았어요. 이 시기에 여기에서 나온 작품은 기하학적 도형, 채색 사본, 캘리그라피(예술적인 손글씨), 작은 그림 등에서 이슬람의 영향을 보여주지요. 건축물은 말굽 모양의 아치와 골이 진 돔(dome)이 특징이에요.

잉태를 알림, 오리드, 1259년경

바닥 예술부터

타일 모자이크 예술품들은 보통 벽에 붙였어요. 그 아름다운 예를 547년 이전에 만들어진 것으로 보이는 이탈리아 라베나의 산 비탈레 교회에서 볼 수 있어요. 요르단 암만 근처의 한 동네에 있는 6세기 건물에서는 커다란 바닥 모자이크가 발견되었어요. 이 모자이크는 기독교인들의 기도와 고대 예루살렘의 지도와 이사야 65장 17-25절이 묘사하는 낙원을 담고 있어요.

2007년 11월에 예루살렘 히브리대학교의 고고학자들은 갈릴리에서 1600년-1800년의 회당을 발견했어요. 회당의 바닥에는 노아의 방주, 바벨탑, 또는 예루살렘 성전으로 보이는 큰 구조물을 짓는 목공 몇 사람을 묘사하는 형형색색의 모자이크가 있었어요.

천장 예술까지

바티칸 시는 이탈리아의 로마에 있어요. 가톨릭 교회의 교황이 살면서 가톨릭교회를 이끄는 곳이지요. 바티칸 시에서 가장 유명한 장소 중의 하나는 1473년에 지어진 시스티나 성당이에요.

성당에는 뛰어난 그림들이 이미 벽에 많이 걸려 있었어요. 그런데 1508년에 교황 줄리우스 2세는 평범한 천장이 지루하다고 생각했어요. 그래서 예술가인 미켈란젤로(1475-1564년)를 고용하여 '작은' 프로젝트를 맡겼어요. 그 결과 가장 위대한 걸작 하나가 탄생했어요. 이 작업은 4년이 안되어서 끝났어요. 이 작품은 창세기의 여러 장면을 담고 있고(창조, 아담과 하와, 노아 등 커다란 세 장면), 아브라함부터 그리스도까지의 여러 세대에 대한 작은 장면들도 담고 있어요.

시스티나 성당의 프레스코가 가장 유명한 작품이지만, 미켈란젤로는 조각품을 잘 만드는 것으로도 유명했어요. 그 중 가장 유명한 것으로는 모세, 다윗, 성 마태, 피에타(예수와 어머니)와 같은 성경 인물들이 있어요. 찰톤 헤스톤이 미켈란젤로로 나오는 '고뇌와 환희'(1965년)라는 영화는 미켈란젤로의 작품 이야기를 다룬답니다.

알고 있었나요?

유명한 시스티나 성당의 천장은 프레스코예요. 예술가는 한 번에 작은 부분만을 작업했어요. 젖어 있는 갓 칠한 회벽에 색을 칠했지요. 이 그림 방법은 20세기에 멕시코의 호세 클레멘테 오로즈코와 같은 벽화가의 작업을 통해서 다시 유행했어요.

성경 이야기를 다룬 유명한 그림

엘 그레코의 '성전에서 환전상들을 쫓아내는 그리스도', 1571-1576년 (마태복음 21:12-13)

헨리 오사와 태너의 '사자굴 속의 다니엘', 1895년 (다니엘 6:12-23)

렘브란트 하멘스준 반 리진의 '야곱이 므낫세와 에브라임을 축복하다', 1656년 (창세기 48:1-22).

헤 키의 '낙원을 잃다', 2004년 (창세기 3장)

빈센트 반 고흐의 '선한 사마리아 사람', 1890년 (누가복음 10:25-37)

레오나르도 다빈치의 '최후의 만찬', 1495-1498년 (마태복음 26:17-30)

에두아르 마네의 '그리스도를 조롱함', 1865년 (마태복음 27:27-30; 마가복음 15:16-21)

사와이 치나옹의 '예수 탄생', 2004년 (누가복음 2:1-7)

에드워드 힉스의 '평화의 왕국', 1845년경 (이사야 65:25)

렘브란트의 '나사로를 살리심', 1630년경 (요한복음 11:1-44)

프라 안젤리코의 '산상수훈'(프레스코), 1436-1443년 (마태복음 5-7장)

채색 사본

성경 자체가 예술이 된 것을 뭐라고 부를까요? 요하네스 구텐베르크는 활자 인쇄기를 발명했고 1455년에 처음으로 성경을 인쇄했어요. 그 전까지의 책은 모두 손으로 베껴 쓴 것이었지요. 보통은 수도사들이 썼어요. 성경과 찬송가의 페이지들은 종종 성경 구절과 장면으로 장식되어 있어요. 이런 종류의 예술 작품을 '채색 사본'이라고 불러요. 유명한 채색 사본은 다음과 같아요.

'드보라와 바락이 시스라와 병거 운전자들을 공격하다'(사사기 4-5장). 1250년경 프랑스의 한 채색 사본.

'그리스도의 유혹'(누가복음 4:1-12). 15세기 랭부르 화가 삼형제가 플랑드르 식으로 채색한 기도책.

'불타는 바벨론'(요한계시록 18장). 11세기 채색 사본.

알고 있었나요?

1997년 미국성서공회의 뉴욕 본부 안에 미술전시관이 생겼어요. 8년 후 더 넓은 곳으로 이사하고 성경예술박물관(Museum of Biblical Art)이라고 이름을 붙였어요. 예술 작품과 성경을 전시하는 미국 최초의 학문적인 박물관이에요.

헤 키, 낙원을 잃다(2004년)

문을 두드리는 예수, 스테인드글라스

빛과 색깔

많은 교회와 대성당은 오랫동안 색유리(스테인드글라스)를 사용했어요.

'큰 장미 창'(요한복음 14:6). 1932년, 찰스 코닉. 뉴욕 시 세인트 존 더디바인 대성당의 색유리 창.

'한나가 사무엘을 주님께 드리다'(사무엘상 1:1-2:11, 18-21). 12세기 후반 영국 캔터베리 대성당의 색유리 창.

'문을 두드리는 예수'(요한계시록 3:20). 루이스 컴포트 티파니(1848-1933년). 미국 테네시주 프랭클린시의 성바울성공회교회의 색유리 창.

'여호수아와 아모리 사람들'(여호수아 10:12-13), 스위스의 브래그니교회의 17세기 색유리 창.

'성 디모데'(디모데전서 1:2). 프랑스 알자스의 노이빌러 수도원의 12세기 색유리 창.

'밀과 포도'(호세아 2:21-23; 고린도전서 11:23-26). 작가 미상. 미국의 1930년대 색유리 창.

예술가들이 뽑은 최고의 성경 이야기

수천 년 동안 수많은 예술가들이 다음의 성경 이야기들을 가지고 모든 종류의 예술 작품을 만들었어요.

창조(창세기 1장)
에덴동산(창세기 2-3장)
금송아지(출애굽기 32:1-10)
예수님의 탄생(마태복음 1:18-2:12; 누가복음 2:1-7)
선한 목자(요한복음 10:7-21)
예수님께서 오천 명을 먹이신 이야기(마가복음 6:30-44)
탕자의 비유(누가복음 15:11-32)
마지막 만찬(마태복음 26:17-30)
예수님의 체포, 재판, 십자가 처형(마태복음 27장; 마가복음 15장; 누가복음 23장; 요한복음 19장)
예수님의 부활(마태복음 28장; 마가복음 16장; 누가복음 24장; 요한복음 20장)

십자가에 달린 그리스도, 16세기.

시스티나 성당의 프레스코 외에도 성경 이야기를 보여주는 그림은 다음과 같아요.

'그리스도의 무덤에 있는 제자들', 프란시스코 리발타 1590년대
'가시관을 쓴 그리스도', 아프리카 목각, 작가 미상
'빵의 기적', 파블로 마요르가, 1982년
'회개한 탕자', 마르크 샤갈, 1975년

옷과 화장품

남자들이 흔히 입는 옷

◆ '긴 겉옷'(덧옷 속에 입는 겉옷)은 면이나 마로 지었고, 긴 윗도리 옷이었어요. 길이가 무릎까지 닿았고 보통 추운 날씨에 입었어요. 사무엘상 18장 4절에서 요나단(사울 왕의 아들)은 자신의 겉옷 한 벌을 다윗에게 주었어요.

◆ '긴 통옷'(속옷 위에 입는 옷)은 몸에 두르거나 어깨에 묶는 네모난 옷이었어요. 추운 날씨에 속옷 위에 걸쳐 입거나, 따뜻한 날씨에 속옷 없이 몸에 그냥 걸쳐 입었어요. 예수님은 십자가 사건 때 솔기 없는 좋은 '긴 통옷'을 입고 계셨는데, 군인들이 그것을 가지려고 제비뽑기를 했어요(요한복음 19:23).

모세의 법에 의하면 남자들은 하나님의 법을 지켜야 한다는 것을 기억하기 위해 겉옷의 네 귀에 술을 달아야 했어요(신명기 22:12).

◆ '허리띠'는 가죽이나 짠 옷감으로 만들었어요. 때로 무거운 것을 나를 때는 어깨끈을 함께 썼어요(레위기 8:7; 사무엘상 18:4; 에베소서 6:14).

◆ '겉옷'(외투)은 따뜻하게 하거나 멋을 내기 위해서 다른 모든 옷 위에 덧입었어요. 예수님은 산상수훈에서 누군가가 고발하면 기꺼이 겉옷(외투)을 주라고 무리에게 말씀하셨어요(마태복음 5:40).

◆ 대부분의 사람들은 '샌들'을 신었고 부자들만 신발을 신을 수 있었어요. 신발은 부드러운 가죽으로 만들었지만, 샌들은 딱딱한 가죽으로 만들었고 가죽 끈으로 묶어서 신었어요. 가끔 샌들의 바닥을 나무로 만들기도 했지만 보통은 가죽이었지요. 세례 요한은 자신이 예수님의 신, 즉 샌들을 들기에도 부족한 사람이라고 생각했어요(마태복음 3:11).

길에 먼지가 많아서 발은 더럽기 일쑤였어요. 종들이 손님의 발을 씻겼어요. 예수님이 유월절 전에 제자들의 발을 씻어주셔서 제자들이 무척 놀랐어요(요한복음 13:3-11).

여자들이 흔히 입는 옷

◆ '긴 겉옷'은 피부에 직접 닿게 입었어요. 이 옷에는 진동 둘레(어깨선에서 겨드랑이까지)가 있었고, 때로 폭이 넓고 열린 소매가 있었어요. 좋은 품질의 면, 모, 마, 아마포로 만들었고 발까지 덮었어요.

◆ '긴 통옷'은 여성들이 주로 입었던 옷이에요. 이 옷은 발끝까지 닿았고, 보통 더 좋은 품질의 직물로 만들었고 정교한 자수와 여러 색깔의 실로 장식하였어요. 보통 직조하여 짠 허리띠를 맸어요.

◆ '허리띠'는 긴 통옷 위에 맸어요. 화려한 색깔의 비단이나 모직으로 만들었고, 허리부터 거의 발목까지 내려오는 옷술을 달기도 했어요.

◆ '겉옷'(외투)은 추운 날씨에 몸을 보호하기 위해 따뜻하고 견고하게 만들었고 보통 남자의 외투보다 더 섬세했어요. 보아스는 룻에게 곡식을 줄 때 룻의 '겉옷'에 담아 주었어요(룻기 3:15).

◆ '샌들'은 여성용의 경우 단단한 가죽이나 낙타 가죽으로 만들었어요. 여성의 샌들 중에는 끈이 하나가 아니라 둘이 달린 것도 있었어요.

신발에 대한 몇 가지 사실

- 신발은 성전이나 거룩한 곳에서 신을 수 없었어요. 집에 들어갈 때는 항상 벗었어요.
- 고인을 애도할 때 신발을 벗는 관습이 있었어요.
- 시골길을 걸어 먼 길을 갈 때는 종종 신발을 벗어 어깨에 얹어서 다음 마을까지 갔어요.
- 마을 안에서 맨발로 있다는 것은 가난의 표시였어요.

그것 좀 빌려주시겠어요?

이스라엘 사람들은 겉옷을 가장 소중한 물건으로 여겼어요. 만들기가 어려웠기 때문에 비쌌지요. 옷장에는 보통 옷이 하나 이상 없었어요. 겉옷은 다음과 같이 여러 용도로 쓰였어요.

- 담요
- 물건을 나르는 부대
- 바닥 깔개
- 빚의 담보
- 추운 날씨로부터 보호

겉옷은 자주 담요로 썼어요. 모세의 법(출애굽기 22:26-27)은 돈을 빌려줄 때 담보로 받아둔 겉옷을 해가 질 때까지는 돌려주어야 한다고 정하고 있어요.

머리에 잘 덮어 썼어요

여자의 머릿수건은 보통 남자의 머릿수건보다 더 가볍고 질이 좋았고 더 화려하고 무늬가 있었어요. 머릿수건과 더불어 뜨거운 태양을 피하기 위해 머리에 너울을 자주 썼고요. 그러나 항상 너울을 쓰지는 않았어요. 결혼하지 않은 여성은 단정함의 표시로 너울을 썼어요. 예를 들면 리브가는 너울을 쓰지 않고 있다가 미래의 남편인 이삭을 만날 때 썼어요(창세기 24:63-65).

결혼식 때 무엇을 입을까요?

성경 시대에 신부는 시편 45편 13-14절과 이사야 49장 18절이 묘사하는 것처럼 너울을 쓰고 아름다운 옷을 입고 보석 장식을 했어요. 때로 신랑은 신부에게 동전을 엮은 머리띠를 주었어요.

마태복음 22장 11-12절에서 엿볼 수 있듯이 결혼식에 참석하는 사람들은 갖고 있는 옷 중에 가장 좋은 옷을 입었어요. 신랑이나 가족은 손님들에게 결혼식 때 입을 옷을 제공하기도 했어요.

알고 있었나요?

남자든 여자든 머리는 중요했어요. 여성의 머리는 종종 땋았어요. 긴 머리를 아름답다고 생각했어요(고린도전서 11:15).

옷과 화장품

어떻게 만들었을까요?

우리는 새 셔츠가 필요하면 가게에 가서 여러 가지의 디자인, 옷감, 색깔, 크기의 셔츠 중에서 고를 수 있어요. 성경 시대에는 옷 공장이 없었어요. 옷이 가득한 옷 가게도 없었지요. 여자들이 보통 모든 옷을 만들었어요. 옷을 만드는 과정을 함께 살펴보아요. 옷 하나를 만드는 데 얼마나 시간이 많이 걸렸는지 알게 될 거예요.

알고 있었나요?

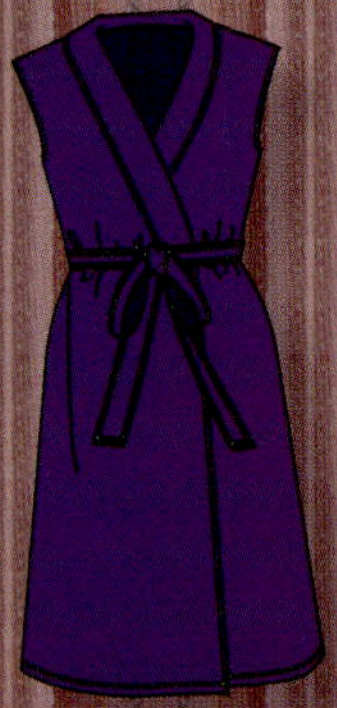

파란색이나 자색 옷감으로 만든 소매 없는 긴 겉옷은 왕족과 선지자와 부유한 사람들이 입었어요. 병사들은 예수님이 죽으시기 전에 조롱하면서 자색 옷을 예수님께 입혔어요(마가복음 15:17-20).

실잣기

실잣기는 다양한 섬유 원재료를 써서 실을 만드는 과정이에요. 성경 시대에 여자들은 몇 가닥의 섬유 재료를 꼬아서 하나의 길고 튼튼한 실을 만들었어요. 실의 질은 섬유와 꼬는 기술에 달렸어요. 기술이 좋은 여자들은 손으로 실을 자았어요. 그렇지 않은 여자들은 물레라는 나무 기계를 썼어요.

무두질

최초의 옷은 야생동물의 가죽으로 만들었어요. 무두질은 동물의 생가죽을 라임과 식물 즙과 잎사귀에 담가 가죽을 가공하는 작업이었어요. 무두장이는 가죽에서 털을 제거한 후 부드럽게 만들기 위해 개똥이나 비둘기똥에 가죽을 담갔어요. 어린이들이 종종 똥을 모으는 일을 했어요. 무두장이는 가장 가난한 사람들 중 하나였고, 생가죽 냄새가 지독했기 때문에 도시 밖에서 살았어요.

짜기

양털은 표백을 해서 실로 자아냈어요. 그런 후 실을 베틀에 팽팽히 걸었어요. 옷감은 실을 수직으로 반복해서 서로 교차하여 만들었어요.

알고 있었나요?

신명기 22장 11절은 양털과 베 실을 섞어 짜는 것을 금지했어요. (오염된 옷감을 다루는 규정에 대해서는 레위기 13장 47-59절을 보세요.)

옷감의 종류

옷감	원료	입은 사람
가는 아마포	아마	부자, 왕족, 높은 지위의 종교인
굵은 베 옷	염소털, 낙타털	가난한 사람들; 애도할 때 입는 옷
비단	누에, 중국에서 수입	왕족, 부자
면	나무	모든 사회 계층
양모	양	모든 사회 계층; 보통 따뜻하게 하려고 입음

알고 있었나요? 세례 요한은 낙타털로 만든 옷을 입었고 허리에 가죽 띠를 맸어요(마태복음 3:4). 요한은 지위를 자랑스레 여기는 종교 지도자들과 자신을 구별하고 싶어 했어요.

보석

- 보석은 종종 부유함을 상징했어요.
- 보석은 종종 선물로 주었어요.
- 남자는 보통 손가락에 반지를 끼거나 목걸이 줄에 반지를 꼈어요.
- 여자는 걸을 때 땡그랑거리는 팔찌와 발찌를 여러 개씩 팔과 발목에 찼어요. 귀걸이도 했어요. 아브라함의 아들 이삭을 위해 신부감을 찾으러 간 종은 리브가에게 금 코걸이 한 개와 금 손목고리 한 쌍을 주었어요(창세기 24:22).

화장해 드릴까요?

애굽(이집트)의 조각상들을 보면 애굽 여자들이 목탄과 파란색과 녹색의 아이섀도로 눈화장을 했다는 것을 알 수 있어요. 그러나 이스라엘 여자들이 눈화장을 했는지는 확실히 알 수 없어요. 애굽에서 수백 년간 종으로 살았기 때문에(출애굽기 1장) 이스라엘 여자들은 애굽 여자들에게 영향을 받았을 거예요.

악한 이세벨 왕비는 눈화장을 했다고 나와요(열왕기하 9:30). 이세벨은 이스라엘의 왕 아합과 결혼하기 전에 두로와 시돈에서 온 공주였어요.

화장품 : 인기 있는 향료

나드 — 나드는 매우 비싼 향료였어요. 나드는 히말라야에서 자라는 식물에서 나오는데, 인도에서 중동으로 수입했기 때문에 매우 비쌌지요. 마가복음 14장 3-5절에는 예수님의 발에 나드를 부은 한 여자의 이야기가 나와요. 나드 한 병은 1년치 월급보다도 더 많은 은 삼백 데나리온 이상에 팔 수 있었을 거예요.

유향 — 유향은 울퉁불퉁하고 추위에 강한 보즈웰 나무에서 나오는 나뭇진이에요. 유향은 약한 레몬향을 낸답니다. 유향은 현대의 향수 제조에도 쓰여요. 유향은 예수님이 베들레헴에서 태어나셨을 때 동방박사들이 드린 선물 중의 하나로 유명하지요(마태복음 2:11).

몰약 — 몰약은 달콤한 냄새가 나는 값비싼 가루이고 소말리아가 원산지예요. 몰약은 약간 매운 향이 나고, 맛은 써요. 유향과 마찬가지로 향으로 쓰는 향기름을 만들기 위해서는 많은 양의 몰약이 필요했어요. 예수님이 탄생하셨을 때, 동방박사들 중 한 사람이 몰약을 드렸어요(마태복음 2:11). 에스더가 페르시아의 왕비로 뽑혔을 때, 1년 동안 몰약과 여러 향수를 포함한 미용법으로 몸을 단장했어요(에스더 2:12).

좋은, 나쁜, 또는 그저 그런 왕과 왕비

성경에 나오는 어떤 왕과 왕비는 하나님의 계명을 잘 따르고 공평하고 정의롭게 다스리려고 했어요. 그들은 좋은 통치자였어요. 그러나 어떤 왕과 왕비는 자기 자신만 생각하는 나쁜 통치자였고, 무엇보다도 하나님께 불성실했어요. 또 그저 그런 통치자들이 있었는데, 성경 저자들에 따르면 이들은 큰 업적을 남기지 않은 통치자들이었어요.

다음 등장인물들을 본 후 표시해 보세요.

✓ 좋은 ✓ 나쁜 ✓ 그저 그런

모든 백성을 다스리는 왕

이스라엘은 한 왕국이 비교적 짧은 기간 동안, 곧 약 100년간 다스렸던 통일 왕국이었어요. (더 알고 싶으면 196쪽의 '정부'를 보세요.)

사울

이스라엘의 지도자들이 이스라엘도 주변 나라들처럼 왕이 있어야 한다고 요구하자 하나님은 사울을 최초의 왕으로 삼으셨어요. 하나님은 사무엘 선지자를 보내셔서 한 왕을 세워 기름을 부으라고 하셨어요(사무엘상 8:5-9). 사울은 작은 베냐민 지파 출신이었지만 왕의 풍채를 지녔고, 키가 크고 잘 생겼지요. 사울은 처음에는 좋은 통치자였지만 곧 신경쇠약에 걸렸고 엄청 짜증을 냈고 다윗을 극도로 질투했고 하나님께 순종하지 않았어요.

사울은 아말렉 사람들과 전투하는 동안에 하나님이 사무엘 선지자를 통해 직접 내리신 명령을 지키지 않았어요. 그때부터 사울의 때가 끝나기 시작했어요. (사무엘상 15장을 보세요.) 하나님은 사울을 왕으로 인정하지 않으셨고, 사무엘을 보내서 사울의 뒤를 이을 더 알맞은 후보자를 찾게 하셨어요. 그 사람이 바로 양치기 소년 다윗이었어요. 사울은 10년이 넘도록 경쟁자 다윗이 왕이 되지 못하도록 그를 죽이려고 했지만, 결국 블레셋 사람들과의 전투에 지고서 스스로 목숨을 끊었어요. 이스라엘의 첫 왕의 내리막과 몰락에 대해서는 사무엘상 9장 1절-31장 13절을 읽어보세요.

다윗: 하나님의 마음에 맞는 왕

다윗은 이스라엘의 가장 유명한 왕이었어요. 블레셋의 거인 골리앗을 물매 하나로 무찌른 후에 곧 영웅이 되었어요(사무엘상 17장). 다윗은 또한 음악가, 시인, 정의로운 통치자였어요. 시편에 있는 많은 시가 다윗이 지은 거예요. 다윗이 하나님을 열심히 예배하고 하나님께 순종했기 때문이에요. 다윗이 하나님의 선택받은 백성의 지도자로서 경험한 것, 곧 자신이 겪은 어려움과 하나님에 대한 감사를 시편에서 표현한 듯해요. 다윗이 하나님을 사랑하는 것은 잘 알려져 있어요(사무엘하 6장).

왕좌로 가는 먼 길

다윗은 어렸을 때 기름부음을 받아 자신의 지파(유다)를 여러 해 동안 다스렸지만 (사무엘상 16:1-13) 30살이 되기 전까지는 온 이스라엘의 왕이 되지 못했어요 (사무엘하 5:1-5; 역대상 11:1-3). 다윗은 질투하는 사울을 피해 오랜 세월 도망 다녔어요. 다윗은 자신이 왕이 될 것을 알았지만, 하나님이 기름을 부으신 사람, 곧 사울 왕을 존중하는 마음이 너무 커서 사울 왕이 살아 있는 동안에는 왕좌를 차지하려 하지 않았어요.

완벽하지 않지만 용서받은 다윗

다윗은 하나님을 많이 사랑했지만, 완벽한 사람은 아니었어요. 한번은 장군의 아내인 밧세바와 불륜을 저질렀고 밧세바와 결혼하기 위해서 그 남편인 장군을 죽게 했지요(사무엘하 11장). 하나님은 다윗을 용서하셨지만 그 결과로 평생 계속되는 일들이 있었지요(사무엘하 12장). 또 다윗은 이스라엘에서 싸울 수 있는 사람이 몇 명인지 인구조사를 했어요. 이것은 하나님의 뜻을 거스르는 일이어서 7만 명이 전염병으로 죽었어요(사무엘하 24:15-16). 다윗 이야기는 사무엘상 16장 1절-열왕기상 2장 12절까지와 역대상 11-29장에서 읽을 수 있어요.

솔로몬

솔로몬은 다윗과 밧세바의 둘째 아들이고 이스라엘의 세 번째 왕이었어요. 솔로몬이 하나님께 지혜를 달라고 하자 하나님은 지혜도 주시고 큰 부자도 되게 해주셨어요(열왕기상 3:9). 솔로몬은 도시들과 항구들을 짓게 했는데, 특별히 예루살렘에 성전을 지은 것으로 유명해요(열왕기상 6장). 솔로몬은 구약성서 잠언에 들어 있는 많은 잠언을 지었다고 알려져 있어요. 전도서는 솔로몬을 기념하여 지은 거예요. 솔로몬은 매우 지혜로운 사람이었지만 어리석은 행동을 했어요. 자신을 하나님에게서 멀어지게 한 여자들과 결혼했거든요(열왕기상 11장).

솔로몬이 성전을 봉헌하다, 유화식 석판화 (1870년)

두 왕국 이야기

르호보암

솔로몬의 아들 르호보암은 이스라엘의 12지파를 다스리는 왕이 될 예정이었어요. 하지만 솔로몬이 거짓 신들과 우상을 섬겼기 때문에, 여로보암(솔로몬의 신하 중 하나)이 반역하고 10지파를 르호보암에게서 앗아갈 것이라고 아히야 선지자가 예언했어요(열왕기상 11:26-40). 이 예언은 그대로 이루어졌어요. 르호보암이 나쁜 조언에 귀를 기울이고 사람들에게 강제 노동을 시켰기 때문이에요. 그래서 북쪽의 10지파가 반란을 일으켰어요. 그때부터 이스라엘은 이스라엘이라고 하는 북왕국과 유다라고 하는 남왕국으로 나뉘었어요. 르호보암의 이야기는 열왕기상 12장 1-24절에서 읽을 수 있어요.

알고 있었나요?

다윗의 이름은 성경에서 천 번 이상 나와요.

유명한(또는 악명 높은) 왕과 왕비

아합과 이세벨: 악랄한 부부

아합은 이스라엘의 일곱 번째 왕이었어요. 바알을 섬기는 시돈(페니키아 근처)에서 온 공주 이세벨이 아합의 왕비가 되었어요. 아합은 주로 엘리야 선지자와의 논쟁으로 기억되지요(열왕기상 16:29-22:40). (엘리야에 대해 더 알고 싶으면 94쪽의 '선지자와 예언'을 보세요.) 열왕기상 21장 25절은 아합과 이세벨 왕비가 어떤 통치자였는지 분명히 보여주어요. '예로부터 아합과 같이 그 자신을 팔아 여호와 앞에서 악을 행한 자가 없음은 그를 그의 아내 이세벨이 충동하였음이라'

바알 우상 (주전 14-12세기)

유명한(또는 악명 높은) 왕과 왕비 (이어서)

헤롯 성전의 모델(제2성전), 예루살렘에 있는 이스라엘 박물관

아달랴: 사악한 왕비

아달랴의 남편인 유다의 여호람 왕이 죽었어요. 그런 후 아들이 왕이 되었고 아들은 1년쯤 다스린 후 죽었어요. 아달랴는 마지막 남은 아들이 죽었다는 말을 듣고는, 요아스라는 손자 하나만 빼고 모두 죽였어요. 요아스도 죽이려고 했지만 아달랴의 손이 닿기 전에 고모가 요아스를 구했거든요. 남자 후계자가 없으니까 아달랴는 스스로 유다의 통치자라고 선포했어요. 아달랴는 악했고, 6년간 우상을 섬기는 통치를 하다가 죽음을 맞이했어요(역대하 22:1-12; 23:12-15).

히스기야: 개혁가

히스기야는 유다의 '개혁가' 왕이라고 부를 수 있어요. 그는 바알을 섬긴 아버지 아하스가 통치 기간 동안 하나님께 불순종한 것과 부패를 저지른 것을 모두 개혁해야 했어요. 히스기야는 예루살렘 성전을 정화했어요. 그래서 거기서 다시 유월절을 올바로 기념할 수 있게 했어요(역대하 29-31장). 히스기야는 앗수르 사람들의 침략으로 위협을 겪었고 또 나중에 병이 나서 거의 죽게 되었지만 하나님이 두 번 다 살려 주셨어요(역대하 32장).

그러나 히스기야의 통치는 끝이 좋지 않았어요. 히스기야는 자신이 가진 보물을 자랑하고 싶어서 바벨론에서 온 사람들에게 다 보여주었어요(역대하 32:27-31). 큰 실수였지요! 이사야 선지자는 언젠가 바벨론이 모든 것을 가져갈 것이라고 예언했어요. 이사야가 옳았다는 것을 알려면 열왕기하 25장을 읽어 보세요. (히스기야의 이야기는 열왕기하 18-20장과 이사야 36-39장에서도 찾을 수 있어요.)

요시야: 소년 왕

요시야는 8살 때 유다의 왕이 되었어요. 요시야는 모든 우상과 죄스러운 것들을 남왕국에서 없앴어요. 그는 하나님께 나라를 다시 드려서 새롭게 하려고 했어요. 그리고 예루살렘 성전을 수리하라고 지시했어요. 무너진 성전을 수리할 때 '하나님의 율법책'이 발견되었어요. 요시야는 백성을 불러모아 '하나님의 율법책'을 읽어주었어요. 요시야는 율법을 백성에게 읽어준 후에 하나님께 순종하고 그 계명을 따르라고 했어요. 이 '개혁가' 왕에 대해서는 열왕기하 22장 1절-23장 30절과 역대하 34장에서 자세히 읽어보세요.

시드기야: 마지막 왕

시드기야는 유다의 마지막 왕이었고, 바벨론 느부갓네살 왕의 지배를 받을 때 유다를 다스렸어요. 예레미야 선지자의 경고에도 불구하고 시드기야는 느부갓네살에게 저항했어요. 그래서 바벨론 군대가 예루살렘을 파괴했어요. 시드기야는 도망치려고 했지만 붙잡혀서 아들들이 처형당하는 것을 본 후 두 눈을 잃었어요. 시드기야는 사슬에 묶여 바벨론에 잡혀갔고 죽을 때까지 포로로 살았어요(열왕기하 24:14-25:7).

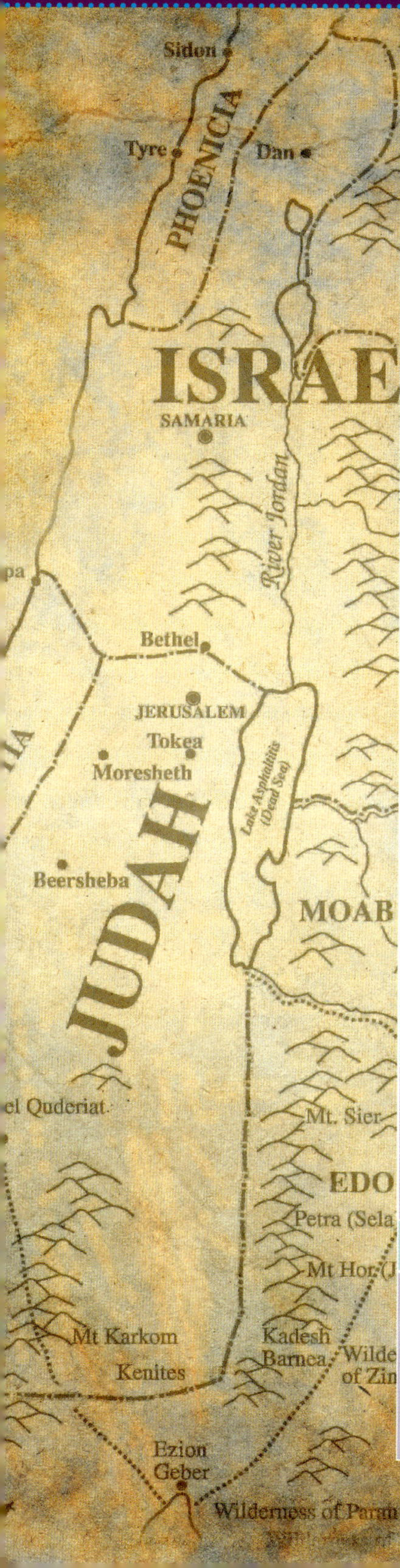

유다(남왕국)	이스라엘(북왕국)
르호보암(주전 931-913년)	여로보암(주전 931-910년)
아비야(주전 913-911년)	나답(주전 910-909년)
아사(주전 911-870년)	바아사(주전 909-886년)
여호사밧(주전 870-848년)	엘라(주전 886-885년) 시므리(885년에 7일간)
여호람(주전 848-841년) 유다의 아하시야(841년)	오므리(주전 885-874년)
아달랴 여왕(주전 841-835년)	아합(주전 874-853년)
요아스(주전 835-796년)	아하시야(주전 853-852년)
아마샤(주전 796-781년)	요람(주전 852-841년)
웃시야(주전 781-740년)	예후(주전 841-814년)
요담(주전 740-736년)	여호아하스(주전 814-798년)
아하스(주전 736-716년)	요아스(주전 798-783년)
히스기야 (주전 716-687년)	여로보암 2세(주전 783-743년) 스가랴(743년에 6개월간) 살룸(743년에 1개월간)
므낫세(주전 687-642년)	므나헴(주전 743-738년)
아몬(주전 642-640년)	베가(주전 737-732년)
요시야(주전 640-609년) 여호아하스(609년에 3개월간)	호세아(주전 732-723년)
여호야김(주전 609-598년) 여호야긴(598년에 3개월간)	앗수르가 이스라엘을 무찌르고 주전 722년에 수도 사마리아를 장악하다. 이스라엘 왕국이 끝난다.
시드기야(주전 598-587년)	
바벨론이 유다를 무찌르고 예루살렘을 주전 587년 또는 586년에 파괴하다. 바벨론에서의 포로 기간은 주전 586-538년이다.	

다른 나라의 왕과 왕비

고레스 대왕

고레스 대왕은 고레스 2세로도 알려져 있는데, 주전 560-530년에 다스렸어요. 고레스는 고대 중동에서 가장 위대한 정복자였어요(두 세기 후에 알렉산더 대제가 등장할 때까지). 고레스는 페르시아 제국을 세우고, 서쪽의 에게 해(그리스와 터키 사이)부터 애굽(이집트) 남쪽의 국경까지, 그리고 동쪽의 인더스 강까지 국경을 늘렸어요. 고레스 2세는 포로민과 그들의 문화에 대해 관대한 정책을 편 것으로 알려져 있어요. 고레스는 성경에서 중요한 인물이에요. 하나님이 고레스를 선택하셔서 이스라엘 사람들의 포로 생활을 끝내고 예루살렘 성전을 회복하게 하셨다고 성경에 나와요(에스라 1:1-4; 이사야 45:13).

에스더

아하수에로 왕은 와스디한테 창피를 겪은 후에 새 왕비를 구했어요. 에스더는 포로 중에서 태어난 유대인이지만 아하수에로 왕은 와스디 대신 에스더를 선택했어요. 에스더의 친척인 모르드개는 에스더가 유대인이라는 사실을 아하수에로 왕에게 말하지 말라고 했어요. 그러나 나중에 에스더는 왕의 높은 신하인 하만이 꾸민 음모 때문에 모두 죽게 된 유대 민족을 구해서 유명하게 되었어요. 살아남은 유대인들은 새 명절인 부림절을 지키게 되었어요. 생명을 걸고 자신의 민족을 구한 용감한 왕비를 기념하기 위해서지요. 에스더의 이야기는 에스더서에 나와요.

알고 있었나요?

오늘날 우리는 메시아를 예수님의 호칭이라고 생각해요. 그러나 히브리어로 메시아는 '기름 부음을 받은 사람'이라는 뜻이고 때로는 '선택받은 사람'이라고 번역되지요. (기름 부음은 하나님과 하나님의 백성을 섬기기 위해 선택을 받은 사람의 머리에 기름을 붓는 관습이에요.)
고대 이스라엘 사람들은 고레스 2세를 미리 예언된 해방자라고 생각했어요.
고레스는 성경에서 이스라엘 사람이 아닌데도 '선택받은 사람' 또는 메시아라는 호칭이 붙은 유일한 사람이에요(이사야 45:1).

다른 나라의 왕과 왕비

아하수에로(크세르크세스)

크세르크세스는 아하수에로의 페르시아식 이름이에요. 아하수에로는 다리오 1세의 큰아들이고 왕위 계승자였어요. 아하수에로는 주전 486-465년에 다스렸어요. 그는 그리스 역사가 헤로도토스가 쓴 『페르시아 전쟁사』에 나오는데, 그리스를 침공했지만 성공하지 못한 왕으로 알려져 있어요. 아하수에로에 대해서는 에스더서에서 읽을 수 있어요.

하만을 고발하는 에스더, 귀스타브 도레(1865년)

다리오(다리우스)

다리우스 1세는 다리오 대왕이라고도 해요. 다리오는 통치하는 동안 많은 건물을 지었어요. 다리오는 이스라엘의 지도자인 에스라와 느헤미야 시대의 왕이었어요. 다리오는 에스라가 많은 유대인을 이끌고 성전을 다시 지으러 이스라엘에 돌아가도록 허락해 주었어요. 선지자 학개와 스가랴는 예언서에서 이 왕을 언급했어요. 이 왕은 주전 521-486년에 다스렸어요(학개 1:1, 15; 스가랴 1:1).

헤롯 가문

헤롯 가문은 로마와 강하게 연결되어 있었고 유대 국가인 팔레스타인의 문제에 관여했어요. 헤롯 가문은 주전 55년부터 주후 1세기 중반까지 팔레스타인을 다스렸어요. 헤롯 가문에서 유명한 사람들은 다음과 같아요.

주전 521년부터 페르시아를 다스렸던 왕 다리우스 1세, 수행원들과 함께(1881년)

이름	연대	알려진 사실	성경 구절
헤롯 대왕	주전 40-4년	예루살렘 성전을 다시 지음; 예수님이 '유대인의 왕'이 되지 못하게 하려고 베들레헴의 모든 남자 아기를 죽이라고 명령함.	마태복음 2:1-18
헤롯 안디바	주전 4년-주후 39년	세례 요한의 목을 자름; 예수의 재판에 참여함.	마태복음 14:1-12 누가복음 23:6-12
헤롯 아그립바 1세	주후 41-44년	사도 야고보를 처형하고 사도 베드로를 감옥에 가둠.	사도행전 12:1-5
헤롯 아그립바 2세	주후 50년 이후	사도 바울의 재판을 맡음; "네가 적은 말로 나를 권하여 그리스도인이 되게 하려 하는도다" 하고 물음.	사도행전 25:13-26:32

우상과 이방신

누가 먼저인가?

구약성경 시대에 고대 중동의 사람들은 많은 여신과 남신을 섬겼어요. 사람들은 이 신들이 다양한 목적을 가지고 일한다고 생각했고 삶의 여러 측면을 두루 살핀다고 생각했어요. 날씨, 전쟁, 농업, 해와 달의 움직임과 같은 것들 말이지요. 이 신들은 종종 우상이라고 하는 조각상으로 표현되었어요. 어떤 문화에서는 신이 정말로 우상 안에 산다고 믿었어요. 이 우상을 섬기는 것은 그 땅을 지배하는 왕과 밀접하게 연결되어 있었어요. 사실 사람들은 때로 왕과 왕비를 신과 사람 사이의 '중개자'라고 생각했어요. 어떤 경우에는 이 생각이 너무 강해서 사람들은 이 땅의 지도자들을 신이라고 생각했답니다.

모세의 법은 참되신 한 분 하나님께 충성하라고 하나님의 백성에게 명령했어요. 애굽의 종살이에서 그들을 데리고 나와서 약속의 땅 가나안에 들어가게 하신 하나님께 말이에요(출애굽기 20:1-5).

고대 중동의 주요 남신과 여신

바알

바알이라는 말은 '주인'이라는 뜻이에요. 바알은 이 지역의 다른 많은 문화권에서 사람들이 신을 부를 때 쓴 이름이에요. 가나안에서 바알은 농작물을 위해 비를 내려주는 폭풍의 신 이름이었어요. 가나안 사람들은 이 중요한 역할 때문에 바알이 모든 신들의 왕이라고 생각했어요. 이스라엘의 아합 왕과 왕비 이세벨은 사람들에게 바알을 섬기게 했어요 (열왕기상 16:29-33).

열왕기상 18장에 이스라엘의 하나님 여호와와 두 이방신에 대해 나와요. 여기서 엘리야 선지자는 450명의 바알 선지자와 400명의 아세라 선지자에게 결투를 신청했어요.

바알, 작은 청동 조각상 (주전 14-12세기)

바알 선지자들이 살해되다, 귀스타브 도레(1865년경)

아세라

가나안 사람들은 아세라가 땅의 어머니라고 믿었어요. 아세라는 가장 높은 여신이었고 사람들은 종종 아세라 기둥, 곧 조각으로 장식하여 땅에 박은 기둥을 만들어 숭배했어요. 이 기둥은 종종 바알의 제단 근처에 있었어요. 기드온이 이스라엘의 지도자(사사)로 뽑혔을 때 하나님은 그에게 아세라 기둥을 찍어버리고 하나님께 제물을 드릴 때 그것으로 불을 때라고 하셨어요 (사사기 6:25-32).

아세라(주전 1300년경)

다곤

지중해 해안에 살았던 블레셋 사람들은 반은 사람이고 반은 물고기로 묘사된 다곤을 섬겼어요. 다곤은 바알처럼 비와 풍요, 다산의 신이었고 가장 높은 신으로 여겨졌어요. 사무엘상 5장 2-5절에서 다곤 신상 때문에 이상한 일이 벌어졌어요. 블레셋 사람들이 이스라엘의 언약궤(법궤)를 빼앗아서 다곤 신전에 두었어요(사무엘상 4-5장). 다음 날 아침에 다곤 신상이 그 언약궤 앞에 넘어져 있었어요. 신상을 다시 똑바로 세워두었지만 다음 날 아침에 같은 곳에서 신상이 머리와 손이 끊어진 채 발견되었어요.

몰렉을 섬기는 사람들, 19세기 판화

몰렉(혹은 몰록)

몰렉은 페니키아 사람들의 주요 신이었어요. 신상은 소의 머리를 한 모습이었어요. 몰렉을 믿은 사람들은 인간을 희생제물로 바쳤고 때로는 첫 아이를 제단에 살라 바쳤다고 알려져 있어요. 이스라엘은 절대로 자녀를 몰렉에게 바치지 말라는 경고를 받았고, 이를 어길 경우 죽임을 당할 것이라고 배웠어요(레위기 20:1-5). 그러나 솔로몬 왕은 이렇게 경고를 받았으면서도 감람 산에 몰록을 위해 제단을 만들었어요(열왕기상 11:7). 16세대 후에 요시야 왕이 그 제단을 부수었어요(열왕기하 23:13).

우상을 섬기는 솔로몬, 19세기 판화

알고 있었나요?

고대 중동에서는 한 나라가 다른 나라를 정복하면 패배한 나라의 가장 중요한 우상을 종종 자기 나라의 도성으로 가져가서 포로로 두었어요. 두 나라가 나중에 평화 조약을 맺으면 그 우상을 돌려보냈어요. 그러나 보통 승리한 왕의 이름을 우상에 새겨서 보냈지요. 블레셋 사람들은 전투할 때 언약궤를 빼앗아 이와 같이 다곤 신전에 두었던 거예요(사무엘상 4장).

높은 곳

역사적으로 볼 때 신을 위한 제단은 산이나 여러 높은 곳에 세웠어요. 신에게 높은 지위를 나타내는 자리를 주기 위해서이지요.

모세의 법에 의하면 하나님은 이스라엘 사람들이 높은 곳에 제단을 짓는 것을 허락하지 않으셨어요. 사실 이스라엘 사람들은 다른 나라들이 높은 곳에 지은 제단들을 파멸하라는 지시를 받았어요(신명기 12:1-4). 하나님은 희생제물을 드리러 갈 수 있는 특별한 한 장소를 준비해 주시겠다고 말씀하셨어요. 그래서 이스라엘의 예배는 다른 종교의 예배와 구별될 것이라고 하셨어요. "너희의 하나님 여호와께는 너희가 그처럼 행하지 말고"(신명기 12:4).

『복장의 역사』, 브라운과 쉬나이더

에봇

기드온의 작은 군대가 미디안 사람들을 무찌른 후(사사기 7장) 이스라엘 사람들은 기드온에게 왕이 되어달라고 부탁했지만, 기드온은 거절하였어요. 그리고 전쟁 때 미디안 사람들에게서 빼앗은 금을 가져오라고 했어요. 기드온은 금을 가지고 이스라엘의 대제사장이 입는 옷인 에봇의 모양으로 동상을 만들었어요. 기드온이 그것을 고향 오브라에 두자 이스라엘 사람들이 그것을 신으로 섬기기 시작했어요. 사사기 8장 27절에는 "그것이 기드온과 그의 집에 올무가 되니라"라는 말이 나와요.

300명의 병사를 이끌고 미디안 사람들과 싸우는 기드온

금송아지 숭배, 니콜라 푸생(1633-34년)

금송아지

모세가 시내 산에서 40일간 하나님을 만나고 있는 사이에(출애굽기 19-32장) 사람들은 가만히 있지 못하고 대제사장인 아론에게 신을 만들어 달라고 요청했어요. 아론은 사람들에게서 금을 걷어서 그것으로 송아지를 만들었어요. 아마도 종종 황소의 모습으로 묘사되는 애굽(이집트) 신 아피스를 본뜬 듯해요. 이스라엘 사람들은 금송아지를 보자 이렇게 소리쳤어요.

"이스라엘아 이는 너희를 애굽 땅에서 인도하여 낸 너희의 신이로다 하는지라"(출애굽기 32:4)

하나님은 모세에게 서둘러 산을 내려가 이 상황을 해결하라고 하셨어요. 하나님은 사람들을 다 죽이려고 하셨어요. 그러나 모세가 기도하자 하나님이 참으셨어요.

모세는 사람들이 송아지에게 예배하는 것을 보았을 때 하나님이 써주신 십계명 돌판을 던져서 깼어요. 그런 후 금송아지를 녹여서 가루로 만들고는 물에 타서 사람들에게 마시게 했어요.

모세가 십계명 돌판을 깨다, 귀스타브 도레(1870년)

음식

오늘 저녁은 뭐가 나오나요?

성경 시대에 음식은 먹고 살기 위한 것만이 아니었어요. 음식 대접은 손님들을 따뜻하게 맞이한다는 것을 보여주는 방법이었어요. 주인이 가장 좋은 음식을 넉넉하게 내놓는 풍습이 있었어요.

그러면 식탁에는 어떤 음식이 있었을까요?

떡(빵)

빵은 고대 근동 지역에서 가장 중요한 음식 중 하나였어요. 아주 기본적인 음식이어서 '빵'이라는 말이 '음식'을 뜻하기도 했어요. '떡(빵)을 뗀다'는 말은 '음식을 먹는다'는 뜻이었어요.

알고 있었나요?

» 빵은 항상 손으로 뜯었고 칼로 자르지 않았어요. 그래서 '떡(빵)을 떼다'라는 표현이 나온 거예요.

» 만나는 '하늘의 떡'이라고 했어요.(185쪽에서 "이상하지만 사실인 음식 이야기"를 보세요.) 예수님은 자신을 '생명의 떡'이라고 하셨어요(요한복음 6:35, 48).

» 빵은 종종 국이나 찌개를 뜨거나 음식을 나눠주는 데 썼어요.

» 최고의 빵은 밀가루로 만들었어요. 보리는 거름기 없는 거친 땅에서 자랄 수 있는 더 딱딱한 곡물이었고, 동물을 먹이는 데 썼어요. 가난한 사람들은 종종 이 값싼 곡물로 빵을 만들었어요. 예수님은 보리떡으로 5천 명을 먹이셨어요(요한복음 6:9). (185쪽에서 "이상하지만 사실인 음식 이야기"를 보세요.)

과일

과일은 성경 시대에 또 하나의 중요한 음식이었고, 계절에 따라 식사에 곁들이는 산뜻한 건강 음식이었어요. 남은 것은 보통 말려서 겨울에 먹으려고 저장했어요. 흔한 과일은 포도, 건포도, 생무화과나 말린 무화과, 석류, 라임, 레몬, 오렌지와 같은 감귤류 과일, 올리브, 대추야자였어요.

알고 있었나요?

» 말린 무화과는 때로 약으로도 썼어요(열왕기하 20:7; 이사야 38:21).

» 올리브는 고대 이스라엘에서 가장 중요한 농작물이었어요. 식용으로만이 아니라 건축용 목재로, 장식으로, 집안의 도구로도 썼어요. 올리브기름은 약으로도 썼어요(누가복음 10:33-34). 그리고 이스라엘의 왕에게 기름을 부을 때도 성스럽게 썼어요(사무엘상 10:1; 16:12-13). 올리브기름은 램프에 불을 켤 때도 썼어요.

» 나실인이라고 하는 사람들은 포도나무에서 난 것은 평생 마시거나 먹지 않겠다는 서원(맹세)을 했어요. 이것은 생포도, 포도즙, 포도주, 건포도를 모두 포함했어요(민수기 6:3-4).

고기

대부분의 고대 사람들은 고기를 드물게 먹었어요. 손님이 오거나 정말 특별하게 축하할 일이 있을 때 살진(또는 최고의) 송아지를 잡았어요. 고기로는 양고기, 새끼 염소 고기, 살진 송아지, 생선, 날짐승 고기가 있었어요.

알고 있었나요?

» 고고학자들은 주전 700년 이전에 만들어진 이스라엘의 예술 작품에서 닭의 모습을 발견했어요.

» 새끼 양은 유월절 식사의 일부였어요. 예수님이 제자들과 드신 마지막 만찬에도 새끼 양이 있었을 거예요. ('특별한 식사'를 보세요.)

유제품

고기는 드물게만 먹을 수 있었고 어떤 음식은 계절에 따라서만 먹을 수 있었지만, 우유와 치즈는 항상 식탁에 있었어요. 우유와 치즈는 염소에게서 나왔어요. 염소는 주로 우유를 먹으려고 길렀어요.

알고 있었나요?

» 욥은 하나님이 자신의 몸을 '엉긴 젖(치즈)처럼 엉기게' 하셨다고 말했어요(욥기 10:10).

» 야엘은 시스라의 머리에 말뚝을 박기 직전에 우유 한 사발을 그에게 주어 먹게 하고 바로 잠들게 했어요(사사기 4:19-21).

후식

고대 이스라엘에는 사탕이 없었어요. 그러나 과일잼과 견과류와 꿀로 달콤한 것을 만들어 먹었어요. 사실 하나님이 아브라함과 자손에게 약속하신 땅은 때로 '젖과 꿀이 흐르는' 땅이라고 불렀어요(출애굽기 3:8하).

» 피스타치오는 고대 이스라엘의 언덕에서 야생으로 자랐어요. 성경 시대에는 피스타치오를 다져서 푸딩과 소에 넣거나 과일 위에 얹어 먹었어요.

채소

여러분이 만일 고대의 어린이이고 푸른 채소를 좋아하지 않았다면 아마 배가 많이 고팠을 거예요. 먹을 것이 채소뿐일 때가 종종 있었거든요! 완두콩, 콩류(렌즈콩, 누에콩, 리마콩, 병아리콩), 오이, 마늘, 양파, 샐러드용 나물이 일반적인 채소였어요.

알고 있었나요?

» 이스라엘 사람들은 애굽(이집트)에서 400년 이상 살았는데, 애굽에서는 늘 아침 식사로 마늘을 넣고 으깬 누에콩과 삶은 달걀에 오이피클과 양파를 곁들여 먹었어요. 이것이 이스라엘 사람들이 광야에서 떠돌 때 가장 그리워한 음식 중 일부였어요(민수기 11:5).

금지된 음식

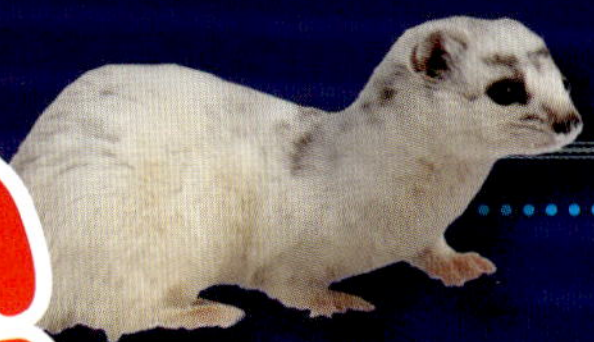

이스라엘 사람들이 애굽(이집트)을 떠난 후 광야에서 떠돌 때 하나님은 해야 할 일과 하지 말아야 할 일을 길게 알려주셨어요. 거기에는 먹거나 만지지도 말아야 할 음식도 들어 있었어요. 왜 하나님은 이런 음식을 금지하셨을까요? 이스라엘을 다른 나라와 구별하려고 그렇게 하셨고, 또 백성의 건강을 돌보려고 그렇게 하셨어요.

다음은 사람들이 음식으로 먹지 말아야 할 것들이에요(레위기 11:1-47).

정결하지 않은 것

갈까마귀
갈매기
까마귀
낙타
날개 있는 곤충(그러나 메뚜기, 베짱이, 귀뚜라미, 팥중이는 괜찮아요.)
도마뱀
도마뱀붙이
독수리
돼지
말똥가리
매
박쥐
뱀
사다새(펠리컨)
사반(토끼)
새매
솔개
올빼미
조개류
족제비
쥐
타조
토끼
황새

특별한 식사

유월절과 유월절 식사(세데르)

유월절 식사는 유월절을 시작할 때 먹는 특별한 식사예요. 유월절은 이스라엘 사람들이 애굽(이집트) 종살이로부터 출애굽한 것(또는 떠난 것)을 기념하는 명절이지요. '세데르'는 유대인 가정에서 전통적으로 지켰고, 6가지의 전통적인 음식을 준비해서 먹었어요.

- **마로르라는 쓴 나물과 하제렛**—쓴 허브이고, 이스라엘 백성이 애굽에서 겪은 종살이의 쓰라림과 괴로움을 나타내요.
- **하로셋**—과일과 견과류를 다져서 섞은 갈색의 달콤한 무침이고, 이스라엘 종들이 애굽의 창고를 지을 때 썼던 흙반죽을 나타내요.
- **카르파스**—소금물에 담근 파슬리, 샐러리 또는 삶은 감자와 같은 채소이고, 애굽에서 이스라엘 종들이 흘린 눈물과 고통을 나타내요.
- **즈로아**—새끼 양의 정강이뼈 또는 닭의 날개나 목을 구운 것이고, 예루살렘 성전에서 바친 '코르반', 곧 새끼 양을 나타내고, 유월절 식사 때 먹어요.
- **베이짜**—구운 달걀로, 성전에서 바친 축제의 희생제물을 상징하고, 유월절 식사 때 먹어요. 달걀은 애도의 상징이에요. 장례를 마치고 애도하는 사람들에게 처음 주는 음식이기 때문이에요.
- **마쪼트**—식탁 한가운데에 두는 세 개의 누룩 넣지 않은 빵(무교병)이고, 이스라엘 백성이 애굽을 서둘러 떠날 때 가져갔던 무교병을 나타내요.

베드로가 꾼 음식 꿈

수백 년이 흘러 예수님의 제자 중 하나이자 초대 교회의 지도자인 베드로는 아주 이상한 꿈을 꾸었어요. 베드로는 점심 전에 지붕 옥상에 앉아 있다가 하늘이 열리고 하늘에서 커다란 보자기가 내려오는 환상을 보았어요. 보자기에는 파충류와 새를 비롯한 온갖 종류의 동물이 있었어요. 그 때 베드로는 이렇게 말하는 목소리를 들었어요. "베드로야 일어나 잡아 먹어라." 유대 가정에서 자란 베드로는 이런 것을 먹는 일이 끔찍했어요. 베드로가 대답했어요. "주여 그럴 수 없나이다 속되고 깨끗하지 아니한 것을 내가 결코 먹지 아니하였나이다." 그 목소리가 말했어요. "하나님께서 깨끗하게 하신 것을 네가 속되다 하지 말라."(사도행전 10:9-43).

그러면 그 꿈은 무슨 뜻이었을까요? 그것은 사실 꼭 음식에 관한 것은 아니었어요. 아무도 하나님의 사랑과 돌봄 밖에 있지 않다는 것을 베드로에게 알려주시려는 것이었어요. 모든 사람이 하나님의 가족으로 환영을 받아요.

이상하지만 사실인 음식 이야기

그렇지만 좋은 단백질이지요!

(마가복음 1:4-8)

세례 요한은 열정적으로 설교하는 능력은 물론 특이한 생활양식으로 유명했어요. 세례 요한은 광야에 살았고 낙타털로 만든 옷을 입었어요. 음식은 무엇을 먹었을까요? 늘 메뚜기와 석청(야생 꿀)을 먹었어요.

5천 명의 저녁식사?

(요한복음 6:1-15)

예수님은 말씀을 들으러 모인 5천 명에게 음식을 먹이셨어요. 떡 다섯 개와 물고기 두 마리만으로요! 다들 먹고 나서 남은 음식을 제자들이 모았더니 열두 광주리에 찼어요.

하늘 양식

(출애굽기 16:1-36)

이스라엘 사람들은 애굽(이집트)을 떠난 후 광야를 떠돌 때 먹을 것이 없었어요. 하나님은 그들에게 만나라고 하는 양식을 하늘에서 내려 주셨어요. 사람들은 매일 아침에 땅을 덮은 하얗고 얇은 조각들을 거두었어요. 그것은 항상 모든 사람이 먹을 만큼 충분히 있었어요.

오늘날과 마찬가지로 성경 시대에도 음악은 중요했어요. 음악은 가사가 있든 없든 특별한 사건들을 더 흥겹게 축하하게 해주고, 어려운 때에 위로를 해주어요. 음악은 예배에서도 중요한 역할을 하지요. 찬송과 찬양은 사람들이 하나님의 말씀을 새로운 방식으로 들을 수 있게 해주어요.

소리 높여 기뻐하라!

온 땅이여 여호와께
즐거운 찬송을 부를지어다
기쁨으로 여호와를 섬기며 노래하면서
그의 앞에 나아갈지어다
(시편 100:1-2)

알고 있었나요?

성경에 나오는 최초의 음악인은 유발이에요. 그는 '수금과 퉁소를 잡는 모든 자의 조상'이었어요(창세기 4:21).

알고 있었나요?

'할렐루야 합창'은 크리스마스 절기 때도 종종 부르는데, 실제로는 헨델의 오라토리오인 '메시아'의 부활절 부분이에요. 이것은 요한계시록 19장 6절, 19절에서 나온 거예요.

찬양 팀이 어디에 있지요?

성경에는 오케스트라와 밴드가 없어요. 그렇지만 수천 년 전에도 다양한 악기가 있었고 그 중 많은 악기가 오늘날 우리가 연주하는 악기와 비슷했어요.

양각 나팔(숫양 뿔, 가끔 나팔이라고 나옴): 염소 뿔로 만든 성경 최고의 악기지요. 현재도 회당에서 사용되어요. (레위기 23:24-25; 민수기 29:1; 여호수아 6:4-20; 사사기 3:27; 6:34).

나팔: 동이나 은으로 만들었고 길이는 30센티미터 정도였어요. 보통은 두 명의 제사장이 불었는데, '희락의 날' 잔치를 기념하고(민수기 10:10), 사람들에게 모이라는 신호를 주고(민수기 10:3-8), 전투 때 명령을 내리기 위해(민수기 10:9) 불었어요.

수금: 키노르 또는 하프라고도 부르는데, 몇 개의 줄이 있는 훨씬 작은 악기지요. 다윗의 악기였어요. 고대 중동에서는 다양한 종류와 크기의 수금을 연주했어요(창세기 4:21; 사무엘상 16:14-23; 시편 137:2).

비파: 현악기로, 각진 모양의 하프이거나 특이한 울림통이 있는 수금이었을 거예요(창세기 31:27; 시편 150:3).

피리(관악기): 갈대, 금속, 또는 상아로 만들었어요. 두 개의 관을 함께 둔 것인데, 각 관에 하나의 갈대(클라리넷처럼) 또는 두 개의 갈대(오보에처럼)를 묶는 입구 부분이 있어요(열왕기상 1:40; 예레미야 48:36; 마태복음 11:17).

퉁소: '우가브'라고도 하는데, 오늘날의 플루트와 매우 닮았어요(창세기 4:21; 시편 150:4).

소고(작은 북): 탬버린이라고도 불렸는데 딸랑이가 달려 있지 않았어요(출애굽기 15:20; 사무엘하 6:5).

여러 타악기: 심벌즈와 같은 작은 구리 제금(역대상 16:5), 양금(사무엘하 6:5). 금 방울은 제사장의 옷에 달려 있었어요(출애굽기 28:33-35; 39:24-26).

크게 외쳐라 … 아주 오래 오래!

기간	음악 스타일 또는 혁신	핵심 인물
500년까지	성가, 유대 선창자 전통을 이어감, 시편을 노래함, 그리스 음악 이론을 사용함.	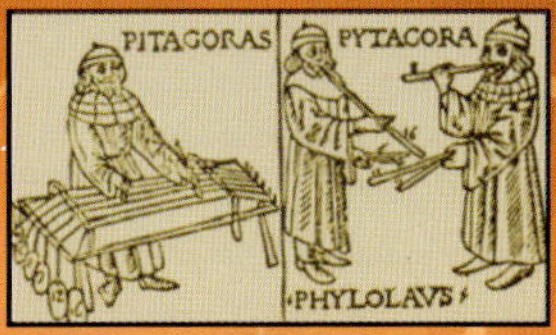
325년과 그 후	콘스탄티누스가 통치하는 동안 기독교는 로마 제국의 공식 종교가 됨. 기독교가 전파되자 유럽의 음악이 발달함.	
600년경과 그 후	단성 성가인 그레고리오 성가가 생기고 일반 찬양이 됨.	노트케르 발불루스, 힐데가르트 폰 빙엔
1100-1450년	다성 성가, 여러 성부가 동시에 다른 음정으로 소리를 냄.	기욤 드 마쇼, 존 던스터블, 기욤 뒤파이
1450-1600년	르네상스: 샹송(프랑스 노래), 마드리갈(이탈리아 성악곡), 교송(둘 또는 그 이상의 찬양대)	조스캥 데 프레, 토마스 몰리, 조반니 피에르루이지 다 팔레스트리나
1600-1700년	바로크 시대: 엄격한 음악 형식, 꾸밈 음이 많은 작품, 최초의 오페라와 오라토리오에서 찬가가 발달함; 최초의 '현대' 찬송가들이 나옴.	클라우디오 몬테베르디, 마르크 앙투안 샤르팡티에, 안토니오 비발디
1700-1750년	후기 바로크 시대: 평균율, 조바꿈; 반음계 화성; 이전 세대의 모든 주요 스타일, 형식, 국가 전통이 통합됨.	요한 세바스티안 바흐, 게오르크 프레드릭 헨델
1750-1820년	고전파 시대: 보다 단순하고 분명한 형식적 스타일, 소나타 형식, 교향곡, 더 정교한 오페라	볼프강 아마데우스 모차르트, 프란츠 요세프 하이든, 루드비히 반 베토벤, 프란츠 슈베르트
1700년대 후반부터 1800년대 후반까지	민속 전통, 도형 악보, 영가, 복음성가로 이어짐.	

다윗과 성경의 노래책

다윗 왕은 하나님을 많이 사랑했고, 음악을 많이 사랑했어요! 그는 수금을 연주해서 사울 왕의 마음을 달래주었어요(사무엘상 16:14-23). 다윗은 레위인들을 음악가로 임명하여 사람들이 모여 예배할 때마다 섬기게 했어요(역대상 6:31-47). 후대에 레위인 음악가들은 특정 행사나 희생제사나 축제에 알맞은 시편을 골라서 노래했어요. 레위인이 맡은 책임에 대해서는 역대상 25장 1-31절에서 자세히 알 수 있어요.

시편이라는 이름은 '노래'를 뜻하는 그리스어 '프살모스'에서 나왔어요. 시편은 성경의 노래책이에요. 히브리 백성은 시편에 있는 노래와 기도를 이용해서 하나님과의 관계를 표현하고 찬양했어요. 어떤 시편은 다윗이 지었고, 어떤 시편은 오랜 시간에 걸쳐 시인들이 지었어요. 많은 시편에 "관악에 맞춘 노래"(시편 5편)와 "소산님에듯(언약의 나리꽃)에 맞춘 노래"(시편 80편)와 같은 음악적 지시 내용이 들어 있어요.

내가 노래하며 나의 마음을 다하여 찬양하리로다
비파야, 수금아, 깰지어다 내가 새벽을 깨우리로다
여호와여 내가 만민 중에서 주께 감사하고
뭇 나라 중에서 주를 찬양하오리니 (시편 108:1하-3)

크게 외쳐라 … 아주 오래 오래!

시대	음악 스타일 또는 혁신	핵심 인물
1820-1910년	낭만파 시대: 더 감성적이고 표현적인 작품, 표제 음악, 교향시	루드비히 반 베토벤, 프란츠 슈베르트, 펠릭스 멘델스존, 조아키노 로시니
	오케스트라의 성장, 연주회장, 오페라 극장이 많아짐, 고전 찬송가의 한 세기	엑토르 베를리오즈, 요하네스 브람스, 안톤 브루크너, 주세페 베르디
	서구 음악 전통을 선교를 통해 아프리카, 아시아, 남미로 전파	
	1877년: 에디슨이 녹음기를 발명하다.	
	1890년대: 래그타임이 나오다.	스콧 조플린
1910-1950년	현대시대: 실험적 형식, 새로운 화성, 전통적인 대중가요	아놀드 쇤베르크, 이고르 스트라빈스키, 조지 거쉬인
	복음성가의 성장	토마스 도르시, 찰스 틴들리, 로제타 타프
	재즈, 컨트리 음악, 리듬앤블루스의 탄생	젤리 롤 모턴, 루이스 조던, 지미 로저스
	각 나라의 전통 음악을 예배 때 사용하도록 하다.	
	라디오와 녹음 기술의 발달	행크 윌리엄스, 빙 크로스비, 프랭크 시나트라
	1936년: 최초의 전자 기타	찰리 크리스찬, 레스 폴, 레오 펜더
1951년- 오늘날	현대 형식이 지속됨. 복음성가의 발달 록 음악의 탄생	루치아노 베리오, 필립 글래스, 존 아담스 마할리아 잭슨, 제임스 클리블랜드, 소울 스터러스 엘비스 프레슬리, 아레사 프랭클린, 비틀즈
1970년대-1980년대	현대 기독교 음악(CCM)의 탄생	말콤 앤 알윈, 세컨드 챕터 오브 액츠, 에이미 그랜트

요한 세바스티안 바흐, 엘리아스 고트롭 하우스만 (1746년)

엘비스 프레슬리

에이미 그랜트

Soli Deo Gloria

하나님께 영광을 돌려라!

다음은 유명한 찬송가와 그 지은이예요.

패니 크로스비
(1820-1915년)
미국 시인, 아기 때부터 시각장애인
'주 예수 넓은 품에'
'예수로 나의 구주삼고'

토마스 도르시
(1899-1993년)
미국 작사가 작곡가, 가수, 피아니스트;
'복음성가의 아버지', 마할리아 잭슨과 순회 공연
'주님여 이 손을 꼭 잡고 가소서'
'골짜기에 평화가 있을 거예요'

프랜시스 리들리 해버걸
(1836-1879년)
영국 시인, 저술가
'나의 생명 드리니'
'영광스럽도다 참된 평화는'
'내 구세주가 오시네'

존 뉴턴
(1725-1807년)
영국 목사, 노예제 반대 운동가;
노예선 선장으로 살다가 개종을 한 후
'나 같은 죄인 살리신'을 지음
'시온성과 같은 교회'
'귀하신 주의 이름은'

아이작 왓츠
(1674-1748년)
영국 목사, 최초의 위대한 영어 찬송가 작사가
'예부터 도움 되시고'
'기쁘다 구주 오셨네'
'햇빛을 받는 곳마다'

찰스 웨슬리
(1707-1788년)
영국 목사,
형 존 웨슬리와 함께 감리교회를 시작함.
'천사 찬송하기를'
'예수 부활했으니'

알고 있었나요?

요한 세바스티안 바흐는 자신이 작곡한 모든 작품에 '하나님께 더 큰 영광을'이라는 말을 붙였어요. 그는 교회력에 따른 여러 주일을 위해 200개의 칸타타(성경 본문을 바탕으로 만든 합창과 오케스트라 음악)를 작곡했어요.

지금까지 가장 많이 부른 20개의 찬양과 예배 찬송*

1. '위대하신 주' (크리스 톰린)
2. '온 세계 지으신' (써드 데이, 또는 케이드먼스 콜)
3. '주 나의 왕(놀라운 사랑)' (뉴스보이스)
4. '주가 다스리시네' (뉴스보이스)
5. '주 앞에 엎드려' (크리스 톰린)
6. '빛 되신 주' (필립스, 크레이그 앤 딘)
7. '주 이름 찬양' (트리63)
8. '주님은 내 호흡' (마이클 W. 스미스)
9. '형언할 수 없는' (크리스 톰린)
10. '경배하리 내 온 맘 다해' (제레미 캠프)
11. '나는 주의 친구' (필립스, 크레이그 앤 딘)
12. '거룩하신 주 하나님' (크리스 톰린)
13. '나의 찬양 멈출 수 없네' (크리스 톰린)
14. '내 맘의 문을 여소서' (존 테쉬)
15. '내 구주 예수님' (달린 첵)
16. '왕 되신 주께' (크리스 톰린)
17. '주의 이름 높이며' (페트라)
18. '주께 경배드리세' (필립스, 크레이그 앤 딘)
19. '마음의 예배' (맷 레드맨)
20. '예배하기 위해' (크리스 톰린)

* 노래 제목과 작가는 「인기순위 20 잡지 2014」에 따름.
http://www.20thecountdownmagazine.com
(기독교 주간 라디오)

안녕 내 이름은...

이름의 힘

사람들은 친척, 친한 친구 또는 부모님이 존경하는 사람의 이름을 따서 아기의 이름을 짓기도 하고, 책이나 영화에 나오는 인물의 이름을 따서 아기 이름을 짓기도 하지요. 어떤 부모님은 성경에 나오는 사람들의 이름을 따서 아기 이름을 지어요.

고대 중동의 사람들은 사람의 이름은 그냥 부르기 위한 것이 아니라 그 사람의 내면이 누구인지를 표현하는 것이라고 생각했어요. 여러분은 성경을 읽으면서 사람의 이름이 그 사람의 성격이나 태어날 때의 사건을 보여준다는 것을 알게 되지요. 모세라는 이름은 '물에서 건져낸'이라는 뜻이에요. 이 이름은 바로의 딸이 모세를 어떻게 발견했는지를 정확히 알려주지요. (출애굽기 2:10)

성경에 나오는 여러 이름과 그 뜻

여기 성경에 나오는 중요한 사람들의 이름과 그 뜻이 있어요.

이름	뜻	성경 구절
노아	휴식, 위로	창세기 6-9장
다윗	좋아하는, 사랑받는	사무엘상 16:11-13
룻	친구, 동무	룻기 1장
멜기세덱	정의의 왕	창세기 14:17-24
미가	누가 하나님과 같으랴?	미가 1:1; 7:18-20
베드로	바위, 돌	마태복음 16:13-20
사라	공주	창세기 17:15-16
삼손	태양	사사기 13-16장
아담	인류, 사람	창세기 1:26-27; 3:20
아모스	짐을 지는 사람; 나르다	아모스 1:1
아브라함	많은 사람의 아버지	창세기 17:4
야곱	발뒤꿈치를 잡다, 남의 자리에 들어앉는 자	창세기 25:26
에스겔	하나님이 강하게 하실 것이다.	에스겔 1:1-3; 2:1-10
에스더	별, 은매화	에스더 2:1-18
엘리야	여호와는 내 하나님이시다.	열왕기상 17:1
욥	고난받는, 박해받는	욥기 1:1-2:10
이사야	여호와는 구원이시다.	이사야 1:1; 2:1-5
이삭	웃음	창세기 21:5-6
하와	생명, 생명을 주는	창세기 3:20
호세아	구원, 해방	호세아 1:1
히스기야	하나님이 힘을 주신다.	열왕기하 19-20장

알고 있었나요?

예수(히브리어로 예수아 또는 여호수아)라는 이름은 '주님이 구하신다'는 뜻이에요. 성경은 '하나님이 그를 지극히 높여 모든 이름 위에 뛰어난 이름을 주사'라고 전해요(빌립보서 2:9).

성경 속의 인기 있는 이름

✦드보라. 성경에는 드보라가 두 사람 있어요. 한 명은 이삭의 아내인 리브가의 유모예요(창세기 35:8). 또 한 명은 이스라엘의 선지자이자 지도자인데, 바락과 함께 하면서 이스라엘의 적을 무찌르는 것을 도운 사람이에요(사사기 4-5장).

✦요한. 세례 요한은 사람들에게 하나님께 돌아오라고 외쳤고, 예수님의 오심을 준비하라고 했어요. 그는 요단 강에서 예수님에게 세례를 주었어요(마태복음 3장). 열두 사도 중의 하나의 이름도 요한이었어요(마태복음 10:2).

✦요셉. 성경에는 요셉이라는 이름을 가진 사람들이 여럿 나와요. 야곱과 라헬의 아들이며 나중에 애굽(이집트)의 총리가 된 요셉(창세기 30:24; 41:37-57), 가문의 지도자가 된 이스라엘의 제사장(느헤미야 12:14), 예수님의 이 땅에서의 아버지(마태복음 1:18-25; 13:55; 누가복음 2장), 그리고 예수님의 장례를 위해 자신의 무덤을 준 요셉(마태복음 27:57-60)이 있어요.

✦마리아. 예수님의 어머니의 이름이 마리아예요(마태복음 1:18; 누가복음 1:26-38; 2:5-7; 요한복음 19:25-27). 예수님의 친구 중에도 마리아가 있는데, 마르다와 나사로의 누이지요(누가복음 10:38-42; 요한복음 11:1-44; 12:1-8). 예수님은 막달라 마리아라는 여자에게서 일곱 귀신을 쫓아내셨어요(누가복음 8:2). 이 여자는 부활하신 주님을 제일 먼저 보았어요(요한복음 20:1-18).

✦나단. 구약성경에는 나단이 두 사람 있어요. 나단 선지자는 다윗 왕에게 하나님의 메시지를 전했으며(사무엘하 7:1-16) 다윗이 밧세바에게 죄가 되는 행동을 한 것을 꼭 집어서 알려줬어요(사무엘하 12:1-15). 다른 사람으로는 다윗과 밧세바의 아들 나단이 있어요(역대상 3:5).

오늘날 인기 있는 성경 이름

성경에 나오는 이름들 중에는 영어를 사용하는 사람들이 오늘날에도 여전히 많이 사용하는 이름들이 있어요. 가장 인기 있는 이름이 아래 도표에 있어요.

이름	뜻	성경 구절
다니엘	하나님은 내 재판관이시다.	다니엘 1-12장
다윗	마음에 맞는; 사랑받는	사무엘상 16:11-13
드보라	꿀벌	사사기 4-5장
리브가	묶다, 매다, 안전하게 하다	창세기 24장
마태	하나님의 선물	마태복음 9:9-13
베냐민	오른손의 아들; 오른쪽의 아들	창세기 35:16-22
사무엘	하나님께 구하였다.	사무엘상 1:19-20
안나 (히브리어 '한나'의 한 형태)	은혜, 은혜로운	누가복음 2:36-38
야렛 (요단이라는 이름의 한 형태)	내려가는 사람	창세기 5:15-20
에단	강한, 굳건한, 변함 없는	열왕기상 4:30-31
엘리사벳	하나님은 내 맹세이시다. 하나님의 약속	누가복음 1:5-25
요나단	하나님이 주셨다.	사무엘상 20장
한나	하나님의 은혜	사무엘상 1-2장

이 이름이 무슨 뜻이라고요?

- **훌다**는 요시야 왕에게 메시지를 보낸 선지자로, 살룸의 아내예요(열왕기하 22:14-20). 이 이름에는 '족제비' 또는 '두더지'라는 뜻이 있어요.
- **바락**은 드보라와 함께 군대를 이끌고 이스라엘의 강한 적을 무찔렀어요(사사기 4-5장). 바락은 '번쩍이는 불'이라는 뜻으로, 그 일에 걸맞은 이름이었지요.
- **나발**은 다윗과 다윗의 전사들에게 음식을 주지 않은 어리석은 사람이었어요(사무엘상 25:2-40). 나발은 '바보'라는 뜻으로, 그 일에 걸맞은 이름이었지요.

다시 한 번 불러보실래요?

이사야 선지자는 아들에게 성경에서 가장 긴 이름, '마헬살랄하스바스'라는 이름을 지어주었어요(이사야 8:3). 그 이름은 '갑자기 공격받고, 순식간에 빼앗기는'이라는 뜻이에요.

뉴스

성경에는 지진, 불, 우박, 벌레 떼 이야기가 많이 나온다는 것을 여러분이 알아챘을 거예요. 왜 이런 이야기가 많이 나올까요? 성경 속의 많은 사람들은 하나님의 법을 무시하고 다른 신들을 섬겨서 하나님께 순종하지 않았어요. 때로 하나님은 불순종에 대한 벌로 재난과 재해를 내리셨어요.

홍수

(창세기 6-9장)

아담과 하와가 살았던 때로부터 오랜 시간이 흘러, 사람들이 너무 악해지자 하나님은 창조하신 온 세상을 파괴하기로 결정하셨어요. 오직 노아만 하나님을 기쁘게 해드렸어요. 노아만 하나님을 사랑하고 하나님의 계명을 지켰어요. 하나님은 노아에게 가족을 홍수로부터 보호하기 위해 방주 곧 상자 모양의 큰 배를 지으라고 하셨어요. 하나님은 노아에게 희생제사에 제물로 쓸 동물을 일곱 쌍씩, 모든 종류의 새 일곱 쌍씩, 다른 모든 종류의 동물을 한 쌍씩 데려오라고 하셨어요. 하나님은 세상의 모든 동물이 완전히 파괴되는 것을 바라지 않으셨어요.

노아의 방주는 길이가 137미터, 너비가 23미터, 높이가 14미터였어요.

알고 있었나요?

수메르 사람들이 쓴 '길가메시 서사시'는 '홍수 이야기'라고 알려진 것도 포함하고 있어요. 길가메시에 나오는 홍수 이야기는 성경의 홍수 이야기와 비슷한 점이 있어요. 그러나 매우 중요한 차이도 있어요. 성경은 하나님이 노아와 그 가족과 동물을 사랑하시고 보호하시는 모습을 잘 보여주지요.

무지개의 약속

홍수가 잦아든 후에 하나님은 노아와 그 가족에게 약속하셨어요. 다시는 홍수로 살아 있는 모든 것을 없애거나 땅을 파괴하지 않으시겠다고요. 하나님은 이 약속의 표시로 아름다운 무지개를 하늘에 두셨어요(창세기 8:20-9:17).

정말 많은 물이네요!

집 밖에 나가기 위해 비가 멈추기를 바란 적이 있나요? 사십 일간 밤낮으로 비가 계속 내려서 홍수가 나고 물이 백오십 일 동안 땅에 넘쳤어요(창세기 7:17-24). 하늘 위의 물과 땅 아래의 물이 함께 나와서 커다란 홍수를 만들었어요. 물이 높이 차올라서 모든 높은 산들이 8미터 물 아래에 잠길 정도였어요(창세기 7:19-20)!

알고 있었나요?

물이 줄어들었을 때 노아의 배는 아라랏 산에 머물렀어요(창세기 8:4). 오늘날 터키에 아라랏 산이 있지만 이 산이 정확히 창세기에 나오는 그 산인지는 아무도 확실히 몰라요.

말썽을 가져온 거짓말

아브람(나중에 이름이 아브라함이 됨)은 고향 가나안 땅에 양식이 부족해지자, 아내 사래(나중에 이름이 사라가 됨)와 애굽(이집트)에 살러 갔어요. 아브람은 왕이 너무 아름다운 사래를 보고서 결혼하고 싶어할까봐 두려웠어요. 아브람은 왕이 사래와 결혼하기 위해 자신을 죽일까봐 두려워서 사래가 자신의 누이라고 거짓말을 했어요. 왕은 속아서 사래를 자신의 궁으로 데려갔어요. 갑자기 왕궁의 모든 사람이 끔찍한 병을 앓게 되었어요. 왕은 아브람이 거짓말을 한 것을 알고서 아브람과 사래에게 애굽을 떠나라고 명령했어요(창세기 12:10-20).

알고 있었나요?

나일 강과 관련된 애굽(이집트)의 신은 셋이 있었어요. 가장 중요한 신들 중의 하나인 오시리스(나일 강의 신)와 가장 나이 많은 신 누(강 속에 있는 생명의 신)와 하피(홍수의 신)예요. 하나님은 나일 강을 피로 변하게 하셔서 하나님이 애굽의 신들보다 더 위대하시다는 것을 보여주셨어요.

재앙	성경 구절 (출애굽기)
나일 강이 피로 변하다	7:14-24
개구리	7:25-8:15
이	8:16-19
파리	8:20-32
가축의 죽음	9:1-7
악성 종기 (악성 피부병)	9:8-12
우박	9:13-35
메뚜기 떼	10:1-20
흑암(어두움)	10:21-29
사람과 가축의 처음 난 것의 죽음	11:1-12:30

뉴스

이집트의 열 가지 재앙

(출애굽기 7-12장)

여러분은 애굽(이집트)의 열 가지 재앙 이야기를 들어보았을 거예요. 하나님은 이스라엘 백성을 종살이에서 해방시키려고 재앙을 일으키셨어요. 재앙의 목적은 애굽의 바로 왕과 백성에게 이스라엘의 하나님이 진정한 한 분 하나님이시고, 하나님이 이스라엘만의 하나님이 아니라 전 세계의 하나님이라는 것을 보여주려는 것이었어요.

애굽 왕들은 훌륭한 공공사업을 많이 하기는 했어도, 괴팍하고 고집이 매우 센 것으로 알려져 있어요.

알고 있었나요?

애굽 사람들은 헤카 신을 섬겼어요. 헤카는 개구리 머리(때로는 몸) 모양으로 표현되어 있었어요.

개구리

개구리들이 애굽 땅을 완전히 덮었어요. 바로가 왕이라고 해서 이 양서류의 침입을 피할 수는 없었어요. 애굽 사람들이 신이라고 생각한 바로 왕의 침실과 침대에도 개구리가 들어왔어요(출애굽기 8:2-6). 첫 번째 재앙으로 죽은 물고기만 온 나라에 악취를 풍긴 것이 아니라 죽은 개구리도 악취를 풍겼어요.

이

세 번째 재앙은 애굽의 티끌이 이로 변한 거예요(출애굽기 8:16-17). 정말 엄청나게 많은 벌레였어요. 성경 히브리어 '키님'은 현대 히브리어로 '이'라는 뜻이에요. 이 벌레는 사람과 동물의 몸에 살았기 때문에 실제로 이나 모기였을 거예요.

파리

소풍 때 우리를 귀찮게 하는 파리가 아니에요. 병을 옮기는 거대한 파리 떼가 애굽 땅을 덮었어요. 이 파리들이 그다음 두 재앙을 가져왔을 거예요. 어떤 학자들은 애굽의 가축을 죽인 질병이 탄저병이고 곤충이 옮겼을 거라고 생각해요. 여섯 번째 재앙에서 사람과 동물의 종기나 부스럼은 역시 파리가 달라붙어서 생긴 것일 수 있지요.

피로 변한 강

애굽 사람들은 나일 강에 완전히 의존하고 살았어요. 강물을 마셨고, 강물을 농작물에 주었어요. 나일 강의 물이 피로 변했을 때 모든 물고기가 죽었고 강에서 고약한 냄새가 났어요. 애굽 어디에나 피가 있었어요(출애굽기 7:17-24).

알고 있었나요?

바로 왕의 마술사들은 몇 가지 재앙을 똑같이 만들어낼 수 있었어요. 그러나 여섯 번째 재앙에서 마술사들은 악성 종기 때문에 너무 고통스러워서 모세에게 다가갈 수 없었어요(출애굽기 9:11).

악성 종기

고대 애굽(이집트) 사람들은 의학에 관심이 많았고, 그들의 신들이 병을 고쳐줄 것이라고 기대했어요. 애굽 신들의 왕인 아몬-레와 지식의 신으로 숭배한 토트에게서 치유의 힘이 나온다고 생각했어요. 애굽 사람들은 또한 사자 머리의 여신 세크멧이 병이 나게도 하고 병을 낫게도 한다고 믿었어요. 그러나 그 어느 애굽 신도 부스럼과 악성 종기 재앙을 막을 수 없었어요.

가축의 죽음

애굽 사람들은 암소와 황소를 성스럽게 생각했어요. 그들은 동물 머리를 한 많은 신들을 숭배했어요. 예를 들면 아피스(황소), 므네비스(황소), 크눔(숫양)이 그렇지요. 신들의 여왕인 이시스도 때로 머리에 쇠뿔이 달린 모습으로 나와요. 그러니 소들이 죽었을 때 애굽 사람들이 어떻게 느꼈을지 상상해 보세요. 그러나 소만이 아니라 그 모든 동물이 죽었어요(출애굽기 9:1-6).

우박

우박은 빗방울이 따뜻한 기류와 차가운 기류를 번갈아 지날 때 생겨요. 여러분은 아마 큰 천둥이 치기 전에 하늘에서 우박이 떨어진 것을 보았을 거예요. 우박은 농작물과 재산에 피해를 줄 수 있어요. 하나님이 일곱 번째 재앙으로 애굽에 내리신 우박은 모든 것을 파괴했어요. 우박이 아주 심해서 들에서 일하는 사람들을 죽일 수 있었어요(출애굽기 9:19). 이스라엘 사람들이 살던 고센에만 우박이 떨어지지 않았어요(출애굽기 9:26).

메뚜기 한두 마리가 아니라…

우박 재앙은 이미 애굽의 농작물을 대부분 파괴했어요. 그러나 다음 재앙인 메뚜기 떼는 남은 것을 모두 먹어버렸어요. 메뚜기 떼는 거대한 떼로 다니며 지나는 길에 있는 모든 식물을 파괴하지요(출애굽기 10:15). 죽은 곤충의 시체는 발진티푸스처럼 사람과 동물에 감염되는 많은 질병을 퍼뜨렸을 거예요.

알고 있었나요?

메뚜기 떼는 수백만 마리일 수 있어요. 요엘서는 메뚜기 떼가 엄청나게 커서, 태양을 가리고 낮을 밤처럼 만들었다고 했어요(요엘 2:10). 이스라엘 사람들은 이 여덟 번째 재앙에서는 보호를 받았지만, 성경 다른 곳에서는 이스라엘 사람들이 순종하지 않고 고집을 부려서 그 벌로 메뚜기 떼를 겪었다고 나와요(신명기 28:42; 아모스 7:1-3).

흑암(어두움)

애굽 사람들은 태양신 아몬-레가 가장 힘 있는 신이라고 생각했어요. 그러나 하나님은 3일간 태양을 어둡게 하여 아몬-레가 하나님과 견줄 수 없다는 것을 증명하셨어요(출애굽기 10:21-23). 오랫동안 볼 수 없으면 누구든 무서워하게 될 거예요. 특히 태양을 숭배한 사람들이 그랬지요.

알고 있었나요?

애굽 사람들은 태양신 '아몬-레' 말고도 해돋이의 신인 매의 머리를 한 호루스와 한낮의 태양의 신인 아텐과 석양의 신인 아툼도 숭배했어요. 애굽 사람들은 바로 왕이 아몬-레의 아들이라고 믿었어요.

맏이의 죽음

학교에서 고대 애굽(이집트)에 대해 공부한 적이 있나요? 그렇다면 애굽 사람들이 죽음과 죽은 후의 세계에 대해 큰 관심을 가졌다는 것을 알고 있었을 거예요. 애굽의 주요한 신들 중의 하나는 나일 강의 신이자 죽음의 신인 오시리스였어요. 애굽 사람들은 지하 세계의 신 아누비스가 죽은 뒤의 세계로 안내한다고 믿었는데, 그 아누비스가 오시리스를 도왔어요. 열 번째이자 마지막 재앙은 애굽의 신들이 완전히 힘이 없다는 것을 증명했어요. 이 재앙으로 애굽의 모든 장자가 죽었지만(출애굽기 12:29-30), 이스라엘 사람들의 장자는 아무도 죽지 않았어요.

뉴스

지진

지진을 느낀 적이 있나요? 아모스 1장 1절과 스가랴 14장 5절은 유다의 웃시야 왕이 통치하는 동안 큰 지진이 있었다고 해요. 이스라엘 사람 고라가 하나님께 반역하고 다른 사람들까지 모세에게 반대하게 만들려고 했을 때, 하나님은 지진을 일으켜 고라와 그 가족과 추종자들을 삼켜버리게 하셨어요(민수기 16:30-33). 예수님께서 십자가에서 영혼이 떠나셨을 때 땅의 진동(지진)이 있었어요(마태복음 27:50-51). 사무엘상 14장 15절, 이사야 29장 6절, 요한계시록 6장 12절은 하나님이 지진을 어떻게 사용하시는지 보여주지요!

알고 있었나요?

우박이 성경에 나올 때는 거의 항상 하나님이 특정 사람들을 심판하시고 그들의 죄에 대해 벌을 내리실 때이지요(이사야 28:2, 17; 학개 2;17; 요한계시록 8:7). 시편 148편 7-13절에서 우박은 바다, 용, 불, 눈, 안개, 광풍과 함께 "여호와를 찬양하라!"고 되어 있어요.

소에 관한 꿈

때로는 누구나 뜻을 알 수 없는 꿈을 꾸지요. 애굽(이집트)의 바로 왕은 소와 말라버린 곡식 이삭이 나오는 정말 이상한 꿈을 꾸었어요. 히브리 사람 요셉은 바로의 꿈이 애굽에 닥칠 흉년을 미리 알리는 꿈이라고 풀이했어요. 애굽에서 7년간 풍년이 들어 먹을 것이 많다가 그 후 7년간 흉년을 겪을 것이라는 뜻이었어요. 요셉은 왕에게 다음 7년간 애굽에서 수확하는 모든 농작물을 5분의 1씩 모으라고 알려주었어요. 그래서 흉년이 닥쳤을 때 사람들이 대비할 수 있도록 했지요(창세기 41장).

뉴스

가뭄

비가 오랫동안 오지 않으면 가뭄 때문에 종종 기근이 생겼어요. 고대 중동에서 가뭄이 들면 식량이 부족해서 사람들이 굶주렸지요.

오지 않는 비

이스라엘의 아합 왕과 그 가족은 가나안 사람들의 신 바알을 섬겨서 하나님을 화나시게 했어요. 하나님의 선지자 엘리야는 아합의 우상 숭배 때문에 자기가 말을 하기 전까지는 비가 내리지 않을 것이라고 아합에게 전해 주었어요(열왕기상 17:1). 가뭄은 3년간 계속되었고 기근을 가져왔어요.

알고 있었나요?

황은 약품, 살충제, 성냥, 비료, 세제, 화약을 만드는 데 쓰여요.

불과 유황

유황은 노랗고 산성이고 고약한 냄새가 나는 황의 또 다른 이름이에요. 유황은 불이 아주 잘 붙어요. 하나님은 소돔과 고모라를 파괴하실 때 '유황과 불을 비같이' 내리셨어요(창세기 19:24). 불과 유황은 요한계시록에 짐승에게 경배한 사람들에게 내리는 벌로 나와요(요한계시록 14:9-10).

정부

사람들이 변화된 이야기

하나님은 모세가 히브리 백성들을 이끌고 애굽(이집트)에서 나오도록 도우셨어요. 그런데 이 사람들은 아직 한 민족이 되지 못했어요. 그들은 아브라함을 선택하시고 모세를 불러 그 백성들을 자유롭게 해주신 하나님을 잘 몰랐어요. 하나님의 법을 받고 하나님께 순종하기로 동의한 후에야 하나님의 백성으로 알려졌어요(출애굽기 23:20-24:4).

모세의 율법

모세의 율법은 이스라엘이 애굽(이집트)의 종살이에서 벗어나 광야에서 40년을 보내는 동안 받은 여러 규정들이에요. 이 율법 중에 가장 유명한 것은 모세가 시내 산에서 하나님께로부터 받은 십계명이에요(출애굽기 20:1-17; 신명기 5:1-21).

하나님은 이스라엘 백성과 언약(계약)을 맺으셨어요. 이스라엘의 역사는 이 언약과 긴밀하게 연결되어 있어요. 사람들이 이 율법을 지키면 복을 받고 지키지 않으면 벌을 받는 것이지요(신명기 4:1-2, 39-40; 7:12-15; 8:19-20).

모세의 율법의 목적

모세의 율법은 사람들이 하나님과의 관계를 잘 맺도록 안내하기 위한 것이었어요. 이스라엘 백성은 이미 하나님을 따르는 사람들이었어요. 율법은 다음과 같은 면에서 도움이 되었어요.

1. 하나님이 그들에게 무엇을 기대하시는지 이해하게 해요. 하나님은 그들과 언약을 맺으셨어요. 그들을 보호하시고 큰 민족으로 만들어 주시겠다고 약속하셨지요. 모세의 율법은 이 언약에서 그들의 역할이 무엇인지 이해하게 해주어요.
2. 공동체로서 함께 살아요.
3. 건강하고 잘 조직된 나라를 위한 기초를 만들어요.

신정 국가

하나님은 이스라엘 사람들에게 이 광범위한 법전을 주시면서 나라도 세워주셨어요. 하나님은 그들의 정부를 만들어주셨어요. 하나님은 이 나라를 다스리실 것이고, 하나님의 말씀을 선지자나 제사장에게 주셔서 백성에게 전달하도록 하실 거예요.

법의 여러 측면들

모세의 율법은 이스라엘 국가의 세 가지 측면을 다루었어요.

종교 법전

종교 법전은 하나님께 어떻게 예배드리는지를 다루었어요. 구약성경에 보면 사람들이 죄를 지으면 그 벌로 희생제사를 드려야 했어요. 모세의 율법은 이 제의를 어떻게 수행해야 하는지 설명했어요.

도덕 법전

우리에게는 이 율법의 도덕적인 면이 가장 잘 알려졌을 거예요. 십계명은 그 중 일부이고, 주어진 상황에서 무엇이 옳은 일인지를 다루는 규정이 많이 있어요(윤리라고도 해요).

사회 법전

사회 법전은 사회가 어떻게 움직여야 하는지를 다루었어요. 법적인 분쟁을 어떻게 다루어야 하는지부터 무엇을 먹고 집을 어떻게 깨끗하게 하는지에 이르기까지 모든 것을 이 법에서 다루었어요. 하나님의 백성이 유목 생활을 덜 하고 점점 정착하면서 건강과 공공 안전을 위한 규칙이 매우 중요했어요.

십계명

하나님이 이스라엘 백성에게 주신 계명은 다음과 같았어요.

너는 나 외에는 다른 신들을 네게 두지 말라.

너를 위하여 새긴 우상을 만들지 말고 또 위로 하늘에 있는 것이나 아래로 땅에 있는 것이나 땅 아래 물 속에 있는 것의 어떤 형상도 만들지 말며 그것들에게 절하지 말며 그것들을 섬기지 말라

너는 네 하나님 여호와의 이름을 망령되게 부르지 말라

안식일을 기억하여 거룩하게 지키라

네 부모를 공경하라

살인하지 말라

간음하지 말라

도둑질하지 말라

네 이웃에 대하여 거짓 증거하지 말라

네 이웃의 소유를 탐내지 말라

(출애굽기 20:2-17에서)

사사들이 활동하던 시대

구약성경에서 사사는 고대 이스라엘의 백성을 돕기 위해 하나님의 부름을 받은 특별한 지도자였어요. 사사는 때로 법 재판을 맡았지만(사사기 4:4-5), 주로 이스라엘 사람들을 이끌고 적군에 맞서 싸우기 위해 하나님이 택하신 군사 지도자였어요. 사사들의 활동은 사사기 3-16장에 나와 있어요. 다음은 사사기에 나오는 사사들의 명단이에요.

사사	섬긴 기간	맞서 싸운 적	업적	성경 구절
옷니엘	40년	메소보다미아	메소보다미아를 무찌르고 이스라엘을 40년간 평화롭게 함.	사사기 3:7-11
에훗	80년	모압과 아말렉	모압의 에글론 왕을 죽이고 이스라엘에 대항하여 동맹을 맺은 모압과 아말렉을 무찌름.	사사기 3:12-30
삼갈	10년	블레셋	블레셋 사람 600명을 죽이고 이스라엘을 구함.	사사기 3:31
드보라와 바락	40년	가나안	가나안 왕 야빈의 군대와 시스라 장군을 무찌름.	사사기 4:1-5:31
기드온	40년	미디안과 아말렉	단 300명으로 미디안과 아말렉 동맹군을 무찌름.	사사기 6:1-8:35
돌라	23년	나와 있지 않음	이스라엘을 구했다는 것 말고는 정보가 별로 없음.	사사기 10:1-2
야일	22년	나와 있지 않음	30명의 아들이 길르앗의 성을 하나씩 맡았다는 것 말고는 정보가 별로 없음.	사사기 10:3-5
입다	6년	암몬과 에브라임	길르앗에 쳐들어온 암몬을 무찌름; 이스라엘의 에브라임 지파의 군대와 싸움.	사사기 11:1-12:7
입산	7년	나와 있지 않음	30명의 아들과 30명의 딸을 두었다는 것 말고는 정보가 별로 없음.	사사기 12:8-10
엘론	10년	나와 있지 않음	이 사사에 대해서는 정보가 별로 없음.	사사기 12:11-12
압돈	8년	나와 있지 않음	40명의 아들과 30명의 손자를 두었다는 것 말고는 정보가 별로 없음.	사사기 12:13-15
삼손	20년	블레셋	아내와 가족을 불사른 블레셋의 지도자들과 백성에게 복수를 함.	사사기 13:1-16:31

왕국의 시작: 왕이 다스리는 이스라엘

사무엘상 8장에서 이스라엘 사람들은 왕을 요구했어요. 현명한 제사장이자 선지자이고, 때로 '이스라엘의 마지막 사사'라고 하는 사무엘은 늙어가고 있었어요. 사람들은 사무엘의 아들들이 아버지를 대신할 자격이 없다고 생각했어요. 그리고 그 지역의 다른 나라들처럼 되기를 바랐어요. 사무엘은 그 생각을 별로 좋아하지 않았어요. 사무엘은 왕이 사람들을 잘 섬기지 않을 거라고 생각했어요(사무엘상 8:9-18). 사무엘은 또한 사람들이 왕을 요구하는 것이 하나님을 지도자로 믿지 않는 모습이라고 생각했어요(사무엘상 10:17-19). 그러나 사무엘이 하나님께 기도했을 때 하나님은 사람들에게 왕을 세워주라고 말씀하셨어요(사무엘상 8:1-22). 하나님은 주전 1030년, 사무엘에게 사울을 이스라엘의 첫 왕으로 기름을 부으라고 말씀하셨어요(사무엘상 9-10장).

초기의 왕들

사울은 처음에는 잘 다스렸어요. 그러나 전투에서 하나님께 불순종하고 나서 하나님께서 사울을 버리셨어요(사무엘상 13-15장). 사울은 블레셋의 거인 골리앗을 죽인 젊은 목자이자, 하나님이 다음 왕으로 선택하신 다윗을 몹시 질투했어요(사무엘상 17:1-54). 다윗은 사울의 아들 대신에 이스라엘의 왕좌에 앉게 되었어요(사무엘하 5:1-3). 다윗 왕은 오랫동안 통일된 이스라엘 왕국을 다스렸어요. 다윗은 죽을 때 아들 중의 하나인 솔로몬에게 왕위를 물려주었어요. 솔로몬은 지혜와 부와 예루살렘에 지은 웅장한 성전 때문에 유명하고 위대한 왕이 되었어요.

하프를 켜는 다윗 왕, 19세기, 다색 석판화

알고 있었나요?

성경은 솔로몬에게 애굽(이집트) 공주를 포함해서 1,000명의 아내가 있었다고 전해요. 불행히도 이 많은 아내들은 솔로몬으로 하여금 다른 신들을 섬기게 만들었어요. 이 불순종 때문에 하나님은 솔로몬이 죽고 나면 왕국을 빼앗을 것이라고 말씀하셨어요(열왕기상 11:1-13).

분열 왕국

솔로몬은 말년에 하나님에게서 돌아섰어요. 솔로몬이 죽고 나서 이스라엘의 북쪽 지파들이 왕국에서 떨어져나갔어요. 이 왕국은 이스라엘이라고 불렸고, 솔로몬의 아들 르호보암에게 충성한 남쪽 지파들은 유다라고 불렸어요. 각 왕국은 차례로 왕을 세웠고, 좋은 왕과 나쁜 왕이 번갈아가며 다스렸어요. 두 왕국은 모두 비극적인 결말을 맞이했어요. 앗수르는 주전 722년에 이스라엘을 패배시켰어요. 유다는 주전 587년에 바벨론에게 멸망당했어요. 많은 사람들이 포로로 끌려갔고 고향 땅을 떠났어요. 이스라엘의 통치자가 없던 그 다음 70년을 종종 포로기라고 불러요. 북왕국과 남왕국의 왕 명단을 보려면 172쪽의 '왕과 왕비'를 보세요.

포로로 끌려간 곳에서 귀환하다

바사(페르시아)의 고레스는 주전 539년에 바벨론을 정복했어요. 고레스는 1년 후에 유대인들에게 유대 고향 땅으로 돌아가도 좋다고 허락했어요. 구약성경의 에스라기와 느헤미야기는 포로기 이후 100년 동안의 일에 대해 말해 주어요. 그 후 팔레스타인(그리고 예루살렘)은 지중해 동쪽 세계의 대부분을 정복한 마케도니아의 알렉산더 대왕이 다스렸어요(주전 336-323년). 알렉산더 대왕이 죽은 후에는 알렉산더의 장군들과 그 자리를 이어받은 사람들이 그곳을 백 년 이상 다스렸어요. 이 통치자들 중 가장 영향력 있는 사람들은 시리아를 다스린 셀레우코스 왕조와 애굽(이집트)을 다스린 프톨레마이오스 왕조였어요. 이 두 왕족 중 하나가 유대인들이 종교를 갖고 살았던 팔레스타인을 다스렸어요. 그런데 주전 168년에 셀레우코스 왕조의 안티오쿠스 4세 왕이 유대인들이 신앙생활을 하지 못하게 막으려 했어요. 사람들은 왕에게 반란을 일으켰어요. 유다 마카베오의 지도력으로 적은 무리의 유대 병사들이 안티오쿠스의 큰 군대를 이겼어요. (마카베오 가문 사람들에 대해서는 56쪽의 '달력과 휴일', 그리고 146쪽의 '예루살렘'에서 더 알 수 있어요.) 그 후 마카베오 가문 사람들은 자신만의 정부를 만들었고, 이는 주전 63년에 로마 장군 폼페이우스가 예루살렘에 쳐들어와서 온 땅을 로마의 통치 아래 둘 때까지 계속되었어요.

예수님 시대의 팔레스타인

이스라엘은 신약성경에 나올 때까지 그리스의 지배를 받았고 그 뒤에는 로마의 지배를 받았어요. 하나님의 백성 중 많은 사람들이 전 세계로 흩어졌어요. 독립은 이루어지지 않았지만 이스라엘 사람들은 로마의 통치 아래서 여전히 모세 율법의 종교 규정을 지키며 살았어요.

종교 지도자들

대 산헤드린('위원회'를 뜻하는 그리스어에서 나온 말)은 가장 높은 71명의 종교 지도자로 이루어졌어요. 그들이 하는 일은 모세의 법을 성실하게 지키게 하고 나라 곳곳에 있는 지방의 작은 산헤드린을 감독하는 일이었어요. 이들은 사회의 가장 높은 지위에 있는 구성원이고 학자이고 공동체의 지도자였어요.

포로기 후에 종교 지도자들과 서기관들은 율법을 해석하는 책임을 갖게 되었어요. 예수님이 사역하던 때에 이르러서는 하나님의 법에 수백 개의 새로운 규칙과 전통이 더해졌어요. 예수님은 율법의 일부 규칙을 바꾸셨는데, 그것들을 '폐하'기 위해서가 아니라 '완전하게 하려'는 것이었어요(마태복음 5:17).

예수님과 로마 정부

예수님은 사람들이 로마 정부를 어떻게 대해야 하는지에 대해 질문을 받으셨어요. 예수님을 따르는 사람들은 예수님이 로마의 통치를 뒤엎으시기를 바랐어요. 그들이 고대하던 메시아는 그렇게 할 것이라고 생각했던 것이지요. 예수님의 적들은 예수님이 행여 대답을 잘못하면 그것을 빌미로 기소하려고 했어요. 그러나 예수님은 항상 조심스레 대답하셨어요. 나라에 세금을 내고 좋은 시민이 되라고 대답하셨지요. 예수님이 이것에 대해 정확히 어떻게 답하셨는지 보려면 누가복음 20장 20-26절을 보세요.

로마 제국

주전 700년에 로마는 이탈리아에 있는 작은 도시였고, 그 주변을 다스릴 뿐이었어요. 로마는 주전 508년에 이르러 공화국이라는 정부 형태로 발전했어요. 사람들이 자신을 대표할 수 있는 지도자들을 선택하는 것이 공화국이지요. 로마는 주전 2세기까지 그리스와 소아시아의 많은 곳을 정복했어요. 그리고 북아프리카, 프랑스, 스페인의 일부와 지중해의 많은 섬들도 정복했어요. 주전 63년에 로마의 폼페이우스 장군이 이끄는 군대가 팔레스타인을 정복했어요. 로마의 첫 황제인 율리우스 카이사르가 주전 44년에 죽은 후에, 후계자인 아구스도(아우구스투스)는 애굽(이집트)과 대부분의 소아시아와 영국과 독일의 일부까지 포함하여 제국을 확장했어요.

예수님은 '황제'라는 호칭이 처음 붙은 가이사 아구스도(카이사르 아우구스투스)가 통치할 때 유대 지방의 베들레헴 마을에서 태어나셨어요

그리스도의 메시지가 퍼지다

로마 사람들에게는 조직적이고 강한 군대가 있었기 때문에 제국이 매우 안정되었어요. 지역 간 여행과 무역이 전보다 쉬워졌어요. 로마의 통치와 좋은 도로 체제 덕분에 국제적인 평화가 이루어졌고, 사도들이 예수님의 가르침에 기초한 새로운 종교를 전파하기가 좋았어요. 로마 제국 어디에서나 그리스어를 썼기 때문에 언어 장벽도 없었어요.

조세로 내는 돈, 제임스 티소 (19세기)

황제(가이사/카이사르)

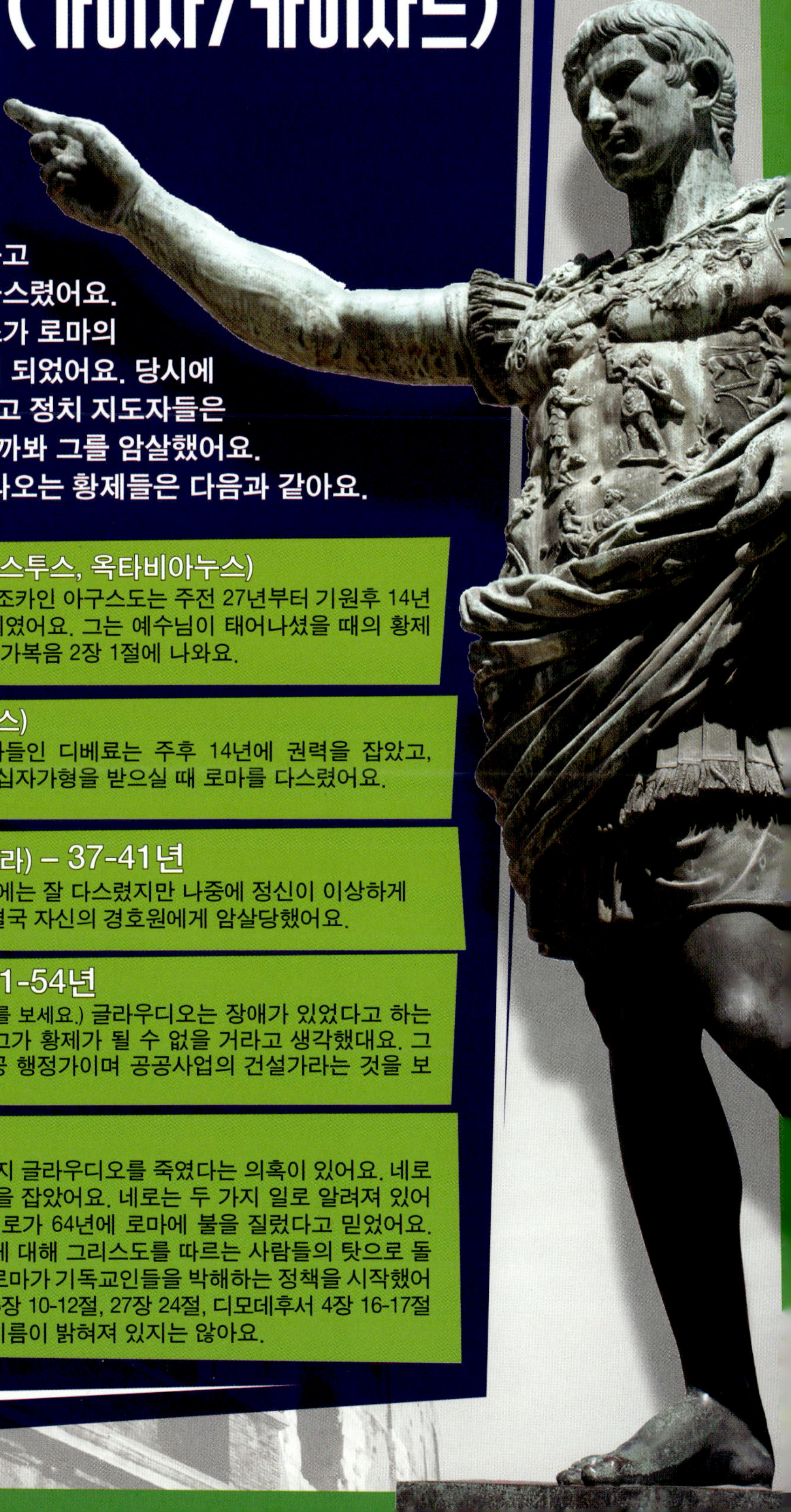

로마 제국은 황제라고 하는 지도자들이 다스렸어요. 이 호칭은 율리우스가 로마의 황제가 되면서 성이 되었어요. 당시에 로마는 공화국이었고 정치 지도자들은 황제에게 정복당할까봐 그를 암살했어요. 성경 이야기 속에 나오는 황제들은 다음과 같아요.

아구스도(아우구스투스, 옥타비아누스)

율리우스 카이사르의 조카인 아구스도는 주전 27년부터 기원후 14년까지 로마 최초의 황제였어요. 그는 예수님이 태어나셨을 때의 황제였어요. 아구스도는 누가복음 2장 1절에 나와요.

디베료(티베리우스)

아구스도가 입양한 아들인 디베료는 주후 14년에 권력을 잡았고, 예수님이 사역하시고 십자가형을 받으실 때 로마를 다스렸어요. (누가복음 3:1을 보세요.)

가이우스(칼리굴라) – 37-41년

칼리굴라는 젊은 시절에는 잘 다스렸지만 나중에 정신이 이상하게 되었다고 해요. 그는 결국 자신의 경호원에게 암살당했어요.

글라우디오 – 41-54년

(사도행전 11:28; 18:2하를 보세요.) 글라우디오는 장애가 있었다고 하는데, 그래서 사람들은 그가 황제가 될 수 없을 거라고 생각했대요. 그러나 그는 유능한 공공 행정가이며 공공사업의 건설가라는 것을 보여주었어요.

네로

네로의 어머니가 아버지 글라우디오를 죽였다는 의혹이 있어요. 네로는 그 후 54년에 권력을 잡았어요. 네로는 두 가지 일로 알려져 있어요. (1) 로마 대중은 네로가 64년에 로마에 불을 질렀다고 믿었어요. (2) 네로는 불이 난 것에 대해 그리스도를 따르는 사람들의 탓으로 돌렸고, 결국 이 때문에 로마가 기독교인들을 박해하는 정책을 시작했어요. 네로는 사도행전 25장 10-12절, 27장 24절, 디모데후서 4장 16-17절에 언급되어 있는데, 이름이 밝혀져 있지는 않아요.

제사장

제사장의 나라

여러분은 성경에 제사장이 많이 나온다는 것을 알아챘을 거예요. 제사장의 역할이 어떻게 생겨났는지를 궁금해 한 적이 있나요? 하나님은 선택하신 백성에게 시내 산에서 법을 주셨어요. 이 법은 종교적인 일들을 다루었고 제사장의 역할과 행동을 담았어요.

하나님은 "너희가(이스라엘 사람들이) 내게 대하여 제사장 나라가 되며 거룩한 백성이 되리라"고 모세에게 말씀하셨어요(출애굽기 19:6). 그러나 하나님의 백성을 섬기기 위해 구체적인 제사장의 역할을 하는 세 그룹의 제사장이 있었어요. 그들은 제사장, 대제사장, 레위인이었어요.

제사장

주께서 모세에게 말씀하셨어요. "너는 이스라엘 자손 중 네 형 아론과 그의 아들들 곧 아론과 아론의 아들들 나답과 아비후와 엘르아살과 이다말을 그와 함께 네게로 나아오게 하여 나를 섬기는 제사장 직분을 행하게 하되" (출애굽기 28:1)

하나님은 이스라엘의 12지파 중에서 레위 지파 사람들만이 제사장의 역할을 할 수 있다고 하셨어요. 이것은 고대 이스라엘에서 가장 중요한 직업 중의 하나였어요. 모세의 형제인 아론의 자손만이 제사장이 될 수 있었어요(출애굽기 28:1). 하나님은 제사장이 해야 할 과제, 입을 옷 등에 대해 모세에게 아주 구체적으로 알려주셨어요. 다음은 제사장의 주요 임무예요. (다른 임무들은 '열심히 일하는 레위인들' 부분을 보세요.)

장막(거룩한 천막) 또는 성전에서 적합한 희생제사 드리기(레위기 1-7장; 신명기 33:10). (62쪽의 '동물'을 보세요.)

하나님의 법과 명령을 이스라엘 사람들에게 가르치고, 하나님의 뜻을 백성에게 선포하기(신명기 33:10).

병을 앓고 있는 사람들을 살펴보고 공동체와 함께 예배할 수 있는지 아닌지를 결정하거나 다 나았다고 판정하기까지 떨어져 있도록 해야 하는지를 결정하기(레위기 13-15장). (제사장의 역할에 대해 더 알고 싶으면 10쪽의 '건강과 몸'을 보세요.)

Illustrations by Guy Wolek

하나님은 왜 그렇게 구체적으로 알려주셨을까요? 제사장의 임무는 거룩한 것이어서 모든 것이 하나님의 법에 따라 이루어져야 했어요. 규칙이나 단계를 무시하는 제사장은 죽임을 당했어요. 불순종에 대한 결과가 어떤지 알려면 '수치의 벽' 부분을 보세요.

알고 있었나요?

레위 지파는 이스라엘의 다른 지파들과는 달리 농사지을 땅을 받지 못했어요. 레위인들은 그 대신 팔레스타인 여기저기에서 살 수 있도록 작은 도시들을 받았어요(민수기 35:1:8).
그들은 평생 종교 일들을 맡았고 땅을 받은 지파들이 내는 예물로 살았어요.

대제사장

• 성전에서 섬기는 제사장들이 많았지만, 대제사장은 한 명뿐이었어요. 아론은 이스라엘의 첫 번째 대제사장이었고 거의 40년간 섬겼어요. 대제사장은 다른 제사장들이 하는 일도 했지만 대제사장만 할 수 있는 책임도 맡았어요.

• 대제사장에게는 장막이나 성전에서 일하는 제사장들을 관리하는 책임이 있었어요.

• 대제사장은 하나님 앞에서 민족을 대표했어요. 대제사장은 속죄일(욤 키푸르)에 성전의 가장 거룩한 곳(지성소)에 들어가 민족을 대표하여 하나님께 용서를 빌었어요.

• 대제사장만이 지성소에 들어갈 수 있었어요. 대제사장은 자신의 죄를 위해 수송아지를 희생제물로 드리고, 그런 다음 민족의 죄를 위해 숫염소 두 마리와 숫양을 드렸어요. 염소 한 마리는 속죄의 염소로 광야로 내보냈어요(레위기 16장).

알고 있었나요?

세례 요한의 아버지 사가랴는 대제사장이었어요. 천사가 사가랴에게 그와 그 아내 엘리사벳이 아들을 낳을 것이라고 말해 주었을 때, 사가랴는 성전에서 제사장의 직무를 행하고 있었어요.

열심히 일하는 레위인들

회막이나 성전에서 일하는 레위인 중 일부는 제사장의 조수로 일했어요. 레위인을 오늘날의 장로님이나 집사님과 비교할 수 있어요. 레위인이 하는 일은 다음과 같았어요.

• 사법적인 판결을 내릴 때 재판관으로 활동하기(신명기 17:8-12)

• 율법서 관리하기(신명기 17:18)

• 사람들이 한 장소에서 다른 장소로 이동할 때 회막을 나르고 또 회막을 관리하기(출애굽기 27:20-21; 30:1-10; 40:1-33). 레위인은 또한 모세가 하나님을 만날 때 사용한 회막을 관리했어요(출애굽기 33:7-11). 이 천막은 진영 밖에 두었어요.

• 거룩한 상자(언약궤) 나르기(신명기 10:8-9)

• 회막과 성전의 특별한 성물을 닦고 관리하기(열왕기상 8:1-11)

• 예물과 십일조를 걷기(역대하 31:2-16)

레위인의 가족

일부 레위인 가족은 특정한 임무를 맡았어요.

고핫 자손 (민수기 4:1-20). 고핫 자손은 회막에 쓰는 물건들을 날랐어요. 그러나 만지는 것은 금지되어 있었어요. 제사장들이 그 물건들을 특별한 천으로 덮으면 고핫 가족이 채를 이용해서 옮겼어요.

게르손 자손 (민수기 4:21-28). 게르손 자손은 성막과 그 덮개와 휘장과 회막을 날랐어요. 다른 사람들이 만지면 죽었어요.

므라리 자손 (민수기 4:29-33). 므라리 자손은 장막의 널판들과 기둥들과 말뚝들과 기구들을 날랐어요.

제사장의 옷

"네 형 아론을 위하여 거룩한 옷을 지어 영화롭고 아름답게 할지니" (출애굽기 28:2)

하나님은 이스라엘의 제사장들이 입을 옷에 관해 구체적인 가르침을 주셨어요(출애굽기 28장; 39:1-31; 레위기 8:7-9; 16:4). 대제사장이 입는 옷은 다른 제사장들이 입는 옷과 달랐어요.

대제사장의 옷

- **에봇:** 예식 때 입는 조끼
- **흉패:** 흉패는 아름다운 보석을 네 줄로 12개 붙인 23센티미터의 사각형 가슴 장식(출애굽기 28:15-21)이에요. 각 보석은 금으로 테를 만들었고 각 보석에 이스라엘의 12지파의 이름을 새겼어요. 보석은 이렇게 배열했어요.
  첫째 줄: 홍보석, 황옥, 녹주옥
  둘째 줄: 석류석, 남보석, 홍마노
  셋째 줄: 호박, 백마노, 자수정
  넷째 줄: 녹보석, 호마노, 벽옥
- **긴 예복**
- **관(터번):** 베에 금실을 달아 만든 머리장식. '여호와께 성결'이라는 말을 새김(출애굽기 28:36).
- **허리띠:** 수를 놓은 허리띠

Illustrations by Guy Wolek

에봇

에봇은 가장 좋은 베로 만들었어요. 금색, 파란색, 자주색, 붉은색 실로 수를 놓아 정교하게 만든 조끼였지요. 제사장의 파란 예복 위에 입었어요. 에봇에는 두 개의 어깨끈이 있었고 끈마다 호마노 보석을 붙였어요. 보석에는 이스라엘의 12지파 이름을 새겼어요(출애굽기 28:6-14). 흉패에는 땋은 사슬과 고리를 달았고, 에봇과 함께 입었어요(출애굽기 28:22-28). 에봇은 보통 대제사장만이 입을 수 있었지만 어떤 예식에서는 다른 제사장들도 입을 수 있었어요.

다른 제사장들의 옷

- 베 속옷
- 긴 예복
- 특별한 모자
- 허리띠

알고 있었나요?

때로 에봇은 하나님이 싫어하시는 방식으로 쓰였어요. 기드온은 미디안 사람들을 무찌른 후에 금으로 에봇 상을 만들어서 자기 성읍 오브라에 두었어요. 모든 이스라엘 사람들이 그 동상을 숭배하며(사사기 8:27) 하나님을 거역했어요.

우림과 둠밈

우림과 둠밈이 정확히 어떤 형태의 물건인지 아무도 몰라요. 색깔이 다르고 구별해 주는 표시가 있는 두 개의 돌멩이였을 거예요. 제사장들은 하나님의 인도하심을 찾는 수단으로 우림과 둠밈을 사용했어요. 사람들이 특정 상황에서 무엇을 해야 할지 알고 싶을 때 대제사장은 우림과 둠밈을 던져서 어느 쪽으로 떨어지는지 보았어요(민수기 27:21).

그 밖의 제사장들

신비한 멜기세덱

"살렘 왕 멜기세덱이 떡과 포도주를 가지고 나왔으니 그는 지극히 높으신 하나님의 제사장이었더라"(창세기 14:18)

아브람이 적군을 무찌르고 조카 롯과 그의 가족을 구한 후에 멜기세덱은 떡과 포도주를 가져와 아브람을 만났고 '지극히 높으신 하나님'의 이름으로 아브람을 축복했어요(창세기 14:18-20). 아브람은 그 답으로 멜기세덱에게 자신이 가진 모든 것의 십분의 일인 십일조를 주었어요(창세기 14:20). 멜기세덱의 삶과 출신에 대해 별로 알려진 것이 없지만 히브리서의 저자는 예수님을 멜기세덱과 비교하면서 예수님이 '멜기세덱의 반차를 따르는' 대제사장이라고 말해요(히브리서 5:5-6).

엘리: 사무엘을 키운 제사장이지만 실패한 아버지

엘리와 두 아들 홉니와 비느하스는 실로의 제사장들이었어요(사무엘상 1:3). 엘리는 아이가 없는 한나라는 여자를 축복해 준 것으로 가장 잘 알려져 있어요. 한나는 아들을 달라고 기도했고 사무엘을 얻었어요(사무엘상 1:9-11). 엘리는 하나님을 잘 믿고 하나님을 사랑한 제사장이었지만 개인 삶의 중요한 부분에서는 부족했어요. 아들들이 계속 못된 행동을 해도 엘리가 그냥 두었다는 것이 그 증거예요('수치의 벽' 부분을 보세요). 그래서 하나님은 사무엘에게 엘리 가문을 벌하실 것이라고 말씀하셨어요(사무엘상 3:10-14). 하나님이 무엇을 하셨는지 보려면 사무엘상 4장 11-18절을 읽으세요.

알고 있었나요?

잠언 16장 33절은 우림과 둠밈처럼 돌멩이로 제비 뽑아 결정하는 것을 말하고 있지요. 이 구절은 제비를 뽑더라도 어떻게 뽑힐지는 하나님이 결정하신다고 해요. '제비는 사람이 뽑으나 모든 일을 작정하기는 여호와께 있느니라'.

수치의 벽

불행히도 성경에는 부패한 제사장들도 나와요.
이 수치의 벽을 살펴보세요.

나답과 아비후. 이들은 아론의 아들이고 이스라엘의 첫 제사장이었어요(출애굽기 28:1). 이들은 '다른' 불을 주님께 드렸기 때문에 불에 타죽은 첫 번째 제사장이기도 했어요(레위기 10:1-2). 어떤 사람들은 이 제사장들이 술에 취했을 거라고 생각해요. 바로 같은 구절에서 제사장들이 술에 취해서 회막에 들어가면 벌 받아 죽을 것이라고 가르치거든요(레위기 10:8-10).

홉니와 비느하스. 정직하지 않은 엘리의 이 두 아들은 실로에서 제사장으로 일했어요. 엘리는 행동을 잘 하라고 경고했지만 아들들은 듣지 않았어요. 홉니와 비느하스는 죄를 지어서 블레셋 사람들의 손에 죽었어요(사무엘상 2:12-17; 4:11-17).

아마샤. 이 벧엘의 제사장은 아모스 선지자의 말을 듣지 않았어요. 아모스는 백성에게 파멸이 다가온다고 경고했는데, 아마샤는 그를 쫓아내려 했어요(아모스 7:10-17).

바스훌. 바스훌은 예루살렘이 느부갓네살에게 함락되기 직전 몇 년 동안 성전의 총감독이었어요. 바스훌은 예레미야 선지자를 때리고 감옥에 집어넣기도 하면서 심하게 괴롭혔어요(예레미야 20:1-6).

안나스와 가야바. 안나스는 주후 6년부터 15년까지 대제사장이었어요. 결국 로마 사람들이 안나스를 쫓아냈지만 안나스는 여전히 영향력이 있었어요. 아들 중에 다섯 명이 나중에 대제사장이 되었어요(누가복음 3:2; 사도행전 4:6). 안나스의 사위 가야바도 대제사장이 되었어요. 가야바는 예수님을 체포했고 로마 총독 본디오 빌라도더러 예수님을 처형하라고 재촉했어요(마태복음 26:57-58; 마가복음 14:53-54; 누가복음 22:54).

새 언약의 대제사장인 예수님?

레위계 대제사장들은 사람이었기 때문에 결국 모두 죽었어요. 그러나 예수님은 하나님의 영원하신 아들이시기 때문에 우리의 대제사장으로 영원히 사세요(히브리서 7:23-25).

사람들은 죄를 짓는 존재이기 때문에 아론과 그 자손은 제사장으로서의 역할에도 불구하고 죄를 지었어요. 그러나 예수님은 완전한 삶을 사셨어요(히브리서 4:15). 우리가 시험을 받듯이 예수님도 똑같이 시험을 받으셨기 때문에 우리가 시험을 받을 때 예수님이 우리를 도우실 수 있어요(히브리서 2:18; 4:14-16).

동물 희생제물은 반복해서 드려야 했어요. 십자가 위에서 예수님이 돌아가신 것은 모든 사람을 위해 단 한 번만 드린 희생제물이었어요(히브리서 10:11-14).

Illustrations by Guy Wolek

우리의 대제사장인 예수님

신약성경의 저자들은 레위계 제사장직과 이스라엘 사람들이 드린 희생제물들이 앞으로 다가올 일을 가리킨다고 이해했어요. 아론과 그 자손들이 한 역할은 더 나은 분, 곧 약속의 메시아인 예수님을 가리켰어요! 히브리서의 저자가 분명히 말하듯이 예수님은 사람들의 죄 때문에 희생제물을 드리는 대제사장이고 동시에 희생제물 자체였어요(히브리서 8장).

Illustrations by Guy Wolek

제자

성경은 갈릴리 지역에서 있었던 예수님의 사역에 대해 설명하지요. 예수님의 사역은 1년에서 3년간 지속되었어요. 그동안 예수님을 따르는 사람들이 많았지요. 예수님은 그 중에서 열두 명을 뽑아 핵심 제자(사도)로 삼으셨어요. '제자'란 라틴어로 '학생'이라는 말에서 나왔어요. 스승에게 훈련(가르침, 단련)을 받는 학생을 뜻하지요.

예수님이 제자를 어떻게 뽑고 훈련을 하기 시작하셨는지는 네 복음서 중 세 곳에 나와요(마태복음 10:1-15; 마가복음 3:13-19; 누가복음 6:12-16). 그들을 종종 열두 제자라고 불러요.

"예수께서 그의 열두 제자를 부르사 더러운 귀신을 쫓아내며 모든 병과 모든 약한 것을 고치는 권능을 주시니라"(마태복음 10:1).

예수님은 가르치셨고…

왜 12일까요?

성경 역사에서 12라는 수는 이스라엘의 12지파를 가리키기 때문에 중요해요. 예수님은 마태복음 19장 28절에서 제자들이 이스라엘의 12지파를 심판할 것이라고 약속하셨어요. 이스라엘은 하나님이 야곱에게 주신 이름이에요. 12지파는 야곱의 아들들의 이름을 따서 르우벤, 시므온, 레위, 유다, 스불론, 잇사갈, 단, 갓, 아셀, 납달리, 에브라임, 므낫세(요셉 지파는 두 아들에 따라 나뉘었어요.), 그리고 베냐민이라고 지었어요(창세기 49:1-28). 12라는 수에 대해 더 많은 내용은 118쪽의 '숫자'에 나와요.

그들은 배웠어요!

알고 있었나요?

- 열두 제자는 학교를 많이 다닌 사람들이 아니었어요. 그러나 예수님이 그들을 가르치고 훈련하고 개발해 주셔서 하나님을 위한 놀라운 제자로 만드셨어요. 사도행전은 이들이 초기 그리스도 교회를 시작하였고 세계 모든 곳에 복음을 전파했다고 기록해요.
- '사도'란 스승을 따르는 사람이고 스승의 사역과 메시지를 다른 사람들에게 전하는 사람이에요. 열두 제자는 예수님이 부활하신 후에 사도가 되었어요. 몇 해 후에 바울도 사도가 되었어요.
- 베드로, 야고보, 요한은 예수님께 가장 충성을 다하는 믿을 만한 제자였어요. 그들은 예수님께서 죽은 야이로의 딸을 살리셨을 때 그 자리에 있었어요(마가복음 5:21-43). 예수님은 하나님의 영광 가운데 죽은 지 아주 오래된 모세와 엘리야가 말하는 것을 이 세 사람이 보게 했어요(마태복음 17:1-8). 이 세 사람은 예수님이 체포되기 직전에 예수님과 함께 겟세마네 동산에 함께 있었어요(마태복음 26:36-46).
- 제자 중 적어도 다섯 명은 어부로 일하다가 예수님을 만났어요. 예수님은 이렇게 말씀하셨어요. "나를 따라오라 내가 너희를 사람을 낚는 어부가 되게 하리라"(마태복음 4:19).
- 예수님은 사회적 계급, 정치, 성별과 관계 없이 제자들을 선택하셨어요. 예수님을 따른 사람들 중에는 시몬(열심당원), 마태(세리), 니고데모(바리새인)가 있었고, 막달라 마리아, 마리아, 살로메 등 여성도 많았어요(마가복음 15:40-41).

이름	별명	이전 직업	알려진 점	핵심 성경 구절
시몬 (요한의 아들)	베드로(그리스어로는 '반석'을 뜻하는 말. 사람들이 그를 '너럭바위'와 같은 이름으로 불렀을 것이다.)	벳새다의 어부 (마태복음 4:18)	예수님을 세 번 부인함; 위대한 교회 지도자가 됨	마태복음 16:16-19; 누가복음 22:31-34; 요한복음 21:15-25; 사도행전 1-5장; 사도행전 10:1-11:18
안드레 (베드로의 형제)	성경에 나오지 않음	벳새다의 어부 (마태복음 4:18)	형제 베드로를 예수님께 데리고 옴; 다른 사람들을 예수님께 잘 데려옴	마태복음 4:18-20; 요한복음 1:35-42; 요한복음 6:8-9
야고보 (세베대의 아들)	'우레의 아들' 또는 '벼락'을 뜻하는 보아너게	어부 (마태복음 4:21-22)	처음에는 유명하게 되고 싶어 했지만 매우 성실했음; 최초의 순교자 (사도행전 12:1-2)	마가복음 10:35-40; 누가복음 9:51-56; 사도행전 12:1-2
요한 (세베대의 아들)	'우레의 아들' 또는 '벼락'을 뜻하는 보아너게	어부	나면서부터 못 걷는 이를 치유함; 예수님에 대한 복음을 옹호함	마가복음 10:35-40; 누가복음 9:51-56; 사도행전 3:1-4:22
빌립	성경에 나오지 않음	벳새다의 어부 (요한복음 1:43-44)	나다나엘을 예수님께 데려옴	요한복음 1:43-46; 요한복음 6:2-7; 요한복음 12:20-22; 요한복음 14:8-14
나다나엘	바돌로매	알려지지 않음, 가나 출신	처음에는 의심했지만, 나중에는 믿음	마가복음 3:18; 요한복음 1:45-51; 요한복음 21:1-14
도마	디두모('쌍둥이')	알려지지 않음	부활하신 예수님의 증거를 직접 보아야 했음	마태복음 10:3; 요한복음 14:5; 요한복음 20:24-29; 요한복음 21:1-13
마태	레위라고도 함	가버나움의 세리	직업 때문에 미움을 받음; 예수님께 저녁 식사를 대접함; 예수님께서 부르시자 곧장 따라감 (마태복음 9:9-13)	마태복음 9:9-13; 마가복음 2:13-17; 누가복음 5:27-32
야고보 (알패오의 아들)	성경에 나오지 않음	알려지지 않음	예수님을 따름; 마가복음 15:40에서 작은 야고보라고 부름	마태복음 10:3; 마가복음 3:18; 누가복음 6:15
다대오	유다로도 부름	알려지지 않음	예수님을 따랐고 하나님의 계획에 대해 물음	요한복음 14:22-31
시몬	'열심인 사람' 또는 '열심당'	알려지지 않음	알려지지 않음	마태복음 10:4; 마가복음 3:18; 누가복음 6:15
가룟 유다	'배신자'	알려지지 않음, 가룟 출신	돈 때문에 예수님을 배신함; 자살함	마태복음 26:14-16; 마태복음 26:20-25; 요한복음 12:4-8

누가 무엇을 예배했을까요?

"네 사방을 둘러싸고 있는 민족 혹 네게서 가깝든지 네게서 멀든지 땅 이 끝에서 저 끝까지에 있는 민족의 신들을 우리가 가서 섬기자 할지라도 너는 그를 따르지 말며 … 그는 애굽 땅 종 되었던 집에서 너를 인도하여 내신 네 하나님 여호와에게서 너를 꾀어 떠나게 하려 한 자이니 너는 돌로 쳐죽이라(신명기 13:7-10)".

하나님이 주신 핵심적인 열 계명 중 첫 번째는 단연 "너는 나 외에는 다른 신들을 네게 두지 말라"(출애굽기 20:3)였어요. 이스라엘 사람들은 이것을 기억해야 했어요. 이스라엘 사람들은 여러 세대 동안 애굽(이집트)에서 종으로 살았기 때문에 애굽 사람들이 섬긴 신들의 영향을 받았고, 나중에는 조상 아브라함에게 약속한 땅 가나안에서 거기 사람들이 섬긴 신들의 영향을 받았어요.

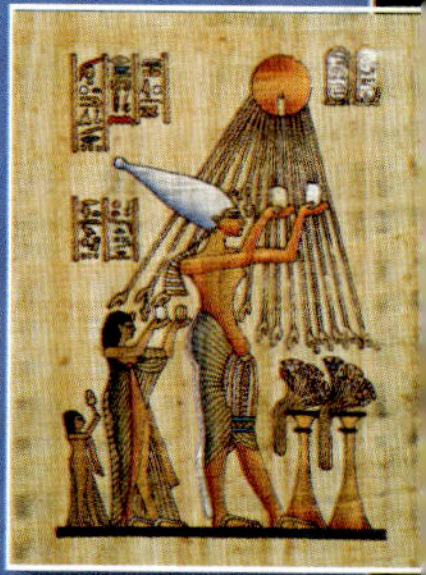

- **태양 숭배.** 태양 숭배란 해변에서 일광욕을 자주 하는 사람이 하는 활동일까요? 아니지요. 많은 고대 문명에서는 '피조물을 조물주보다 더 경배하고 섬겼어요'(로마서 1:25). 고대 세계의 사람들은 태양이 날마다 뜨는 것을 놀랍게 여기고 숭배했지요(열왕기하 23:11; 에스겔 8:16).
- **수메르 신앙.** 아브라함은 처음에 메소포타미아에서 살았어요. 오늘날의 이라크이지요(창세기 11:26-31; 여호수아 24:2). 수메르 사람들은 많은 신을 믿었어요. 최고의 신이자 대기의 신인 엔릴이 이끄는 신들의 하늘 모임이 있다고 생각했어요.

- **애굽(이집트) 신앙.** 애굽 사람들은 바로라고도 알려진 애굽 왕들을 신으로 숭배했어요. 그리고 최고신인 태양신 아몬 레를 비롯한 여러 신을 믿었어요. 애굽 예술에 이 신들은 종종 인간의 몸과 동물의 특징이 섞여서 묘사되어 있어요.
- **가나안 종교.** 가나안 사람들은 많은 남신과 여신을 섬겼어요. 희생제사(인간을 제물로 드렸다는 주장도 있어요)와 우상 숭배가 많았어요. 솔로몬 왕은 아내들에게 이끌려서 사랑과 전쟁의 여신인 아스다롯과 같은 이방 신들을 섬겼어요(열왕기상 11:1-5).(178쪽의 '우상과 이방신'을 보세요.)
- **영지주의.** 영지주의자들은 특별하고 신비한 지식을 받아야 구원을 얻을 수 있다고 믿었어요. 어떤 영지주의자들은 스스로를 기독교인이라고 불렀어요. 이 영지주의자들은 바울이 고린도후서 11장에서 경고한 거짓 선지자일 수 있어요. 바울 시대가 지나고 수백 년 후에 영지주의자들은 기독교 신앙에 도전했어요(갈라디아서 1:6-9; 요한1서 2:26-27을 보세요).

따오기 머리를 가진 신 토트, 람세스 2세의 신전 (주전 1198-1167년)

알고 있었나요?

어떤 사람들은 1세기까지 로마의 황제들을 신으로 섬겼어요. 예수님이 세금에 대해 말씀하시려고 제자들에게 보여주신 동전은 아마 데나리온(로마의 은화)이었을 거예요. 한쪽에는 디베료(티베리우스) 황제의 그림이 있었고, 다른 쪽에는 '디베료 가이사 아구스도, 아구스도 신의 아들'이라는 말이 적혀 있었어요(마태복음 22:15-22; 마가복음 12:13-17).

그리스와 로마의 신들

그리스와 로마의 신화에는 많은 여신과 남신이 나와요. 하나 이상의 신을 섬길 수 있었지만 각 신은 삶의 한 영역에 특별한 영향력을 갖는다고 알려졌어요.

신	위치	다른 신과의 관계	믿음	성경 구절
제우스(그리스), 주피터(로마)	최고신	많은 신들의 아버지, 하데스(플루토)와 포세이돈(넵튠)의 형	구름과 비를 다스림	바나바가 루스드라에 있을 때 사람들은 그를 제우스와 비교했다 (사도행전 14:8-13).
아폴로(그리스)	음악, 궁술, 치유의 신	제우스의 아들	뮤즈들의 지도자	성경에 직접 나오지는 않는다. 바울은 아폴로에게 바친 신전이 있었을 법한 아볼로니아를 거쳐서 여행했다(사도행전 17:1).
아레스(그리스), 마르스(로마)	전쟁의 신	제우스와 헤라의 아들	잔인한 전쟁의 신, 다른 신들에게 인기가 없음	바울은 아덴(아테네)에 있을 때 아레스의 이름인 마르스 언덕에 있는 아레오바고에서 설교했다(사도행전 17:19).
아데미(그리스), 디아나(로마)	동물과 사냥의 여신	제우스의 딸	자연 담당	바울은 에베소에 있는 동안 아데미 신전을 보았다 (사도행전 19:23-41).
아테나(그리스), 미네르바(로마)	전쟁의 여신, 도시국가의 수호자	제우스의 딸	전쟁에서 영웅들을 도왔다.	바울은 아덴에 있을 때 아테나에게 바친 파르테논 신전을 보았을 것이다.
헤라(그리스), 주노(로마)	결혼과 출산의 여신	제우스의 아내	극도로 질투하고 보복적이었다.	성경에 나오지 않지만 바울과 바나바는 올림피아에 있는 헤라의 신전을 보았을 것이다.
헤르메스(그리스), 머큐리(로마)	신들의 중간 전달자	제우스의 아들, 아폴로의 형제	지하세계로 갔다가 돌아올 수 있는 유일한 신	바울이 루스드라에 있을 때 사람들은 그를 헤르메스와 비교했다 (사도행전 14:8-13).
하데스(그리스), 플루토(로마)	죽은 자들의 신, 지하세계의 통치자	제우스와 바다의 신 포세이돈(넵튠)의 형제	악한 자들의 죽음 이후의 심판과 벌을 관리함.	'하데스'는 성경에서 '음부(죽음)'로 번역한 말이다(마태복음 16:18).

알고 있었나요?

고대 세계(특히 신약성경 시대)에 가장 많은 영향을 준 사상들이 그리스에서 나왔어요. 주전 4세기와 3세기에 소크라테스, 플라톤, 아리스토텔레스와 같은 그리스 철학자들은 어떻게 하면 도시와 문화, 그리고 자연 세계와 조화롭게 잘 살 수 있을지를 이해하려고 노력했어요. 이 위대한 스승들의 제자들은 나중에 많은 철학 학파를 만들었어요. 초대교회 시대에 이르렀을 때 이 학파들의 가르침은 지중해 세계에 널리 퍼졌어요. 플라톤과 아리스토텔레스는 특히 후대의 기독교 저술가들과 사상가들에게 큰 영향을 미쳤어요.

십자가 형벌이란 무엇이었나요?

대부분의 문명은 모든 역사에 걸쳐 나름의 사형 방식이 있었어요. 로마인들은 십자형이라고 하는 끔찍한 형태의 사형 방식을 종종 썼지요. 죄수들은 채찍에 맞았고, 사형 당할 장소까지 자신의 십자가를 지고 가야 했어요. 그들은 십자가에 묶여 죽거나 못 박혀 죽었어요. (로마인들은 많은 종류의 십자가를 썼어요. T자 모양의 십자가, X자 모양의 십자가, 오래된 나무의 몸통 등.) 사형당하는 사람은 고통스런 자세 때문에 숨을 쉬기도 어려웠어요. 때로 사람들은 일주일 정도까지 살아 있다가 죽었어요. 로마인들은 죄수가 빨리 죽게 하려고 다리를 부러뜨리기도 했어요.

알고 있었나요?

초기 기독교인들은 십자가를 보석이나 장식으로 쓴다는 생각 자체를 끔찍하게 여겼을 거예요.

법과 질서 – 히브리 방식

하나님은 시내 산 꼭대기에서 모세에게 최초의 히브리 율법을 주셨어요(출애굽기 20-31장). 모세는 이스라엘 사람들의 지도자였기 때문에 사람들이 하나님의 율법을 어겼을 때 재판관의 역할을 했어요. 나중에 고대 이스라엘 사람들은 사사들에게 다툼을 해결해 달라고 했고, 그 후에는 왕들에게 해결해 달라고 했어요. 다른 나라들이 이스라엘을 지배했을 때는 지배국의 정부 관리들이 소송을 맡았지요.

재판관 앞으로 소송을 가져가면 오늘날과 비슷하게 다루었어요. 증인들을 불렀고, 피고에게는 자기 쪽의 이야기를 할 기회를 주었어요. 재판관과 '배심원'인 지역의 시민들, 보통 성전 관계자들이 피고의 얘기를 들었어요. 유죄 판결은 단순히 손해 배상을 해주는 것일 수 있었고, 죽음을 뜻할 수도 있었어요. 사형에 해당하는 범죄는 살인, 도둑질, 남을 해치는 주술, 부모님을 공격한 것 등이었어요.

매질이란 무엇일까요?

매질 또는 채찍질은 사형에 해당하지 않는 죄를 지은 사람들이 받는 벌이었어요. 죄수를 발가벗겨서 손을 머리 위로 올려 기둥에 묶었어요. 매질의 횟수는 어떤 죄를 지었는지에 달려 있었어요. 히브리 율법에 따르면 죄수는 마흔 대까지만 맞았어요. 보통은 서른아홉 대에서 멈추었어요. 잘못 세었을지도 모르니까요.

돌로 치는 형벌이 무엇인가요?

스데반의 순교, 귀스타브 도레(판화, 1865년)

돌로 치는 형벌은 아마 세상에서 가장 오래된 처형 방법일 거예요. 히브리 율법이 정한 죄를 지은 사람에게 흔히 쓴 벌이었어요.

유죄선고를 받은 죄수를 성읍 밖에 있는 구덩이에 던져 넣은 후 죽을 때까지 돌을 던졌어요. 이 원시적인 사형 방식을 현재도 어떤 문화권에서는 여전히 쓰고 있어요.

성경에 나오는 가장 악명 높은 돌 형벌 중의 하나는 초대교회의 지도자 중 하나인 스데반이 겪은 것이에요. 사도행전 6장 8절-7장 60절을 읽어보세요.

매질에 쓰는 도구

- 막대기 또는 매
- 채찍: 보통 길게 가죽을 꼬아서 손잡이에 달아 만듦
- 아홉 가닥 줄 채찍: 여러 갈래의 가죽 끈을 손잡이에 달아 만듦
- 전갈 채찍: 아홉 가닥 줄 채찍의 줄 끝에 유리나 금속을 박아 만듦

예수님에 대한 채찍질

빌라도는 예수님을 십자가에 달기 전에 채찍질하라고 명령했어요. 예수님은 채찍질 당하신 것 때문에 너무 힘들어서, 골고다에 도착했을 즈음에는 더 이상 십자가를 지고 갈 수 없었어요(마가복음 15:15-22).

특이한 벌

최초의 벌

처음에 아담과 하와는 에덴동산에 살았어요. 그들은 필요한 것은 뭐든지 갖고 있었어요. 그런데 한 가지 규칙이 있었어요. 동산의 한복판에 있는 선악나무의 열매는 절대로 먹어서는 안되었어요. 살살 구슬려 말하는 뱀이 유혹했을 때 아담과 하와는 그만 그 열매를 먹고 말았어요. 그들은 그 벌로 동산 밖으로 쫓겨났어요. 이것 말고도 하와는 아이를 낳을 때 고통을 겪어야 했고, 흙에서 나온 아담은 바로 그 흙에서 일해야 먹을 것을 얻을 수 있게 되었어요. 뱀은 배로 기고 남은 평생 동안 흙을 먹어야 하는 판결을 받았어요(창세기 3:1-19).

소돔에서 도망치는 롯과 딸들, 작가 미상

돌아보지 마라

아브라함의 조카 롯은 소돔 성읍에서 가족과 함께 살았어요. 소돔 사람들은 악했어요. 그 사람들이 너무 나쁜 행동을 해서 하나님은 도시 전체를 파괴하기로 결정하셨어요. 하나님은 롯과 가족을 구하려고 천사 둘을 보내셨어요. 천사들이 롯과 아내와 딸들을 도시 밖으로 데리고 가는 도중에 롯의 아내가 뒤를 돌아보았어요. 천사는 뒤를 돌아보아서는 안 된다고 말했지만, 롯의 아내는 순종하지 않았어요. 아마도 롯의 아내는 뒤에 남겨두고 온 것들 때문에 슬펐을지도 몰라요. 롯의 아내가 뒤를 돌아보는 순간 소금 기둥이 되었어요(창세기 19:1-26).

모세가 산에서 내려오다

모세는 하나님과 시내 산에서 40일을 보낸 후에 산에서 내려왔어요. 그런데 사람들이 금송아지 주변에서 소리 지르며 춤추고 있었어요. 모세는 몹시 화가 났어요. 모세는 금송아지를 불살라 부수어 가루로 만들었어요. 그 가루를 물에 뿌려 사람들에게 마시게 했어요. 그런 후에 모세는 진영 문에 서서 하나님의 편에 설 사람은 모세에게로 나아오라고 했어요. 레위 지파 사람들이 모세에게로 갔어요. 모세는 하나님의 무서운 명령을 전했어요. 칼을 차고 진영에 돌아다니며 우상을 섬긴 형제, 친구, 이웃을 죽이라고요. 그 날 약 3천 명이 죽었어요(출애굽기 32:19-29).

십계명을 보여주는 모세, 귀스타브 도레, 판화 (1865년)

훔친 물건

여리고 전투의 먼지가 사라지자 하나님은 전투에서 생긴 모든 전리품은 하나님의 것이라고 말씀하셨어요. 그러나 유다 지파 출신의 아간은 유혹을 이기지 못했어요. 몇 가지를 챙겨서 자기 장막 밑에 숨긴 거예요. 하나님은 여호수아에게 아간이 한 일을 알려주셨어요. 아간이 사실을 말했고, 아간과 그의 모든 가족은 돌에 맞아 죽었어요. 아간에게 속한 이들과 소유, 그리고 훔친 물건들이 모두 불에 탔어요(여호수아 7:1-26).

아비멜렉이 위에서 내려온 벌을 받다

아비멜렉은 기드온이 세겜 출신의 여자를 통해 낳은 아들이었어요. (기드온은 이스라엘의 사사 중 하나였어요.) 기드온이 죽은 후에 아비멜렉은 이스라엘의 왕이 되려는 야심을 품었어요. 아비멜렉은 경쟁 상대가 되는 기드온의 아들 70명을 죽였어요. 단 한 명만 살아남았지요. 하나님은 아비멜렉이 형제들을 죽인 벌로 어떤 여자가 건물 꼭대기에서 맷돌을 아비멜렉의 머리 위로 떨어뜨려 죽게 만드셨어요. 아비멜렉은 두개골이 깨져 피를 흘리며 죽어가면서, 병사에게 자신을 칼로 찔러 죽여 달라고 부탁했어요. 여자의 손에 죽었다는 말을 듣고 싶지 않아서 그랬지요(사사기 9:52-57).

거짓말을 한 종

나아만은 아람(시리아) 군대의 장군이었는데, 나병을 앓았어요. 나아만은 선지자 엘리사의 지시에 따라 요단강에 몸을 일곱 번 담근 후에 그 나병이 나았어요. 나아만은 엘리사에게 선물을 주려고 했지만 엘리사가 거절했어요. 나아만이 떠난 후 엘리사의 종인 게하시가 나아만을 따라갔어요. 게하시는 엘리사가 자신을 보냈다고 거짓말을 했어요. 엘리사가 에브라임 산지에서 온 두 명의 젊은 선지자들을 위해 옷과 은을 달라고 했다고 말한 것이지요. 하나님은 게하시가 한 짓을 엘리사에게 알려주셨어요. 게하시는 거짓말이 드러나서 벌을 받아 나병에 걸려 몸이 하얗게 변했어요(열왕기하 5:1-27).

아합 왕에게 따지는 엘리야, 다색 석판 인쇄, 19세기 중반

아합과 이세벨이 악한 행동 때문에 벌을 받다

이스라엘의 일곱 번째 왕인 아합은 나쁜 사람이었어요. 아합은 시돈 왕의 딸인 이세벨과 결혼하고, 이세벨을 따라 바알을 섬기기 시작했어요. 아합은 이전의 어느 왕보다도 하나님을 화나시게 하는 일을 많이 했는데, 정말 나빴던 것은 아합이 다른 사람의 포도밭을 갖고 싶어 한 것이었어요. 그 사람이 포도밭을 팔지 않겠다고 하자 아합과 이세벨은 일을 꾸몄어요. 거짓 혐의를 씌워서 그 사람을 죽인 거예요. 아합이 포도밭을 갖게 되자 하나님은 엘리야를 보내셔서 메시지를 전하셨어요. "개들이 나봇의 피를 핥은 곳에서 개들이 네 피 곧 네 몸의 피도 핥으리라 하였다 하라 … 네게 속한 남자는 이스라엘 가운데에 매인 자나 놓인 자를 다 멸할 것이요…"(열왕기상 21:17-24). 3년 후에 엘리야가 말한 대로 모든 일이 일어났어요(열왕기상 22:29-38; 열왕기하 9:30-37).

죽음을 가져온 거짓말

아나니아와 아내 삽비라에게는 땅이 있었어요. 이 사람들은 초대 교회의 교인이었는데, 땅을 팔아 사도들에게 기부했어요. 그러나 아나니아는 기부에 대한 마음이 바뀌었나봐요. 아나니아는 삽비라도 알고 있는 상태에서 돈의 일부를 따로 챙겨 두고서 나머지를 사도들에게 주면서 전부를 준 척하였어요. 성령께서 베드로 사도에게 이 사실을 알려주었고 베드로가 이 일을 밝혔어요. 그러자 아나니아는 그 자리에서 죽었어요. 몇 시간 후에 삽비라가 남편을 찾으러 왔어요. 베드로가 따져 묻자 삽비라는 남편이 모든 돈을 드렸다고 주장했어요. 그러자 삽비라도 즉시 죽었어요(사도행전 5:1-11).

지리

하나님이 모세와 백성에게 약속하신 땅은 지중해와 요단 계곡 사이에 있었어요. 때로 이 땅은 '거룩한 땅' 또는 '약속의 땅'이라고 불러요. 그러나 전체 지역은 보통 '팔레스타인'이라고 불러요. 한때는 블레셋 사람들의 땅이었거든요. (출애굽기 13:17; 여호수아 13:2-7을 보세요.) 그들은 주전 12세기에 남쪽 바닷가를 따라 정착했고 거기에 성읍을 건설했어요. 로마인들은 주전 1세기에 그 지역을 정복하면서 레바논 산지부터 남부 사막까지, 그리고 지중해부터 아라비아 사막까지, 시리아의 남부 지역 전체를 가리키는 데 '팔레스타인'이라는 이름을 썼어요.

산

다음은 성경에 나오는 산이에요. 가장 높은 산은 어느 산일까요? 가장 흥미로운 산은 어떤 산일까요? 왜 그렇게 생각하세요?

산	위치	높이	산에서 생긴 일	성경 구절
느보 산	요르단	800미터	하나님이 모세에게 약속의 땅을 보여주시다	신명기 34:1-4
갈멜 산	이스라엘	546미터	엘리야가 바알과 아세라 선지자 850명과 겨루다	열왕기상 18:19-40
다볼 산	이스라엘	588미터	하나님이 바락을 도우시어 시스라를 패배시키시다	사사기 4:12-22
감람 산	이스라엘	약 5킬로미터의 산등성이(높이는 고르지 않음)	예수님께서 잡히시기 전에 기도하신 곳이자 부활 후 하늘로 오르신 곳	누가복음 22:39; 사도행전 1:9-13
아라랏 산	현재의 터키	5,165미터	노아의 방주가 머물렀다고 여겨지는 곳	창세기 8:4
시내 산	이집트	2,290미터	하나님이 모세에게 십계명을 주신 곳	출애굽기 19:16-20; 20:1-17

간단한 정보

- 아라랏 산은 터키에서 가장 높은 산으로서 한때 활화산이었어요.
- 갈멜 산에는 절벽, 곧 지중해 위로 튀어나온 바위 턱이 있어요.
- 애굽(이집트)에 가면 모세의 길을 따라 시내 산까지 갈 수 있어요. 그 길은 4천 걸음쯤 되고, 걷는 데 3시간쯤 걸려요.
- 겟세마네 동산은 예수님이 죽으시기 전날 밤에 기도하시던 곳으로, 감람 산 아래쪽에 있는 곳이라고 생각해요(마태복음 26:36-46; 마가복음 14:32-42; 누가복음 22:39-46).
- 모세는 호렙 산(시내 산)에서 불타는 떨기나무를 보았어요(출애굽기 3:1-12).

골짜기

엘라 골짜기

이 골짜기는 베들레헴 서쪽으로 24킬로미터쯤 떨어져 있어요. 여기에서 다윗이 물매와 돌과 하나님이 주시는 힘으로 골리앗을 물리쳤어요(사무엘상 17:1-3, 41-54). 오늘날 이 지역을 방문하는 사람들은 개울에 들러 기념으로 돌을 골라 가져가요.

이스르엘 골짜기

갈멜 산, 다볼 산, 길보아 산으로 둘러싸인 이 골짜기의 삼각형 지역은 이스라엘에서 가장 큰 골짜기예요. 이 골짜기에는 자연 샘이 많아요. 밀과 옥수수와 여러 곡물을 기르기 좋은 비옥한 농지예요.

산과 골짜기는 보통 팔레스타인에서 북쪽에서 남쪽으로 뻗어 있어요. 그런데 이스르엘 골짜기는 동쪽에서 서쪽으로 뻗어 있어요. 그 결과 이 골짜기는 팔레스타인의 동서 여행과 소통에 중요한 역할을 했어요. 이스르엘 골짜기를 차지하는 것은 팔레스타인을 침략하는 사람들에게나 막는 사람들에게나 모두 중요했어요. 성경은 이 지역에서 벌어진 많은 전투에 대해 언급하지요(사사기 4-5장; 사무엘상 28:4). 특히 중요한 곳은 이스르엘 골짜기의 주요 입구를 통제하는 므깃도 지역이었어요. 이 골짜기는 또한 예수님이 사역하신 곳 중의 하나예요. 이스르엘 골짜기의 나인 성에서 예수님은 죽은 소년을 살리셨어요(누가복음 7:11-17).

알고 있었나요?

노아의 방주가 아라랏 산 어디에 도착했는지 아무도 몰라요. 많은 사람들이 그곳을 찾아보려고 했어요. 아라랏 산 북서쪽 모퉁이 4,663미터 위로 특이하게 보이는 지역을 찍은 위성사진이 큰 동요를 일으켰어요. 이 지역은 방주와 같은 크기로 보여요. 이것이 실제 방주일 수 있을까요? 아니면 그저 얼음, 바위 또는 눈의 산등성이일까요? 아무도 확실하게 알 수 없어요.

그레이트 리프트 골짜기

이 골짜기는 길이가 약 4,830킬로미터이고 북 시리아에서부터 아프리카까지 단층선을 따라 이어져 있어요. 에스겔의 환상에는 새 예루살렘 성전부터 사해까지 흐르는 강이 나와요. 아마 그레이트 리프트 골짜기 안에 있었을 거예요(에스겔 47:8-11).

에덴의 신비

에덴동산은 어디에 있을까요? 전문가들은 몇 가지 이론을 내놓았어요. 어떤 사람들은 물속에 있을 수도 있다고 생각했어요. 그들은 홍수가 페르시아 만을 만들었고 에덴을 땅 아래 물속에 잠기게 했다고 믿어요. 어떤 이들은 에덴동산이 노아의 방주가 도착했던 아라랏 산 근처 어딘가에 있다고 믿어요. 또 어떤 이들은 에덴동산이 현재 이란의 산업도시인 타브리즈에 있다고 해요. 그러나 에덴동산의 위치는 여전히 신비 속에 있어요.

강

강 이름	위치	길이	중요성	성경 구절
유브라데 (유프라테스)	서남아시아	2,740킬로미터	하나님이 주신 땅의 경계	출애굽기 23:31-33
요단 강	북 이스라엘	320킬로미터	이스라엘 사람들이 약속의 땅에 들어갈 때 건넌 강; 요한이 예수님에게 세례를 준 곳	여호수아 3-4장; 마가복음 1:9-11
나일 강	이집트	6,695킬로미터	모세가 하나님의 힘으로 나일 강을 피로 변하게 함	출애굽기 7:14-21
힛데겔 (티그리스)	서남아시아	1,850킬로미터	다니엘이 환상 속에서 천사를 본 곳	다니엘 10:1-11:1

바다

염해(사해)

이스라엘과 요단 강 사이에 있는 바다를 '죽은 바다'라는 뜻으로 '사해'라고 부르는데, 정말로 죽은 걸까요? 사해라고 부르는 이유는 바닷물이 아주 짜서 그 속에서는 아무 것도 살 수 없기 때문이지요. 사실 사해는 세계에서 가장 짠 바다 중 하나예요. 성경 시대에 염해(사해)는 종종 이스라엘의 국경 역할을 했어요(민수기 34:12; 신명기 3:12-17; 여호수아 15:5). 에스겔이 사해(바다)에 관해서 본 환상이 에스겔 47장 6-11절에 나와 있어요.

홍해

'홍해'는 붉은 바다라는 뜻인데, 정말로 붉은 색일까요? 아프리카와 아라비아 사이에 있는 홍해는 때로 물속의 붉은 해조 때문에 붉게 보여요. 그렇지만 많은 사람들은 성경의 홍해가 오늘날 우리가 아는 홍해와는 다르다고 생각해요. 하나님이 모세와 이스라엘을 위해 홍해가 갈라지게 하셨다는 이야기는 남아 있어요(출애굽기 14:21-31; 시편 106:9-12).

지중해

지중해는 아프리카와 유럽 사이에 있어요. 사도 바울은 지중해 주변의 여러 지역을 다니면서 선교 활동을 했어요. 지중해에서 큰 풍랑을 한 번 이상 겪었어요. 그 중 한 사건을 사도행전 27장 13-44절에서 읽어보세요.

가장 크고, 가장 길고, 가장 낮은

- 지중해는 2,966,000제곱킬로미터로, 세계에서 가장 큰 바다예요.
- 세계에서 가장 긴 강은 나일 강이에요. 나일 강은 6,650킬로미터이고 서울에서 부산까지 일곱 번쯤 왕복할 수 있는 길이지요.
- 지구에서 가장 낮은 곳은 사해예요. 수면이 해수면보다 411미터나 낮아요.

알고 있었나요?

요단 강은 거꾸로 흐른 적이 있어요. 그 밖에도 믿기 힘든 일이 일어났지요. 요단 강이 거꾸로 흘렀을 때 산들이 무엇을 했는지 알려면 시편 114편을 읽어보세요.

요단 강은 갈릴리 호수로도 흘러들어가요. 이 호수는 담수호(민물 호수)이고 물고기가 많이 있어요(누가복음 5:4). 예수님 시대에 갈릴리 호수의 주변 지역에는 많은 사람이 모여 살았어요. 전통에 의하면 갈릴리 호수 북동쪽이 예수님께서 오천 명을 먹이신 기적을 베푸신 곳이에요(요한복음 6:1-14).

광야

모세와 이스라엘 사람들은 광야에서 40년을 보냈어요(출애굽기 15:22-17:1; 신명기 8:1-9). 다음은 그 지역에 있는 광야예요.

알고 있었나요?

낙타는 '사막의 배'라고 불렸어요. 왜 그런지 알고 싶으면 이 책의 30쪽에서 '교통'을 찾아보세요.

수르 광야

시나이 반도 북서쪽에 있는 수르 광야는 이스라엘 사람들이 목이 마르다고 불평했던 곳이에요(출애굽기 15:22-25). 성경에는 물에서 쓴 맛이 났다고 나와요. 하나님이 여기서 모세에게 말씀하시기를 나무를 물에 던져 그 물을 마실 수 있는 물이 되게 하라고 하셨어요.

바란 광야

바란 광야는 아마 시나이 반도의 북쪽 또는 중앙에 있었던 듯해요. 모세와 이스라엘 사람들은 시내 광야를 떠난 후 이곳을 지났어요(민수기 10:11-13).

신 광야

신 광야는 아라바와 사해 사이에 있었어요. 이 광야는 유다와 에돔 사이의 자연스런 경계가 되었어요. 오아시스인 가데스바네아가 이 광야에 있었지요. 화가 난 모세가 여기서 반석을 쳐서 물이 솟아나게 했고, 약속의 땅에 들어가지 못할 거라는 말을 들었지요(민수기 20:1-12).

알고 있었나요?

와디란 주로 서부 팔레스타인에 있는 작고 마른 개천이에요. 이 지역에 있는 개울들은 비가 오는 계절에만 물이 흘렀어요. 1년 중 나머지 기간에는 개울에 물이 좀 고여 있든가 완전히 말라 있었어요. 와디는 비가 오지 않는 계절에는 골짜기나 좁은 계곡과 같았지요. 와디에는 사람이 마시거나 농사를 지을 만큼 충분한 물이 없었어요(예레미야 15:18). 그러나 와디가 말랐을 때에는 여행자들이 다니기 좋은 길이 되었어요. 어떤 학자들은 아브람이 세겜에 가기 위해 바라 와디를 통해서 가나안 땅에 들어갔다고 생각해요(창세기 12:4-6).

오아시스

오아시스란 무엇일까요? 오아시스는 사막의 지하 샘물에서 계속 물이 올라오는 곳이에요. 오아시스에는 땅에 물이 충분히 있어서 식물이 자랄 수 있었어요.

엔게디

엔게디 오아시스는 예루살렘의 남동쪽으로 40킬로미터 떨어진 사해의 기슭에 있는데, 숲이 무성하여 다윗이 몸을 숨기기에 안성맞춤이었어요. 사울 왕은 다윗을 질투하여 죽이고 싶어 했어요. 그래서 이스라엘의 최고 병사 3천 명을 데리고 다윗을 뒤쫓았어요. 다윗이 어떻게 피했는지 알려면 사무엘상 24장 1-22절을 보세요.

가데스

가데스는 시나이 반도 북쪽에서 가장 큰 오아시스로, 매일 946,352리터의 물이 솟아나는 샘이었어요. 와! 모세는 가데스에서 열두 명을 보내서 가나안 땅을 조사하게 했어요(민수기 13:25-33).

일하러 가세요!

고대의 사람들은 무슨 일을 하고 살았을까요?

아주 오래 전 사람들은 사냥과 채집으로 시작해서, 살기 위해서 할 수 있는 일은 뭐든 했어요. 사람들이 언제 어디서 살았느냐에 따라 직업이 다양했지요. 유목민들은 작은 무리로 살면서 양과 염소를 치고, 풀을 먹이기 위해 한 곳에서 다른 곳으로 옮겨 다녔어요. 어떤 사람들은 정착해 살면서 농사를 짓고, 갈릴리 호수 같은 물가에서 물고기를 잡거나 도시와 성읍 사람들에게 일을 해주면서 살았어요.

나중에 사람들이 도시와 성읍으로 이주하면서 다른 종류의 일을 하며 살게 되었어요. 어떤 사람들은 기술 좋은 장인이 되었어요. 또 어떤 사람들은 제사장들을 위해 일하거나 성전에서 일했어요. 기술이 없는 노동자들은 광산에서 일하기, 바위 깨기, 우물 파기, 거리 청소하기처럼 힘든 일을 하며 살았어요.

일에 관한 말

"게으른 자의 욕망이 자기를 죽이나니 이는 자기의 손으로 일하기를 싫어함이니라"(잠언 21:25)

"그러므로 나는 사람이 자기 일에 즐거워하는 것보다 더 나은 것이 없음을 보았나니 이는 그것이 그의 몫이기 때문이라 아, 그의 뒤에 일어날 일이 무엇인지를 보게 하려고 그를 도로 데리고 올 자가 누구이랴"(전도서 3:22)

"그런즉 너희는 먼저 그의 나라와 그의 의를 구하라 그리하면 이 모든 것을 너희에게 더하시리라"(마태복음 6:33).

"무슨 일을 하든지 마음을 다하여 주께 하듯 하고 사람에게 하듯 하지 말라 이는 기업의 상을 주께 받을 줄 아나니 너희는 주 그리스도를 섬기느니라" (골로새서 3:23-24)

알고 있었나요?

성경은 일에 빠져 사는 '일 중독'에 반대해요. 사실 '주말'이라는 말은 성경에서 안식일을 지키라고 말한 데서 비롯되었어요. "너희는 안식일을 지킬지니 이는 너희에게 거룩한 날이 됨이니라 … 엿새 동안은 일할 것이나 일곱째 날은 큰 안식일이니 여호와께 거룩한 것이라" (출애굽기 31:14-15)

직업의 날

직업	특별한 도구	성경 구절
목자, 목동	지팡이, 막대기	창세기 4:2(아벨); 13:1-3(아브라함과 사라); 출애굽기 3:1(모세가 장인의 염소를 보살핌); 사무엘상 16:11-13(소년 다윗)
농부, 포도 재배자	쟁기, 낫, 바구니, 타작기, 도리깨, 포도즙 틀과 감람유 틀	창세기 4:2(가인); 룻기; 역대상 21:18-23; 이사야 28:23-29
어부	그물, 바구니	마가복음 1:16-20; 마태복음 4:19 (예수님의 제자들인 베드로, 안드레, 야고보, 요한, 빌립)
토기장이	진흙, 녹로(돌림판), 작고 날카로운 도구, 안료와 유약, 가마	역대상 4:23; 예레미야 18:1-18 (선지자는 하나님이 뭐든 할 수 있는 토기장이와 같다고 말했어요.)
목수	망치, 대패, 돌림판, 끌, 나무망치, 톱, 자귀, 도끼, 줄자	마태복음 13:55(요셉)
직공	베틀, 실, 옷감	출애굽기 35:25-26
대장장이, 특히 금속 관련 (은장색)	망치, 금속	역대하 2-4장(성전을 건축하는 노동자들); 사도행전 19:24(데메드리오)
숙련 노동자, 기능공	끌, 나무망치, 톱, 그 밖의 많은 공구	역대하 2-4장(건축자, 석공, 배 만드는 사람, 유리 세공인)
의사	치료용 기름과 물약, 붕대	누가복음 4:23; 골로새서 4:14(누가)
무역상	측량용 저울과 바구니	열왕기상 5:11; 9:26-28; 10:10-13; 에스겔 27:17
상인	측량용 저울과 바구니	아모스 8:5-6; 사도행전 16:14 (루디아는 고급 자주색 옷감을 팔았어요.)
서기관 (글쓰는 사람)	철필(펜), 잉크, 파피루스, 가죽 두루마리, 진흙 또는 밀랍판, 칼	에스라 7:1-6, 10(에스라); 에스겔 9:2; 예레미야 36:4(바룩)
세리(세관원)와 환전상	요금 징수소, 세관, 돈 바꾸는 자들의 상	누가복음 5:27(레위라 하는 세리 마태); 마가복음 11:15-19(예수님은 성전의 탐욕스런 환전상을 쫓아 내셨어요.)

알고 있었나요?

어떤 사람들은 우는 일을 직업으로 해서 돈을 벌었어요. 장례식 때 울어주고 돈을 벌었지요(예레미야 9:17; 마태복음 9:23-24).

알고 있었나요?

양은 양털과 고기를 주기 때문에 매우 귀중했어요. 그래서 예루살렘 성전에서 희생제물로도 드렸어요. 예수님이 태어나실 때 베들레헴 근처의 들에 있던 양들 중 일부는 성전의 희생제물로 바치려고 키우고 있었을 거예요.

양치기

양과 염소를 돌보는 고대의 목자들은 힘들게 살았어요. 그들은 대부분의 시간을 가축을 돌보며 밖에서 지냈어요. 강도나 야생동물로부터 가축을 보호해야 했거든요. 밤에는 우리에 양을 몰아넣으며 숫자를 세어야 했고, 아침에는 밤에 한 마리라도 없어지지 않았는지를 확인해야 했어요. 목자들은 이곳저곳으로 옮겨 다니거나, 가까운 곳에 양을 칠 수 있는 목초지가 있는 마을에서 살았어요. 가끔씩 염소가 양떼와 섞이면 일이 더욱 어려웠어요. 염소는 바위 언덕으로 올라가고 무리와 머물지 않으려는 습성이 있거든요.

고기잡이

예수님의 시대에는 이스라엘이 지중해에 닿아 있지 않았기 때문에 고기잡이는 주로 갈릴리 호수에서 했어요. 갈릴리 호수의 가장 흔한 물고기는 잉어와 메기였어요. 그러나 메기는 비늘이 없었기 때문에 모세의 법에서는 먹지 말라고 금지한 물고기였어요(레위기 11:9-12). 물고기는 그 지역 사람들의 중요한 음식이었고, 고기잡이는 갈릴리에서 중요한 일거리이자 수입원이었어요. 예수님의 제자 중 여러 명이 어부였어요. (208쪽의 '제자'를 보세요.)

상인과 무역

성읍의 많은 인구는 상업경제가 생기는 데 중요한 역할을 했어요. 성경 시대에는 소규모로 가게를 하거나 자영업을 할 기회가 많았어요(느헤미야 5:14-15; 사도행전 16:14). 솔로몬이 통치한 후에 성전 건축 사업과 왕의 부유하고 화려한 생활로 인해 국제 무역이 활발해졌어요(열왕기상 9-10장). 수출품은 농산물(올리브기름, 포도주, 곡식, 대추야자, 말린 무화과, 견과류), 향수, 향료, 양털, 의류였어요. 수입품은 원자재(주석, 납, 은, 구리, 철, 금, 목재, 베, 보라색 양털, 보석, 상아)였어요.

세금을 징수하는 관리

로마 제국에서 세금을 징수하는 관리를 '세리'라고 불렀어요. 부유한 외국인들이 종종 세금을 걷는 일을 맡았어요. 그들은 다시 현지 사람들을 고용해서 돈을 걷게 했어요. (예를 들면 누가복음 19:1-10의 삭개오를 보세요.) 세리는 정부에 개인적으로 세금을 낼 책임을 졌어요. 그러나 사람들에게 자유롭게 돈을 더 걷어서 이익을 남길 수도 있었어요. 그 때문에 세리는 사람들을 많이 괴롭히고 속였어요. 사람들은 세리를 경멸했어요. 게다가 세리들이 '부정하다'고 여긴 이방 사람들과 접촉했기 때문에 유대인들은 세리를 싫어했어요. 그러나 예수님은 세리들과 사귀었고, 세리 한 명을 제자로 삼기까지 하셨어요(누가복음 5:27; 누가복음 19:1-10).

알고 있었나요?

초대교회의 어떤 지도자들은 또 다른 일을 해서 돈을 벌었어요. 바울은 친구인 아굴라와 브리스길라처럼 천막을 만드는 '텐트메이커'였어요(사도행전 18:3). 오늘날 많은 기독교인들이 기독교를 금지하는 나라에서 일해요. 조용히 자기 직업을 가지고 살아가면서 예수님의 복음을 다른 사람들에게 전하지요. 자기 생활비를 벌면서 선교를 하는 이들을 '자비량 선교사'라고 하는데, 이런 이들을 '텐트메이커'라고도 해요.

누가 상사인가요?

직공(견습생)

일꾼들은 여러 해 동안 노련한 장인을 돕는 견습공으로 일하면서 일을 배웠어요. 이 훈련 제도는 같은 직업을 가진 숙련공들의 모임인 '조합'으로 발전했어요(역대상 2:55; 사도행전 19:24-27). 조합에는 건축업자, 석공(돌을 자르는 사람), 목수, 나무 조각가, 선박 건조자, 은 세공사, 유리 세공인, 토기장이, 가죽 세공인, 직공, 세탁하는 이(옷을 만들고 빠는 사람) 등이 있었을 거예요. 예수님은 12제자들을 3년간의 '견습생'으로 부르신 것으로 볼 수 있지요(마태복음 10:1-14). 예수님의 죽음과 부활 후에 예수님에게서 훈련을 받았던 많은 사람들이 초대교회의 뛰어난 지도자들이 되었어요.

노예와 종

자유인과 노예를 포함한 많은 사람들은 노동자로서 개인을 위해서 일했어요. 이들은 보통 왕족이나 부유한 사람들을 위해서 일했는데, 요리사, 하녀, 관리인, 가정교사, 아기 돌보미 등으로 일했어요. 신약성경에서 '종'으로 자주 번역된 그리스어는 실제로 '노예'를 뜻했어요. 노예는 주인의 소유였지만 반드시 혹사를 당한 것은 아니에요. 그들은 들에서 일하거나, 유모, 회계장부 관리자, 감독, 관리인으로 일했어요(누가복음 12:35-48). 많은 노예들은 노예인 부모에게서 태어났어요. 일부 노예는 전쟁 포로였고, 어떤 이들은 가난에서 벗어나려고 스스로 노예가 되기도 했어요.

여자의 일

성경 시대에 여자가 집에서 한 일은 가족이 살아가는 데 아주 중요했어요. 가축을 돌보았고(어떤 동물은 실제로 가족과 함께 집 안에서 살았어요!), 농사일과 밭일을 도왔고, 음식을 준비했고(곡식을 갈아서 가루로 만들거나 포도주를 만드는 것을 포함해서), 아이들을 돌보았고, 아이들 교육도 시켰지요. 사실 예수님 시대의 여자들은 여기서 소개한 모든 직업을 감당했어요.

창조

성경이 세상에 관해 맨 처음에 말해 주는 것은 하나님이 세상을 만드셨다는 거예요. "태초에 하나님이 천지를 창조하시니라"(창세기 1:1)는 말이 성경의 맨 처음에 나와요. 행성이나 우주의 처음을 상상하는 것은 어려워요. 성경은 세상이 형태가 없었고 비어 있었다고 해요. 땅 위에는 엄청나게 많은 물이 있었고요. 하나님의 영은 물 위에서 감돌았어요. 하나님에게서 나온 강한 바람이 물 위로 불었어요. 하나님이 빛을 만드셨을 때 우리의 나날이 시작되었어요.

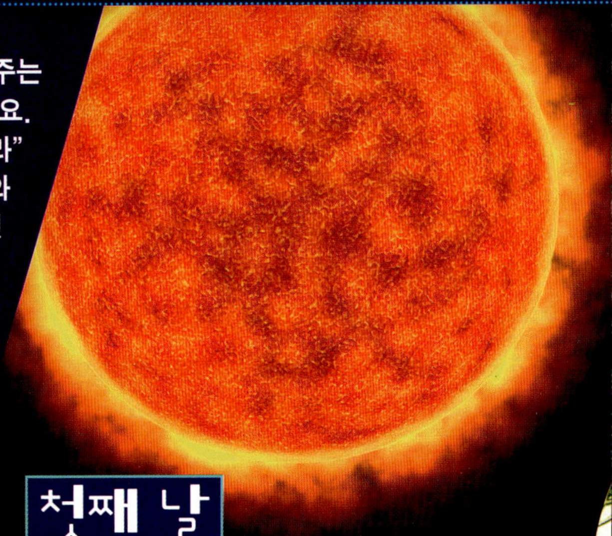

첫째 날

하나님이 말씀하셨어요. "빛이 있으라"(창세기 1:3). 하나님은 해를 만드시기 전에 빛을 만들어 비추게 하셨어요! 하나님은 빛을 제일 먼저 만드셨어요. 하나님이 만드신 다른 모든 것이 자라고 살아가는 데 빛의 힘이 필요했기 때문이에요. '욤'이라는 말은 '날'을 뜻하는 성경 히브리어 단어예요. 창세기 1장 5절은 "저녁이 되고 아침이 되니 이는 첫째 날(욤)이니라"라고 해요. '욤'은 하루 동안의 시간을 말하기도 해요.

둘째 날

하나님은 아래의 물과 위의 물을 분리하여 궁창을 만드셨어요(창세기 1:6). 이것이 바로 우리가 대기라고 부르는 것이에요. 대기층이 밤에는 태양의 온기를 간직하고 낮에는 우리가 태양 때문에 타들어가지 않도록 보호해 주지요. 대기층이 없으면 지구의 물이 모두 우주로 증발할 거예요.

알고 있었나요?

빛과 에너지는 보이는 것보다 훨씬 더 복잡해요. 감마선, 엑스선, 자외선, 가시광선, 적외선, 극초단파, 텔레비전 전파, 전자파는 모두 전자기 스펙트럼의 일부예요. 이 빛과 에너지는 하나님이 갖고 계신 큰 힘의 일부일 뿐이에요.

알고 있었나요?

달에는 대기가 없어요. 바람이 없기 때문에 아폴로 우주인들이 달의 부드러운 표면에 남긴 발자국이 앞으로 수천 년 후에도 남아 있을 거예요!

셋째 날

사흘째 되던 날 하나님은 땅에서 바다를 분리하셨어요. 하나님은 땅에게 모든 종류의 식물을 자라게 하라고 명령하셨어요(창세기 1:9-11).

온갖 종류의 생명

하나님이 만드신 온갖 종류의 생명을 생각해 보세요. 이 놀라운 지구에는 35만 가지의 식물이 있답니다.

알고 있었나요?

많은 과학자들은 세상의 모든 땅은 원래 판게아라는 하나의 거대한 대륙이었다고 믿어요. 과학자들은 '대륙 이동'이라는 과정 때문에 땅이 갈라져 나뉘었다고 해요. 자연 재해, 지진, 화산 활동으로 이러한 땅의 움직임이 더 많이 생겨났어요.

넷째 날

창세기 1장 14절은 하나님이 시간을 재기 위해, 곧 낮과 밤을 재고 계절을 재기 위해 하늘에 광명체(빛)를 두셨다고 나와요. 가장 초기의 달력도 해와 달과 별의 주기를 따라 만들어졌고, 세계 대부분의 달력이 이렇게 만들어졌어요. 우리의 태양계에는 태양, 8개의 행성과 이 행성들에 딸린 166개의 위성과 3개의 난쟁이 행성인 세레스, 명왕성, 에리스와, 이들에 딸린 4개의 위성과 다른 작은 소행성들로 이루어져 있어요.

우리의 태양계가 거대해 보이지만 은하(은하계)에서는 점처럼 작아요. 은하는 대략 10만 광년('광년'은 빛이 일 년 동안 가는 거리로, 1광년은 9조 4천억 킬로미터)이 걸리는 거리이에요. 백 원짜리 동전으로 설명하면 더 쉽게 알 수 있어요. 태양계의 크기가 동전만 하다면, 은하의 크기는 북아메리카만 해요.

다섯째 날

창세기 1장 20-23절에는 "하나님이 큰 바다 짐승들과 물에서 번성하여 움직이는 모든 생물을 그 종류대로, 날개 있는 모든 새를 그 종류대로 창조하시니"라는 말씀이 있어요. 그 '바다 짐승' 중 일부는 아직도 살아 있어요. 예를 들면, 거대한 오징어는 '살아 있는 화석'이에요. 이것은 화석으로 발견되었고 현재도 살아 있어요. 이 말랑말랑한 물고기는 촉수 끝에서 촉수 끝까지 12미터나 되지요.

실러캔스 어류는 또 하나의 살아 있는 화석이에요. 과학자들은 1938년에 한 어부가 그물로 실러캔스를 잡기 전까지는 멸종되었다고 믿었어요.

웬척이네!

1977년 4월 25일에 일본 어부들이, 쥬요마루 배를 타고 뉴질랜드 바다에서 고기잡이를 했어요. 죽었거나 썩은 듯한 플레시오사우루스(사경룡) 또는 거대한 돌묵상어처럼 생긴 것을 그물로 끌어올렸어요. 몸의 길이는 9미터였고 냄새가 지독했어요. 어부들은 사진을 찍고 샘플을 채취하고서 도로 바다에 던졌어요.

여섯째 날

하나님은 땅에게 가축과 기는 것과 땅의 짐승 등 모든 동물을 내라고 하셨어요. 처음부터 어떤 동물은 길들일 수 있었고, 어떤 동물은 아예 길들일 수 없었어요. 하나님은 사람을 하나님과 닮게 지으셨고 사람에게 땅을 돌볼 책임을 맡기셨어요. 하나님은 사람들에게 먹을 열매와 곡식을 주셨어요. 동물에게 푸른 잎 채소를 주셨지요(창세기 1:24-31). 여러분은 처음에는 사람들과 동물들이 고기를 먹지 않았다는 것을 알아챘나요? 하나님은 매일 살아 있는 생명체를 만드시고 하루를 마치셨을 때 만드신 것을 보시고 '좋다'고 하셨어요. 식물도 좋고, 물고기도 좋고, 새와 동물도 좋았어요. 딱 하루! 하나님이 '심히 좋았더라'고 하신 날이 있었어요. 그것은 하나님이 사람을 하나님과 닮게 만드신 여섯째 날이었어요(창세기 1:31).

일곱째 날

일곱째 날에는 하나님이 안식하셨다(쉬셨다)고 나와요(창세기 2:2). 창조의 7일은 우리에게 모범으로 나와 있어요. 하나님은 쉬실 필요가 없었어요. 그러나 우리가 하나님을 따라 쉴 수 있도록 보여주신 거예요. 우리가 일주일 7일 내내 일만 한다면 얼마나 피곤하고 힘들지 생각해 보세요.

아담과 하와의 이야기

알고 있었나요?

히브리어로 '아담'은 흙처럼 붉은 색깔의 이름이고, '붉은 얼굴,' 또는 '불그레한'을 뜻할 수 있어요. '벤 아담(아담의 아들)'은 히브리어로 '인간'이라는 뜻이에요.

땅의 먼지 창세기 2장 7절은 하나님이 아담을 땅의 흙으로 만드셨다고 전해요. 하나님은 아담에게 생기를 불어넣으셨어요. 하나님이 아담에게 주신 생기는, 몸으로 살아 있고 영혼으로 살아 있다는 뜻이에요. 우리는 하나님의 생기로 살게 된답니다.

최초의 정원 하나님은 아담을 위해 동산을 만드셨어요. 여기에는 맛있는 과일이 열리는 모든 종류의 아름다운 나무가 가득 차 있었어요. 동산 한 가운데에는 신비로운 나무 두 그루가 있었어요. 생명의 나무와 선과 악을 알게 하는 나무예요. 강이 에덴 동산을 적셨고 네 개의 강으로 나뉘었어요. 비손 강, 기혼 강, 힛데겔(티그리스) 강, 유브라데(유프라테스) 강이에요(창세기 2:8-14).
오늘날에는 티그리스 강과 유프라테스 강만이 어디 있는지 알 수 있어요. 이 두 강은 터키에서 시작해서 이라크를 통과하며 흘러요. (유프라테스 강은 시리아로도 흘러가요.) 이 두 강은 샤트알아랍 강에서 다시 만나 페르시아 만으로 들어가요.

동물에게 이름을 짓는 아담.
크레테의 테오페네스(16세기)

아담이 하는 일 하나님은 동물을 만드셨어요. 창세기 2장 19-20절에 이렇게 나와요. "여호와 하나님이 흙으로 각종 들짐승과 공중의 각종 새를 지으시고 아담이 무엇이라고 부르나 보시려고 그것들을 그에게로 이끌어 가시니 아담이 각 생물을 부르는 것이 곧 그 이름이 되었더라 아담이 모든 가축과 공중의 새와 들의 모든 짐승에게 이름을 주니라"

아담이 동물에게 이름을 지어주는 것은 사람이 하나님과 닮은 모습 하나를 보여주지요. 사람은 말을 사용하는 재능과 사물에 이름을 지어줄 수 있는 재능을 갖고 있는데, 이것은 하나님이 갖고 계신 힘이에요. 하나님은 아담에게 동산을 돌보는 일을 맡겨주셨어요. 어떤 동물은 아담을 도울 수 있었겠지만 진정한 동반자가 도울 수 있는 식으로 돕지는 못했어요.

알고 있었나요?

유프라테스 강의 옛 이름은 '비옥한, 열매가 많은'을 뜻하는 옛 말인 프랏이에요. 티그리스-유프라테스의 습지는 많은 것들이 자라는 곳이었어요. 강이 물을 주었기 때문이지요. 샤트알아랍 강은 세계에서 가장 큰 대추야자 숲에 물을 댔어요.

하와의 등장 아담은 아마 모든 동물을 매우 사랑했을 거예요. 그러나 자신과 같은 동반자가 없어서 여전히 외로웠어요. 하나님이 아담의 갈빗대를 가지고 하와를 만드신 것은 남자와 여자는 나란히 사랑하는 방식으로 서로 도울 수 있다는 것을 보여주지요.

아담이 처음 하와를 보았을 때 한 말은 성경에 시편의 말투로 적혀 있어요. 시편은 히브리 노래예요. 히브리 노래는 운율을 맞추기보다는 가사를 중요시했어요. 그래서 수천 년이 지났는데도 우리는 다른 언어로 가사를 이해할 수 있어요. 아담은 하와를 보고서 이런 사랑 노래를 불렀어요.

**"이는 내 뼈 중의 뼈요
살 중의 살이라
이것을 남자에게서 취하였은즉
여자라 부르리라"** (창세기 2:23)

천사란 무엇일까요?

천사는 하나님의 모든 명령을 따르고 하나님을 찬양하기 위해서 살아요(시편 103:20-21; 148:2; 마태복음 26:53). 힘이 세고 아주 똑똑한 영이지요. 세 종류의 천사들이 있는데, 그룹, 수호천사, 천사장이에요. 다니엘 4장 13절에서는 천사를 '순찰자'라고 불러요. 시편 91편 11절에서는 사람들에게 수호천사가 있다고 말해요. 어떤 천사는 세상의 모든 언어를 알고 있어요(요한계시록 14:6-7). 성경에 가장 자주 나오는 천사는 하나님의 말씀을 전해 주는 천사예요.

천사의 종류

그룹

네 '그룹'이 하나님의 보좌 앞에 서 있어요. 에스겔 10장 20-22절에는 그룹에게 날개가 달려 있다고 해요. 창세기 3장 24절에 보면, 아담과 하와가 에덴동산에 들어오는 것을 그룹들과 불 칼이 막아요. 그룹들이 무섭다고 생각되나요? 불 칼은 혼자서 움직여요! 거룩한 천막(성막, 출애굽기 26:1)의 휘장과 거룩한 약속의 상자(언약궤, 출애굽기 25:17-20)를 그룹들로 장식했어요.

그룹은...

- 그룹들 곁에 네 바퀴가 있는데, 그룹들 온 몸과 등과 손과 날개와 바퀴 곧 바퀴의 둘레에 다 눈이 가득했어요(에스겔 10:12-13).
- 그룹은 얼굴이 넷이에요(사람 얼굴, 사자 얼굴, 독수리 얼굴, 소 얼굴). (에스겔 1:4-6, 10-12)
- 그룹은 날개가 넷이에요. 날개 둘은 다른 그룹들과 닿아 있고, 늘어뜨린 두 날개는 날개 밑에 있는 사람의 손을 덮고 있어요(에스겔 1:5-8).
- "그들의 다리는 곧은 다리요 그들의 발바닥은 송아지 발바닥 같고 광낸 구리 같이 빛나며"(에스겔 1:7).
- 그룹은 '황옥'같이 빛나요(에스겔 1:16).

알고 있었나요?

보잉 항공사가 '아파치 큰활'(Apache Longbow)이라는 공격용 헬리콥터를 만들었는데, 이스라엘 공군이 거기에 '사랍'(스랍)이라고 이름을 붙였어요.

스랍

스랍은 불타는 천사예요(이사야 6:1-3). '사랍'이라는 히브리어는 '불타는'을 뜻하는데, '스랍'은 이 말에서 나온 이름이에요. 성경에 나오는 '스랍들'은 '불타는 이들'을 뜻해요. 이사야가 자기 입술이 깨끗하지 않다고 하니까, 스랍이 불타는 거룩한 숯을 가져다가 이사야의 입술에 대요(이사야 6:6-7). 스랍들은 화답하는 소리가 아주 커서 성전 터까지 흔들려요(이사야 6:4).

스랍은...

- 스랍은 날개가 여섯이에요. 두 날개로는 얼굴을 가리고, 두 날개로는 발을 가리고, 두 날개로는 날아요(이사야 6:2).

천사장

'대장'이라는 말은 제일 높은 우두머리라는 뜻이에요. 성경에서 '천사장'이라는 이름이 붙은 천사는 오직 미가엘뿐이에요(유다서 9절). 악한 천사인 바사(페르시아)의 천사장과 싸울 때 미가엘이 가브리엘을 돕기 때문에 어떤 사람들은 가브리엘도 천사장이라고 생각하지요(다니엘 10:13). 가브리엘은 다니엘에게 미가엘을 '군주'라고 말하는데, '천사장'이라는 뜻이랍니다.

하나님의 뜻을 전하는 천사

천사는 하나님의 뜻을 사람들에게 전해 주어요. '천사'라는 말은 그리스어 '앙겔로스'에서 나왔어요. 천사는 하나님의 뜻을 직접 전해 주기도 하고, 야곱이나(창세기 31:10-13) 요셉처럼 꿈에 전해 주기도 해요(마태복음 1:20). 가브리엘 천사는 다니엘 8장 15-16절에서 다니엘이 본 환상에 처음 나와요. 가브리엘은 마리아에게 예수님의 어머니가 될 것이라고 말해준 것으로 잘 알려져 있어요(누가복음 1:26-38). 천사들은 목자들에게 예수님이 태어났다고 알려주었고, 그런 다음 하나님을 찬양했어요(누가복음 2:8-15).

천사에게 예배하기

성경에서 주님의 천사를 본 사람들은 천사들에게 예배하려고 엎드렸어요. 천사들도 하나님이 창조하셨기 때문에 천사를 예배하는 것은 허락되지 않았어요. 참된 천사는 하나님만 예배하라고 말했고, 절대로 천사를 예배하지 못하게 했어요.

주님의 천사를 만난 사람들

발람	민수기 22:22-35
기드온	사사기 6:11-24
하갈	창세기 16:7-11
이스라엘 사람들	사사기 2:1-5
야곱	창세기 31:11; 32:24-30; 호세아 12:4
여호수아	여호수아 5:13-15
모세	출애굽기 3:1-2
사드락, 메삭, 아벳느고, 바벨론의 느부갓네살 왕	다니엘 3:23-29

타락한 천사

하나님을 배반한 천사는 타락한 천사로, 창세기 6장 1-5절에 나와요. 타락한 천사의 우두머리는 사탄이에요. 예수님은 "사탄이 하늘로부터 번개 같이 떨어지는 것을 내가 보았노라" 하고 말씀하셨어요(누가복음 10:18). (사탄에 대한 더 많은 내용은 92쪽의 "사탄과 귀신"에서 보세요) 창세기 3장 1-4절에서 하와에게 먹으면 안 되는 열매를 먹으라고 한 뱀은 타락한 천사의 모습을 하고 있어요. 그가 하나님을 배반했을 때 천사들 중 삼분의 일이 그를 따랐어요. 요한계시록 12장 4절에는 그의 꼬리가 하늘의 별(천사들) 삼분의 일을 끌어다가 땅에 던졌다고 해요.

전투 천사

천사는 원래 최고의 영웅이에요. 천사는 하나님이 심판을 하시려고 보내시는 용사이지요.

- 요한계시록 8장 1-2절 - 하나님 앞에 일곱 천사가 서 있었어요. 이 천사들은 종말의 때에 하나님의 심판을 쏟아 부어요. (천사들이 그렇게 하면 누구에게든 두려운 일이지요.)
- 열왕기하 19장 35절 - 앗수르(앗시리아)의 교만한 왕 산헤립은 이스라엘을 군대로 에워쌌어요. 하나님의 천사는 185,000명의 군사를 죽였어요. 앗수르(앗시리아) 군대는 얼른 떠났지요!
- 다니엘 10장 13절 - 미가엘은 천사장 중 가장 높고, 하늘 군대의 '군주'로 불려요. '미가엘'이라는 이름은 "누가 하나님과 같으랴?"를 뜻해요.

하늘 군대인 천군

'천사'와 '무리'라는 말을 합치면 천사의 군대 또는 아주 많은 수의 천사를 뜻하는 말이 되지요. 창세기 28장 10-13절에서 야곱은, 하나님이 주신 꿈속에서 천사들이 사다리를 타고 하늘과 땅 사이를 오르락내리락하는 것을 보았어요. '천군'은 목자들에게 예수님의 탄생을 알려줄 때도 나와요(누가복음 2:13-14). 예수님은 땅을 심판하기 위해 천사의 무리와 함께 돌아오실 거라고 말씀하셨어요(마태복음 25:31).

천사(하나님의 사자)가 나오는 곳

출애굽기 14:19-20	하나님의 사자가 낮에는 구름 기둥이고 밤에는 불 기둥으로 이스라엘 사람들을 보호하고 안내해 주지요.
사사기 13:2-20	주님의 천사가 삼손의 부모에게 태어날 아들에 대해 알려주어요.
열왕기상 19:3-8	천사가 엘리야에게 음식을 갖다 주어요.
마태복음 4:11	예수님이 시험받으신 후에 천사들이 시중들었어요.
마태복음 28:1-8	천사가 예수님의 무덤에 나타나서 예수님이 부활하셨다고 알려주어요.
누가복음 1:11-19	가브리엘이 사가랴에게 세례 요한을 낳을 것이라고 알려주어요.
사도행전 1:9-11	천사들이 예수님의 제자들에게 예수님이 하늘로 돌아가셨다고 알려주어요.
사도행전 8:26	주님의 천사가 빌립에게 갈 방향을 알려주어요.
사도행전 10:1-7	천사가 고넬료에게 베드로에 대해 말해 주어요.
사도행전 12:6-11	주님의 천사가 베드로를 감옥에서 풀려나게 해요.
사도행전 12:20-23	주님의 천사가 헤롯을 쳤어요.

크리스마스

사람들은 '1년 중 가장 멋진 때'
라고 하며 크리스마스를 축하해요.
떠들썩하게 크리스마스를 기뻐해요.
그러나 크리스마스는 예수님의 탄생을
기뻐하는 날이에요. 원래 생일이
'1년 중 가장 멋진 때'잖아요.
아래에서 크리스마스에 대해
알아보세요.

크리스마스의 시작

예수님은 유대 땅 베들레헴에서 태어나셨어요(누가복음 2:1-20). 사람들은 12월 25일에 이 역사적인 사건을 축하하지요. 12월 25일이 예수님의 실제 생일일까요? 어떤 사람들은 예수님이 봄에 태어났을 거라고 주장해요. 목자들이 밤 시간 동안 양떼와 함께 밖에서 지냈다고 해서요. 정확히 어느 날에 예수님이 태어나셨는지 아무도 모르지만, 12월 25일을 공식 탄생일로 삼은 기록은 221년이랍니다.

왜 12월 25일을 선택하게 되었는지에 대해서는 많은 의견이 있어요. 어떤 사람들은 12월 25일이 춘분 후 9개월째가 되기 때문이라고 해요. 그 사람들은 춘분(3월 25일)에 하나님이 땅을 창조하셨다고 믿었어요. 또 어떤 이들은 12월 25일이 고대 로마의 동지 휴일이었기 때문에 그 날을 예수님의 생일로 선택했다고 해요. 동지에 낮이 길어지고 태양이 다시 탄생하는 것을 축하했지요. 교회 지도자들이 이 날을 그리스도의 탄생일로 축하하는 것이 훨씬 더 좋겠다고 결정했어요.

알고 있었나요?

섹스투스 줄리우스 아프리카누스는 3세기의 기독교 역사가예요. 그는 세계의 역사를 쓰면서 예수님이 12월 25일에 태어났다고 썼어요.

살아 있는 성탄

세계의 교회들과 교회 단체들은 보통 12월에 배우들과 동물들을 동원하여 예수님 탄생 장면을 재현해요. 어떤 재현은 예수님 탄생 이전과 이후를 포함하여 성경에 나오는 여러 장면을 표현해요. 이탈리아에서는 예수님 탄생 재현을 '살아 있는 마구간' 또는 '살아 있는 성탄'이라는 뜻으로, '프레세피 비벤티'라고 불러요. 투스카니와 소리아노(치아 근처)의 바르가와 같은 곳에서는 연말부터 주현절까지 성탄 재현을 볼 수 있어요. 압루조와 소리아노와 같은 도시에서 이루어지는 예수님 탄생 장면 재현에는 수백 명의 사람들이 참여해요. 유튜브와 같은 곳에서 동영상으로 '성탄 재현'을 볼 수 있어요.

알고 있었나요

아시시의 성 프란체스코는 살아 있는 성탄 장면을 맨 처음 시작한 사람으로 알려져 있어요. 그는 13세기에 자원하는 사람들을 모아서 동굴에서 예수님의 탄생 장면을 연기하도록 했어요.

알고 있었나요?

'12일간의 크리스마스'라고 하는 유명한 노래 가사는 16세기로까지 거슬러 올라가요.

12일간의 크리스마스

12일간의 크리스마스는 크리스마스 당일에 시작해서 1월 5일에 끝나요.

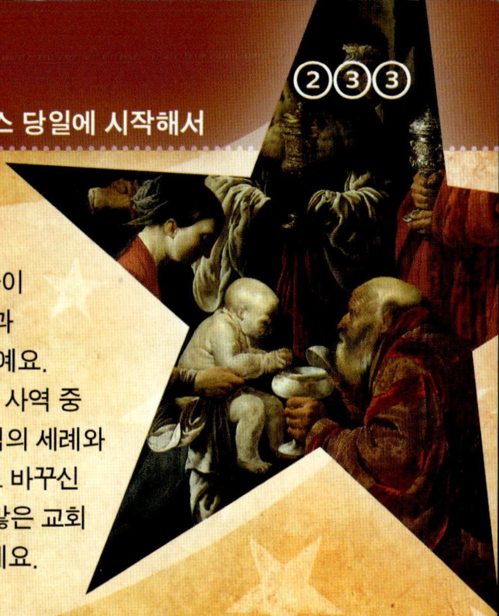

주현절

주현절(1월 6일)은 동방박사들이 예수님을 찾아와서 황금과 유향과 몰약을 드린 것을 축하하는 절기예요. 동방정교회에서는 예수님의 삶과 사역 중 다른 사건들도 축하하지요. 예수님의 세례와 가나 결혼 잔치에서 물을 포도주로 바꾸신 기적 사건도 축하해요. 주현절은 많은 교회 전통에서 크리스마스 절기의 끝이에요.

대림절: 크리스마스를 준비하는 절기

'대림절'을 뜻하는 라틴어 아드벤트(advent)는 '오다'를 뜻해요. '오시는 것을 기다리는 절기'지요. 11월 30일과 가장 가까운 주일에 시작됩니다. 이 몇 주 동안 기독교인들은 예수님의 탄생을 축하하기 위해 준비하지요.

대림절 달력

대림절 달력은 크리스마스 날까지 남은 날을 세어가는 달력이에요. 보통 대림절 달력은 12월 1일에 시작해서 매일 작은 상자나 창문을 열게 되어 있어요. 어떤 대림절 달력에는 예수님의 탄생을 기다리면서 어린이와 어른들이 즐길 수 있도록 작은 사탕이나 장난감이나 성경 구절이 들어 있어요. 대림절 날짜를 세어 내려가는 풍습을 가장 먼저 시작한 사람들은 독일 루터교 기독교인들이에요. 그들이 쓴 한 가지 방법은 24일 동안 매일 문에다 분필로 표시한 거예요. 인쇄한 대림절 달력은 1900년대 초에 처음 만들었어요.

대림절 화환

대림절 화환은 16세기부터 유럽에서 사용되었어요. 대림절 화환은 보통 상록수와 네 개의 초 또는 다섯 개의 초로 만들어요. 크리스마스를 기다리는 동안 매 주일 그 전 주일에 켰던 초를 켜고 그에 더해 새 초에 불을 붙이지요. 어떤 사람들은 크리스마스 날에 예수 그리스도의 빛(또는 탄생)을 나타내기 위해 다섯 번째 초를 켜지요(보통 하얀색). 어떤 교회들은 회개를 더 많이 하는 절기인 사순절을 위해 보라색을 남겨두려고 보라색 대신에 파란색을 써요.

크리스마스의 여러 상징들

사탕 지팡이

사탕 지팡이는 목자의 지팡이처럼 생겼어요. (우리는 예수님을 위대한 목자라고 불러요.) 사탕 지팡이를 거꾸로 하면 '예수님(Jesus)'의 첫 글자인 J자와 같아요. 1600년대에 독일의 한 성가대 지휘자가 예배 때 어린이들을 조용하게 하려고 사탕 지팡이를 나눠주었다고 해요. 많은 교회들이 사탕 지팡이를 나누어 주지요. 사탕 지팡이의 색깔은 뜻을 담고 있어요. 하얀 색은 순결을 나타내고, 빨간 색은 예수님이 모든 사람의 죄를 용서하기 위해 흘리신 피를 나타내지요.

크리스마스 조명

추수감사절이 채 끝나기도 전에 여기저기서 크리스마스 장식 불빛이 나오기 시작해요. 크리스마스 장식 불빛은 나무, 집, 화환, 신호등 기둥 등에 달아요. 크리스마스에 처음으로 전기 조명 장식을 한 사람은 1882년 뉴욕 시의 에드워드 존슨이었어요. 1917년에 알버트 사다카는 나무에 다는 크리스마스 전기 조명을 생산하여 팔기 시작했어요. 촛불로 장식하는 크리스마스트리는 화재의 위험이 있어서, 안전한 불빛을 만들려고 했지요.

크리스마스에 대한 몇 가지 재미있는 사실

크리스마스 트리

나무를 장식과 촛불로 꾸미는 것은 16세기 독일로 거슬러 올라가요. 진짜 나무 또는 인조 나무를 집 안이나 밖에 설치하고, 사거나 수집하거나 만든 장식물로 장식하지요. 미국에서는 1850년대 초부터 크리스마스 트리를 팔기 시작했어요.

크리스마스 별

사람들은 보통 크리스마스트리의 맨 꼭대기에 별을 두어요. (천사를 두기도 해요.) 이 별은 동방박사들이 예수님이 태어난 곳을 찾기 위해 따라갔던 별을 나타내요(마태복음 2:1-2). 천사는 예수님이 태어나신 날 밤 목자들이 본 천사들을 나타내고요.

예수 탄생 장면 세트

예수님의 탄생 이야기는 교회 앞에 세운 큰 조각상부터 커피 탁자에 둔 작은 마구간 모습까지 여러 예술 형식으로 표현되지요. 나무, 도자기, 자기로 만든 조각상으로 예수님의 탄생을 나타내요. 보통 아기 예수님, 마리아, 요셉, 목자들, 마구간 동물들이 있고, 때로는 예수님께 드릴 선물을 들고 있는 동방박사들이 등장해요.

선물 주기

사람들은 크리스마스에 하나님이 세상에 예수님을 선물로 주신 것을 기억하며 선물을 주어요. 이것은 예수님께 황금과 유향과 몰약을 드린 동방박사들의 예를 따르는 것이기도 해요. 크리스마스 이브나 크리스마스 날에 선물을 주는 관습은 1700년대 이전에는 흔하지 않았어요.

성탄 카드를 주고받는 것은 1800년대 중반부터 시작되었어요.

크리스마스는 적어도 4세기(예수님 탄생 후 300년 이상이 지나서)까지는 기독교 축제일이 아니었어요.

성 니콜라스는 4세기의 주교였는데, 가난한 사람들에게 선물을 주는 것으로 유명했어요. 그는 1년 내내 크리스마스처럼 살았어요. 12월 6일은 성 니콜라스 기념일이에요.

'구유'는 소나 말 같은 동물 먹이를 담아두는 통이에요.

하나님

여러분은 "하나님은 진짜로 계실까?" 하는 질문은 성경에서 찾지 못할 거예요. 성경은 하나님이 실제로 계실 뿐만 아니라 하나님이 만드신 사람들과 세상과 관계를 맺으시는 것을 말해 주고 있어요. 성경은 하나님이 한 분이시고 진실하시고 모든 것을 하실 수 있고 모든 것을 아신다고 우리에게 가르쳐요.

이름 속에 무엇이 있을까요?

여러분의 이름에는 성과 이름이 들어 있어요. 이름은 가족과 우리 자신에 대해 말해 주지요. 그러나 성경에서 하나님의 이름은 하나님의 성품을 나타내요.

하나님의 여러 이름

이름	설명	보충 정보
야훼	여호와(야훼)는 하나님의 이름이에요. 히브리어로 네 글자(YHWH)로 적고 여호와(야훼)라고 발음하지요. 그 뜻은 "나는 -이다", "나는 스스로 존재하는 자이다", 또는 "나는 존재하게 하는 자이다"예요. 하나님은 모세에게 말씀하시면서 스스로를 이 이름으로 부르셨어요(출애굽기 3:14-15). 하나님의 이름은 거룩하기 때문에 유대인들은 이 이름을 직접 부르지 않고 '아도나이'라는 말로 대신 불렀어요. '아도나이'는 '나의 주님'이라는 뜻이에요.	종종 야훼는 하나님의 성품을 보여주는 다른 말과 함께 쓰여요. 야훼 쩨바오트 - '모든 것을 하실 수 있는 하나님' 또는 '만군의 여호와'(사무엘상 1:3; 17:45) 야훼 로이 - '주님은 나의 목자시다'(시편 23:1)
엘	'엘'은 '하나님'을 뜻하는 고대 단어예요.	엘 샤다이 - '전능하신 하나님' 또는 '산들의 하나님'(창세기 43:14) 엘 엘욘 - '지극히 높으신 하나님'(다니엘 7:18) 임마누엘 - "하나님이 우리와 같이 계심이라"(이사야 7:14)
엘로힘	엘로힘은 '엘'의 복수형이고 '힘' 또는 '능력'을 뜻해요. 이것은 하나님의 절대적인 통치, 창조하신 일, 이스라엘을 위해 하신 위대한 일들에 대해 표현하지요.	창세기 2:4-3:24에서 하나님은 야훼 엘로힘 또는 '여호와 하나님'으로 나와요.
여호와	성경이 처음 기록되고 수백 년이 흐른 후에 'YHWH'라는 자음에 '아도나이'라는 말의 모음을 붙여서 읽었어요. 그래서 '여호와'로 읽는 이름이 생겨났어요. 그러나 이것은 자연스러운 히브리어 발음은 아니에요.	여호와 닛시 - '여호와는 나의 기(깃발)' 또는 '주님이 내게 승리를 주신다'(출애굽기 17:15) 여호와 이레 - '여호와께서 준비하심'(창세기 22:14) 여호와 샬롬 - '여호와는 평강이' 또는 '주님은 우리의 두려움을 진정시켜 주신다'(사사기 6:24)

알고 있었나요?

성경시대 이후에 유대인들은 특별한 경우를 빼고는 야훼라는 이름을 크게 말하지 않았어요. 이 이름은 일상적인 말 속에 섞어 쓰기에는 너무도 거룩했기 때문이에요. 유대인들은 하나님의 이름을 망령되게(함부로) 부르지 말라는 명령을 어길까봐 두려워했어요(출애굽기 20:7).

이름	설명	보충 정보
아도나이	성경을 크게 읽을 때, 하나님의 거룩하신 이름을 경외하기 위해서 'YHWH'를 소리 내서 읽지 않고, 그 대신 아도나이라고 읽었어요.	아도나이는 '나의 주님'이라는 뜻이에요.
아버지	예수님은 제자들에게 기도하는 법을 가르치실 때 하나님을 아버지로 부르라고 하셨어요. 기독교인은 스스로를 하나님의 자녀라고 생각해요(요한복음 1:12).	하늘에 계신 아버지 (마태복음 6:9, 14) 거룩하신 아버지 (요한복음 17:11)
아빠	'아버지'를 뜻하는 아람어	예수님이 겟세마네 동산에서 기도하시면서 하나님을 부를 때 쓰신 말(마가복음 14:35-36).
알파와 오메가	알파와 오메가는 그리스어 알파벳에서 첫 글자와 끝 글자이고, 어떤 것이든 '처음'과 '마지막'을 뜻하지요. 이 이름은 '처음과 마지막'이신 하나님의 완전하심을 가리켜요(요한계시록 21:6).	사도 요한은 예수님이 스스로를 이 이름으로 밝혔다고 적었어요(요한계시록 1:8, 17). 그리고 선지자 이사야도 하나님을 이렇게 묘사했어요(이사야 44:6; 48:12).

하나님을 부르는 다른 이름

기묘자, 모사(놀라우신 조언자) (이사야 9:6)

전능하신 하나님 (이사야 9:6)

영존하시는(영원하신) 아버지 (이사야 9:6)

평강(평화)의 왕 (이사야 9:6)

엘엘로헤이스라엘(이스라엘의 하나님) (창세기 33:20)

하나님의 특징

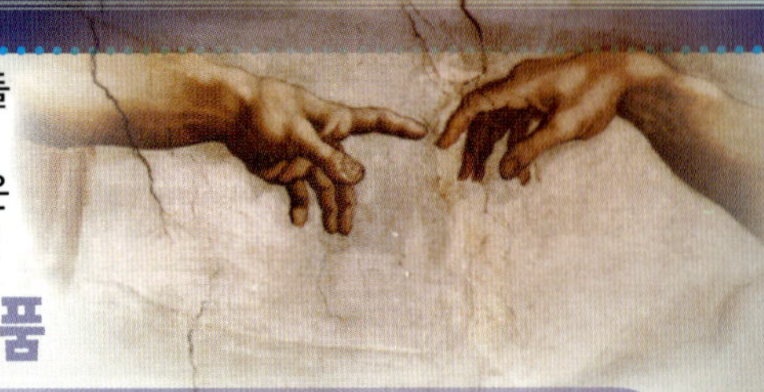

사람들을 알려면 그들의 특징을 알아야 하지요. 사람들은 여러 상황에서 어떻게 행동하나요? 사람들은 다른 사람들을 어떻게 대하나요? 하나님의 성품을 공부하는 것은 하나님을 이해하도록 돕고, 하나님이 세상에 어떻게 영향을 미치시는지 알게 해주어요.

하나님의 성품

특징	특징이 나타난 때	성경 구절
전능하신(모든 것을 하실 수 있는) 하나님	하나님은 아브라함에게 스스로를 '모든 것을 하실 수 있는 하나님'이라고 설명하셨어요.	창세기 17:1
화내시는, 노하시는 하나님	사람들이 반항해서 하나님을 화나게 만들었어요. 하나님은 선지자 이사야에게 화를 표현하셨어요.	이사야 13:13
성실하신 하나님	다윗을 비롯한 많은 시편 저자들은 자신들의 삶과 백성의 삶 속에서 진리의 하나님이 얼마나 성실하신지를 묘사했어요.	시편 40:11; 100:5
죄를 사하시는 하나님	하나님은 백성들이 기도로 회개하고 더 이상 죄를 짓지 않겠다고 하면 죄를 사해 주시겠다고 솔로몬 왕에게 약속하셨어요.	역대하 7:14
후하신 하나님	예수님은 포도밭 주인의 비유를 통해 하나님의 후하심을 묘사하셨어요. 사도 바울은 하나님이 도움을 구하는 모든 사람에게 부요하시다(은혜가 풍성하시다)고 썼어요.	마태복음 20:1-16; 로마서 10:11-13
선하신 하나님	솔로몬이 성전 봉헌을 할 때 사람들은 하나님의 선하심을 선포했어요. 또한 양선은 하나님의 성령의 열매 또는 성령의 특징 중의 하나예요.	역대하 7:3; 갈라디아서 5:22
정의로우신/공의로우신 하나님	하나님은 항상 공의로우시다고 욥에게 말씀하셨어요.	욥기 37:23
사랑하시는 하나님	하나님은 아들 예수님이 모든 사람의 죄 때문에 죽으시는 것을 허락하심으로써 사랑을 보여 주셨어요. 하나님은 사랑의 근원이세요.	요한복음 3:16; 요한1서 4:8
거룩하시고 영광스러우신; 찬송할 만한 위엄이 있으신; 기이한 일을 행하시는 분	모세와 이스라엘 사람들은 하나님의 거룩하심에 대해 노래를 불렀어요.	출애굽기 15:11
자비로우신 하나님	이스라엘 백성은 광야에서 방황하는 동안 하나님의 자비를 여러 번 경험했어요.	출애굽기 34:6; 신명기 4:31
지혜의 근원이신 하나님	솔로몬은 지혜가 하나님께로부터 온다는 것을 알고 하나님께 지혜를 구했어요. 야고보도 하나님께 지혜를 구하라고 사람들을 격려했어요.	열왕기상 3:9; 야고보서 1:5
진리이신 하나님	예수님은 기도하실 때 하나님의 말씀이 진리라고 설명하셨어요.	요한복음 17:17
변하지 않으시는 하나님	말라기 선지자가 설명했듯이 하나님은 결코 변하지 않으시고 야곱의 자손에게 항상 신실하세요.	말라기 3:6

하나님에 관한 인용문

"하나님을 결코 숨겨두지 말라.
하나님을 결코 부족한 분이
되게 하지 말라.
하나님이 바라시는
어떤 방식으로든 하나님을
항상 이해하고, 항상 듣고,
아니, 보이게 하라."

- 테르툴리아누스
(테르툴리아누스는 160-225년경에 살았어요. 영향력 있는 초기 기독교인 저술가이고 아프리카 교회의 지도자였어요.)

"하나님은 우리가
즐거워할 때에 우리에게
속삭이시고, 우리의 양심에게
말씀하시지만, 우리가 고통 속에
있을 때에는 소리를 치신다.
그것은 귀 먹은 세계를 깨우는
하나님의 메가폰이다."

- C. S. 루이스
(C. S. 루이스는 1898-1963년에 살았어요. 영국의 학자이자 저술가였어요. 루이스가 지은 『나니아 연대기』는 기독교의 고전이 되었어요. 위 인용문은 그의 책 『고통의 문제』에 나온 말이에요.)

"내 주는 강한 성이요.
결코 무너지지 않는 보루이시다.
어려운 고난이 넘치는 홍수
가운데서 도우시는 분이시다."

- 마르틴 루터
(마르틴 루터는 1483-1546년에 독일에 살았던 수사였어요. 개신교 교회가 형성되는 데 중요한 역할을 했어요. 위 인용문은 루터가 지은 찬송, "내 주는 강한 성이요"에서 나온 거예요. 이것은 시편 46편에서 따왔어요.)

하나님의 특별한 계약

군사 지도자들이나 정부 지도자들은 서로 협정이나 계약을 맺어요(휴전을 하거나 국가 간에 무역을 할 때). 성경 곳곳에는 하나님이 백성과 '계약'을 맺는 장면이 나와요. '언약'이라고도 해요. 아래 도표는 누구와 왜 그 계약을 맺었는지를 보여주어요.

하나님의 특별한 언약(계약)

누구와 계약을 맺었나요?	왜 그랬을까요?	성경 구절
노아	하나님은 모든 살아 있는 것들을 다시는 홍수로 멸하지 않겠다고 약속하셨어요. 하나님은 이 언약(계약)의 증거로 무지개를 주셨어요.	창세기 9:8-17
아브라함	하나님은 아브람(후에 하나님이 아브라함으로 이름을 바꿔주셨어요)과 그 자손들에게 땅을 약속하셨어요. 하나님은 또한 아브라함이 많은 민족들의 조상이 될 거라는 언약을 세우셨어요.	창세기 15:7-21; 17:4-7
모세 (그리고 이스라엘 백성)	하나님은 이스라엘 백성을 선택하셨고, 그들이 하나님께 순종하는 한 복을 내려 주시겠다고 약속하셨어요.	신명기 7:6-8
비느하스	아론의 손자 비느하스와 그의 자손은 하나님의 제사장이 될 거예요.	민수기 18:1-17; 25:10-13
다윗	하나님은 다윗 왕의 자손이 항상 이스라엘을 다스릴 것이라고 약속하셨어요.	사무엘하 7:1-17
반역하는 이스라엘	하나님은 그들을 용서하시고 하나님의 법을 '그들의 속에 두며 그들의 마음에' 기록하겠다고 약속하셨어요. 기독교인은 예수님을 하나님의 새 언약을 이루신 분이라고 이해하지요.	예레미야 31:31-34; 히브리서 8:7-12; 10:11-18

알고 있었나요?

성경 시대에 언약(계약)을 맺는 방식으로는 선물 주기(사무엘상 18:3-4), 돌 기둥 세우기 또는 돌 무더기 만들기(창세기 31:43-55), 다른 사람에게 신발 주기(룻기 4:7-8), 간단히 손잡기(열왕기하 10:15) 등이 있었어요.

하나님을 뵙기

예수님은 하나님을 '영'이라고 표현하셨어요(요한복음 4:24). 이것은 하나님이 육적인 몸을 가지고 계신 것이 아니라 영적으로 존재하신다는 것을 뜻해요. 그러나 때때로 성경에서 사람들은 하나님을 여러 가지 방식으로 보고 들었어요.

어떻게?	누구에게?	왜?	성경 구절
연기나는 화로와 타는 횃불	아브라함	하나님과 아브라함의 언약의 표시로	창세기 15:17-18
불타는 떨기나무 (여호와의 사자)	모세	모세의 주의를 끌기 위해서. 떨기나무 주변의 땅은 거룩한 땅이 되었어요.	출애굽기 3:1-4:17
구름 기둥(낮)과 불 기둥(밤)	모세 (그리고 이스라엘 백성)	애굽(이집트)을 떠난 백성을 안내하고 밤에 빛을 비추려고. 구름은 '여호와의 영광'이라고 불렀어요(출애굽기 40:34).	출애굽기 13:21-22; 40:34-38
부드러운 바람과 세미한 소리	엘리야	풀이 죽은 엘리야 선지자의 주의를 끌기 위해	열왕기상 19:9하-13
소리	예수님, 세례 요한, 예수님 세례 받으실 때 있던 사람들	하나님이 아들 예수님을 인정하고 승인하신 표시로	마태복음 3:17
구름과 소리	베드로, 야고보, 요한	예수님의 변화산 사건 때 하나님은 예수님을 인정하신다는 것을 다시 보이셨어요.	마태복음 17:5

아버지, 아들, 성령

예수님은 부활하신 후에 제자들더러 '아버지와 아들과 성령의 이름으로' 사람들에게 세례를 주라고 말씀하셨어요(마태복음 28:19). 기독교인은 한 분 하나님을 믿고(에베소서 4:6), 사도신경으로 신앙을 고백하지요. 사도신경은 하나님, 예수님, 성령님 등 세 주요 부분으로 나뉘어 있어요. 많은 기독교인들은 한 분 하나님의 이 세 측면을 삼위일체라고 불러요. 이 말은 신학자 테르툴리아누스가 2세기 말 또는 3세기 초에 소개했어요.

1세기에 살았던 예수님의 제자인 사도 바울은 편지 속에서 하나님을 종종 아버지, 아들, 성령이라고 불렀어요. 바울은 고린도 사람들에게 보낸 두 번째 편지를 이 삼위의 축복으로 끝맺어요. "주 예수 그리스도의 은혜와 하나님의 사랑과 성령의 교통하심이 너희 무리와 함께 있을지어다"(고린도후서 13:13). 에베소서 1장 3-14절을 찾아보세요. 바울이 아버지에 대해 뭐라고 표현하고 있나요? 예수님에 대해서는요? 성령님에 대해서는요? (성령님에 대해서 더 알아보려면 112쪽의 '성령님'을 보세요.)

하늘

하늘이란 무엇일까요?

성경에서 하늘이라는 말은 다음의 여러 가지 여러 뜻으로 나와요.

- **둥근 지붕(궁창):** '궁창'이라고도 하는 이 둥근 지붕이 하늘의 바다와 땅의 물 사이를 나누어요(창세기 1:6-8). 하나님이 하늘 천장에 있는 창문을 여시면 비가 땅으로 내린다고 해요(창세기 7:11-12; 이사야 24:18; 말라기 3:10).
- **땅 위에 있는 모든 것:** 이것은 날씨, 바람, 하늘, 별을 포함할 뿐만 아니라(창세기 1:1; 시편 8:3; 19:1), 무지개(창세기 9:12-17)처럼 하나님이 주신 표시와 광야에서 이스라엘 사람들이 먹도록 하나님이 보내신 양식(출애굽기 16:4)처럼 하나님이 보내신 복도 포함해요.
- **하나님이 다스리시는 곳**(열왕기상 8:30; 이사야 66:1; 마태복음 5:34)과 하나님의 법정이 열리는 곳(창세기 1:26; 3:22; 욥기 1:6; 2:1; 15:7-8).

성경은 하늘나라에 대해 뭐라고 말할까?

성경은 사실 하늘나라가 어떠한지에 대해 별로 말하지 않아요. 고대 히브리 사람들은 하늘나라가 죽은 후에 가는 곳이라고 생각하지 않았어요. 그들에게 하늘은 그저 하나님의 집이었어요. 예수님이 하늘나라에 대해 가르치셨을 때는 보통 장소라기보다는 하나님의 목적과 관련이 있었어요(마태복음 5:3; 13:31-33). 그러나 예수님은 아버지의 집에 믿는 사람들이 있을 곳을 예비하시겠다는 약속도 하셨어요(요한복음 14:1-3).

하늘나라가 어떠한지에 대해 우리가 갖고 있는 많은 생각은 밧모 섬에 귀양을 간 요한이 새 하늘과 새 땅에 대해 본 환상에서 나온 거예요(요한계시록 21:1-22:5).

성경이 말하는 하늘나라의 모습

구약성경과 신약성경의 선지자들과 사도들은 하늘나라에 대한 환상을 보았어요.

- 미가야 선지자는 하나님이 하늘의 보좌에 앉아계시고 하늘의 만군이 하나님 주변에 서 있는 모습을 보았어요(열왕기상 22:19).
- 에스겔 선지자는 그룹들과 사파이어(남보석) 보좌를 보았어요(에스겔 1:1-25). 보좌에는 "사람의 모양과 같은 한 형상"이 앉아 있었어요(에스겔 1:26).
- 사도 바울은 환상을 보았는데, 자신이 "셋째 하늘"로 이끌려 가서 설명도 할 수 없는 너무도 놀라운 일을 보고 들었대요(고린도후서 12:1-4).
- 사도 요한은 미래에 대한 놀라운 환상을 보았는데, "새 하늘"과 "새 땅"과 "새 예루살렘이 하나님께로부터 하늘에서 내려오는" 것을 보았어요(요한계시록 21:1-2).
- 사도 요한이 요한계시록에 기록된 환상에서 하늘나라에 대해 많은 것들을 어렴풋이 보았어요(요한계시록 12:1, 3, 7-8).

알고 있었나요?

미국 ABC 뉴스의 설문조사에 따르면, 미국 사람 10명 중 9명이 천국을 믿는다고 대답했어요.

하늘에서 가장 평범한 순간이 땅에서 가장 특별한 순간보다 훨씬 더 좋을 것이다. 그리고 무슨 일이든 잘못될까봐 걱정하지 않아도 될 것이다. 결코 그렇게 되지 않을테니까!

—랜디 알콘,
『천국이 궁금해요』 에서.

하늘나라에 대한 생각

요한이 본 환상

사도 요한은 밧모 섬에서 귀양살이를 하고 있었어요. 어느 날 기도하다가 하늘의 새 예루살렘을 환상으로 보았어요. 요한계시록 21-22장에 그 도시는 이렇게 나와요.

- 신부와 같다(21:2).
- 하나님의 영광이 매우 밝아서 해나 달이 필요없다(21:11).
- 12개의 문이 있고 각 문에 이스라엘의 12지파의 이름이 적혀 있고, 천사가 지킨다(21:12).
- 네모가 반듯한 도시로서 길이와 너비와 높이가 약 2,400킬로미터이다(21:16).
- 성벽의 높이는 66미터이고 벽옥으로 쌓았다(21:17-18).
- 보석으로 만든 12개의 기초석이 있고 각 돌에 12사도의 이름이 적혀 있다(21:14, 19-20).
- 길은 정금으로 되어 있다(21:21).
- 하나님과 어린 양이 곧 성전이므로 거기에는 성전이 없다(21:22).
- 생명수의 강이 하나님과 어린 양이 앉아 계신 보좌에서 흘러나온다(22:1).
- 강 양쪽에는 12가지 열매를 맺는 생명나무가 매달 열매를 맺는다(22:2).

하늘나라와 지옥

고대 사람들은 죽은 사람이 '스올'(히브리어) 또는 '하데스'(그리스어)로 간다고 믿었어요. 이곳은 아무도 모르고 아무것도 느낄 수 없는 어둡고 조용한 곳이라고 생각했어요. 이곳은 심판의 장소가 아니고, 죽은 사람들이 심판을 기다리는 곳이라고 여겨졌어요(에스겔 31:16-18). 예수님이 태어나기 1세기 전쯤에 유대교의 선생님들은 지옥 불 또는 악인들이 벌을 받는 곳에 대해 말하기 시작했어요(마태복음 5:22를 보세요).

신약성경은 그리스어로 '지옥'을 뜻하는 '게헨나'가 벌과 불 고문을 받는 곳이라고 묘사해요(마태복음 13:42, 50; 25:41). 예수님은 하나님이 악한 행동을 한 사람들을 이곳으로 보내신다고 하셨어요(누가복음 16:23-24). 그러나 예수님을 믿는 사람들에게는 영원한 생명을 약속하셨어요(요한복음 3:16; 6:40). 사도 바울은 죽음 후의 생명을 묘사하면서 부활한 사람들은 영원히 살 것이고 영광스럽고 강한 영의 몸을 가질 것이라고 가르쳐요(고린도전서 15:42-44).

화폐

돈의 시작

다른 사람과 장난감이나 기념품을 바꾼 적이 있나요? 그걸 물물교환이라고 하지요. 예수님이 탄생하기 오래 전에 최초의 금융 제도는 물물교환에서 시작했어요. 자신의 물건을 자기에게 필요한 다른 물건과 바꾸는 것이지요. 이 제도에서는 돈이 사용되지 않았어요. 사실 오늘날과 같은 돈이 있지도 않았어요.

최초의 국제무역(나라들 사이의 무역)은 통치자들 사이에 시작되었어요. 한편 사람들은 필요한 물건을 얻기 위해서 물물교환을 시작했어요. 은과 금과 여러 귀금속을 돈으로 사용했어요. 귀금속의 양을 속이는 것을 막기 위해 표준 저울로 달았어요.

많은 세월이 흘러 돈이 발달되고 은행도 생겼지만, 사람들은 계속해서 물건을 구하기 위해 물물교환도 했어요.

연대표

주전 10,000 - 7,000년
농부들과 목자들이 물물교환 제도에서 곡식과 가축을 돈으로 사용하다.

주전 3,000 - 2,000년
메소포타미아에서 은행업이 시작되다.

주전 2,250 - 2,150년
카파도키아(터키)의 통치자들이 은덩이의 순도와 무게를 보증하다.

주전 2,100 년경
수메르 왕 우르남무가 범죄에 대한 벌로 돈을 내게 하는 법률을 만들다.

주전 1,750 년경
바벨론 왕 함무라비가 범죄에 대한 처벌법과 은행업을 운영하는 법을 만들다.

알고 있었나요?

애굽(이집트)에서 수입한 솔로몬 왕의 병거 값은 은 6.8킬로그램(600 세겔)이었고, 말은 은 1.8 킬로그램(150 세겔)이었어요. (열왕기상 10:28-29)

두로의 산물

에스겔 27장에서 하나님은 에스겔에게 두로 성읍이 파괴되기 전에는 강한 무역 도시였다는 것을 떠올리게 해주셨어요. 아래 도표는 에스겔 27장에 나오는 바와 같이 고대의 무역 물품을 보여주어요.

다시스(남스페인)	은, 철, 주석, 납(27:12)
야완(그리스), 두발, 메섹	사람(노예), 놋그릇(27:13)
도갈마 사람들	말, 군마, 노새(27:14)
드단(로도스)과 여러 섬의 사람들	상아, 박달나무(27:15)
아람	남보석(에메랄드), 자색 베, 수놓은 것, 가는 베, 산호, 홍보석(루비)(27:16)
유다와 이스라엘	밀, 과자, 꿀, 올리브기름, 유향(27:17)
다메섹	포도주, 흰 양털(27:18)
워단과 야완	쇠, 계피, 대나무 제품(27:19)
드단	말을 탈 때 까는 천(27:20)
아라비아와 게달의 모든 고관	어린 양, 숫양, 염소(27:21)
스바와 라아마의 상인들	향 재료, 각종 보석, 황금(27:22)
하란, 간네, 에덴, 스바, 앗수르, 길맛의 장사꾼들	청색 옷, 수 놓은 물품, 빛난 옷(27:23-24)

왕들이 무역을 하다

솔로몬 왕은 예루살렘 성전과 왕궁을 짓기 위해 목재가 필요했어요. 두로의 왕 히람은 목재가 많았어요. 그래서 거래를 했어요.

"솔로몬의 모든 원대로 백향목 재목과 잣나무 재목을 주매 솔로몬이 히람에게 그의 궁정의 음식물로 밀 이만 고르와 맑은 기름 이십 고르를 주고 해마다 그와 같이 주었더라" (열왕기상 5:10-11).

John Wollinka

신약성경 속의 동전

②④⑤

동전	기원	가치	재료	특징
렙돈	유대왕 알렉산더 얀네우스(주전 103-76년)가 주조	고드란트의 절반	동	한 과부가 헌금한 동전(마가복음 12:41-44).
고드란트	로마	낮은 가치	동	예수님이 산상수훈에서 언급한 동전('한 푼') 이었을 것(마태복음 5:26)
데나리온	로마	하루 품삯	은	예수님 시대에 가장 많이 통용된 로마 동전이고, 누가복음 20:24에서 예수님께서 말한 동전.
드라크마	그리스	데나리온과 같음	은	양 한 마리를 살 수 있던 동전으로서 예수님의 비유에 나오는 잃어버린 동전(누가복음 15:8).
디드라크마 (2 드라크마)	그리스	반 세겔 (1/2세겔)	은	유대인들이 성전 세를 낼 때 사용한 동전 (마태복음 17:24-25).

주전 640 년경
'일렉트럼'이라고 부르는 최초의 동전(금과 은을 섞은 호박금)이 소아시아에서 만들어지다.

주전 600 년경
소아시아 피티우스의 기록은 가장 오래된 은행업 기록이다.

주전 538 년경
페르시아 사람들이 동전 제도를 팔레스타인에 도입하다. 페르시아 동전은 '다릭'이다.

주전 336 - 323년
알렉산더 대왕이 페르시아의 금으로 병사들에게 월급을 주다. 그는 동전에 자신의 얼굴을 새긴 최초의 통치자이다.

주전 323 - 30년
최초의 연합 은행 제도가 애굽(이집트) 의 프톨레마이오스 왕조와 그 자손들의 시대에 만들어지다.

무게와 가치

동전은 페르시아 시대 이전의 구약성경 시대에는 별로 쓰이지 않았어요. 돈을 지불할 때는 순수한 은덩이와 금덩이를 썼어요. 그리고 무게를 정확히 하기 위해 표준을 정했어요.

무게	얼마나 일해야 이 돈을 벌까?
1 세겔 = 20 게라 (약 11.5 그램) (에스겔 45:12)	4일
1 마네 = 60 세겔 (약 690 그램) (에스겔 45:12)	3개월
1 달란트 = 60 마네 (약 34 킬로그램) (에스라 8:25-27)	15년

알고 있었나요?

1 세겔(11.5그램)은 한국의 100원짜리 동전 (5.42그램) 두 개보다 아주 조금 더 무거워요.

앞일까요, 뒤일까요?

100원짜리 동전을 보세요. 누구의 얼굴이 있나요? 신약성경 시대에 로마 사람들은 황제의 얼굴을 동전에 새겼어요. 이것은 애국심을 고취하기 위해서가 아니라 로마의 백성에게 황제의 권위를 보여주려는 것이었어요. 마태복음 22장 18-22절에서 예수님은 가이사(티베리우스 카이사르 아우구스투스)의 얼굴과 이름이 새겨진 데나리온(은전) 하나를 건네받으셨어요. (또한 마가복음 12:15-17; 누가복음 20:22-26을 보세요.)

알고 있었나요?

은 1달란트는 약 34킬로그램이었어요. 500원짜리 동전 4,300개의 무게와 같아요. 열왕기상 9장 14절에는 히람 왕이 솔로몬이 준 성읍들의 값으로 금 120달란트 곧 금 4.5톤을 솔로몬 왕에게 보냈다고 나와요. 이것은 '스타인웨이'라는 유명한 그랜드 피아노 9대보다 무거운 거예요.

화폐로 사용된 향신료

많은 향신료는 약용 효과가 있어서 귀하게 여겨졌어요. 그래서 다들 많이 갖고 싶어 했어요. 향신료는 종종 돈처럼 쓰였어요. 아래 표의 향신료는 귀하고 비싼 것이었어요.

침향(알로에)(요한복음 19:39)
창포(아가 4:14)
육계(카시아)(출애굽기 30:23-25)
계피(출애굽기 30:23-25)
회향(쿠민)(이사야 28:27; 마태복음 23:23)
풍자향(출애굽기 30:34-35)
고벨화(헤나)(아가 4:13)
나드/감송(마가복음 14:3)
나감향(출애굽기 30:34-35)
나도(사프란)(아가 4:14)
소합향(출애굽기 30:34-35)

알고 있었나요?

솔로몬 왕은 아주 부자였어요. 솔로몬 왕은 세금과 조공으로 해마다 금 25톤 이상을 받았어요(열왕기상 10:14). 아라비아의 왕들과 이스라엘의 지도자들도 솔로몬 왕에게 금과 은을 바쳤어요. 솔로몬 왕은 향신료도 귀한 보물로 여겼어요.

향수

향수는 매우 탐나는 것이라서 좋은 선물이었어요. 향수는 사치품이었어요. 원료는 머나먼 외국 땅에서 수입해야 했기 때문에 향수를 만드는 데 돈이 엄청나게 들었답니다! 예수님이 태어났을 때 동방박사들은 아기 예수님께 향유와 몰약을 드렸지요(마태복음 2:11). 이 둘은 다들 갖고 싶어 하는 향수였어요. 그 밖에 높은 가치를 가진 향수는 알로에, 계피, 나드(감송), 사프란이었어요. 향수를 만들기 위한 향료는 인도, 아라비아, 페르시아, 메소포타미아, 애굽(이집트)에서 팔레스타인으로 가져왔지요. 다른 향수, 향료, 기름을 섞어서 아래와 같은 여러 용도로 썼어요.

- 예배 때 태우는 거룩한 향으로(출애굽기 30:34-38)
- 하나님을 섬기는 일을 할 사람들에게 기름을 붓거나 사람들 또는 물건을 바칠 때(출애굽기 30:23-26, 30-32)
- 결혼과 같은 특별한 행사 때 개인 청결 또는 위생 용도로(시편 45:8)
- 죽은 사람의 장례를 치를 때 방부 처리하고 준비할 때(요한복음 19:39-40)

John Wollinka

우리 형제자매는 얼마의 가치가 있을까요?

우리는 가끔 형제나 자매와 잘 지내지 못해요. 그러나 돈 몇 푼 받고서 형제나 자매를 팔 수 있을까요? 요셉의 형들(야곱의 아들들)은 요셉을 질투해서 지나가는 장사꾼들에게 은 20개를 받고서 요셉을 팔기로 결정했어요(창세기 37:27-28).

월급날

여러분은 밖에서 일을 하거나 집에서 맡은 일을 하고서 대가를 받나요? 무엇으로 받고 싶으세요? 돈으로 받고 싶겠지요? 성경 시대에 어떤 사람들은 보통 어떻게 받을지 선택의 여지가 없었어요.

목자 (창세기 30:31-32; 31:6-8)	양떼 또는 가축떼의 일부
농장 노동자 (마태복음 21:41)	수확의 일부
기술 노동자 (마태복음 20:2)	한 데나리온 또는 하루 일을 하고 받는 '보통 임금'

알고 있었나요?

가룟 유다는 은 30개를 받고서 예수님을 배신했어요(마태복음 26:14-16). 예수님이 죽으신 후에 유다는 뉘우치고 성전 지도자들에게 돈을 내던졌어요. 그들은 그 돈으로 밭을 샀어요(마태복음 27:3-8).

색인

ㅇ

ㅊ

ㅋ

ㅌ

ㅍ

ㅎ

거룩한 땅 성지: Douglas, J.D., et al., eds. *New Bible Dictionary*. 2nd ed. Wheaton, IL: Tyndale House and Intervarsity Press, 1962, 1980.; Kee, Howard Clark, et al, eds. *The Learning Bible*. New York: American Bible Society, 2000.; http://www.britannica.com/eb/article-219421; http://www.britannica.com/eb/article-45058; http://www.jewfaq.org/israel.htm; http://lcweb2.loc.gov/frd/cs/iltoc.html; http://www.palestinefacts.org/pf_independence_recognition_who.php

건강과 몸: Corswant, W. *A Dictionary of Life in Bible Times*. London: Hodder & Stoughton Ltd., 1960.; http://www.journals.uchicago.edu/doi/pdf/10.1086/313562?cookieSet=1; http://archinte.ama-assn.org/cgi/content/full/159/19/2273?maxtoshow=&HITS=10&hits=10&RESULTFORMAT=&fulltext=prayer&searchid=1&FIRSTINDEX=0&resourcetype=HWCIT; Kee, Howard Clark, et al., eds. *The Learning Bible*. New York: American Bible Society, 2000.; Packer, J. I., M.C. Tenney, eds., *Illustrated Manners and Customs*. Nashville: Thomas Nelson, 1980.; Rosner, Dr. Fred. *Medicine in the Bible and the Talmud, Selections from Classical Jewish Sources*. New York: Ktav Publishing House, Inc, 1977.

건축물과 유명한 장소: *Archaeological Study Bible*. Grand Rapids, MI: Zondervan, 2005.; http://abcnews.go.com/GMA/7Wonders/story?id=2583185&page=1; http://www.bible-history.com/babylonia/BabyloniaThe_Ishtar_Gate.htm; http://www.history.com; http://news.nationalgeographic.com/news/2007/07/photogalleries/seven-wonders/index.html. 2-16-08; http://unmuseum.mus.pa.us/hangg.htm; http://www.new7wonders.com/classic/en/n7w/results/; http://www.history.com/minisite.do?content_type=Minisite_Generic&content_type_id=54819&display_order=2&mini_id=54814. 2-16-08; Joyce, C. Alan, et al. (editors) "The Seven Wonders of the Ancient World," *2008 World Almanac & Book of Facts* (New York: The Rosen Group, 2008).; Kee, Howard Clark, et al., eds. *The Learning Bible*. New York: American Bible Society, 2000.; Miller, Stephen M. *Who's Who and Where's Where in the Bible?* Uhrichsville, OH: Barbour Publishing, 2001.; Schippe, Cullen, Stetson, Chuck, *The Bible and Its Influence*. Fairfax, VA: BLP Publishing, 2006.; Whitehouse, David. "Library of Alexandria Discovered," BBC News Online, 12 May; 2004, http://news.bbc.co.uk/2/hi/science/nature/3707641.stm.;

관습과 문화: Corswant, W. *A Dictionary of Life in Bible Times*. London: Hodder & Stoughton Ltd., 1960.; Himelstein Rabbi Dr. Shmuel, *The Jewish Primer: Questions and Answers on Jewish Faith and Culture*. New York: Facts on File Publications, 1990.; Kee, Howard Clark, et al., eds. *The Learning Bible*. New York: American Bible Society, 2000.; Keener, Craig S. *The IVP Bible Background Commentary, New Testament*. Downers Grove, IL: InterVarsity Press, 1993.; Ryken, Leland, et al., gen. eds. *A Dictionary of Biblical Imagery*. Intervarsity Press, 1998.; Sherman, Joseph, *Your Travel Guide to Ancient Israel*. Minneapolis: Lerner Publishing, 2004.; Walton, John H, et al. gen. eds. *The IVP Bible Background Commentary, Old Testament*. Downers Grove, IL: InterVarsity Press, 2000.; http://members.aol.com/zimlechem/Ancient_Is.html

교육: Corswant, W. *A Dictionary of Life in Bible Times*. London: Hodder & Stoughton Ltd., 1960.; Elwell, Walter A., Philip W. Comfort, eds. *Tyndale Bible Dictionary*. Wheaton, IL: Tyndale House, 2001.; Himelstein Rabbi Dr. Shmuel, *The Jewish Primer: Questions and Answers on Jewish Faith and Culture*. New York: Facts on File Publications, 1990.

교통: Coleman, William L, *Today's Handbook of Bible Times & Customs*. Minneapolis: Bethany House, 1984.; Gower, Ralph. *The New Manners and Customs of Bible Times*. Chicago: Moody Press, 1987.; Kee, Howard Clark, et al., eds. *The Learning Bible*. New York: American Bible Society, 2000.; Miller, Stephen M. *Who's Who and Where's Where in the Bible?* Uhrichsville, OH: Barbour Publishing, 2001.

기도: Kee, Howard Clark, et al., eds. *The Learning Bible*. New York: American Bible Society, 2000.; http://skdesigns.com/internet/articles/prose/niebuhr/serenity_prayer; http://www.britannica.com/eb/article-9024975; http://www.christnotes.org/-/_100-amazing-answers-to-prayer_0800758315.asp; http://www.prayerfoundation.org/st_patricks_breastplate_prayer.htm; http://www.the-serenity-prayer.com/home.php

기적: Kee, Howard Clark, et al., eds. *The Learning Bible*. New York: American Bible Society, 2000.; Miller, Stephen M., *How to Get Into the Bible*. Nashville, Tennessee: Thomas Nelson Publishers, 1998.; *What Does the Bible Say About . . . The Ultimate A to Z Resource*. Nashville, Tennessee: Thomas Nelson, 2001.; *Zondervan's Compact Bible Dictionary*. Grand Rapids: Zondervan, 1993.

길이, 부피, 무게: Barker, Kenneth, gen. ed., *The NIV Study Bible*. Grand Rapids: Zondervan, 1985.; http://www.bibles.com/brcpages/WeightsandMeasures; Kee, Howard Clark, et al., eds. *The Learning Bible*. New York: American Bible Society, 2000.

나라들: http://creationwiki.org/index.php/Arvadites; http://net.bible.org/dictionary.php?dict=dictionaries&word=hamath; http://net.bible.org/dictionary.php?word=Zemarites; http://www.bible-history.com/map-israel-joshua/map-israel-joshua_the_girgashites_encyclopedia.html; http://www.britannica.com/EBchecked/topic/376237/Meroe; http://www.studylight.org/dic/hbd/view.cgi?number=T6566; Kee, Howard Clark, et al., eds. *The Learning Bible*. New York: American Bible Society, 2000.; Kuhrt, Amelie, *The Ancient Near East*. London: Routledge, 1995.; Smith, William, Sir., *Smith's Bible Dictionary*. New York: Thomas Nelson, 1986.; Starr, Chester G, *A History of the Ancient World*. Oxford: Oxford University Press, 1983.

달력과 휴일: Douglas, J.D., et al., eds. *New Bible Dictionary*, 2nd ed. Wheaton, IL: Tyndale House and Intervarsity Press, 1962, 1980.; http://en.wikipedia.org; http://www.bible.org; http://www.christianity.about.com; http://www.crivoice.org/cyeaster.html (The Voice); Kee, Howard Clark, et al., eds. *The Learning Bible*. New York: American Bible Society, 2000.

동물: http://www.americanbirdguide.com/quail.shtml; http://animaldiversity.ummz.umich.edu; http://www.bbc.co.uk/nature/wildfacts/factfiles/415.shtml; http://www.sandiegozoo.org; http://www.factmonster.com; http://www.dailymail.co.uk/pages/live/articles/news/news.html?in_article_id=471121&in_page_id=1770; http://www.mountvernon.org/visit/plan/index.cfm/pid/284/; http://depts.washington.edu/natmap/facts/barn_swallow_712.html; Kee, Howard Clark, et al., eds. *The Learning Bible*. New York: American Bible Society, 2000.

마술과 점술: Barker, Kenneth, gen. ed., *The NIV Study Bible*. Grand Rapids: Zondervan, 1985.; *Holman Bible Dictionary*. Nashville: B&H Publishing, 1991.; Kee, Howard Clark, et al., eds. *The Learning Bible*. New York: American Bible Society, 2000.; *Matthew Henry's Commentary on the Whole Bible Complete and Unabridged*. Hendrickson Publishers, Inc. 1991.; Ryken, Leland, et al., gen. eds. *A Dictionary of Biblical Imagery*. Intervarsity Press, 1998.; *The American Heritage Dictionary*. New York: Bantam Doubleday Dell Publishing Group, Inc., 1983.; *The Illustrated Bible Dictionary*, vol. 2. Wheaton: Tyndale House/Inter-Varsity Press, 1980.; http://www.BibleGateway.com; http://www.britannica.com

무기와 전쟁: Elwell, Walter A., Philip W. Comfort, eds., *Tyndale Bible Dictionary*. Wheaton, IL: Tyndale House, 2001.; http://www.britannica.com; Kee, Howard Clark, et al., eds. *The Learning Bible*. New York: American Bible Society, 2000.; Willmington, H.L., *Wilmington's Book of Bible Lists*. Wheaton, IL: Tyndale, 1987.

문학: *Bede's Ecclesiastical History*. London: George Bell and Sons, 1907.; Cowan, Louise and Os Guinness, eds. *Invitation to the Classics*. Grand Rapids, MI: Baker Books, 2006.; Gilson , Etienne. *The Christian Philosophy of Saint Augustine*. New York: Random House, 1960.; González, Justo L. *The Story of Christianity*. New York: HarperCollins, 1984.; http://en.wikipedia.org/wiki/C%C3%A6dmon; http://www.britannica.com/eb/article-9018510/Caedmon; http://www.britannica.com/eb/article-9060024/Pilgrims-Progress; http://www.britannica.com/eb/article-24812/Saint-Augustine; http://www.bedfordmuseum.org/johnbunyanmuseum/books.htm; http://www.ccel.org/ccel/bede/history.txt; http://www.fordham.edu/halsall/basis/bede-book1.html; Kee, Howard Clark, et al., eds. *The Learning Bible*. New York: American Bible Society, 2000.

바울: Barker, Kenneth, gen. ed., *The NIV Study Bible*. Grand Rapids: Zondervan, 1985.; Kee, Howard Clark, et al., eds. *The Learning Bible*. New York: American Bible Society, 2000.; *New American Revised Standard Bible*. Philadelphia and New York: A.J. Holman Company, 1973.; http://www.biblemap.org; http://www.biblequestions.org; http://www.britannica.com/EBchecked/topic/447019/Saint-Paul-the-Apostle#default; http://www.christiananswers.net/dictionary/paul.html

부활절: Kee, Howard Clark, et al., eds. *The Learning Bible*. New York: American Bible Society, 2000.; http://encarta.msn.com; http://www.factmonster.com; http://www.news.monstersandcritics.com; http://www.lastdaysofchrist.com; http://www.festivals.iloveindia.com/easter/traditions/easter-in-israel.html; http://www.italiaplease.com; http://www.roadsideamerica.com; http://www.whitehouse.gov/easter/history.html; *Zondervan's Compact Bible Dictionary*. Grand Rapids: Zondervan, 1993.

사탄과 귀신: Gordon, Cyrus H., Gary A. Rendsburg. *The Bible and the Ancient Near East*. New York: W.W. Norton & Company, 1997.; Hinnells, John R., ed. *A Handbook of Ancient Religions*. New York: Cambridge University Press, 2007.; Kee, Howard Clark, et al., eds. *The Learning Bible*. New York: American Bible Society, 2000.

선지자와 예언: http://instruct1.cit.cornell.edu/courses/nes263/spring06/dri6/plagueinjoel.html; http://www.britannica.com/eb/article-23085/Israel; http://www.britannica.com/dictionary?va=feet%20of%20clay; http://www.britannica.com/eb/article-32935/international-relations; http//www.learnthebible.org//Prophets.htm; Kee, Howard Clark, et al., eds. *The Learning Bible*. New York: American Bible Society, 2000.; *Life Application Study Bible* (Wheaton: IL, Tyndale House, 2004).; *The New Scofield Reference Bible*. New York: Oxford University Press, 1967.

성경: Anderson, Ken, *Where to Find It in the Bible*. Nashville: Thomas Nelson, 1996.; Davis, Kenneth C., *Don't Know Much about the Bible*. New York: Eagle Brook, 1998.; Kee, Howard Clark, et al., eds. *The Learning Bible*. New York: American Bible Society, 2000.; *Life Application Bible*. Iowa Falls: World, 1989.

성경 속의 어린이: Elwell, Walter A., Philip W. Comfort, eds. *Tyndale Bible Dictionary*. Wheaton, IL: Tyndale House, 2001.; http://www.bbc.co.uk/dna/h2g2/A603776; Kee, Howard Clark, et al., eds. The Learning Bible. New York: American Bible Society, 2000.; Thompson, J.A. *Handbook of Life in Bible Times*. Downers Grove, IL: InterVarsity Press, 1986.

성령님: Kee, Howard Clark, et al., eds. *The Learning Bible*. New York: American Bible Society, 2000.; http://en.wikipedia.org/wiki/Baptism_of_Jesus; http://www.britannica.com/bps/topic/134014/Council-of-Constantinople; http://www.britannica.com/bps/topic/269934/Holy-Spirit; http://www.factmonster.com/ce6/society/A0824030.html http://www.factmonster.com/ce6/society/A0838203.html; http://www.bible-knowledge.com/fruits-of-the-holy-spirit.html; http://www.allaboutgod.com/gifts-of-the-spirit.htm

성지의 식물: Barker, Kenneth, gen. ed., *The NIV Study Bible*. Grand Rapids: Zondervan, 1985.; "Bible Wood Spotlight: Broom," http://www.inspiredwoods.com/newsletters_broom.php.; Browning, W.R. F. *A Dictionary of the Bible*. New York: Oxford University Press, 1996.; Dowley, Tim, Stephen Motyer, eds. *The Crossway Illustrated Bible Handbook*. Wheaton: Crossway Books, 2005.; Kee, Howard Clark, et al., eds. *The Learning Bible*. New York: American Bible Society, 2000.; Ryken, Philip Graham, *Jeremiah and Lamentations: From Sorrow to Hope*. Wheaton, IL: Crossway, 2001.; Metzger, Bruce M., Michael D. coogan, *The Oxford Guide to Ideas & Issues of the Bible*. Oxford University Press, 2001.; Walker, Winifred, *All the Plants of the Bible*. New York: Doubleday & Company, Inc., 1979.; Willmington, H.L., *Wilmington's Book of Bible Lists*. Wheaton, IL: Tyndale, 1987.; http://www.christusrex.org/www1/ofm/mag/HolyLnA4.html.

숫자: Kee, Howard Clark, et al., eds. *The Learning Bible*. New York: American Bible Society, 2000.; http://news.bbc.co.uk/1/hi/world/americas/7163767.stm; http://www.biblestudy.org/bibleref/meaning-of-numbers-in-bible/introduction.html; http://www.studylight.org/dic/hbd/; http://www.usatoday.com/news/nation/2006-06-05-sixes-devil_x.htm

언어: *Holman Bible Dictionary*. Nashville: B&H Publishing, 1991.; Kee, Howard Clark, et al., eds. *The Learning Bible*. New York: American Bible Society, 2000.; Lendering, Jona "Babylonia: country, language, religion, culture," posted at http:///www.livius.org/ba-bd/babylon/babylonia.html; http://en.wikipedia.org; http://www.BibleGateway.com; http://www.britannica.com; http://www.ChristianAnswers.net

여자: Barker, Kenneth, gen. ed., *The NIV Study Bible*. Grand Rapids: Zondervan, 1985.; *Holman Bible Dictionary*. Nashville: B&H Publishing, 1991.; http://sonrisecenter.org/m_gladys.html; http://www.BibleGateway.com; http://www.Britannica.com; http://www.cnn.com/WORLD/9709/mother.teresa/profile/index.html; Kee, Howard Clark, et al., eds. *The Learning Bible*. New York: American Bible Society, 2000.; Kiefer, James E., "Gladys Aylward, Missionary to China," posted at http://justus.anglican.org/resources/bio/73.html; *Matthew Henry's Commentary on the Whole Bible Complete and Unabridged*. Hendrickson Publishers, Inc. 1991.; *The Illustrated Bible Dictionary*. Wheaton: Tyndale House/Inter-Varsity Press, 1980.; Ryken, Leland, et al., gen. eds. *A Dictionary of Biblical Imagery*. Intervarsity Press, 1998.

역사: Kee, Howard Clark, et al., eds. *The Learning Bible*. New York: American Bible Society, 2000.; http://en.wikipedia.org/wiki/Timeline_of_Christianity; http://www.britannica.com/eb/article-2941; http://www.britannica.com/eb/article-9021816; http://www.churchtimeline.com

영웅: Elwell, Walter A., Philip W. Comfort, eds. *Tyndale Bible Dictionary*. Wheaton, IL: Tyndale House, 2001.; http://archive.operainfo.org/broadcast/operaMain.cgi?id=99&language=1; http://www.bibles.com/absport/news/item.php?id=151; http://www.britannica.com/eb/article-9043921/Jonathan; http://www.britannica.com/eb/article-12585/Moses; http://www.britannica.com/eb/article-9065239/Samson; http://www.britannica.com/eb/article-9072539/Saint-Timothy; http://www.studylight.org/dic/hbd/view.cgi?number=T6244; http://www.studylight.org/dic/hbd/view.cgi?word=samson&action=Lookup; http://www.studylight.org/dic/hbd/view.cgi?number=T4372; http://www.studylight.org/dic/ats/view.cgi?word=joseph&action=Lookup; Kee, Howard Clark, et al., eds. *The Learning Bible*. New York: American Bible Society, 2000.

영화: http://en.wikipedia.org; http://justus.anglican.org/resources/bio/73.html; http://movies.nytimes.

com/movie/41635/The-Robe/overview; http://news.bbc.co.uk/cbbcnews/hi/newsid_4070000/newsid_4073600/4073673.stm; http://www.ben-hur.com/meet.html; http://www.factmonster.com; http://www.filmsite.org/aa56.html; http://www.imdb.com; http://www.jesusfilm.org; http://www.newjerusalemcommunity.net/?c=49&a+1951; http://www.rottentomatoes.com; http://www.texasfasola.org/biographies/johnnewton.html; http://www.tcm.com/tcmdb/title.jsp?scarlettTitleId=79235; http://www.thenativitystory.com/cast.html; http://www.worldnetdaily.com/news/article.asp?ARTICLE_ID=33168

예루살렘: Alexander, T. Desmond, et al., eds. *New Dictionary of Biblical Theology*. Downers Grove: InterVarsity Press, 2000.; Browning, W.R.F., ed. *Dictionary of the Bible*. New York: Oxford University Press, 1996.; Cohen, Shaye J.D. *From the Maccabees to the Mishnah*. Philadelphia: Westminster Press, 1987.; Dowley, Tim, Stephen Motyer, eds. *The Crossway Illustrated Bible Handbook*. Wheaton: Crossway Books, 2005.; Kee, Howard Clark, et al., eds. *The Learning Bible*. New York: American Bible Society, 2000.; Yadin, Yigael, *Jerusalem Revealed*. New Haven: Yale University Press, 1975.

예배: Achtemeier, Paul J. gen. ed., *Harper's Bible Dictionary*. San Francisco: Harper & Row, 1985.; "Baptism—Pagan or Jewish? by Ceil Rosen," July 1, 1983, posted at http://jewsforjesus.org/publications/issues/2_10/baptism; Gordon, Cyrus H., and Gary A. Rendsburg, *The Bible and the Ancient Near East*. New York: W.W. Norton & Company, 1997.; Hinnells, John R., ed.. *A Handbook of Ancient Religions*. New York: Cambridge University Press, 2007.; http://www.britannica.com/eb/article-9046731/labyrinth; Kee, Howard Clark, et al., eds. *The Learning Bible*. New York: American Bible Society, 2000.; *Life Application Study Bible*. Wheaton: IL, Tyndale House, 2004.; Weber, Robert E., *Twenty Centuries of Christian Worship*. Nashville: Hendrickson Publishers, 1994.

예수님: Barker, Kenneth, gen. ed. *The NIV Study Bible*. Grand Rapids: Zondervan, 1985.; Kee, Howard Clark, et al., eds. *The Learning Bible*. New York: American Bible Society, 2000.; http://www.christianitytoday.com/history/newsletter/2000/dec08.html

예술: *Great Bible Stories and Master Paintings*. New York: Abradale Press, 1968.; http://198.62.75.5/www1/ofm/sbf/escurs/Giord/04aGiordEn.html (Mosaic floors—Jordan); http://www.ancientworlds.net/aw/Post/125553; http://www.britannica.com/eb/article-9031718/Early-Christian-art; http://www.britannica.com/eb/article-9038593/Gutenberg-Bible; http://www.britannica.com/eb/article-9108722/Michelangelo; http://www.britannica.com/eb/article-9054085/Mozarabic-art; http://www.ecva.org/congregations/features/st_pauls_franklin/st_pauls_franklin_tn.pdf (stained glass); http://www.hunews.huji.ac.il/articles.asp?cat=6&artID=827 (Mosaic floors—Galilee); http://www.le.ac.uk/archaeology/stj/dura.htm (School of Archeological Studies, University of Leicester); http://www.metmuseum.org/explore/Byzantium/byzhome.html ("The Glory of Byzantium," Metropolitan Museum of Art, New York); http://www.mobia.org/index.php; http://www.stjohndivine.org/index.html (stained glass); http://www.stjohndivine.org/documents/CathedralHistory.pdf (stained glass); http://www.turismo-prerromanico.es/arterural/base/MOZARABEING.htm; Kee, Howard Clark, et al., eds. *The Learning Bible*. New York: American Bible Society, 2000.; Van der Meer, F., *Early Christian Art*. Chicago: University of Chicago Press, 1967.

옷과 화장품: Elwell, Walter A., Philip W. Comfort, eds., *Tyndale Bible Dictionary*. Wheaton, IL: Tyndale House, 2001.; http://www.biblesociety.com; http://www.biblefragrances.net; http://www.studylight.org/dic/hbd; http://www.womeninthebible.net;

왕과 왕비: Barker, Kenneth, gen. ed. *The NIV Study Bible*. Grand Rapids: Zondervan, 1985.; Kee, Howard Clark, et al., eds. *The Learning Bible*. New York: American Bible Society, 2000.; *The Baker Bible Dictionary for Kids*. Baker Book House, 1997.; *The Eerdmans Bible Dictionary*. Grand Rapids: Eerdmans Publishing, 1987.

우상과 이방신: Kuhrt, Amelie. *The Ancient Near East*. London: Routledge, 1995.; Smith, William, Sir, *Smith's Bible Dictionary* (New York: Thomas Nelson Publishers, 1986).; Willmington, H.L., *Wilmington's Book of Bible Lists*. Wheaton, IL: Tyndale, 1987.

음식: Kee, Howard Clark, et al., eds. *The Learning Bible*. New York: American Bible Society, 2000.; Packer, J. I., M.C. Tenney, eds., *Illustrated Manners and Customs*. Nashville: Thomas Nelson, 1980.

음악: Fleming, William and Macomber, Frank, *Musical Arts & Styles*. Gainesville: University of Florida Press, 1990.; Freedman, David Noel, ed. *The Anchor Bible Dictionary*. New York: Bantam, 1992.; Kee, Howard Clark, et al., eds. *The Learning Bible*. New York: American Bible Society, 2000.; Libbey, Ted, *The NPR Listener's Encyclopedia of Classical Music*. New York: Workman Publishing, 2006).; "Music," *Encyclopædia Britannica 2007 Deluxe Edition*. Chicago: Encyclopædia Britannica, 2008.

이름: Dowley, Tim, Stephen Motyer, eds. *The Crossway Illustrated Bible Handbook*. Wheaton: Crossway Books, 2005.; Koessler, John, *Names of the Believers*. Chicago: Moody Press, 1997.; Peterson, Sarah M., ed., *The Book of Names*. Wheaton, IL: Tyndale House, 1997.; Robinson, George *Essential Judaism*. New York: Pocket Books, 2000.; Rowley, H.H. *Dictionary of Bible Personal Names*. London: Nelson, 1968.; Ryken, Philip Graham, *Exodus: Saved for God's Glory*. Wheaton, IL: Crossway, 2005.; Tabb, Mark A., *Names of Heroes of the Faith*. Chicago: Moody Press, 1997.

재난과 재해: Achtemeier, Paul J., gen. ed., *Harper's Bible Dictionary*. San Francisco: Harper & Row, 1985.; Dowley, Tim, Stephen Motyer, eds. *The Crossway Illustrated Bible Handbook*. Wheaton: Crossway Books, 2005.; Kee, Howard Clark, et al., eds. *The Learning Bible*. New York: American Bible Society, 2000.; Metzger, Bruce M. and Coogan, Michael D., eds., *The Oxford Companion to the Bible*. New York: Oxford, 1993.; Ryken, Philip Graham, R. Kent Hughes, ed., *Exodus: Saved For God's Glory*. Wheaton, IL: Crossway, 2005.

정부: Dowley, Dr. Tim, ed. *The History of Christianity*. Oxford, England: Lion Publishing, 1977.; Elwell, Walter A., Philip W. Comfort, eds. *Tyndale Bible Dictionary*. Wheaton, IL: Tyndale House, 2001.; Kee, Howard Clark, et al., eds. The Learning Bible. New York: American Bible Society, 2000.; Smith, William, Sir. *Smith's Bible Dictionary*. New York: Thomas Nelson, 1986.; Willmington, H.L., *Wilmington's Book of Bible Lists*. Wheaton, IL: Tyndale, 1987.

제사장: Achtemeier, Paul J., gen. ed., *Harper's Bible Dictionary*. San Francisco: Harper & Row, 1985.; Browning, W.R.F., ed., *Dictionary of the Bible*. New York: Oxford University Press, 1996.; Dever, Mark, *The Message of the New Testament*. Wheaton, IL: Crossway, 2005.; Dowley, Tim, Stephen Motyer, eds. *The Crossway Illustrated Bible Handbook*. Wheaton: Crossway Books, 2005.; Elwell, Walter A., Philip W. Comfort, eds., *Tyndale Bible Dictionary*. Wheaton, IL: Tyndale House, 2001.; *Holman Concise Bible Dictionary*. Nashville: B&H Publishing, 1997.; Kee, Howard Clark, et al., eds. *The Learning Bible*. New York: American Bible Society, 2000.; Willmington, H.L., *Wilmington's Book of Bible Lists*. Wheaton, IL: Tyndale, 1987.

제자: Achtemeier, Paul J., gen. ed., *Harper's Bible Dictionary*. San Francisco: Harper & Row, 1985.; Kee, Howard Clark, et al., eds. *The Learning Bible*. New York: American Bible Society, 2000.; *Life Application Bible* (NRSV). Iowa Falls: World, 1989.

종교: Gordon, Cyrus H., and Gary A. Rendsburg, *The*

Bible and the Ancient Near East. New York: W.W. Norton & Company, 1997.; Hinnells, John R., ed. *A Handbook of Ancient Religions*. New York: Cambridge University Press, 2007.; http://www.geocities.com/albaland/apollonia3; http://www.theoi.com/Olympios/Ares.html; Kee, Howard Clark, et al., eds. *The Learning Bible*. New York: American Bible Society, 2000.; Thompson, J.A. *Handbook of Life in Bible Times*. Downers Grove, IL: InterVarsity Press, 1986.

죄와 벌: *How People Lived in the Bible*. Nashville: Thomas Nelson, Inc., 2002.; http://www.factmonster.com; http://www.geocities.com/TimesSquare/Dungeon/1461/rome28.htm?200825; Kee, Howard Clark, et al., eds. *The Learning Bible*. New York: American Bible Society, 2000.; *Zondervan's Compact Bible Dictionary*. Grand Rapids: Zondervan, 1993.

지리: *Archaeological Study Bible* (NIV). Grand Rapids, MI: Zondervan, 2005.; David, Leonard, "Satellite Closes in on Noah's Ark Mystery," from *Space.com*. 2006, posted at http://www.cnn.co/2006/TECH/space/03/13/satellite.noahs.ark/index.html.; Kee, Howard Clark, et al., eds. *The Learning Bible*. New York: American Bible Society, 2000.; Miller, Stephen M. *Who's Who and Where's Where in the Bible?* Uhrichsville, OH: Barbour Publishing, 2001.; Rowen, Beth, ed., *Time for Kids Almanac 2008*. New York: Time, Inc., 2007.; http://198.62.75.4/www1/ofm/fai/FAlnebo1.html; http://encarta.msn.com/*encyclopedia_761568078*/great_rift_valley.html (Great Rift Valley); http://www.ancientsandals.com/overviews/mount_carmel.htm; http://www.bibleplaces.com/elahvalley.htm; http://www.biblicalheritage.org/Archaeology/eden.htm; http://www.extremescience.com/DeadSea.htm; http://www.factmonster.com; http://www.geographia.com; http://www.mountainsprings.org/userfiles/file/Israel/Outline%20of%20Jezreel%20Valley%201.pdf

직업과 도구: Douglas, J.D., et al., eds. *New Bible Dictionary*, 2nd ed. Wheaton, IL: Tyndale House and Intervarsity Press, 1962, 1980.; Gordon, Cyrus H., and Gary A. Rendsburg, *The Bible and the Ancient Near East*. New York: W.W. Norton & Company, 1997.; Hinnells, John R., Editor, *A Handbook of Ancient Religions*. New York: Cambridge University Press, 2007.; http://www.www.britannica.com/eb/article-9008087; Kee, Howard Clark, et al., eds. *The Learning Bible*. New York: American Bible Society, 2000.; Thompson, J. A. *Handbook of Life in Bible Times*. Downers Grove, IL: InterVarsity Press, 1986.

창조: http://cf.blueletterbible.org/lang/lexicon/lexicon.cfm?Strongs=H0120&Version=kjv); http://www.htmlbible.com/sacrednamebiblecom/kjvstrongs/index2.htm; http://www.perseus.tufts.edu/cgi-bin/ptext?doc=Perseus%3Atext%3A1999.04.0062%3Aid%3Deuphrates2); http://strongsnumbers.com/greek/2096.htm; http://www.windows.ucar.edu/tour/link=/earth/moons_and_rings.html&edu=elem;

천사: Kee, Howard Clark, et al., eds. *The Learning Bible*. New York: American Bible Society, 2000.; http://en.wikipedia.org; http://www.inarnia.net/obr-PB.htm

크리스마스(성탄절): http://en.wikipedia.org/wiki; http://inventors.about.com/od/cstartinventions/a/Xmas_Lights.htm; http://www.christiananswers.net; http://www.christianitytoday.com/history/newsletter/christmas/cane.html; http://www.factmonster.com; http://www.biography.com/search/article.do?id=9177011; http://goitaly.about.com/od/christmasinitaly/a/nativity_2.htm; http://www.crivoice.org/cy12days.html; http://en.wikipedia.org/wiki; http://inventors.about.com/od/cstartinventions/a/Xmas_Lights.htm; http://www.info4net.com/articles/christmas-gift-giving/index.html; http://www.thehistoryofchristmas.com/trivia/gifts.htm

하나님: Kee, Howard Clark, et al., eds. *The Learning Bible*. New York: American Bible Society, 2000.; http://www.bible.org; http://www.preceptaustin.org/attributes_of_god.htm; Lewis, C. S. *The Problem of Pain*. New York: Harper Collins, 2001, page 91 (quote).; Roberts, Rev. Alexander, James Donaldson. "The Five Books Against Marcion," chapter X of in *The Ante-Nicene Fathers: Translations of the Writings of the Fathers Down through A.D. 325*. New York: Charles Scribner & Sons, 1903, page 278, downloaded from http://books.google.com.

하늘: Alcorn, Randy. *Heaven*. Carol Stream, IL: Tyndale House, 2004.; Alcorn, Randy with Linda Washington. *Heaven for Kids*. Carol Stream, IL: Tyndale House, 2006, page 180 (quote).; *Zondervan's Compact Bible Dictionary*. Grand Rapids: Zondervan, 1993.; Kee, Howard Clark, et al., eds. *The Learning Bible*. New York: American Bible Society, 2000.; Piper, Don with Cecil Murphey. *90 Minutes in Heaven*. Grand Rapids: Revell, 2004, page 33 (quote).; "Heaven—Where Is It? How Do We Get There? Barbara Walters Explores the Meaning of Heaven and Afterlife," posted at http://abcnew.go.com/2020/Beliefs/story?id=142258http://abcnews.go.com/International/Beliefs/story?id=1374010.

화폐: Barclay, William, *The Gospel of Luke*. Louisville: Westminster-Jon Knox Press, 2001.; Elwell, Walter A., Philip W. Comfort, eds. *Tyndale Bible Dictionary*. Wheaton, IL: Tyndale House, 2001.; http://en.wikipedia.org/wiki; http://www.projects.ex.ac.uk/RDavies/arian/amser/chrono1.html; http://www.biblegateway.com; http://www.studylight.org/dic/hbd; http://www.studylight.org/lex/grk/view.cgi?number=1323; Kee, Howard Clark, et al., eds. *The Learning Bible*. New York: American Bible Society, 2000.; *The Illustrated Bible Dictionary*, vol. 2. Wheaton: Tyndale House/Inter-Varsity Press, 1980.

이미지 저작권